D1722819

REDLINE WIRTSCHAFT
bei ueberreuter

Axel Breuckmann / Nicole Würth

# Ratgeber
# Meine Rechte im Job

REDLINE WIRTSCHAFT
bei ueberreuter

Axel Breuckmann / Nicole Würth
WISO Meine Rechte im Job:
Vertragsgestaltung, Urlaub, Krankheit, Kündigung, Zeugnis
Frankfurt/Wien: Redline Wirtschaft bei Ueberreuter, 2003
ISBN 3-8323-0944-6

**Unsere Web-Adressen:**

http://www.redline-wirtschaft.de
http://www.redline-wirtschaft.at

1 2 3 / 2005 2004 2003

# Das bietet WISO – Meine Rechte im Job

## Inhalt

# Vorwort

Ob im Betrieb, beim Kunden oder in den eigenen vier Wänden: Einen großen Teil ihres Tages verbringen die meisten Menschen am Arbeitsplatz. Und das in der Regel über viele Jahre. Arbeit sichert die wirtschaftliche Existenz des Einzelnen und seiner Familie. Sie bringt gesellschaftliche Anerkennung und persönliche Zufriedenheit. Aber das ist längst nicht alles. Die Arbeitszeit bestimmt den Tagesablauf, und was bei der Arbeit verdient wird, entscheidet über die private Lebensgestaltung, über Anschaffungen und den Lebensstandard. Kein Wunder also, dass Arbeit und Arbeitsplätze nach wie vor zu den wichtigsten Themen unserer Zeit zählen.

Das traditionelle Bild des Arbeitnehmers hat sich allerdings in den letzten Jahren stark gewandelt: weg von dem Beschäftigten, der nur das tut, was ihm gesagt wird, hin zum aufgeschlossenen Mitarbeiter, der sein Arbeitsleben aktiv mitgestaltet. Flexible Arbeitszeiten, neue Lohnmodelle, erweiterte Fortbildungsmöglichkeiten und moderne Führungskonzepte sind Ausdruck dieser Entwicklung. Doch allen Veränderungen zum Trotz stehen nach wie vor mehr als 90 Prozent aller Erwerbstätigen in einem festen Arbeitsverhältnis. Die Beziehung zwischen Chef und Mitarbeiter bildet den Mittelpunkt des Berufsalltages. Der Arbeitsvertrag zählt neben dem Kauf- und dem Mietvertrag zu den drei häufigsten und wichtigsten Verträgen. Nur die wenigsten verdienen dagegen ihr Geld als selbständige Unternehmer.

Allein wegen der unterschiedlichen Interessen von Arbeitgebern und Beschäftigten sind Konflikte im Arbeitsverhältnis vorprogrammiert. Wer hier seine Rechte kennt, ist für alle Fälle gut vorbereitet. Er weiß seine Situation realistisch einzuschätzen, findet im Gespräch mit dem Chef den richtigen Ton, kann unnötige Streitereien vermeiden und läuft nicht Gefahr, unüberlegte Entscheidungen zu treffen. All das wiederum ist die Basis für eine langfristige, reibungslose Zusammenarbeit. Wenn es ausnahmsweise einmal doch nicht anders geht, hilft das eigene Wissen dabei, seine Rechte vor Gericht durchzusetzen.

Mit dem vorliegenden Buch soll dem Arbeitnehmer ein Ratgeber in die Hand gegeben werden, der ihm bei allen rechtlichen Problemen rund um seinen Job zur Seite steht. Angefangen bei der Bewerbung und der Einstellung, über die Beschäftigung am Arbeitsplatz bis hin zum Jobverlust und der drohenden Arbeitslosigkeit. In klarer und verständlicher Sprache beantwortet der WISO-Ratgeber die wichtigsten Fragen zum Thema „Meine Rechte im Job", zeigt Fallstricke im Arbeitsvertrag auf und gibt Hilfestellungen zum richtigen Verhalten gegenüber dem Chef. Ergänzt werden die Ausführungen durch die bewährten WISO-Ratschläge, Musterformulare sowie zahlreiche Adressen, bei denen sich der Arbeitnehmer weitergehende Informationen zu einzelnen Themengebieten beschaffen kann. Das Buch stattet den Arbeitnehmer so mit einem ersten hilfreichen Basiswissen aus, und er erhält in kompakter Form einen umfassenden Überblick über die rechtlichen Zusammenhänge und die aktuelle Rechtslage. Denn bei Themen wie etwa Riester-Rente, Arbeitsvertragsrecht, Betriebsverfassung,

Altersteilzeit, Teilzeit und Befristung, Schwerbehinderung, Kündigungsschutz, Arbeitsförderung, Gleichbehandlung, Mutterschutz, Elternzeit und Scheinselbständigkeit geht kein Weg daran vorbei, auf dem neuesten Stand der Dinge zu sein.

Für Aufregung haben zum Jahreswechsel 2002/2003 einige kurzfristige Gesetzesänderungen der Bundesregierung gesorgt. Neben der Erhöhung der Sozialabgaben und der Änderung der Beitragsbemessungsgrenzen sind die Arbeitnehmer dabei vor allem von der Umsetzung des so genannten „Hartz-Konzeptes" betroffen. Was sich durch die Hartz-Gesetze ab 1. Januar 2003 genau geändert hat, können Sie zusammengefasst im Anhang nachlesen. Weitere Neuregelungen, beispielsweise zu 500-Euro-Mini-Jobs im Haushalt, zum Brückengeld für ältere Arbeitnehmer ab 55 Jahren sowie zur Förderung von Existenzgründungen in Form von „Ich-AG"s und zur Einrichtung von Job-Centern werden in Kürze folgen. Hier heißt es für Arbeitnehmer also: Aufgepasst!

Noch ein Wort zum Schluss: Wenn wir im Text von Arbeitgeber, Arbeitnehmer, Mitarbeiter usw. sprechen, meinen wir damit natürlich immer auch die entsprechenden weiblichen Personen. Aus Gründen der besseren Lesbarkeit haben wir uns aber dafür entschieden, auf eine Doppelnennung zu verzichten.

*Axel Breuckmann*
*Nicole Würth*

# I. Die Bewerbung

Wer über seine Rechte im Job nachdenken will, der muss erst einmal einen Arbeitsplatz haben, und das ist bei derzeit vier Millionen Arbeitslosen alles andere als selbstverständlich. Am Anfang der Jobsuche steht in der Regel die Bewerbung. Hier kommt es darauf an, sich gegen 20, 50 oder vielleicht 100 andere Mitbewerber durchzusetzen. Doch ganz gleich, wie die Sache ausgeht: Bestimmte Spielregeln müssen Arbeitgeber und Bewerber bereits in diesem Stadium einhalten.

## 1. Stellenausschreibung

Anlass für die Bewerbung ist meist eine Anzeige des Arbeitgebers in der Zeitung, eine Ausschreibung beim Arbeitsamt oder ein Stellenangebot einer privaten Arbeitsvermittlung. Ob und auf welche Weise der Arbeitgeber seine Stelle auf dem Markt anbieten will, ist seine Entscheidung. Wer aber inseriert, für den gibt es einiges zu beachten.

### Gleiche Chancen für Männer und Frauen

Sein Stellenangebot muss der Arbeitgeber „geschlechtsneutral" formulieren. Sowohl Männer als auch Frauen müssen durch die Anzeige gleichermaßen angesprochen werden. Natürlich gibt es hiervon Ausnahmen Kann der Job nur von einem Mann oder nur von einer Frau besetzt werden, wie beispielsweise bei der Suche nach einem Modell für Damenbekleidung, reicht eine gezielte Anzeige aus. Aber: Allein die Suche nach einer Arbeitskraft für schwere körperliche Arbeiten berechtigt den Unternehmer nicht dazu, die Stelle nur für „das starke Geschlecht" auszuschreiben. Sucht der Chef also beispielsweise einen Schreiner, muss er diese Stelle sowohl für Männer als auch für Frauen anbieten.

Hat der Arbeitgeber die Stelle nicht geschlechtsneutral ausgeschrieben, liegt meist eine Diskriminierung wegen des Geschlechts vor. Dann muss der Arbeitgeber unter Umständen sogar Schadenersatz bezahlen, sofern der Bewerber ernsthaft an der Stelle interessiert war. Ob er tatsächlich eingestellt worden wäre oder nicht, spielt dabei keine Rolle. Der Interessent kann allerdings vom Arbeitgeber nicht verlangen, ihn einzustellen.

### Ausschreibung als Vollzeit- und Teilzeitarbeitsplatz

Seit dem 1. Januar 2001 muss der Arbeitgeber seine freien Stellen sowohl als „Vollzeitarbeitsplatz" wie auch als „Teilzeitarbeitsplatz" ausschreiben. Macht er das nicht, gibt es für den an Teilzeit interessierten Bewerber allerdings keinen Schadenersatz. Ihm bleibt dann nichts anderes übrig, als den Arbeitgeber frühzeitig auf seinen Wunsch nach Teilzeit anzusprechen oder den Betriebrat einzuschalten. Denkbar ist es natürlich auch, sich zunächst um die Vollzeitstelle zu bewerben und später in Teilzeit zu wechseln.

## Bewerber, die schon im Betrieb arbeiten

Bessere Chancen hat ein Mitarbeiter aus dem Betrieb, wenn der Arbeitgeber es versäumt hat, den freien Arbeitsplatz auch innerhalb seines Betriebs auszuschreiben. Zwar kann der Betroffene nicht die Einstellung eines anderen Bewerbers, der sich auf die Zeitungsannonce gemeldet hat, verhindern. Gibt es im Betrieb aber einen Betriebsrat, kann dieser seine Zustimmung zur Einstellung des Bewerbers von außerhalb verweigern. Folge: Der Arbeitgeber muss dem womöglich frisch eingestellten Arbeitnehmer kündigen und die Stelle neu ausschreiben, also auch intern. Bis zu seinem Ausscheiden erhält ein solcher Arbeitnehmer übrigens immer seinen Lohn, ganz gleich, ob der Arbeitgeber ihn von der Arbeit freistellt oder nicht.

# 2. Bewerbungsgespräch und Auswahlverfahren

Ob der Arbeitgeber den Arbeitnehmer einstellt, entscheidet sich meist im Verlauf des Bewerbungsverfahrens. Erst wenn der Arbeitgeber sich Klarheit darüber verschafft hat, ob der Bewerber für den Arbeitsplatz der Richtige ist, wird er eine Entscheidung über die Einstellung treffen. Um dies herauszufinden, kann er auf verschiedene Informationen und Methoden zurückgreifen. Nur: Nicht alles was hilfreich ist, ist auch erlaubt.

## Nicht alles darf gefragt werden

Im Bewerbungsgespräch oder bei der Verwendung von Fragebögen darf der Arbeitgeber nur nach solchen Tatsachen fragen, die mit der angebotenen Beschäftigung zusammenhängen. Unzulässig, aber nicht unüblich sind zum Beispiel in aller Regel Fragen nach

- Heiratsabsichten,
- Vermögensverhältnissen,
- Freizeitbeschäftigungen,
- Religions-, Partei- oder Gewerkschaftszugehörigkeit,
- Schwangerschaft,
- Schwerbehinderung,
- Vorstrafen,
- laufenden Ermittlungsverfahren,
- Krankheitsanfälligkeit,
- bisherigem Verdienst,
- abgeleistetem oder noch bevorstehendem Wehr- oder Ersatzdienst,
- zulässig: Aufenthaltsdauer und Aufenthaltserlaubnis bei Ausländern.

Je nach Arbeitsplatz können aber auch solche Umstände ausnahmsweise erfragt werden. Außerdem muss der Bewerber solche Umstände von sich aus mitteilen, wenn der Arbeitgeber dies wegen der Art des Arbeitsplatzes erwarten durfte. Soll der Bewerber beispielsweise als Kraftfahrer eingestellt werden, darf der Arbeitgeber nach möglichen Vorstrafen wegen Verkehrsdelikten fragen. Fragt er nicht, müsste der Bewerber selbst mitteilen, wenn ihm zum Beispiel der Führerschein entzogen worden ist.

**WISO rät:** Zulässige Fragen müssen Sie als Bewerber wahrheitsgemäß beantworten. Tun Sie das nicht, kann der Arbeitgeber den Vertrag anfechten und Sie sind Ihren Arbeitplatz wieder los. Stellt der Arbeitgeber den Arbeitsvertrag in Frage, und halten Sie das als Arbeitnehmer für nicht gerechtfertigt, sollten Sie ihm deutlich machen, dass Sie seine Anfechtung für ungültig halten. Arbeiten sie dann nicht weiter und geht die Angelegenheit später vor dem Arbeitsgericht zu Ihren Gunsten aus, können Sie für die gesamte Zeit des Prozesses Ihren Lohn verlangen.

Bei unzulässigen Fragen haben Sie dagegen das Recht, die Antwort zu verweigern oder sogar zu lügen. Das dürfen Sie auch, wenn der Betriebsrat etwa dem Fragebogen nicht zugestimmt hat. Werden Sie nach Ihrem beruflichen Werdegang gefragt, so dürfen Sie für diejenigen Zeiträume eine normale berufliche Tätigkeit einsetzen, in denen Sie aus Umständen ausgefallen sind, die Sie dem Arbeitgeber nicht mitzuteilen brauchten.

Es kann natürlich auch vorkommen, dass der Bewerber den Vertrag nur deshalb abgeschlossen hat, weil der Arbeitgeber seinerseits ihn über bestimmte Tatsachen getäuscht hat. Beispiel: Die Arbeit erfordert plötzlich ganz andere körperliche Voraussetzungen als noch in der Stellenbeschreibung angegeben. Oder der Bewerber und der Arbeitgeber haben schlicht aneinander vorbeigeredet, so dass der Bewerber irrtümlich davon ausging, in einer anderen Filiale zu arbeiten. In solchen Fällen kann der Arbeitnehmer den Vertrag anfechten. Beim Irrtum hat er hierzu zwei Wochen Zeit, wurde er vom Chef absichtlich getäuscht, sogar ein Jahr. Die Frist läuft, sobald der Arbeitnehmer den Fehler bemerkt hat. Nach der Anfechtung bestehen keine vertraglichen Verpflichtungen mehr, der Arbeitnehmer muss also nicht weiter bei seinem Chef arbeiten. Aber: Wendet sich der Arbeitnehmer nur gegen einzelne Vertragsbestimmungen wie zum Beispiel eine Gehaltsregelung, bleibt der Vertrag in aller Regel bestehen. Die angefochtene Regelung wird bloß durch eine andere Bestimmung ersetzt. Beispiel: Es gilt das übliche Gehalt als vereinbart.

## Informationen über andere Quellen

Anstelle der Befragung kann sich der Arbeitgeber seine Informationen auch auf anderen Wegen beschaffen. Aber: Was der Arbeitgeber an Informationen nicht erfragen darf, darf er sich auch nicht über Umwege besorgen.

Das gilt vor allem, wenn der Arbeitgeber Auskünfte über den Bewerber, etwa bei dessen ehemaligem Arbeitgeber, einholt. Unzulässige Fragen sind hier genauso tabu wie im Fragebogen oder beim Vorstellungsgespräch. Die Einholung solcher Auskünfte kann der Arbeitnehmer außerdem generell untersagen. Das empfiehlt sich jedoch allenfalls, wenn negative oder unzulässige Äußerungen zu befürchten sind. Will der frühere Chef nämlich nur seine Pflichten erfüllen und dem neuen Arbeitgeber zulässige, wahrheitsgemäße und wohlwollende Auskünfte erteilen, wird das regelmäßig auch im Interesse des Arbeitnehmers liegen.

Bei Einstellungsuntersuchungen, Gutachten über die Handschrift, psychologischen Tests oder Auswahlseminaren wie zum Beispiel Assessment-Center ist der Arbeitgeber in der Regel auf die Einwilligung des Bewerbers angewiesen. Psychologische Tests unterliegen zudem besonderen Anforderungen an Aufklärung, Inhalt sowie Art und Weise der Untersuchung. Sie dürfen beispielsweise nur von ausgebildeten Fachpsychologen durchgeführt werden. Von vornherein ausgeschlossen sind genetische Analysen oder reine IQ-Tests.

**WISO rät:** Hält sich der Arbeitgeber nicht an die vorstehenden Regeln, macht er sich unter Umständen schadenersatz- beziehungsweise schmerzensgeldpflichtig. Der Nachweis eines Schadens wird aber für Sie als Bewerber sehr schwer bis kaum zu führen sein. Außerdem nutzt ihnen das für den Erfolg Ihrer Bewerbung wenig. Gegen den Arbeitgeber können Sie in diesen Fällen also so gut wie nichts ausrichten.

Will der Bewerber eine Stelle in einem sicherheitsempfindlichen Bereich antreten, darf der Arbeitgeber sich seine Informationen ausnahmsweise auch über andere Kanäle besorgen. Das betrifft nicht nur die klassischen Bereiche wie Kernenergie und Militär, sondern wegen der zunehmenden Bedrohung durch den Terrorismus neuerdings auch lebens- und verteidigungswichtige Einrichtungen wie Energieversorgung und Telekommunikation. In diesen Fällen erfolgt vor der Einstellung eine Sicherheitsüberprüfung durch den Verfassungsschutz. Gibt der Bewerber hier Anlass zu Bedenken, ist seine Aussicht auf Einstellung gleich Null. Und: Hält der Bewerber die Sicherheitsbedenken für unbegründet, kann er sich selbst vor Gericht kaum dagegen wehren. Im Zweifel erhält nämlich nur das Gericht die entscheidenden Informationen.

# 3. Ersatz von Vorstellungskosten

Was viele Arbeitnehmer nicht wissen: Wer vom Arbeitgeber zum Vorstellungsgespräch eingeladen wird, kann verlangen, dass die dadurch entstehenden Kosten ersetzt werden. Erstattungsfähig sind beispielsweise Fahrtkosten, Übernachtungskosten, in der Regel aber nicht ein Verdienstausfall. Natürlich darf der Bewerber die Kosten nicht grundlos in die Höhe treiben. Wer mit dem Flugzeug zum Bewerbungsgespräch kommt, geht bei der Kostenerstattung in aller Regel leer aus. Hat der Arbeitgeber die Übernahme der Kosten ausdrücklich ausgeschlossen, braucht er ebenfalls nichts zahlen. Arbeitslose sollten in solchen Fällen beim Arbeitsamt nach einem Zuschuss fragen.

**WISO rät:** Sind Sie sich nicht sicher, welche Kosten der Arbeitgeber übernehmen wird, klären Sie das am besten vorher mit ihm ab. Erläutern Sie auch, mit welchem Verkehrsmittel und gegebenenfalls an welchem Tag Sie anreisen wollen.

  **I. Die Bewerbung**

**Achtung:**
Die Vorstellungskosten dürfen nicht mit den Kosten für die Bewerbung verwechselt werden. Seine Bewerbungsunterlagen wie etwa Bewerbungsschreiben, Lebenslauf mit Passbild, Kopien von Zeugnissen, Schul- oder Universitätsbescheinigungen, Kopien von Ausbildungs- und Prüfungsnachweisen, Arbeitsproben sowie das Porto muss der Bewerber selbst bezahlen. Auch die Kosten für ein angefordertes Führungszeugnis oder ein ärztliches Gutachten braucht der Arbeitgeber nicht zu übernehmen. Für Arbeitslose gibt es aber auch hier einen Zuschuss vom Arbeitsamt.

# 4. Rückgabe der Bewerbungsunterlagen

Wer sich bei einer Firma bewirbt, ohne dass überhaupt eine Stelle ausgeschrieben war, darf nicht unbedingt mit einer Antwort rechnen. Selbst die Bewerbungsunterlagen muss der Arbeitgeber ihm nur dann zurücksenden, wenn er einen frankierten Rückumschlag beigefügt hat. Anders liegt es bei einer Stellenausschreibung. Hier kann der Bewerber vom Arbeitgeber verlangen, ihm seine Bewerbungsunterlagen vollständig wiederzugeben beziehungsweise zurückzusenden. Spätestens mit dem Scheitern der Gespräche hat der Arbeitgeber kein Recht mehr, die Unterlagen zu behalten. Erhält der Bewerber seine Unterlagen zurück, spart er damit bares Geld. Denn die meisten Papiere wird er für andere Bewerbungen noch gut gebrauchen können. Außerdem kann der Arbeitgeber auf die Unterlagen nicht mehr zurückgreifen, wenn der abgewiesene Bewerber sich später nochmal um eine Stelle in der Firma bemüht. Das hat den Vorteil, dass die neue Bewerbung dann unvoreingenommener beurteilt wird. Hat der Arbeitgeber keine Unterlagen mehr, kann er sie zudem nicht verbotenerweise an andere Personen oder Unternehmen weitergeben. Auf Verlangen des Bewerbers muss der Arbeitgeber auch einen ausgefüllten Fragebogen oder ein graphologisches Gutachten des Bewerbers vernichten. Notfalls sollte der Bewerber hierzu den Betriebsrat einschalten.

# 5. Freistellung für Bewerbungs- gespräche

Wer sich nach einem Job umschaut, braucht dafür Zeit. Das kann zum Problem werden, wenn der Bewerber noch bei einem anderen Arbeitgeber beschäftigt ist. Fallen zum Beispiel Vorstellungsgespräche in die Arbeitszeit, muss der Arbeitnehmer hierfür Urlaub nehmen. Wem allerdings schon gekündigt wurde, für den sieht die Sache besser aus. Er kann von seinem Arbeitgeber verlangen, ihn für die Stellensuche freizustellen und ihm für diese Zeit das Gehalt weiter zu zahlen. Das gilt nicht nur bei Bewerbungsgesprächen, sondern auch für die Teilnahme an Eignungstests oder Besuche beim Arbeitsamt. Will der Arbeitnehmer seinen Chef nichts von seinen Bewerbungen wissen lassen, muss er Urlaub nehmen. Übrigens kann der Arbeitnehmer die Freistellung auch dann verlangen, wenn das Arbeitsverhältnis nicht wegen einer Kündigung, sondern durch einen Aufhebungsvertrag oder eine Befristung endet.

# 6. Pflicht zum fairen Umgang

Durch die Bewerbung sind Bewerber und Arbeitgeber ganz allgemein dazu verpflichtet, vernünftig miteinander umzugehen. Wer den anderen unfair behandelt, macht sich schadenersatzpflichtig. Gibt der Bewerber beispielsweise eine andere Stelle auf, weil der Arbeitgeber ihm die neue Stelle zusagt, kann er Schadenersatz verlangen, wenn der Arbeitgeber die Vertragsverhandlungen danach grundlos abbricht. Weitere Beispiele für Schadenersatzansprüche:

- Beschädigung oder Verlust der Bewerbungsunterlagen,
- Preisgabe persönlicher Angaben des Bewerbers,
- fehlende Mitteilung, wenn der Arbeitsplatz anderweitig besetzt oder neu ausgeschrieben wurde,
- fehlende Hinweise auf besondere Anforderungen des Arbeitsplatzes,
- fehlende Aufklärung über Zahlungsschwierigkeiten oder die drohende Firmenpleite.

In aller Regel hat der Arbeitgeber auch für ein Fehlverhalten seiner Mitarbeiter einzustehen. Beschädigt also zum Beispiel die Sekretärin die Bewerbungsunterlagen, muss der Arbeitgeber ebenfalls Schadenersatz leisten.

Vorsicht, auch der Bewerber kann sich durch ein unangemessenes Verhalten schadenersatzpflichtig machen. So zum Beispiel dann, wenn er den zugesagten Arbeitsplatz kurzfristig nicht antritt, weil er sich spontan für einen anderen Arbeitgeber entschieden hat. Meist ist der Arbeitgeber aber nicht in der Lage, einen konkreten Schaden nachzuweisen. Der Arbeitnehmer sollte deshalb immer alle Forderungen zurückweisen.

**Buchtipp:**
Wie man seine Bewerbungsmappe gestaltet, worauf beim Bewerbungsgespräch zu achten ist, wer einem Jobs vermitteln kann – diese Fragen kann Ihnen der WISO-Bewerbungsberater beantworten (siehe Anhang).

# II. Die Einstellung

War die Bewerbung erfolgreich, stellt der Arbeitgeber den Bewerber ein. Zu diesem Zweck wird in aller Regel ein Arbeitsvertrag geschlossen. Dieser legt die Rechte und Pflichten beider Seiten fest. Er ist die Grundlage des Arbeitsverhältnisses. Den Inhalt des Arbeitsvertrages können die Beteiligten aber nicht völlig beliebig gestalten. Vor allem der Arbeitgeber hat zahlreiche Bestimmungen und Einschränkungen zu beachten. Dadurch soll der Arbeitnehmer vor Nachteilen geschützt werden. Das Gleiche gilt übrigens auch, wenn ein schon bestehender Arbeitsvertrag abgeändert werden soll oder nur einzelne Punkte vertraglich geregelt werden.

**Wichtig:**
Neben dem Arbeitsvertrag können auch noch andere Bestimmungen das Arbeitsverhältnis beeinflussen. Wichtigste Beispiele sind hier Regelungen in Tarifverträgen oder Betriebsvereinbarungen.

## 1. Der Arbeitsvertrag

Arbeitsverträge kommen in der Praxis mit den verschiedensten Bezeichnungen und Inhalten vor. Wichtig ist vor allem die Unterscheidung von Vollzeit- und Teilzeitarbeitsverträgen. Außerdem spielt die Abgrenzung von befristeten und dauerhaften Arbeitsverträgen eine wesentliche Rolle. Es gibt aber Grundregeln, die für alle Arten von Arbeitsverträgen gelten. Den Normalfall bildet der Arbeitsvertrag, mit dem der Arbeitnehmer vom Arbeitgeber dauerhaft, also in der Regel bis zu seinem 65. Lebensjahr, als Ganztageskraft eingestellt wird. Über 60 Prozent aller Arbeitnehmer haben mit ihrem Chef einen solchen Arbeitsvertrag geschlossen.

### Keine Diskriminierung bei der Einstellung

Der Arbeitgeber entscheidet generell frei darüber, mit welchem Bewerber er einen Arbeitsvertrag abschließt. Ein abgewiesener Bewerber kann also vom Arbeitgeber keine Einstellung verlangen, nur weil er der Meinung ist, er sei für die Stelle besser geeignet. Aber: Haben sich auf die Stelle beispielsweise eine Frau und ein Mann beworben, und wird ein Bewerber allein wegen seines Geschlechts oder geschlechtsspezifischer Merkmale abgelehnt, kann der Arbeitgeber sich schadenersatzpflichtig machen. Gleiches gilt, wenn die Absage allein auf einer Behinderung, der Herkunft, Rasse, Religion, Parteizugehörigkeit oder einer festgelegten Männer- oder Frauenquote beruht Das Problem dabei ist, dass sich die Benachteiligung meist kaum nachweisen lässt. Jeder einigermaßen kluge Arbeitgeber wird für seine Ablehnung nämlich Gründe finden, die plausibel klingen, ganz gleich, ob sie für seine Entscheidung letztlich Ausschlag gebend waren oder nicht. Außerdem ist es für den Arbeitnehmer sehr aufwändig, die scheinbar bevorzugten Mitbewerber ausfindig zu machen.

**WISO rät:** Spezielle Schadenersatzregeln gibt es derzeit nur für die Diskriminierung wegen des Geschlechts oder einer Behinderung. Hier haben Sie noch am ehesten die Chance, einen Ausgleich für ungerechtfertigte Benachteiligungen zu bekommen. So steht Ihnen im Fall einer Diskriminierung eine „angemessene" Entschädigung zu. Die Entschädigung ist allerdings auf drei Monatsverdienste beschränkt, wenn Sie die Stelle ohnehin nicht erhalten hätten. Ihre Ansprüche müssen Sie in der Regel innerhalb von sechs Monaten nach Ihrer Ablehnung schriftlich beim Arbeitgeber geltend machen. Selbst bei abweichenden vertraglichen Regelungen bleiben Ihnen aber mindestens zwei Monate Zeit. Verweigert der Arbeitgeber dann die Zahlung, haben Sie drei weitere Monate Zeit, um gerichtlich dagegen vorzugehen. Die Regeln zum Schadenersatz gelten übrigens nicht nur bei der Einstellung, sondern für alle diskriminierenden Maßnahmen im Arbeitsverhältnis. Aber noch einmal: Gegen den Chef vorzugehen, macht nur Sinn, wenn Sie hieb- und stichfeste Beweise, wie etwa Zeugen oder schriftliche Unterlagen, bringen können.

Wer aufgrund anderer Umstände als Geschlecht oder Behinderung benachteiligt wird, kann in naher Zukunft auf eine Änderung hoffen: Es ist nämlich in absehbarer Zeit mit einer erheblichen Ausweitung der Schadenersatzvorschriften zu rechnen.

Seit dem 28. Juli 2001 muss sich der Arbeitgeber außerdem weitere Einschränkungen bei der Einstellung gefallen lassen. So hat er bei unbefristeten Neueinstellungen solche Arbeitnehmer vorrangig zu berücksichtigen, die er befristet in seinem Betrieb beschäftigt. Macht er das nicht, kann der Betriebsrat seine Zustimmung zur Einstellung des anderen Bewerbers verweigern. Ähnliches gilt bei Teilzeitkräften, die eine Vollzeitstelle in Anspruch nehmen wollen. Werden sie trotz gleicher Eignung nicht berücksichtigt, macht sich der Arbeitgeber unter Umständen sogar schadenersatzpflichtig.

Besonderheiten bei der Einstellung gelten außerdem für Auszubildende, die Mitglied in der Jugend- oder Auszubildendenvertretung oder im Betriebsrat sind. Verlangt ein solcher Auszubildender innerhalb der letzten drei Monate der Ausbildung schriftlich seine Weiterbeschäftigung, so muss der Arbeitgeber dem prinzipiell nachkommen. Er muss ihn also nach der Ausbildung übernehmen. Bei Betrieben ab 20 Arbeitnehmern hat der Arbeitgeber außerdem fünf Prozent der Arbeitsplätze mit schwer behinderten Arbeitnehmern zu besetzen. Allerdings kann ein schwer Behinderter den Arbeitgeber nicht zwingen, ihn einzustellen.

## Wann der Vertrag ungültig ist

Läuft beim Vertragsschluss alles glatt, ist der Arbeitsvertrag in aller Regel gültig.

Doch manchmal kommt es vor, dass im Arbeitsvertrag Fehler sind. Dann kann er unter Umständen unwirksam sein.

**Beispiele:**

- Der Vertrag wurde mit Kindern (bis zum siebten Geburtstag), mit Minderjährigen (ab dem siebten bis zum achtzehnten Geburtstag) ohne Zustimmung der Eltern geschlossen.
- Beim Vertragsschluss fehlte eine erforderliche Vollmacht.
- Der Vertrag verstößt gegen bestimmte Verbote oder Schutzvorschriften oder soll solche umgehen, wie etwa das Verbot der Schwarzarbeit, Verbote zum Schutz von Jugendlichen, das Verbot der Beschäftigung von ansteckend erkrankten Personen in Lebensmittelbetrieben.

Denkbar ist auch, dass der Vertrag gültig bleibt, der Arbeitnehmer aber nicht arbeiten darf. Beispiele: Beschäftigungsverbot für einen ausländischen Arbeitnehmer ohne Arbeitsgenehmigung, fehlende Zustimmung des Betriebsrats zur Einstellung. Der Arbeitgeber muss sich in solchen Fällen zunächst darum bemühen, das Problem aus der Welt zu schaffen. Klappt das nicht, kann er den Arbeitnehmer kündigen.

Manchmal kommt es vor, dass nicht der gesamte Arbeitsvertrag, sondern nur einzelne Bestimmungen des Vertrages Fehler aufweisen. Der Arbeitnehmer hat dann meist überhaupt kein Interesse daran, dass der ganze Arbeitsvertrag ungültig wird. Sonst würde er nämlich seinen Arbeitsplatz verlieren, obwohl vielleicht nur eine einzige Klausel im Vertrag falsch formuliert wurde. Deshalb bleibt der Arbeitsvertrag in solchen Fällen regelmäßig bestehen. Es fällt nur die ungültige Regelung aus dem Vertrag heraus oder wird durch eine gültige ersetzt. Verstößt beispielsweise eine Bestimmung im Arbeitsvertrag gegen den Tarifvertrag, so ist diese unwirksam, und es gilt einfach die tarifliche Regelung als zwischen Chef und Mitarbeiter vereinbart. Die meisten Arbeitsverträge enthalten am Ende eine Klausel, die genau diese rechtlichen Folgen anordnet. Denn schließlich hat auch der Arbeitgeber ein Interesse daran, den Arbeitnehmer nicht wegen unbedeutender Vertragsfehler zu verlieren.

## Das Gericht darf den Vertrag kontrollieren

Für den Arbeitnehmer ist es meist sehr schwer festzustellen, ob sein Vertrag in Ordnung ist oder nicht. Vor allem aber wird er Fehler gar nicht gleich bemerken, wenn am Arbeitsplatz zunächst alles rund läuft. Problematisch wird es in der Regel erst, wenn es zum Streit mit dem Chef kommt. Und dann ist guter Rat teuer. Denn oft wird der Arbeitnehmer nicht wissen, ob er anspruchsberechtigt ist, und was er eigentlich von seinem Chef verlangen kann. In solchen Fällen kann nur noch das Gericht helfen. Die Richter kontrollieren, ob die umstrittenen Punkte des Vertrages gültig sind oder nicht. Im Zweifel legen sie auch deren Inhalt fest. Die Maßstäbe für diese Überprüfung sind streng. So manch ein Arbeitgeber hat hierbei schon sein blaues Wunder erlebt.

### Wichtig:

Die Gerichte dürfen den Vertrag aber dann nicht kontrollieren, wenn sich der Arbeitnehmer bei Abschluss des Arbeitsvertrages mit dem Arbeitgeber an einen Tisch gesetzt und sämtliche Punkte des Vertrages einzeln ausgehandelt hat. Das kommt aber nur in den seltensten Fällen vor. Meistens hat der Arbeitnehmer überhaupt keine Gelegenheit, auf den Inhalt des Vertrages Einfluss zu nehmen. Im Gegenteil: Der Großteil der Arbeitgeber verwendet vorgedruckte Arbeitsverträge, in die beispielsweise nur noch die Höhe des Gehaltes oder der Beginn des Arbeitsverhältnisses eingetragen werden.

**WISO rät:** Eine gerichtliche Kontrolle sollten Sie nur dann vornehmen lassen, wenn Sie sich nicht auf anderem Weg mit Ihrem Chef einigen können. Suchen Sie also erst einmal das Gespräch und lassen Sie sich die umstrittenen Punkte von Ihrem Arbeitgeber erläutern. Vielleicht liegt ja nur ein Missverständnis vor. Oder Sie finden einen vernünftigen Kompromiss. Ansonsten müssen Sie die Kontrolle eben beim Arbeitsgericht einklagen. Ihre Chancen sind hier im Zweifel nicht schlecht, da die Gerichte seit dem 1. Januar 2002 eine verstärkte Kontrolle von Arbeitsverträgen vornehmen dürfen.

Wann einzelne Vertragsbestimmungen ungültig oder fehlerhaft sind, lässt sich nicht pauschal beantworten. Jedenfalls muss der Arbeitgeber im Vertrag auf klare und eindeutige Formulierungen achten. Außerdem darf nicht plötzlich eine nachteilige Klausel im Vertrag auftauchen, über die vorher gar nicht gesprochen wurde. Auch Klauseln, die den Arbeitnehmer unangemessen benachteiligen, sind unzulässig. Beispiele für eine unangemessene Regelung: Der Arbeitgeber behält sich das Recht vor, den Lohn oder die Tätigkeit des Arbeitnehmers im Nachhinein beliebig zu verändern. Oder: Der Arbeitgeber behält es sich vor, erhebliche Teile des Gehalts zurückzufordern, wenn der Arbeitnehmer im Laufe des Jahres aus dem Betrieb ausscheidet. Beispiel für eine angemessene Regelung: Der Arbeitnehmer muss eine angemessene Strafe an den Arbeitgeber zahlen, wenn er die vereinbarte Arbeit nicht antritt.

## Arbeitsverhältnis ohne Vertrag?

Nicht jeder Fehler beim Arbeitsvertrag wird von den Vertragsparteien sofort erkannt. Fängt der Arbeitnehmer an, beim Arbeitgeber zu arbeiten, bleibt der Vertrag zwar fehlerhaft, trotzdem kann der Arbeitnehmer in aller Regel sein Gehalt verlangen, der Arbeitgeber Überstunden anordnen oder andere Anweisungen treffen. Aber das Arbeitsverhältnis kann in einem solchen Fall von beiden Seiten jederzeit beendet werden.

## Die Schriftform ist der Normalfall

Ein Arbeitsvertrag kann mündlich, schriftlich oder in elektronischer Form – also via Internet – geschlossen werden. Auch aus den äußeren Umständen lässt sich manchmal ein Arbeitsvertrag herleiten, etwa wenn der Arbeitnehmer gegen Übergabe seiner Papiere die Arbeit aufnimmt. Aber: Schreibt ein Gesetz, eine Betriebsvereinbarung oder ein Tarifvertrag etwa die Schriftform für den Arbeitsvertrag vor, muss der Arbeitgeber sich daran halten.

Im Normalfall schließen beide Seiten allerdings schon von sich aus einen schriftlichen Arbeitsvertrag. Kommt es später einmal zum Streit, lässt sich so schließlich am besten nachweisen, was eigentlich vereinbart wurde. Den Arbeitsvertrag müssen Chef und zukünftiger Mitarbeiter nicht unbedingt auf ein und demselben Papier unterschreiben. Es reicht aus, wenn zwei gleichlautende Formulare vorliegen und jede Partei das für die andere Seite bestimmte Exemplar unterschreibt. Ebenso können Arbeitsverträge im Allgemeinen per E-Mail, durch Briefwechsel oder aufgrund telegraphischer Übermittlung zustande kommen.

Manchmal bestimmt der Arbeitsvertrag, dass „Vertragsänderungen, Ergänzungen oder Nebenabreden der Schriftform bedürfen". Solche Klauseln finden sich meist am Ende des Vertrages. Sie hindern den Arbeitnehmer aber nicht daran, zusammen mit dem Arbeitgeber einzelne Punkte des Vertrages mündlich abzuändern. Auch neue Regelungen können die Vertragspartner mündlich vereinbaren. Das gilt sogar, wenn im Vertrag für die Aufhebung der Schriftform wiederum die Schriftform angeordnet ist. Der Sinn so genannter Schriftformklauseln liegt allein darin, späteren Beweisschwierigkeiten im gerichtlichen Verfahren vorzubeugen.

## Schriftlicher Nachweis bei mündlichen Verträgen

Damit jeder Arbeitnehmer etwas schwarz auf weiß in der Hand hat, ist der Arbeitgeber bei mündlichen oder elektronischen Arbeitsverträgen verpflichtet, dem Mitarbeiter den wesentlichen Inhalt des Vertrages schriftlich nachzuweisen. Die Nachweispflicht trifft den Arbeitgeber natürlich auch dann, wenn es zwar einen schriftlichen Arbeitsvertrag gibt, darin aber nicht alle wichtigen Punkte enthalten sind. Für den Nachweis muss der Arbeitgeber den wesentlichen Vertragsinhalt schriftlich festhalten und dem Arbeitnehmer eine unterschriebene Ausfertigung davon aushändigen. Nur wenn er den Arbeitnehmer für maximal einen Monat als Aushilfe beschäftigt, kann er darauf verzichten. Für seinen schriftlichen Nachweis hat der Arbeitgeber ab dem vereinbarten Beginn des Arbeitsverhältnisses einen Monat Zeit. Läuft das Arbeitsverhältnis bereits, gilt eine Frist von zwei Monaten, sobald der Arbeitnehmer die Bestätigung verlangt hat. Zum wesentlichen Inhalt, den der Arbeitgeber nachweisen muss, zählen:

- Namen und Anschrift der Vertragsparteien,
- Zeitpunkt des Beginns des Arbeitsverhältnisses,
- Arbeitsort,
- Arbeitszeit,
- Gehalt,
- Urlaubsdauer,
- Kündigungsfristen,
- Tätigkeitsbeschreibung,
- anzuwendende Tarifverträge oder Betriebsvereinbarungen,
- Unterschrift der eingestellten Person beziehungsweise deren Vertreter (nur bei Auszubildenden),
- Rentenversicherungshinweise (nur bei geringfügig Beschäftigten).

**Wichtig:**
Der Arbeitsvertrag ist auch dann gültig, wenn der Arbeitgeber seinen Nachweispflichten nicht nachkommt. Der Nachweis dient nur dazu, den Vertragsinhalt zu dokumentieren und bei späteren Streitigkeiten leichter Beweise vorlegen zu können. Der Arbeitnehmer hat deshalb die Möglichkeit, den Nachweis beim Arbeitsgericht einzuklagen. Fehlt der Rentenversicherungshinweis, kann er unter Umständen auch vom Arbeitgeber Schadenersatz verlangen.

**WISO rät:** Schließen Sie wenn möglich immer einen schriftlichen Arbeitsvertrag ab. So vermeiden Sie später unnötige Streitereien. Aber: Will sich Ihr Chef nicht auf einen schriftlichen Arbeitsvertrag einlassen, sollten Sie die Arbeit trotzdem aufnehmen, soweit Sie dafür bezahlt werden. Kommt es nämlich im Nachhinein zu Streitigkeiten über den Vertragsinhalt, gerät der Arbeitgeber häufig in Beweisschwierigkeiten. Vor allem bei größeren Betrieben sind Sie hier in einer guten Position.

Auch wenn Ihr Chef sich nicht an bestimmte Formvorschriften hält oder seinen schriftlichen Nachweisverpflichtungen nicht nachkommt, haben Sie vor Gericht gute Karten. Um Ihren Arbeitsplatz nicht zu gefährden, sollten Sie aber nicht unüberlegt Ihre Ansprüche auf Einhaltung bestimmter Formalitäten einklagen, wenn dazu überhaupt kein Anlass ist. Besser ist es, wenn Sie sich erst gegen spätere Benachteiligungen wehren, etwa wenn Ihr Chef Ihnen plötzlich weniger Lohn zahlen will, und Sie nichts Schriftliches haben. Stellen die Gerichte Fehler beim Vertragsschluss fest, bleibt Ihr Arbeitsvertrag im Normalfall bestehen.

## Was neben dem Arbeitsvertrag noch gilt

Wer glaubt, seine Rechte und Pflichten im Job alleine durch einen Blick in seinen Arbeitsvertrag erfassen zu können, liegt falsch. Der Arbeitsvertrag regelt zwar meist die wichtigsten Punkte der Zusammenarbeit. Daneben gibt es aber noch zahlreiche andere Bestimmungen, die die Rechte am Arbeitsplatz beeinflussen. Das sind insbesondere:

### Gesetze

Chef und Mitarbeiter müssen selbstverständlich die Gesetze beachten. Enthält der Arbeitsvertrag also beispielsweise keine Regelung zum Urlaub, kann der Arbeitnehmer trotzdem den gesetzlichen Mindesturlaub verlangen. Oder: Die Sicherheitsvorschriften am Arbeitsplatz gelten auch dann, wenn im Arbeitsvertrag dazu nichts vereinbart ist. Gesetzliche Vorschriften können sogar dazu führen, dass der gesamte Arbeitsvertrag von vornherein ungültig ist. Beispiel: Arbeitsverträge mit Kindern. Die Texte der wichtigsten arbeitsrechtlichen Gesetze können kostenfrei auf der Internet-Seite des Bundesjustizministeriums unter www.bmj.de abgerufen werden.

### Tarifverträge

Besonders wichtig für den Arbeitnehmer sind Regelungen in Tarifverträgen. Das sind Vereinbarungen zwischen Gewerkschaften und Arbeitgebern oder Arbeitgeberverbänden. Sie gelten zwar nicht automatisch für jedes Arbeitsverhältnis, in einigen Branchen wie zum Beispiel der Metallindustrie oder der chemischen Industrie sind sie aber so verbreitet, dass fast jeder Arbeitnehmer mit ihnen zu tun hat. Insgesamt sind rund drei Viertel aller Arbeitnehmer von Tarifverträgen betroffen. In Tarifverträgen können nahezu alle Punkte eines Arbeitsverhältnisses geregelt werden, wie etwa Lohnfragen, Arbeitszeiten oder Urlaubsbestimmungen. Weil dem Arbeitgeber dabei eine Gewerkschaft gegenübersteht, sind die getroffenen Vereinbarungen für den Arbeitnehmer meist recht günstig.

Ein Tarifvertrag gilt für den Arbeitnehmer aber nur dann,

- wenn er und sein Arbeitgeber tarifgebunden sind, das heißt, der Arbeitnehmer Mitglied der Gewerkschaft ist und der Arbeitgeber Mitglied eines Arbeitgeberverbandes ist oder den Tarifvertrag selbst abgeschlossen hat;
- wenn er und sein Arbeitgeber im Arbeitsvertrag auf einen Tarifvertrag ausdrücklich oder offensichtlich Bezug nehmen, das heißt, die Bestimmungen eines Tarifvertrages im Arbeitsvertrag für anwendbar erklären, oder
- wenn ein Tarifvertrag für allgemeinverbindlich erklärt wurde, das heißt, generell für alle Arbeitsverträge einer bestimmten Branche Anwendung findet. Beispiele hierfür finden sich im Baubereich, im Hotel- und Gaststättengewerbe, im Reinigungsgewerbe und im Handel.

Darüber hinaus muss der Tarifvertrag noch auf den einzelnen Arbeitnehmer „passen" und zwar

- räumlich. Beispiel: Der Metalltarifvertrag für Nordrhein-Westfalen gilt nicht für Metallarbeiter in Bayern;
- betrieblich. Beispiel: Der Betrieb zählt insgesamt zur Metallbranche. Es gilt der Metalltarifvertrag und nicht der für die chemische Industrie;
- persönlich und fachlich. Beispiel: Der Tarifvertrag gilt nur für bestimmte Personengruppen, wie etwa die normalen Angestellten. Die leitenden Angestellten fallen dann als so genannte AT-Angestellte aus dem Tarifvertrag;
- zeitlich. Es gilt immer nur der aktuelle Tarifvertrag.

Das klingt alles viel komplizierter, als es tatsächlich ist. In der Regel bekommt der Arbeitnehmer nämlich genau mit, ob und welcher Tarifvertrag für ihn gilt. Schließlich sind ja meist auch die Kollegen davon betroffen.

Wirklich schwierig kann es allerdings werden, sich den Text des Tarifvertrages zu besorgen, um beispielsweise im Zweifelsfall etwas nachzulesen oder sich vorab über die tariflichen Regelungen zu informieren. Wer nicht Mitglied der Gewerkschaft ist, kann weder von seinem Arbeitgeber noch von der Gewerkschaft ein Exemplar des Tarifvertrages verlangen. Auch in Büchern, auf CD-ROM oder im Internet wird er die meisten Tarifverträge vergeblich suchen. Ausnahmen finden sich aber beispielsweise unter www.boeckler.de/wsi/tarchiv. Ansonsten bleibt dem Arbeitnehmer nur der Weg zu einem gewerkschaftlich organisierten Kollegen, zu einem Arbeitsgericht oder zu dem Arbeitsministerium, wo er unter Umständen einen Einblick in den Tarifvertrag nehmen kann.

## Betriebsvereinbarungen

Ebenso wichtig wie Tarifverträge sind für den Arbeitnehmer Regelungen in Betriebsvereinbarungen. Dabei handelt es sich um Absprachen zwischen Arbeitgeber und Betriebsrat, mit denen die Arbeitsbedingungen im Betrieb oder betriebliche Abläufe näher festgelegt werden. Beispiel: Regelungen über den Beginn der Arbeitszeit oder über die Zahlung von Zusatzleistungen wie Weihnachtsgeld oder Schmutzzulagen. Mitarbeiter und Chef müssen sich unabhängig vom Arbeitsvertrag an diese Vereinbarungen halten.

### Wichtig:

Tarifverträge und Betriebsvereinbarungen gelten auch dann, wenn der Arbeitnehmer diese nicht im Einzelnen kennt oder durchgelesen hat. Der Arbeitgeber muss dem Arbeitnehmer aber wenigstens die Möglichkeit geben, sich die Bestimmungen anzusehen und sich über seine Rechte und Pflichten zu informieren. Hält der Arbeitgeber sich nicht an diese Verpflichtung, kann der einzelne Arbeitnehmer dagegen allerdings so gut wie nichts ausrichten. Und was noch schlimmer ist: Die Regelungen gelten für ihn trotzdem.

Häufig kommt es auch noch vor, dass bestimmte Punkte wie zum Beispiel Urlaub oder Gehalt gleichzeitig im Arbeitsvertrag, Tarifvertrag oder in Betriebsvereinbarungen geregelt sind. Dann gilt in aller Regel nur diejenige Regelung, die für den Arbeitnehmer objektiv am günstigsten ist. Doch Vorsicht: Enthält der Arbeitsvertrag zu einem Punkt gar keine Regelung, bleibt es bei der Bestimmung im Tarifvertrag oder der Betriebsvereinbarung. Beispiel: Der Tarifvertrag verpflichtet den Arbeitnehmer, rückständiges Gehalt innerhalb einer bestimmten Frist und in einer bestimmten Form geltend zu machen. Die Regelung gilt, ohne dass im Arbeitsvertrag irgendetwas hierzu etwas vereinbart wurde.

Denkbar ist, dass der Arbeitsvertrag eine Klausel enthält, die bestimmt, dass Regelungen in einer Betriebsvereinbarung ausnahmsweise auch dann gelten, wenn sie für den Arbeitnehmer ungünstiger sind. Das ist zulässig.

## Gewohnheiten in der Firma

In vielen Betrieben haben sich im Laufe der Jahre Verhaltensweisen herausgebildet, die von jedem akzeptiert, aber nicht schriftlich festgehalten sind. Beispiel: An einem bestimmten Tag wird nur bis Mittag gearbeitet. An solche betrieblichen Gewohnheiten müssen sich Chef und Arbeitnehmer genau so halten, als wenn sie hierüber eine vertragliche Vereinbarung getroffen hätten. Wie oft oder wie lange sich ein Verhalten wiederholt haben muss, um „Gewohnheitsrecht" zu werden, lässt sich nicht pauschal beantworten. Bei Weihnachtsgratifikationen haben die Gerichte eine dreimalige vorbehaltlose Zahlung ausreichen lassen. Hat der Arbeitgeber also drei Jahre lang freiwillig Weihnachtsgeld gezahlt, kann der Arbeitnehmer auch im vierten Jahr das Geld verlangen, selbst wenn im Arbeitsvertrag nichts steht.

Doch aufgepasst: Der Arbeitgeber kann durch einen so genannten Vorbehalt dafür sorgen, dass der Arbeitnehmer sich in der Zukunft nicht auf ein Gewohnheitsrecht berufen kann. Beispiel: Er zahlt das Weihnachtsgeld mit dem Hinweis aus, dass er sich damit zu keinen Weihnachtsgeldzahlungen in der Zukunft verpflichtet.

Neben den Gewohnheiten in der Firma kommt es vor, dass der Arbeitgeber allen oder einer Gruppe von Arbeitnehmern außerhalb ihrer Arbeitsverträge bestimmte Zusagen macht. Solche Versprechungen muss er einhalten, auch wenn im Arbeitsvertrag davon keine Rede ist.

## Gleichbehandlung

Der Arbeitnehmer kann vom Arbeitgeber unter bestimmten Umständen verlangen, mit anderen Arbeitnehmern in der Firma gleichbehandelt zu werden. Beispiel: Ein Arbeitnehmer darf in Gleitzeit arbeiten, weil für alle anderen Mitarbeiter der Abteilung ebenfalls eine Gleitzeitregelung gilt. Oder: Der Arbeitnehmer bekommt eine Weihnachtsgratifikation, da sie an alle Mitarbeiter des Betriebes ausgezahlt wird.

Eine Gleichbehandlung kann der Arbeitnehmer aber nur fordern, wenn

- eine für bestimmte Arbeitnehmer vorteilhafte Regelung vorliegt, von der der Arbeitnehmer ausgeschlossen wird;
- der Chef diese Zusagen von sich aus generell gemacht hat, und nicht von Fall zu Fall individuell mit jedem einzelnen Mitarbeiter ausgehandelt hat;
- es sich bei den anderen Arbeitnehmern nicht um einzelne Personen, sondern um eine bestimmte Gruppe von Arbeitnehmern handelt;
- die anderen Arbeitnehmer mit dem benachteiligten Arbeitnehmer hinsichtlich ihrer betrieblichen Funktion vergleichbar sind, sie also beispielsweise der gleichen Abteilung angehören;
- es keinen ausreichenden Grund für eine unterschiedliche Behandlung der Arbeitnehmer gibt. Auf Anfrage muss der Arbeitgeber den Grund für die Ungleichbehandlung mitteilen. Sonst ist sie von vornherein ungültig.

Nicht zulässig ist es beispielsweise, wenn der Arbeitgeber folgende Umstände für die Ungleichbehandlung angibt:

- das Geschlecht,
- die Abstammung,
- die Rasse,
- die Sprache,
- die Heimat oder Herkunft,
- den Glauben,
- die politische Einstellung,
- eine Behinderung,
- das Alter,
- die Staatsangehörigkeit (aber nur bei EU-Bürgern)
- die Differenzierung zwischen Teilzeit- und Vollzeitbeschäftigten sowie befristet und unbefristet Beschäftigten,
- die Differenzierung zwischen verheirateten und nicht verheirateten Arbeitnehmern bei der Zahlung von zusätzlichem Kindergeld,

- die Differenzierung nach gekündigten und ungekündigten Arbeitnehmern, soweit es um betriebsbedingte Kündigungen geht,
- die Differenzierung in Arbeiter und Angestellte bei der Zahlung von Gratifikationen,
- die Differenzierung nach einzelnen Betrieben, wenn die Betriebe ansonsten keine Unterschiede aufweisen.

**Wichtig:**
Nur der Arbeitnehmer kann eine Gleichbehandlung mit anderen Mitarbeiten verlangen. Der Arbeitgeber kann dagegen nicht einfach eine Leistung kürzen, nur weil andere Kollegen auch weniger Geld bekommen.

**WISO rät:** Haben Sie das Gefühl, gegenüber anderen Arbeitnehmern zu Unrecht benachteiligt zu werden, fragen Sie Ihren Arbeitgeber nach den Gründen. Notfalls bestehen Sie auf einer Gleichbehandlung. Selbst wenn Ihr Arbeitgeber fragt, ob Sie nicht mit einer geringeren Leistung leben könnten, sollten Sie das nicht leichtfertig bejahen.

### Anordnungen des Chefs

Natürlich kann in einem Arbeitsvertrag nicht alles stehen, was der Arbeitnehmer zu tun oder zu lassen hat. Das würde den Rahmen bei weitem sprengen. Es wird normalerweise keine Regelung im Vertrag stehen, in welchem Raum der Arbeitnehmer beispielsweise sitzt oder dass die Sekretärin auch das Kochen des Kaffees übernehmen soll.

Trotzdem darf der Chef selbstverständlich auch solche Arbeiten verlangen, die nicht im Vertrag stehen. Voraussetzung ist aber, dass die Tätigkeit vom Arbeitsvertrag oder anderen Bestimmungen, wie zum Beispiel Sicherheitsvorschriften, noch gedeckt ist. Außerdem muss der Arbeitgeber bei seinen Anordnungen auch auf die Fähigkeiten und die bisherigen Tätigkeiten des Arbeitnehmers Rücksicht nehmen. So kann etwa von einem Leitenden Angestellten nicht verlangt werden, dass er auch die Aufgaben einer Sekretärin übernimmt.

Aus Angst, den Arbeitsplatz zu verlieren, akzeptieren viele Arbeitnehmer auch Anordnungen, gegen die sie sich eigentlich vor Gericht wehren könnten. Als Alternative bleibt ihnen aber noch die Möglichkeit, sich an den Betriebsrat zu wenden.

### Vernünftiger Umgang zwischen Chef und Arbeitnehmer

Was selbstverständlich klingt, ist leider nicht immer der Fall: Mitarbeiter und Chef müssen vernünftig miteinander umgehen. So gibt es eine Reihe von Pflichten, die beide Seiten beachten müssen: Aufklärungspflichten, Anzeigepflichten, Schutzpflichten… Beispielsweise muss es sich der Arbeitnehmer nicht gefallen lassen, wenn sein Chef die Steuern oder Sozialabgaben nicht ordentlich abführt. Außerdem muss der Chef darauf achten, dass sich der Arbeitnehmer im Betrieb nicht verletzt, dass Maschinen also richtig gewartet werden.

Doch nicht nur der Arbeitgeber hat solche Pflichten. Auch Arbeitnehmer müssen bestimmte Spielregeln einhalten. Sie müssen beispielsweise

- dem Arbeitgeber auftretende Gesundheitsgefahren, Störungen im Arbeitsbereich und Schäden an einer Arbeitsschutzeinrichtung anzeigen,
- die Arbeitsmittel bestimmungsgemäß verwenden,
- zur Rücksprache beim Chef erscheinen,
- Auskunft über den Stand der Arbeiten geben,
- die erforderlichen Arbeitspapiere wie zum Beispiel Lohnsteuerkarte und Sozialversicherungsausweis übergeben.

Außerdem ist es ihnen verboten,
- Arbeitskollegen zu Pflichtverletzungen oder Vertragsbruch anzustiften,
- Schmiergelder anzunehmen oder zu gewähren. Nicht zu den Schmiergeldern zählen aber kleine Geschenke zu Werbezwecken oder zu Weihnachten und zu Neujahr;
- den Betriebsfrieden durch politische Propaganda oder sexuelle Belästigung von Mitarbeitern zu stören,
- den Arbeitgeber bei Außenstehenden in Verruf zu bringen, oder
- Betriebsgeheimnisse zu verraten.

Als Faustregel lässt sich sagen: Je höher die Stellung des Arbeitnehmers im Betrieb ist, desto höher sind die Anforderungen an sein Verhalten. Ausnahmsweise können sich seine Verpflichtungen sogar auf den privaten Bereich erstrecken. Beispiel: Der Bankdirektor eines kleinen Ortes darf nicht volltrunken beim Dorffest auftreten.

Wer sich Fehltritte leistet, der muss mit Konsequenzen rechnen: Schadenersatz, Abmahnung, Kündigung – um nur einige zu nennen. Was im Einzelfall auf Sie zukommt, können Sie in den jeweiligen Kapiteln nachlesen.

Ein ausführliches Muster für einen Arbeitsvertrag finden Sie im Anhang dieses Buches.

# 2. Der befristete Arbeitsvertrag

Viele Arbeitgeber wollen neue Mitarbeiter zunächst nur für eine bestimmte Zeit beschäftigen. Der Grund: Sie bleiben flexibel, weil sie die betreffenden Arbeitnehmer leichter wieder loswerden können. Und wenn es gut läuft, können sie den neu eingestellten Mitarbeitern immer noch normale Arbeitsverträge anbieten. Für den Arbeitnehmer wiederum sind befristete Arbeitsverträge vor allem als Einstieg in das Berufsleben interessant. Zu guter Letzt will auch der Gesetzgeber den Abschluss befristeter Arbeitsverträge fördern, um so die Zahl der Arbeitslosen zu senken.

Für den befristeten Arbeitsvertrag gelten allgemein die gleichen Regeln wie für den „normalen" Arbeitsvertrag. Vor allem kann der Arbeitgeber nicht ohne weiteres einen unbefristeten Arbeitsvertrag in einen befristeten Arbeitsvertrag umwandeln. Außerdem darf der Arbeitnehmer wegen der Befristung nicht benachteiligt werden, also beispielsweise einen im Verhältnis gesehen niedrigeren Lohn erhalten. Daneben gibt es aber einige zusätzliche Anforderungen, die der Arbeitgeber beachten muss. Schließlich sollen befristete Einstellungen nicht dazu führen, dass der Arbeitgeber überhaupt keine Arbeitnehmer mehr dauerhaft beschäftigt. Denn dem Arbeitnehmer bringen Befristungen gegenüber dauerhaften Arbeitsverträgen überwiegend Nachteile, wie zum Beispiel einen geringeren Schutz gegen Kündigungen, schlechtere Aufstiegschancen und weniger Planungssicherheit.

## Befristung nach Zeit oder Zweck

Der Arbeitsvertrag kann so befristet werden, dass er nur für einen bestimmten Zeitraum geschlossen wird. Anfang und Ende lassen sich dann anhand des Kalenders bestimmen. Beispiel: Der Arbeitsvertrag wird zum 1. Juni geschlossen und ist auf zwölf Monate befristet.

Erlaubt ist es auch, das Ende des Arbeitsvertrages von gewissen Umständen abhängig zu machen. Sie müssen die Art, den Zweck oder den Inhalt der Tätigkeit betreffen. Beispiel: Der Arbeitnehmer soll nur solange beschäftigt werden bis der erkrankte Kollege gesund oder das Arbeitsprojekt abgeschlossen ist.

**WISO rät:** Will der Arbeitgeber mit Ihnen einen befristeten Arbeitsvertrag schließen, muss die Befristung ausdrücklich und schriftlich in den – original unterschriebenen – Vertrag aufgenommen werden. Ansonsten gilt Ihr Arbeitsvertrag als unbefristet. Das kann Ihnen unter Umständen erhebliche Vorteile im Fall von Kündigungen oder dem Bezug von Leistungen bringen.

Übrigens gelten die Vorschriften über befristete Arbeitsverträge auch dann, wenn Ihr Arbeitsvertrag nicht befristet ist, sondern unter einer Bedingung steht. Beispiel: Der Vertrag wird unter der Bedingung geschlossen, dass der Arbeitnehmer gesundheitlich für die Stelle geeignet ist.

## Grundsatz: Keine Befristung ohne Grund

Für die Befristung braucht der Arbeitgeber im Allgemeinen einen vernünftigen Grund. Hierzu zählen beispielsweise Befristungen im Anschluss an eine Ausbildung oder ein Studium, Befristungen zu Erprobungs- oder Vertretungszwecken oder Befristungen auf Wunsch des Arbeitnehmers. Allgemein lässt sich sagen: Je länger die Befristung dauern soll, desto höher sind die Anforderungen an die Gründe.

Der Grund für die Befristung muss bereits zum Zeitpunkt des Vertragsabschlusses vorliegen. Er braucht aber nur dann in den Arbeitsvertrag aufgenommen werden, wenn es sich um eine Befristung wegen Art, Zweck oder Inhalt der Arbeitsleistung und nicht um eine Befristung nach Zeit handelt.

**WISO rät:** Hat der Arbeitgeber mit Ihnen mehrere befristete Arbeitsverträge hintereinander geschlossen, muss er für jeden einzelnen einen sachlichen Grund haben. Aber: Haben Sie Zweifel daran, dass sachliche Gründe vorliegen, und wollen Sie diese Frage gerichtlich klären lassen, geht das nach Ablauf von drei Wochen des letzten Vertrages nur noch für diesen Vertrag. Ansonsten müssen Sie die anderen Verträge unter dem Vorbehalt abschließen, dass tatsächlich ein sachlicher Grund vorliegt.

Will der Arbeitgeber nicht den gesamten Arbeitsvertrag, sondern nur einzelne Arbeitsbedingungen befristen, muss er hierfür ebenfalls sachliche Gründe haben. Das ist zwar nicht gesetzlich geregelt, wird von den Gerichten aber seit jeher so gesehen. Beispiel: Der Mitarbeiter soll für einen bestimmten Zeitraum eine höherwertige Tätigkeit übernehmen.

## Wichtige Ausnahmen: Neueinstellungen und ältere Mitarbeiter

In Ausnahmefällen braucht der Arbeitgeber für die Befristung im Vertrag keinen Grund. Das gilt vor allem bei Neueinstellungen. Hier muss sich der Chef im Normalfall keine Gedanken darüber machen, warum er den Mitarbeiter zunächst einmal nur vorübergehend beschäftigt. Bei einer zeitlichen Befristung bis zu zwei Jahren benötigt er keinen sachlichen Grund, soweit er den Arbeitnehmer zum ersten Mal einstellt. Innerhalb der zwei Jahre kann er die Befristung außerdem schriftlich bis zu dreimal verlängern. Eine Neueinstellung liegt allerdings nur dann vor, wenn der Arbeitnehmer noch nie, also auch nicht als Werkstudent oder für nur wenige Tage, bei dem gleichen Arbeitgeber beschäftigt war. Hier gilt also das Motto: Einmal und nie wieder!

**WISO rät:** Sollen Sie im Arbeitsvertrag bestätigen, dass Ihr Arbeitgeber Sie erstmalig einstellt, prüfen Sie sorgfältig, ob Sie tatsächlich noch nie bei diesem Arbeitgeber beschäftigt waren, bevor Sie den Vertrag unterschreiben. Auch frühere Praktika zählen zu einer früheren Beschäftigung. Sonst können Sie durch Ihre Unterschrift Rechte verlieren. Von der zweijährigen Höchstbefristung und der höchstens dreimaligen Verlängerung bei Neueinstellungen kann in Tarifverträgen abgewichen werden.

Eine weitere Ausnahme vom sachlichen Grund betrifft die Beschäftigung von Arbeitnehmern, die bei Beginn des befristeten Arbeitsverhältnisses älter als 58 Jahre sind. Hier kann der Arbeitgeber den Vertrag ohne sachlichen Grund schließen, wenn er den Arbeitnehmer nicht gerade kurz zuvor noch unbefristet beschäftigt hatte.

**WISO rät:** Sind Sie älter als 58 Jahre (Stichtag: 58. Geburtstag), kann der Arbeitgeber mit Ihnen ohne Grund auch mehrere befristete Arbeitsverträge hintereinander oder über einen längeren Zeitraum abschließen. Verhält er sich hierbei allerdings Ihrer Meinung nach willkürlich, sollten Sie anwaltliche Hilfe in Anspruch nehmen. Solche Kettenbefristungen lassen sich nämlich nicht ohne weiteres mit europäischem Recht vereinbaren. Insofern erhöht das Ihre Chance, hier etwas zu bewegen.

## Wie ein befristeter Arbeitsvertrag endet

Der befristete Arbeitsvertrag endet mit Ablauf der vereinbarten Zeit oder mit Erreichen des vereinbarten Zwecks. Ist beispielsweise ein Jahr vorbei oder das Arbeitsprojekt abgeschlossen, läuft der Vertrag aus. Im letzteren Fall muss der Arbeitgeber den Arbeitnehmer allerdings zwei Wochen vor dem Ende schriftlich über den Ablauf der

Befristung informieren. Gibt es wichtige Gründe, wie zum Beispiel ein krasses Fehlverhalten des Mitarbeiters oder des Arbeitgebers, können beide Seiten den befristeten Arbeitsvertrag vorzeitig kündigen.

**Wichtig:**
Ein befristeter Arbeitsvertrag kann auch ohne wichtige Gründe gekündigt werden. Dann muss ein solches Recht aber normalerweise ausdrücklich im Arbeitsvertrag vereinbart worden sein und für beide Seiten gelten. Außerdem: Bei Befristungen etwa für eine längere Zeit als fünf Jahre kann der Arbeitnehmer nach fünf Jahren mit einer Frist von sechs Monaten kündigen. War die Befristung unzulässig, darf der Arbeitnehmer sofort kündigen, der Arbeitgeber zum vereinbarten Ende der Befristung.

Wird ein befristeter Arbeitsvertrag über das vorgesehene Ende hinaus von Mitarbeiter und Chef einfach fortgesetzt, so gilt er als auf unbestimmte Zeit abgeschlossen.

**WISO rät:** Hat der Arbeitgeber im Vertrag eine zeitliche Befristung mit einer Zweckbefristung kombiniert, also beispielsweise das Arbeitsverhältnis bis zur Fertigstellung eines Hauses, längstens aber für die Dauer von sechs Monaten befristet, sollten Sie, wenn möglich, nach Erreichen des ersten Befristungstermins weiterarbeiten oder vorsorglich auf einer Weiterbeschäftigung bestehen. Arbeiten Sie weiter, kommt es nach neuer Rechtslage unter Umständen gar nicht mehr auf die Gültigkeit der zweiten Befristung an. Sie wären dann auf unbestimmte Zeit weiterbeschäftigt. Gibt es darüber Streit mit Ihrem Chef, sollten Sie zunächst rechtlichen Rat einholen. Ihr Anwalt kann Sie beraten, wie die Gerichte den Fall aktuell beurteilen.

## Recht auf unbefristete Beschäftigung

Neu in die arbeitsrechtlichen Vorschriften aufgenommen hat der Gesetzgeber zum 28. Juli 2001 eine Regelung, die den Arbeitgeber dazu verpflichtet, bei unbefristeten Einstellungen solche Arbeitnehmer vorrangig berücksichtigen, die im Betrieb befristet beschäftigt sind. Macht er das nicht, kann der Betriebsrat seine Zustimmung zur Einstellung des anderen Arbeitnehmers verweigern.

## Streit über die Befristung

Immer wieder kommt es zwischen Chef und Mitarbeiter zum Streit über die Befristung. Vor allem wenn der Arbeitnehmer die Befristung für unzulässig hält und auf Dauer im Betrieb weiterarbeiten will, sind Meinungsverschiedenheiten vorprogrammiert. Dem Arbeitnehmer bleibt in solchen Fällen meist nichts anderes übrig, als die Sache vor dem Arbeitsgericht klären zu lassen. Dann muss der Arbeitgeber darlegen und beweisen, dass das Arbeitsverhältnis wegen einer wirksamen Befristung zukünftig nicht fortbesteht. Doch aufgepasst: Für die Klage hat der Arbeitnehmer nach Ablauf der Befristung nur drei Wochen Zeit. Umso wichtiger ist deshalb sein Recht, den gerichtlichen Antrag im Streitfall schon vor Ablauf der Befristung stellen zu dürfen. Un-

  **II. Die Einstellung**

ter Umständen kann der Arbeitnehmer für die Dauer des Prozesses auch seine vorübergehende Weiterbeschäftigung verlangen und notfalls gerichtlich durchsetzen.

# 3. Der Teilzeitarbeitsvertrag

Rund 20 Prozent aller Arbeitnehmer sind Teilzeit- oder Halbtageskräfte. Hinter der Entscheidung zur Teilzeitarbeit stehen oft persönliche oder familiäre Zwänge. Je nach Länge der Teilzeit oder den individuellen Möglichkeiten sollte aber stets gut überlegt werden, ob der Abschluss eines Teilzeitvertrages wirklich sinnvoll ist. Für Karriere, Arbeitsplatzsicherheit, Vermögensaufbau oder Altersvorsorge eignet sich die Teilzeitarbeit nämlich in aller Regel nicht. Außerdem muss der Teilzeitbeschäftigte im Verhältnis zu Vollzeitarbeitskräften meist mehr leisten.

## Teilzeit – ein ganz normales Arbeitsverhältnis

Teilzeitverträge entstehen wie normale Arbeitsverträge und werden auch wie solche behandelt. Teilzeitarbeit bedeutet nur, dass der Arbeitnehmer nicht für die volle Arbeitszeit im Betrieb des Arbeitgebers beschäftigt ist. Ohne Zustimmung des Mitarbeiters kann der Arbeitgeber im Normalfall keine Teilzeit anordnen. Jeder Arbeitnehmer darf frei darüber entscheiden, ob er in Teilzeit arbeiten will oder nicht. Wegen seiner Entscheidung für oder gegen die Teilzeit darf der Arbeitnehmer nicht benachteiligt werden. Kündigt der Arbeitgeber also beispielsweise, weil der Mitarbeiter nicht von Vollzeit in Teilzeit wechseln will, ist das unzulässig. Entscheidet er sich für die Teilzeit, darf er im Verhältnis kein niedrigeres Gehalt als vergleichbare Vollzeitkräfte bekommen. Was sich auf den ersten Blick so selbstverständlich anhört, ist es im Arbeitsalltag noch lange nicht: Viele Arbeitgeber nehmen die Teilzeit zum Anlass, den Mitarbeiter zum Beispiel bei Entlassungen, Krankheitsfällen, Feiertagen oder Urlaubsregelungen schlechter zu behandeln als ihre Vollzeitkräfte. Der Arbeitnehmer sollte hier immer auf der Hut sein. Schließlich kann es ja auch vorkommen, dass dem Arbeitgeber nur ein „Versehen" passiert ist, weil er beispielsweise die Urlaubstage nicht richtig berechnen konnte. Notfalls sollte ein Anwalt, die Gewerkschaft oder der Betriebsrat befragt werden.

### Wichtig:
Um Nachteile bei der Steuer und der Sozialversicherung zu vermeiden, müssen bei der Gestaltung von Teilzeitvereinbarungen bestimmte Regeln beachtet werden. Je ungleichmäßiger die Arbeitszeit verteilt ist, desto komplizierter wird es hier. Der Arbeitnehmer sollte darauf achten, dass er stets ein gleichmäßiges, monatliches Gehalt bekommt, unabhängig davon, wieviel er in dem jeweiligen Zeitraum gearbeitet hat. Arbeitszeit und Bezahlung sollten außerdem genau schriftlich festgehalten werden. Beispiel: Die Teilzeitvereinbarung erlaubt es dem Arbeitnehmer, im Jahr neun Monate zu arbeiten und drei Monate frei zu haben. Sinnvoll ist es, über das ganze Jahr ein gleichmäßiges Gehalt zu bekommen anstatt in den neun Arbeitsmonaten das volle Gehalt und in den restlichen drei Monaten gar nichts. Im Zweifel sollte sich der Arbeitnehmer

vorher bei seiner Krankenkasse, seinem Rentenversicherungsträger oder seinem Finanzamt oder Steuerberater genauer beraten lassen.

Was viele nicht wissen: Seit dem 1. Januar 2001 können vollzeitbeschäftigte Arbeitnehmer in bestimmten Fällen eine Beschäftigung als Teilzeitkraft verlangen. Umgekehrt haben Teilzeitkräfte ein Recht auf Verlängerung ihrer Arbeitszeit bis zur Vollzeitbeschäftigung.

## Recht auf Teilzeit

Arbeiten in einem Unternehmen mehr als 15 Arbeitnehmer, ausgenommen Lehrlinge, kann der Arbeitnehmer vom Chef verlangen, seine vertraglich vereinbarte Arbeitszeit zu verringern. Sogar die Verteilung der Arbeitszeit kann der Arbeitnehmer selbst bestimmen. Um sein Recht auf Teilzeitarbeit durchzusetzen, muss der Mitarbeiter nur länger als sechs Monate bei dem Arbeitgeber beschäftigt gewesen sein. Außerdem darf der Arbeitgeber keine betrieblichen Gründe haben, die gegen eine Teilzeitbeschäftigung sprechen, wie zum Beispiel Beeinträchtigungen des Betriebsablaufs oder unverhältnismäßige Kosten.

Die Teilzeitarbeit muss der Arbeitnehmer drei Monate vor ihrem geplanten Beginn beim Arbeitgeber beantragen. Der Arbeitgeber wiederum muss hierauf spätestens einen Monat vor dem gewünschten Beginn schriftlich antworten. Sonst gilt die beantragte Teilzeitarbeit als festgelegt.

**WISO rät:** Spielen Sie mit dem Gedanken, in Teilzeit zu wechseln, sollten Sie Ihren Chef frühzeitig über Ihre Pläne informieren. Teilen Sie ihm bei dieser Gelegenheit auch mit, wie Sie sich die Teilzeit im Einzelnen vorstellen. Erläutern Sie Ihre Vorschläge zu der veränderten Arbeitszeit und einem möglichen Wechsel des Arbeitsplatzes. Nur so lässt sich eine einvernehmliche Lösung finden, die für beide Seiten akzeptabel ist. Bei Ihrer Entscheidung für die Teilzeitarbeit sollten Sie stets bedenken, dass Ihr Arbeitgeber hierdurch in der Regel belastet wird. Unter Umständen müssen auch Ihre Kollegen mit Nachteilen rechnen, wenn sie die bislang Ihnen übertragenen Aufgaben nun mit erledigen müssen. Sind Sie sich noch unsicher, können Sie Ihrem Chef auch vorschlagen, die Teilzeit zunächst probeweise zu vereinbaren.

Können sich die Beteiligten über die Teilzeitarbeit nicht einigen, darf der Arbeitgeber den Teilzeitwunsch des Mitarbeiters nur ablehnen, wenn er dafür nachvollziehbare Gründe, wie zum Beispiel Störungen im Betriebsablauf, hat. Die Gründe braucht er dem Arbeitnehmer allerdings nicht mitzuteilen. Der Mitarbeiter kann die Zustimmung seines Chefs gerichtlich erzwingen, wenn es seiner Ansicht nach gar keine vernünftigen Gründe für eine Ablehnung gibt oder wenn er die ihm genannten Gründe nicht für plausibel hält. Hatte der Arbeitnehmer allerdings innerhalb der letzten zwei Jahre schon einmal einen Antrag auf Teilzeitarbeit gestellt, braucht der Arbeitgeber dem Wunsch nach erneuter Verringerung der Arbeitszeit nicht nachzukommen.

**WISO rät:** Kommt es wegen der Teilzeit zu einem Prozess, riskieren Sie als Arbeitnehmer die zukünftige Beeinträchtigung oder sogar das endgültige Scheitern des Arbeitsverhältnisses, weil das Vertrauen zu Ihrem Arbeitgeber empfindlich gestört wird. Außerdem müssen Sie bis zu einer positiven gerichtlichen Entscheidung so weiterarbeiten, wie es im Vertrag steht. Überlegen Sie also gut, ob Sie tatsächlich so weit gehen wollen. Sehen Sie keinen anderen Ausweg, stehen Ihre Chancen, die Teilzeitarbeit gerichtlich zu erzwingen, allerdings nicht unbedingt schlecht. Die Gerichte stellen nämlich an die Ablehnungsgründe des Arbeitgebers hohe Anforderungen.

Übrigens: Wer einmal in Teilzeit gewechselt ist, braucht sich eine Änderung seiner Arbeitszeiten im Normalfall nicht mehr gefallen zu lassen. Der Arbeitgeber kann also beispielsweise keine Rückkehr zur Vollzeit verlangen, nur weil er plötzlich höhere Kosten feststellt.

## Von Teilzeit zu Vollzeit

Ist ein Arbeitnehmer teilzeitbeschäftigt, kann er vom Arbeitgeber auch eine Erweiterung der vertraglich vereinbarten Arbeitszeit verlangen. Ist etwa ein Vollzeitarbeitsplatz frei und der Arbeitnehmer hierfür geeignet, muss der Arbeitgeber dem Wunsch des Arbeitnehmers im Allgemeinen nachkommen.

**Wichtig:**
Das Recht auf eine Vollzeitstelle haben auch geringfügig Beschäftigte (325-Euro-Kräfte). Stellt der Arbeitgeber in solchen Fällen bei gleicher Eignung einen anderen Bewerber ein, muss er ihn kündigen. Ansonsten macht er sich schadenersatzpflichtig. Schadenseratzpflichten können unter Umständen auch entstehen, wenn der Arbeitgeber einen teilzeitbeschäftigten Arbeitnehmer nicht ausreichend über die freie Vollzeitstelle informiert.

## Wer in Teilzeit geht, verdient weniger

Der größte Nachteil der Teilzeit ist sicherlich, dass der Arbeitnehmer damit weniger verdient als bei einer Vollzeitbeschäftigung. Sein Gehalt verringert sich in dem gleichen Umfang, wie sich seine Arbeitszeit verkürzt. Sieht der Arbeitsvertrag also eine Beschäftigung von 40 Stunden pro Woche zu einem monatlichen Gehalt von 2.000 Euro vor, erhält der Arbeitnehmer bei einer Halbierung der Arbeitszeit nur noch 1.000 Euro monatlich. Im Einzelfall kann die Berechnung des neuen Gehaltes allerdings schwierig sein. Beispiel: Der Mitarbeiter hat unbestimmte Wochenarbeitszeiten; oder: Das ursprüngliche Gehalt des Mitarbeiters deckte eine gewisse Anzahl von Überstunden ab, während die Teilzeitvereinbarung gar keine Überstunden vorsieht. In solchen Fällen sollte der Arbeitnehmer sich rechtzeitig mit seinem Chef absprechen, um spätere Überraschungen zu vermeiden.

## Arbeit auf Abruf

Arbeit auf Abruf nennt man Teilzeitarbeitsarbeitsverhältnisse, bei denen der Arbeitnehmer seine Arbeitsleistung je nach Arbeitsanfall erbringen muss. Der Arbeitgeber kann also im Prinzip die Arbeitszeit des Arbeitnehmers bestimmen. Das ist aber nur zulässig, wenn

- ein bestimmter Umfang der Arbeitszeit festgelegt ist (wöchentlich und täglich);
- eine Ankündigungsfrist für die genauen Arbeitszeiten (vier Tage im Voraus) eingehalten wird. Die Frist gilt auch, wenn der Arbeitgeber eine Festlegung der Arbeitszeit nachträglich abändern will. Der Tag der Ankündigung wird bei der Berechnung der Frist nicht mitgezählt;
- ein gewisser Mindesteinsatz des Arbeitnehmers gewährleistet ist.

Haben Arbeitgeber und Arbeitnehmer den Umfang der Arbeitszeit nicht festgelegt, gelten zehn Stunden wöchentlich, beziehungsweise drei Stunden hintereinander täglich, als vereinbart. Wird die Arbeit nicht in dem vereinbarten Umfang abgerufen, muss der Arbeitgeber dem Arbeitnehmer trotzdem den vereinbarten Lohn zahlen. Hält der Arbeitgeber die Ankündigungsfrist nicht ein, muss der Arbeitnehmer nicht arbeiten. Ob der Arbeitnehmer sich aber tatsächlich so verhalten sollte, steht auf einem anderen Blatt. Im Interesse beider Seiten kann es sinnvoll sein, die Ankündigungsfrist einvernehmlich abzukürzen.

**Vorsicht:**
In Tarifverträgen kann eine kürzere als die viertägige Ankündigungsfrist vorgesehen werden.

**WISO rät:** Ist Ihre mögliche Arbeitszeit sehr viel länger als die tatsächlich vereinbarte Arbeitszeit, können Sie in der Planung und Gestaltung ihrer Freizeit erheblich beeinträchtigt sein. Versuchen Sie hier mit dem Arbeitgeber eine vernünftige Einigung zu erzielen. Notfalls wenden Sie sich an den Betriebrat.

Probleme gibt es bei der Abrufarbeit, wenn der Arbeitnehmer krank wird. Dann wird ihn der Arbeitgeber nämlich regelmäßig nicht zur Arbeit einteilen. Das bedeutet, der Mitarbeiter hätte kaum die Chance, Lohnfortzahlung für den Krankheitsfall zu erhalten. Um das zu verhindern, haben die Gerichte entschieden, dass der Mitarbeiter sein Geld in der Höhe bekommt, wie er normalerweise, also ohne seine Krankheit, zur Arbeit eingeteilt worden wäre.

## Jobsharing

Unter Jobsharing versteht man eine Vereinbarung, bei der sich mehrere Arbeitnehmer die Arbeitszeit an einem Arbeitsplatz teilen. Beispiel: Zwei Teilzeitkräfte besetzen abwechseln denselben Arbeitsplatz. Die Arbeitszeit können die beteiligten Arbeitnehmer meist frei untereinander aufteilen. Hierbei sollte der einzelne Arbeitnehmer auf eindeutige Absprachen mit seinen Arbeitspartnern achten oder dem Arbeitgeber für den Streitfall die Einteilungsbefugnis überlassen. Außerdem sollten arbeitsvertraglich Vertretungsregelungen getroffen werden für den Fall, dass einer der Arbeitnehmer verhindert ist. Der Arbeitsvertrag darf allerdings nicht vorsehen, dass die Mitarbeiter einander in jedem Fall automatisch vertreten müssen. Im übrigen ist jeder „Jobsharer" für sich und seine Arbeit selbst verantwortlich. Deshalb darf der Arbeitgeber einen Arbeitnehmer auch nicht kündigen, nur weil beispielsweise ein Sharing-Partner das Team verlässt.

**Vorsicht:**
Für die Vertretung können Tarifverträge nachteilige Regelungen für den Arbeitnehmer vorsehen.

Übrigens können sich anstelle einer konkreten Arbeitsplatzteilung Gruppen von Arbeitnehmern auch auf bestimmten Arbeitsplätzen in festgelegten Zeitabschnitten abwechseln, das wäre dann Turnusarbeit. Ebenso ist es möglich, die unterschiedlichen Modelle Abrufarbeit, Arbeitsplatzteilung und Turnusarbeit zu kombinieren.

### Was sonst noch bei der Teilzeit zu beachten ist

Für bestimmte Personengruppen ist die Teilzeitarbeit in besonderen Gesetzen zusätzlich geregelt. Beispiel: Elternteilzeit, Altersteilzeit, Teilzeit für schwer Behinderte. In solchen Fällen hat der Arbeitnehmer die Wahl, ob er die Teilzeit nach den allgemeinen, hier beschriebenen Regeln oder nach den Sondervorschriften verlangt. Die speziellen Regeln sind für ihn meist günstiger, da sie in der Regel zusätzliche finanzielle oder betriebliche Vorteile mit sich bringen.

Nähere Informationen zur Teilzeit erhalten Sie außerdem im Internet unter www.teilzeit-info.de.

# 4. Geringfügige Beschäftigung

Viele Arbeitnehmer, die aus persönlichen Gründen nur wenige Stunden arbeiten können, entscheiden sich für einen 325-Euro-Job. Beliebt sind solche Jobs auch, um sich neben dem Hauptberuf noch etwas hinzuzuverdienen. Für die Arbeitgeber sind geringfügige Beschäftigungen wiederum wegen geringerer Sozialabgaben von Interesse. Vor allem im privaten oder gemeinnützigen Bereich taucht außerdem immer wieder die Frage auf, ob es nicht sinnvoll ist, beispielsweise eine Reinigungskraft auf 325-Euro-Basis zu beschäftigen.

Verträge mit geringfügiger Beschäftigung sind im Grunde nichts anderes als gewöhnliche Teilzeitarbeitsverträge. Deshalb gelten für sie auch die gleichen rechtlichen Regeln. Allein für die Sozialversicherung sind Besonderheiten zu beachten.

### Was bedeutet Geringfügigkeit?

Geringfügig beschäftigt ist ein Arbeitnehmer, wenn er im Monat weniger als 15 Stunden in der Woche arbeitet und dabei nicht mehr als 325 Euro (früher 630/520-Mark) verdient.

Ebenso fallen hierunter Arbeitnehmer, die im Jahr nur zwei Monate oder 50 Arbeitstage arbeiten, außer wenn sie hierbei berufsmäßig mehr als 325 Euro im Monat verdienen (kurzfristige Beschäftigung).

## Konsequenzen in der Sozialversicherung

Ein geringfügig beschäftigter Arbeitnehmer ist in der gesetzlichen Sozialversicherung weitgehend versicherungsfrei. Er muss also keine Beiträge zur gesetzlichen Kranken-, Pflege- Renten- oder Arbeitslosenversicherung zahlen.

Lediglich der Arbeitgeber muss bei geringfügigem Verdienst im Regelfall zusätzliche Pauschalbeiträge für die gesetzliche Kranken- und Rentenversicherung abführen. Diese Beitragslast kann der Arbeitgeber durch Vertrag nicht auf den Arbeitnehmer abwälzen.

Der Arbeitnehmer kann den Pauschalbeitrag zur Rentenversicherung von sich aus aufstocken, um einen höheren Rentenanspruch zu erwerben. Auf diese Möglichkeit muss der Arbeitgeber den Arbeitnehmer schriftlich hinweisen.

**Beispiel:**
Der Arbeitnehmer verdient monatlich 325 Euro, so dass sein Arbeitgeber einen pauschalen Rentenversicherungsbeitrag von 12 Prozent abführen muss. Diesen Anteil kann der Arbeitnehmer um 7,5 Prozent auf den derzeitigen Regelbeitrag in Höhe von 19,5 Prozent aufstocken. Er zahlt dann zusätzlich 24,38 Euro pro Monat an die Rentenversicherung. Der Vorteil: Sein monatlicher Rentenanspruch ist höher, er darf alle und nicht nur einige Leistungen der Rentenversicherung in Anspruch nehmen, und er erwirbt mehr Pflichtbeitragsmonate, was für den Bezug der späteren Rente von Bedeutung sein kann.

**WISO rät:** Prüfen Sie sorgfältig, ob zusätzliche Beiträge an die Rentenversicherung für Sie sinnvoll sind. Erfahren Sie erst im nachhinein, dass sie die Rentenbeiträge Ihres Arbeitgebers hätten aufstocken können, weil Ihr Chef Sie nicht darüber aufgeklärt hatte, können Sie eigentlich Schadenersatz verlangen. Das Problem: Die Ersatzansprüche lassen sich meist kaum durchsetzen, weil nicht klar ist, ob und in welcher Höhe sie tatsächlich den Beitrag aufgestockt hätten.

## Konsequenzen bei der Steuer

Lohnsteuer fällt bei geringfügiger Beschäftigung in der Regel nicht an, wenn der Arbeitnehmer kein weiteres steuerpflichtiges Einkommen hat. Das muss der Arbeitnehmer dem Arbeitgeber in Form einer so genannten Freistellungsbescheinigung seines Finanzamtes nachweisen. Den Antrag auf Freistellung kann der Arbeitnehmer bis zum Ende des jeweiligen Kalenderjahres beim Finanzamt stellen. Legt der Arbeitnehmer keine Freistellungsbescheinigung vor, ist der 325-Euro-Job steuerpflichtig. Meist fällt dann eine pauschale Lohnsteuer in Höhe von 20 Prozent an, die der Arbeitgeber zu tragen hat. Ein Überwälzen dieser Steuerlast auf den Arbeitnehmer ist hier allerdings möglich. Das heißt, der Arbeitnehmer muss die Pauschalsteuer selbst übernehmen, wenn sein Chef die Übernahme verweigert. Als Alternative kann der Arbeitnehmer auch auf die Pauschalbesteuerung verzichten und sich von vornherein nach Lohnsteuerkarte besteuern lassen. Nur in diesem Fall braucht er eine Lohnsteuerkarte. Die Steuerbeträge können oft beim Lohnsteuerjahresausgleich beziehungsweise bei der Einkommenssteuererklärung zurückgeholt werden.

## Mehrere Beschäftigungsverhältnisse

Wichtig zu wissen ist, was passiert, wenn der Arbeitnehmer mehrere geringfügige Beschäftigungsverhältnisse oder ein normales und ein geringfügiges Beschäftigungsverhältnis eingeht. Hierbei werden die Beschäftigungen zunächst zusammengerechnet. Liegt das Einkommen dann über der Geringfügigkeitsgrenze, entfallen weitgehend die Vorteile bei der Sozialversicherung. Es werden die normalen Sätze erhoben (beim Arbeitnehmer rund 20 Prozent). Außerdem fällt zumindest die pauschale Lohnsteuer an. Ausnahmen: Beschäftigungen wegen geringen Verdienstes (unter 325 Euro) und wegen kurzfristiger Beschäftigung (unter zwei Monaten oder 50 Arbeitstagen) werden nicht zusammengerechnet. Gleiches gilt für Beschäftigungen wegen kurzzeitiger Beschäftigung und normalen Arbeitsverhältnissen.

**WISO rät:** Zulässig ist eine vertragliche Klausel, nach der Sie Ihrem Arbeitgeber eine Mehrfachbeschäftigung anzeigen müssen. Kommen Sie dem nicht nach, droht Schadenersatz.

Als geringfügig Beschäftigter stehen Ihnen auch anteilige Sonderzahlungen zu, die anderen Mitarbeitern gewährt werden. Hieraus können unter Umständen allerdings Probleme bei der Steuer und der Sozialversicherung resultieren.

Wollen Sie eine geringfügige Beschäftigung aufnehmen, sind Sie nach neuer Rechtslage übrigens auf die Zustimmung des Betriebsrates angewiesen.

**Beispiele:**
Zur Verdeutlichung von Alleinbeschäftigung, Zusammenrechnung sowie den Konsequenzen nachfolgend zwei Beispiele:

Ein Rentner bezieht eine monatliche Altersrente von 1.000 Euro und ist Mitglied in der gesetzlichen Krankenversicherung. Bei einer Arbeitszeit von 34 Stunden im Monat verdient er nebenbei 300 Euro. Anderen erwerbstätigen Beschäftigungen geht der Rentner nicht nach, sonstige Einkünfte sind auch nicht vorhanden.

Ergebnis: Der Arbeitgeber muss den Pauschalbeitrag zur Krankenversicherung abführen, da der Rentner gesetzlich versichert ist. Auch der pauschale Beitrag zur Rentenversicherung ist fällig. Von einer Aufstockung des Rentenversicherungsbeitrages hat der Rentner aufgrund seiner schon fälligen Rente zu Recht abgesehen. Wegen des steuerpflichtigen Ertragsanteils seiner Rente erhält der Rentner keine Freistellungsbescheinigung und muss deshalb seinen Verdienst versteuern. Der Arbeitgeber kann sich, da die vorgegebenen Lohngrenzen eingehalten werden, zu einer Übernahme der pauschalen Lohnsteuer bereit erklären. Der Rentner könnte die Pauschalsteuer auch selbst übernehmen. Möglich, und in diesem Fall für beide Seiten sinnvoll, ist aber ebenso eine Besteuerung nach Lohnsteuerkarte. Wegen der geringen Gesamteinkünfte muss der Rentner nämlich keine Lohnsteuer zahlen.

Eine Angestellte verdient in Ihrem Hauptberuf monatlich 2.400 Euro. Nebenbei jobbt sie acht Stunden wöchentlich als Übungsleiterin für ein monatliches Gehalt von 300 Euro.

Ergebnis: Die beiden Beschäftigungen werden für die Sozialversicherung zusammengerechnet. Die Beitragsbemessungsgrenze wird dabei nicht überschritten. Sowohl für den Hauptberuf als auch für den Nebenjob fallen daher für beide Seiten Sozialversicherungsbeiträge an. Nur die Arbeitslosenversicherung beschränkt sich auf die Hauptbeschäftigung. Die Beiträge sind konkret zu bemessen. Pauschalen scheiden damit aus. Die Einnahmen aus dem Nebenjob muss die Angestellte versteuern, da sie noch weitere Einkünfte aus ihrem Hauptberuf hat. Hier muss sie sich mit Ihrem Chef einigen, ob er die Pauschalsteuer für die Nebeneinkünfte übernimmt. Ansonsten kann sie auch eine zweite Lohnsteuerkarte bei ihm vorlegen.

**Variante eins:** Verdient die angestellte Frau bei ihrer Übungsleitertätigkeit mehr als 450 Euro, kann sie zum Ausgleich aber eine steuerfreie Aufwandsentschädigung in Höhe von monatlich 150 Euro geltend machen, so ist die Aufwandentschädigung sowohl für die Sozialversicherung als auch für die Lohnsteuer in Abzug zu bringen.

**Variante zwei:** Der Verdienst im Hauptberuf ist so niedrig, dass noch ein monatlicher Steuerfreibetrag übrig bleibt. Deckt der Freibetrag den Nebenverdienst komplett ab, fällt weder im Haupt- noch im Nebenberuf Lohnsteuer an. Für die Sozialversicherung werden die Einkommen aus den beiden Beschäftigungen zusammengerechnet.

**Variante drei:** Die Frau im Beispielsfall ist im Hauptberuf nicht als Angestellte sondern selbstständig tätig. Wegen der Selbstständigkeit besteht keine Sozialversicherungspflicht im Hauptberuf. Deshalb sind Haupt- und Nebenjob auch nicht zusammenzurechnen. Pauschale Krankenversicherungsbeiträge fallen für den Arbeitgeber im Nebenjob aber nicht an, da die Frau privat versichert ist. Nur der Pauschalbeitrag zur Rentenversicherung muss vom Arbeitgeber abgeführt werden. Für die Lohnsteuer gelten keine Besonderheiten. Es ist entweder eine Pauschal- oder eine Individualbesteuerung des Nebeneinkommens vorzunehmen.

**Variante vier:** Die Frau im Beispielsfall hat keinen Hauptberuf, sondern nur zwei Nebenjobs. Wird dabei die Grenze von 325 Euro überschritten, ergibt sich die volle Sozialversicherungspflicht. Bei der Lohnsteuer entfällt die Möglichkeit einer Pauschalierung, weil bei der Rentenversicherung nicht ein Pauschalbeitrag, sondern der konkret zu bemessende Anteil zu zahlen ist.

**Variante fünf:** Im Nebenjob überschreitet die angestellte Frau gelegentlich die Zeit- beziehungsweise Verdienstgrenze für die Geringfügigkeit. Dies ändert an den voranstehenden Beurteilungen aber nichts, da es nur darauf ankommt, dass die Grenzen regelmäßig eingehalten werden.

**WISO rät:** Wenn Sie auf der Suche nach einem 325-Euro-Job sind, sollten Sie in jedem Fall auch einmal beim nächstgelegenen Arbeitsamt vorbeischauen. Speziell für 325-Euro-Jobs hat die Bundesanstalt für Arbeit nämlich eine eigene Vermittlungsbörse eingerichtet. Im Internet finden Sie das Angebot unter www. arbeitsamt.de im Menü „Markt".

# 5. Probearbeitsverhältnis und Probezeit

Bei Arbeitsverhältnissen mit anfänglicher Probezeit sollen Chef und Mitarbeiter überprüfen können, ob eine längerfristige Zusammenarbeit in Betracht kommt. Für die Probezeit gelten besondere Regeln, ansonsten wird das Arbeitsverhältnis wie ein normales behandelt.

## Zulässige Dauer der Probezeit

Eine Probezeit muss zwischen Arbeitgeber und Arbeitnehmer ausdrücklich vereinbart werden. Das ist praktisch immer der Fall. Die zulässige Dauer der Probezeit richtet sich unter anderem nach der Art der Tätigkeit und der Person des Arbeitnehmers. Bei einfachen Tätigkeiten sind in der Regel vier Wochen bis drei Monate angemessen, für gewöhnliche Tätigkeiten drei bis sechs Monate und für besonders anspruchsvolle Tätigkeiten ausnahmsweise sechs Monate bis ein Jahr.

**WISO rät:** Bei der Dauer der Probezeit bestehen meist Spielräume für Verhandlungen. Vor allem, wenn der Arbeitgeber zum Abschluss des Arbeitsvertrages an Sie herangetreten ist, sollten Sie keine allzu lange Probezeit akzeptieren. Je nach vereinbarten Kündigungsfristen kann Ihnen nämlich eine kurze Probezeit mehr Planungssicherheit bringen.

## Besondere Kündigungsregeln

Während der Probezeit, längstens aber für die Dauer von sechs Monaten, können beide Seiten den Vertrag mit einer Frist von zwei Wochen kündigen. Gründe müssen dafür nicht angegeben werden. Die Vereinbarung längerer Kündigungsfristen ist natürlich erlaubt. Die Kündigung kann auch noch am letzten Tag der Probezeit mit der kurzen Kündigungsfrist von zwei Wochen ausgesprochen werden.

Ist eine längere Probezeit als sechs Monate vereinbart, gelten nach sechs Monaten die normalen Kündigungsfristen. Vor allem aber kann der Arbeitnehmer dann in bestimmten Fällen nicht mehr grundlos gekündigt werden. Beispiel: In einem Großbetrieb muss der Arbeitgeber seine Kündigung nach sechsmonatiger Beschäftigung gesondert begründen.

## Probezeit als Befristungsgrund

Arbeitnehmer und Arbeitgeber können die Probezeit auch in Form eines befristeten Arbeitsverhältnisses vereinbaren. Es gelten dann dieselben Regeln wie für befristete Arbeitsverhältnisse.

**Achtung:**

Bestimmte Regelungen wie etwa Vorschriften zum Mutterschutz oder bei schwer Behinderten kann der Arbeitgeber nur umgehen, wenn er ein befristetes Arbeitsverhältnis vereinbart. Ist hingegen nur eine normale Probezeit vorgesehen, steht der Arbeitnehmer besser da. So gilt beispielsweise das Kündigungsverbot im Mutterschutz trotz Probezeit von Anfang an, während das Arbeitsverhältnis im Fall einer Befristung trotz des Mutterschutzes zum vereinbarten Zeitpunkt enden kann. Oder: Bei schwer Behinderten ist nach sechs Monaten Beschäftigungsdauer vor jeder Kündigung das Integrationsamt (früher: Hauptfürsorgestelle) zu informieren. Die Probezeit ändert daran nichts. Die Befristung hingegen beendet das Arbeitsverhältnis auch ohne Zustimmung des Integrationsamtes.

Besondere Bestimmungen für die Probezeit gelten bei Auszubildenden. Hier muss generell eine Probezeit vereinbart werden, die mindestens einen Monat und höchstens drei Monate beträgt. Während der Probezeit kann Ihnen aber ebenfalls ohne Angaben von Gründen und ohne besondere Einschränkungen gekündigt werden.

# 6. Aushilfsarbeitsverhältnis

Mit Aushilfsarbeitsverhältnissen will der Arbeitgeber in der Regel vorübergehende personelle Engpässe überbrücken. Sie können befristet oder unbefristet vereinbart werden. Für Aushilfsarbeitsverhältnisse gelten die allgemeinen Regeln über den Arbeitsvertrag mit nachfolgenden Besonderheiten.

Bei Aushilfsarbeitsverhältnissen bis zu drei Monaten und bei längerdauernden in den ersten drei Monaten kann der Arbeitgeber die Frist für eine Kündigung vertraglich bis auf Null abkürzen. Das ist zulässig. Auch die Kündigungstermine können anders als üblich geregelt werden. Beispiel: Kündigung zum Zehnten anstatt zum Fünfzehnten des Monats. Bei Frauen in Mutterschutz und bei schwer Behinderten ist die Kündigung allerdings stets von weiteren Voraussetzungen abhängig. Im Krankheitsfall kann der Arbeitnehmer erst nach vierwöchiger Dauer des Aushilfsverhältnisses die Fortzahlung des Lohnes verlangen.

**WISO rät:** Beschäftigt Sie der Arbeitgeber trotz befristeter Arbeitsverträge dauerhaft zur Aushilfe, gibt es keinen ausreichenden Grund für die Befristung, und Sie können eine dauerhafte Beschäftigung verlangen. Ausnahme: Sie sind vom Arbeitgeber anfangs neu eingestellt worden und arbeiten nicht länger als zwei Jahre zur Aushilfe.

# 7. Nebenjob

Wer mit einem Arbeitsvertrag einen Nebenjob ausübt, für den gelten die allgemeinen Regeln über Arbeitsverträge. Die Bezeichnung Nebenjob ist also rechtlich ohne Bedeutung. Von Interesse ist allenfalls, ob und inwieweit ein gegebenenfalls bestehender Hauptarbeitsvertrag die Ausübung des Nebenjobs überhaupt zulässt. Der Arbeitnehmer muss also darauf achten

- ob sein Arbeitsvertrag eine solche Nebentätigkeit gestattet,
- ob er den Leistungsanforderungen zweier Jobs persönlich gewachsen ist,
- ob die gesetzlichen Höchstgrenzen der täglichen Arbeitszeit von acht beziehungsweise zehn Stunden eingehalten werden.

**Achtung:**
Wer nach einer Kündigung einem Nebenjob nachgeht, muss damit rechnen, dass das, was er hierbei verdient, auf sein normales Gehalt angerechnet wird. Beispiel: Der Arbeitgeber kündigt den Mitarbeiter im Mai mit einer dreimonatigen Kündigungsfrist zum Ende des Monats August. Gleichzeitig stellt er ihn von der Arbeit frei. Nutzt der Mitarbeiter nun seine freie Zeit dazu, einen Nebenjob aufzunehmen oder einen bisherigen Nebenjob auf diese Zeit auszudehnen, kann der Chef ihm den Nebenverdienst bis zum Ende der Kündigungsfrist, also bis Ende August, von seinem Gehalt abziehen.

# 8. Wiedereingliederungsverhältnis

War der Arbeitnehmer längere Zeit arbeitsunfähig krank, kann er mit dem Arbeitgeber vereinbaren, zunächst nur in einem geringeren Umfang als vertraglich vorgesehen zu arbeiten. Die ursprüngliche Tätigkeit wird dann stufenweise wieder aufgenommen. Während eines solchen Wiedereingliederungsverhältnisses muss der Arbeitgeber dem Mitarbeiter keinen Lohn zahlen. Der Arbeitnehmer gilt weiterhin als krank und erhält unter Umständen Krankengeld.

# 9. ABM-Arbeitsverhältnis

Bei einer Arbeitsbeschaffungsmaßnahme (ABM) verpflichtet sich ein Arbeitgeber, der nicht darauf aus ist, Profit zu erzielen, wie etwa eine Gemeinde, einen förderungsbedürftigen Arbeitslosen einzustellen. Im Gegenzug erhält der Arbeitgeber vom Arbeitsamt einen Zuschuss zum Lohn. Den Zuschuss gibt es nur, wenn der zugewiesene Arbeitslose

- zusätzliche Arbeiten erledigt: „Zusätzlich" sind Arbeiten, die ohne die ABM-Maßnahme nicht oder erst zu einem späteren Zeitpunkt durchgeführt werden könnten;
- die Arbeiten im Interesse der Allgemeinheit liegen. Das ist nicht der Fall, wenn nur einzelne Personen von der Maßnahme profitieren.

Der Arbeitsvertrag ist in aller Regel auf maximal zwei Jahre befristet. Der Arbeitslose kann verpflichtet sein, die ABM-Tätigkeit anzunehmen. Für ABM-Arbeitsverhältnisse gelten folgende Besonderheiten:

- Die Befristung auf in der Regel maximal zwei Jahre kann davon abhängig gemacht werden, wie lange das Arbeitsamt den Zuschuss zahlt.
- Der ABM-Beschäftigte wird üblicherweise schlechter bezahlt als vergleichbare Arbeitnehmer. Der Grund: Einen Zuschuss vom Staat gibt es für den Arbeitgeber nur bis zu 80 Prozent vom Tariflohn. Wer als Unternehmer mehr zahlt, muss den Mehranteil selbst aufbringen.
- ABM-Beschäftigte können von der betrieblichen Altersversorgung ausgenommen werden.
- Der Tarifvertrag kann für das ABM-Arbeitsverhältnis Besonderheiten wie etwa ein geringeres Gehalt vorsehen.
- Chef und Mitarbeiter haben ein besonderes Kündigungsrecht. Vor allem wenn der Mitarbeiter eine Ausbildung oder einen vollwertigen Arbeitsplatz aufnehmen kann, dürfen beide Seiten das ABM-Verhältnis kündigen.

# 10. Telearbeitsverhältnis

Für viele noch ein Traum, für manche bereits Realität: Ein PC-Arbeitsplatz innerhalb der eigenen vier Wände. Telearbeit muss aber nicht unbedingt bedeuten, dass der Arbeitnehmer nur noch von zu Hause aus arbeitet. Im Gegenteil: Wesentlich verbreiteter sind Vertragsgestaltungen, bei denen der Arbeitnehmer seine Arbeitszeit je zur Hälfte im Betrieb und in der Wohnung verbringt oder bei denen er unter Einsatz moderner Kommunikationsmittel im Außendienst tätig ist. Aber ganz gleich wie die Telearbeit aussieht: Wer als Telearbeitnehmer beschäftigt ist, für den gelten die üblichen arbeitsrechtlichen Bestimmungen wie etwa zur Kündigung, zum Urlaub oder im Krankheitsfall. Natürlich finden sich in den meisten Telearbeitsverträgen aber auch einige Besonderheiten: So kann beispielsweise für bestimmte Fälle ein Zutrittsrecht des Arbeitgebers zur Wohnung vorgesehen sein, weil der Arbeitnehmer ansonsten nicht verpflichtet wäre, den Chef in seine Wohnung zu lassen. Die praktischen Schwierigkeiten beispielsweise bei der Kontrolle des Arbeitsschutzes oder der Arbeitszeit lassen sich dadurch allerdings nur bedingt in den Griff bekommen.

# III. Am Arbeitsplatz

Der Arbeitnehmer leistet seine Arbeit und der Chef zahlt ihm hierfür das vereinbarte Gehalt. Lohn gegen Arbeit. So lässt sich der wesentliche Inhalt des Arbeitsverhältnisses zusammenfassen. Damit sind aber längst nicht alle Fragen zu diesem Thema beantwortet. Außerdem gibt es neben Arbeit und Lohn noch eine ganze Menge anderer wichtiger Punkte im Arbeitsverhältnis wie beispielsweise den Urlaub oder Regelungen für den Krankheitsfall. Auch hier entstehen häufig Probleme.

## 1. Gehalt

Für das Gehalt sind im Arbeitsalltag viele Namen gebräuchlich: Bezüge, Einkommen, Verdienst, Vergütung, Lohn, Entgelt, Bezahlung, Gage, Prämie und Honorar sind die häufigsten. Für bestimmte Teile des Gehalts gibt es daneben noch Bezeichnungen wie Provision, Sonderprämien, Tantieme, Weihnachtsgeld, Urlaubsgeld, Zulagen, Sozialleistungen, Zusatzleistungen, Sonderleistungen, Gewinnbeteiligungen, Gratifikationen, vermögenswirksame Leistungen, Altersversorgung und vieles mehr.

Aber welche Rechte der Arbeitnehmer bei seiner Bezahlung hat, richtet sich nicht allein danach, wie das Gehalt bezeichnet wird. Auch die Höhe der Bezahlung spielt hierfür keine Rolle. Entscheidend ist vor allem,

- dass eine Leistung des Mitarbeiters entlohnt wird. Reisekostenerstattungen, Geschenke oder Trinkgelder sind daher keine Löhne;
- für welche Leistung der Lohn gezahlt wird. Das muss nicht immer die Arbeit sein. Entlohnt werden kann zum Beispiel auch die Treue zum Betrieb;
- wie die Bezahlung im Einzelnen geregelt ist, für welche Arbeit oder welchen Erfolg also beispielsweise welches Gehalt gezahlt wird. Das ergibt sich in erster Linie aus dem Arbeitsvertrag oder einem Tarifvertrag.

**Beispiel:**
Dem Arbeitnehmer steht nach seinem Arbeitsvertrag ein 13. Monatsgehalt zu, das der Arbeitgeber üblicherweise als „Weihnachtsgeld" deklariert und zusammen mit dem Dezembergehalt auszahlt. Scheidet der Arbeitnehmer nun Mitte des Jahres aus der Firma aus, kann er trotzdem ein halbes 13. Monatsgehalt verlangen. Der Grund: Das 13. Monatsgehalt wird nach dem Vertrag offensichtlich für seine Arbeitsleistung bezahlt und nicht dafür, dass er am 1. Dezember des Jahres noch in der Firma arbeitet. Daran ändert auch die Auszahlung als „Weihnachtsgeld" nichts.

**WISO rät:** Endet Ihr Arbeitsverhältnis im Laufe eines Jahres, sollten Sie prüfen, ob Ihr Chef Ihnen für das maßgebliche Jahr nicht noch anteilige Leistungen bezahlen muss. Soweit das Gehalt beispielsweise nur für Ihre Arbeit gezahlt wird, steht Ihnen für die bereits geleisteten Tätigkeiten ein Teil der Vergütung zu. Beispiel: Anteiliges 13. Monatsgehalt.

# Gehalt nach Vertrag

Die Höhe des Verdienstes vereinbart der Chef mit seinem Mitarbeiter in aller Regel in einem Arbeitsvertrag. Der Vertrag legt auch fest, ob die Bezahlung nach der Zeit, also etwa pro Monat, nach der Leistungsmenge wie beispielsweise bei Akkordarbeiten oder nach anderen Kriterien wie Qualität oder Erfolg gezahlt wird. Auch bestimmte Anlässe wie Urlaub, Dienstjubiläum oder lange Betriebszugehörigkeit können Grund für eine Zahlung sein.

**WISO rät:** Nutzen Sie mögliche Verhandlungsspielräume beim Vertragsschluss, um Ihre Zusatzleistungen zu verbessern. Erkundigen Sie sich beim Gehalt auch nach den betrieblichen Gepflogenheiten wie zum Beispiel Regelungen bei der Altersversorgung oder beim Weihnachtsgeld. Allein wegen Ihres Geschlechtes darf der Arbeitgeber Ihnen für die gleiche Arbeit nicht weniger zahlen als ihren Kollegen.

Häufig sind Regelungen über den Lohn auch in Tarifverträgen enthalten. Weil ein Tarifvertrag aber nicht nur für einen, sondern für eine Vielzahl von Arbeitnehmern gilt, wird regelmäßig eine Einteilung in verschiedene Lohngruppen vorgenommen. Der einzelne Arbeitnehmer wird dann bei seiner Einstellung oder nach einer Beförderung einer dieser Lohngruppen zugeordnet. In welche Lohngruppe er fällt, hängt von seiner Tätigkeit ab. Aber nicht immer ist die Zuordnung eindeutig. So kann es vorkommen, dass der Arbeitnehmer sowohl Tätigkeiten einer niedrigen, als auch Tätigkeiten einer höheren Lohngruppe verrichtet. Hier entscheiden immer die Umstände des Einzelfalles. Der Mitarbeiter hat jedenfalls ein Recht darauf, die Bezahlung zu verlangen, die ihm nach seiner Tätigkeit zusteht. Eine falsche Eingruppierung durch den Chef braucht er sich nicht gefallen zu lassen. Aufgepasst: Ist der Arbeitnehmer nicht zu niedrig, sondern zu hoch eingestuft, erhält er also mehr Geld als ihm eigentlich zusteht, kann der Arbeitgeber ihm nicht einfach den Lohn kürzen. Das geht nur in seltenen Ausnahmefällen wie etwa bei einer Unternehmenskrise. Außerdem muss dann der Betriebrat zustimmen. Wechselt der Mitarbeiter nach der Einstellung seine Tätigkeiten, muss der Arbeitgeber ihn umgruppieren, das heißt in die entsprechend niedrigere oder höhere Lohngruppe einordnen.

**WISO rät:** Sind Sie der Auffassung, nach einer zu niedrigen Lohngruppe bezahlt zu werden, sollten Sie von Ihrem Chef das Gehalt verlangen, das Ihnen Ihrer Meinung nach tatsächlich zusteht. Fordern Sie also konkret eine Bezahlung nach einer höheren Lohngruppe. Sollten Sie gezwungen sein, Ihre Ansprüche gerichtlich einzuklagen, fordern Sie die Feststellung, dass Ihr Chef Sie nach der höheren Lohngruppe zu bezahlen hat. Aber Vorsicht, denn vor Gericht müssen Sie stets genau beschreiben, welche Tätigkeiten Sie ausüben. Außerdem müssen Sie begründen, warum Ihrer Meinung nach eine Zuordnung zu einer höheren Lohngruppe gerechtfertigt ist.

### Achtung:

In Tarifverträgen oder Betriebsvereinbarungen finden sich abgesehen von den Lohngruppen häufig noch weitere Regelungen zu Lohnfragen, mitunter sogar zu Lasten der Arbeitnehmer. Beispiel: Rückständiger Lohn verfällt, wenn der Mitarbeiter ihn nicht innerhalb eines Monates schriftlich verlangt. Von solchen Bestimmungen kann der Arbeitnehmer unter Umständen selbst dann betroffen sein, wenn er nicht Mitglied der Gewerkschaft ist oder den Inhalt des Tarifvertrages oder der Betriebsvereinbarung nicht kennt. So ist es etwa bei Regelungen in allgemeinverbindlichen Tarifverträgen.

## Art der Gehaltszahlung

Normalerweise bezahlt der Arbeitgeber dem Mitarbeiter für die geleistete Arbeit Geld. Mitunter kommt es aber auch vor, dass der Chef seinem Mitarbeiter – zumindest teilweise – Sachbezüge gewährt, wie etwa Dienstwagen, Dienstwohnung, so genannte Deputate in der Landwirtschaft, Kohlen im Bergbau, oder freie Kost und Logis im Hotel- und Gaststättengewerbe. Bei Geldleistungen überweist der Arbeitgeber den Betrag meist auf ein vom Mitarbeiter anzugebendes Konto. Risiken und Kosten der Überweisung gehen dabei zu Lasten des Arbeitgebers. Die Zahlung des Gehaltes erfolgt in aller Regel erst, wenn der Mitarbeiter seine Arbeitsleistung bereits erbracht hat. Fehlt es nur noch an der Abrechnung, kann der Arbeitnehmer eine Abschlagszahlung verlangen. Ist die Arbeit noch nicht verrichtet, bleibt dem Mitarbeiter nur die Bitte um einen Vorschuss. Diesem Wunsch kann der Chef nachkommen, er muss es aber nicht.

Will der Mitarbeiter überprüfen, ob der Arbeitgeber den Lohn in der richtigen Höhe gezahlt hat, braucht er in der Regel eine Abrechnung. Der ausgezahlte Betrag entspricht nämlich nicht dem im Arbeitsvertrag festgelegten Bruttolohn, da der Arbeitgeber vor der Auszahlung noch Lohnsteuer, Solidaritätszuschlag, Sozialversicherungsbeiträge und unter Umständen Kirchensteuer des Arbeitnehmers an den Staat abführen muss. Der Arbeitgeber ist verpflichtet, jedem Mitarbeiter eine Abrechnung zu erstellen, auch wenn das nicht gesetzlich vorgeschrieben ist. In der Abrechnung muss der Lohn im einzelnen aufgeschlüsselt sein. Das heißt, der Arbeitnehmer muss Bruttogehalt, Abzüge und die Zusammensetzung und Berechnung des Lohnes erkennen können. Die Beiträge des Arbeitnehmers zur Sozialversicherung betragen derzeit:

- für die Rentenversicherung 9,75 Prozent des Bruttolohnes. Damit werden Maßnahmen zur Rehabilitation sowie Alters-, Erwerbsminderungs- und Hinterbliebenenrenten finanziert;
- für die Pflegeversicherung 0,85 Prozent. Sie ermöglicht die Bezahlung einer ambulanten oder stationären Betreuung von Pflegebedürftigen;
- für die Arbeitslosenversicherung 3,25 Prozent. Hiervon werden Arbeitslosengeld, Arbeitslosenhilfe, Kurzarbeitergeld, Beratung und Vermittlung von Arbeitslosen, Förderung von Arbeitsbeschaffungsmaßnahmen sowie die berufliche Aus- und Weiterbildung finanziert;
- für die Krankenversicherung, je nach gewählter Versicherung, zwischen 13 und 15 Prozent. Leistungen sind zum Beispiel die ärztliche und zahnärztliche Behandlung, Krankenhauspflege, Bezahlung von Arznei- und Heilmitteln, Zahlung von Kranken- und Mutterschaftsgeld;
- für die Unfallversicherung variiert die Beitragshöhe je nach Betrieb. Die Unfallversicherung garantiert Sach-, Dienst- und Geldleistungen bei Arbeitsunfällen und Berufskrankheiten.

**Achtung:**

Soweit das Gehalt eine gewisse Grenze überschreitet, muss der Arbeitnehmer für diesen Teil seines Lohns keine Sozialversicherungsbeiträge mehr zahlen. Die maßgebliche Grenze ändert sich jährlich und liegt derzeit für die meisten Arbeitnehmer bei 61.200 Euro jährlich in den alten und 51.000 Euro in den neuen Bundesländern. Für die Pflege- und Krankenversicherung gilt derzeit eine eigene Grenze in Höhe von 41.400 Euro. Hier muss der Arbeitnehmer außerdem überhaupt keine Beiträge mehr zahlen, wenn er die Grenze überschreitet. Im Gegenzug muss er sich aber auch selbst krankenversichern.

**Beispiel:**

Der Mitarbeiter aus München verdient im Jahr 70.000,00 Euro. Beiträge für die Renten- und Arbeitslosenversicherung muss er nur aus einem Betrag von 61.200,00 Euro zahlen. Da er mit seinem Verdienst auch über der Grenze für die Kranken- und Pflegeversicherung, also über 41.400,00 Euro liegt, braucht er überhaupt keine Beiträge für diese Versicherungen zahlen. Um gegen Krankheitsfälle abgesichert zu sein, muss er sich aber privat versichern.

Zahlt der Chef seinem Mitarbeiter am Monatsende versehentlich zuviel aus, muss der Mitarbeiter den zuviel erhaltenen Lohn wieder zurückzahlen. Hat der Arbeitnehmer das Versehen allerdings nicht bemerkt und das Geld inzwischen ausgegeben, geht der Chef leer aus. Handelt es sich um geringe Beträge bis zu zehn Prozent des Gehaltes muss der Arbeitnehmer in aller Regel nicht einmal nachweisen, dass er das Geld zwischenzeitlich ausgegeben hat. Wer allerdings bereits im Arbeitsvertrag wirksam darauf verzichtet hat, gegenüber Rückzahlungsforderungen des Arbeitgebers etwas einzuwenden, bleibt stets zur Rückzahlung verpflichtet.

## Gehalt ohne Vertrag

Manchmal kommt es vor, dass im Arbeitsvertrag gar nichts über das Gehalt steht. Der Arbeitnehmer muss aber auch dann nicht unbezahlt arbeiten. Der Arbeitgeber kann auch nicht einfach das bezahlen, was er gerade für richtig hält, das wäre unfair. Er muss vielmehr das bezahlen, was er normalerweise für die gleiche oder eine vergleichbare Arbeit zahlen müsste. Lässt sich das nicht ermitteln, kann der Arbeitnehmer selbst einen angemessenen Lohn festlegen.

## Problem: Niedriglöhne

Um Kosten zu sparen, kommen manche Arbeitgeber auf die Idee, ihren Arbeitnehmern von vornherein nur einen „Hungerlohn" zu bezahlen. Wegen ihrer schlechten Chancen auf dem Arbeitsmarkt sehen sich viele Arbeitnehmer gezwungen, auf solche Angebote einzugehen. Die meisten dieser Vereinbarungen sind aber unzulässig. Der Arbeitgeber muss nämlich bei der Höhe des Gehaltes bestimmte Untergrenzen beachten, die er nicht unterschreiten darf. Wann ein unzulässiger Niedriglohn vorliegt, lässt sich nicht generell beantworten. Als Orientierung können etwa zwei Drittel des vergleichbaren Tariflohnes angesetzt werden.

**Achtung:**
Untergrenzen für Löhne gibt es nicht nur in den unteren Lohngruppen, sondern auch bei höher qualifizierten Fachkräften. So kann beispielsweise ein Monatslohn in Höhe von 2.000 Euro monatlich für einen Akademiker unzulässiger Niedriglohn sein.

Unzulässig ist im übrigen auch eine Vereinbarung, mit der ein Arbeitnehmer an den Verlusten des Arbeitgebers beteiligt werden soll.

## Gehalt ohne Arbeit

Normalerweise gilt der Grundsatz: Ohne Arbeit keinen Lohn. Nur wer seine Arbeit erledigt, wird auch dafür bezahlt.

Es gibt aber Situationen, in denen ein solches Ergebnis ungerecht erscheint. Ausnahmsweise muss der Arbeitgeber deshalb auch dann den Lohn bezahlen, wenn der Arbeitnehmer nicht arbeitet. Beispiele: Stromausfall im Betrieb, Maschinenbrand, grundlose Verweigerung der angebotenen Arbeitsleistung durch den Arbeitgeber. Auch bei Urlaub, Krankheiten und Feiertagen braucht der Mitarbeiter keine Angst um sein Gehalt zu haben.

In diesen Fällen muss der Arbeitgeber das volle Gehalt zahlen, auch wenn der Arbeitnehmer gar nicht gearbeitet hat. Denn es lag ja schließlich nicht an ihm, dass er die angebotene Arbeitsleistung nicht erbringen konnte.

Manchmal ist der Mitarbeiter aber auch aus persönlichen Gründen verhindert, am Arbeitsplatz zu erscheinen. Liegen diese Gründe in seiner Person und nicht etwa an äußeren Umständen wie etwa einer Verspätung der Bahn oder einem Stau auf der Autobahn, muss der Arbeitgeber ihm das Gehalt in der Regel ebenfalls weiterzahlen.

Beispiele hierfür sind:
- Arztbesuche, soweit sie nicht außerhalb der Arbeitszeit möglich sind,
- Familienereignisse wie etwa goldene Hochzeit der Eltern, eigene Hochzeit, Geburt eigener Kinder, Beerdigung naher Angehöriger,
- Umzug,
- Hilfe in Notsituationen wie zum Beispiel bei Hochwasser, soweit sie von offizieller Seite konkret angefordert wurde,
- Autopanne,
- Verkehrsunfall,
- gerichtliche Vorladungen,
- Gebetspausen, soweit keine betrieblichen Störungen eintreten,
- Erkrankung eigener Kinder unter zwölf Jahren ohne Betreuungsmöglichkeit durch andere Personen. Der Anspruch auf Freistellung und Lohnfortzahlung besteht hier für zehn Arbeitstage, bei Alleinerziehenden für 20 Arbeitstage pro Jahr und Kind. Bei mehreren Kindern liegt die Maximalgrenze bei 25 beziehungsweise 50 Arbeitstagen. Sind die Zeiträume überschritten, erhält der Arbeitnehmer von seiner Kran-

kenkasse Krankengeld, während er von seinem Arbeitgeber unbezahlten Urlaub verlangen kann.

**Achtung:**
Der Arbeitgeber muss hier nur so lange zahlen, wie es zeitlich angemessen ist. So braucht er beispielsweise bei einem Umzug nicht mehrere Tage das Gehalt weiterzahlen, weil der Mitarbeiter noch seine neue Wohnung renovieren muss. Außerdem gibt es keine bezahlte Freizeit, wenn der Mitarbeiter an seiner Verhinderung selbst schuld ist. Beispiel: Er bleibt mit dem Auto liegen, weil er nicht rechtzeitig getankt hat.

## Besondere Lohnklauseln

In der Regel setzt sich der Lohn des Arbeitnehmers aus einem festen monatlichen Grundgehalt und zusätzlichen Gehaltsbestandteilen zusammen. 13. Monatsgehalt, Anwesenheitsprämie, Gratifikation, Urlaubsgeld, vermögenswirksame Leistungen und Tantiemen sind hier nur einige der denkbaren Möglichkeiten. Für die Zusatzleistungen sind im Arbeits- oder Tarifvertrag meist besondere Regeln vorgesehen. Sie werden zum Beispiel nur zu einem bestimmten Anlass oder Termin ausbezahlt oder sie dienen einem eigenständigen Zweck wie etwa der Altersversorgung, dem Vermögensaufbau oder der Belohnung besonderer Leistungen. Nicht alles, was sich hierzu an Klauseln in Arbeitsverträgen wiederfindet, ist aber zulässig. Aufpassen muss der Arbeitnehmer vor allem bei

- Rückzahlungsklauseln: Sie sehen vor, dass der Arbeitnehmer bestimmte Zahlungen wie beispielsweise das Weihnachts- oder Urlaubsgeld an den Arbeitgeber zurückerstatten muss, wenn er vor einem bestimmten Zeitpunkt aus dem Betrieb ausscheidet.
- Kürzungsklauseln: Dabei wird eine anteilige Kürzung des Gehaltes für bestimmte Fehlzeiten wie zum Beispiel wegen Krankheit, Erziehungsurlaub, Wehrdienst vorgenommen.
- Stichtagsklauseln: Hier erhält der Mitarbeiter die Leistungen nicht, wenn er an einem bestimmten Stichtag des laufenden oder folgenden Jahres nicht mehr in einem Arbeitsverhältnis steht.

**Wichtig:**
Ohne besondere vertragliche Klauseln darf der Chef seinen Mitarbeitern normalerweise kein Gehalt vorenthalten. Selbst wenn er mit einer Leistung nicht zufrieden ist, kann er den Lohn des Mitarbeiters nicht einfach herabsetzen.

**WISO rät:** Kommt es zum Streit um Ihr Gehalt, sollten Sie zunächst darauf achten, welche Teile Ihres Lohns davon betroffen sind und ob hierzu eine besondere Lohnklausel vereinbart wurde. Einschränkungen müssen Sie sich in der Regel nur bei zusätzlichen Leistungen wie etwa Weihnachts- oder Urlaubsgeld gefallen lassen. Verlangt der Arbeitgeber beispielsweise die Rückzahlung des 13. Monatsgehaltes, brauchen Sie dem nicht nachkommen. Das 13. Monatsgehalt zählt nämlich zu Ihrem Grundgehalt.

## Einschränkende Klauseln
## sind nicht unbegrenzt zulässig

Verwendet der Arbeitgeber im Arbeitsvertrag eine der vorstehenden Lohnklauseln, muss er bestimmte Spielregeln einhalten.

Das gilt vor allem für Rückzahlungsklauseln. Ob sie gültig sind, hängt davon ab, wie lange der Arbeitnehmer an den Betrieb gebunden wird, und welcher Betrag vom Arbeitgeber zurückgefordert werden kann. Allgemeingültige Aussagen lassen sich nicht treffen. Als Faustregel gilt aber: Beträgt die Zahlung mehr als einen Monatslohn darf der Arbeitnehmer bis zum 31. März des Folgejahres oder länger an den Betrieb gebunden werden. Bei einem Betrag von 100 Euro bis zu einem Monatslohn, darf die Bindung nicht über den 31. März des Folgejahres hinausgehen. Scheidet der Mitarbeiter also zum 15. März aus der Firma aus, muss er das erhaltene Geld zurückzahlen. Wie und warum er den Betrieb verlässt, spielt dabei keine Rolle. Haben beide Seiten im Vertrag eine zu lange Bindungsfrist vorgesehen, gilt die zulässige Frist als vereinbart. Beispiel: Bei einem Weihnachtsgeld von 200 Euro, soll der Mitarbeiter bis zum 30. Juni des nächsten Jahres an den Betrieb „gebunden" werden. Maßgeblich bleibt aber der 31. März.

Rückzahlungsklauseln sind auch üblich, wenn der Chef seinem Mitarbeiter zuvor eine Fort- oder Weiterbildungsmaßnahme bezahlt hat. Hier kann unter Umständen sogar eine bis zu fünfjährige Bindung zulässig sein, wenn sich der Rückzahlungsbetrag zeitanteilig verringert. Zur Orientierung lässt sich folgendes sagen: Je zeitaufwendiger, teurer und anspruchsvoller die Fortbildung war, desto länger darf die Bindungsdauer sein. Die Rückzahlungsverpflichtung muss im Verhältnis zur Bindungsdauer angemessen gestaffelt werden. Beispiel für eine zulässige Regelung: Die Fortbildung dauert 14 Monate. Der Mitarbeiter wird verpflichtet, die Kosten für die Fortbildung zurückzuzahlen, wenn er innerhalb der nachfolgenden drei Jahre, also 36 Monate, aus der Firma ausscheidet. Für jeden Monat den der Mitarbeiter nach der Fortbildung im Betrieb bleibt, verkürzt sich seine Rückzahlungsverpflichtung um 1/36. Denkbar wäre auch eine nach Jahren bemessene Verringerung der Rückzahlungsverpflichtung um jeweils ein Drittel. Hat der Chef mit seinem Mitarbeiter im Vertrag eine zu lange Bindungsfrist vereinbart, führt das übrigens nicht dazu, dass der Mitarbeiter überhaupt nichts mehr an seinen Arbeitgeber zurückzahlen müsste. Die Bindungsfrist wird nur auf eine angemessene Zeitspanne reduziert. Beispiel: Bei einer Fortbildung von nur vier Wochen soll der Mitarbeiter dazu verpflichtet sein, die Kosten zu erstatten, wenn er innerhalb der nächsten fünf Jahre aus der Firma ausscheidet. Da fünf Jahre hier zu lang sind, wird die Dauer der Bindung auf ein Jahr verringert.

**Wichtig:**
Der Arbeitnehmer braucht die Fortbildungskosten nur dann zurückzuzahlen, wenn er selbst kündigt oder seine Pflichten am Arbeitsplatz verletzt und ihn der Arbeitgeber deshalb rausschmeißt. Wird der Arbeitnehmer beispielsweise gekündigt, weil der Betrieb umstrukturiert wird, bleibt der Chef auf seinen Kosten sitzen.

Von vornherein unzulässig sind Rückzahlungsklauseln, wenn die Fortbildung wegen einer gesetzlichen Verpflichtung, wie etwa der Einweisung in neue Sicherheitsvorschriften, durchgeführt werden musste, die allein im Interesse des Arbeitgebers lag oder der Arbeitnehmer dadurch gar keinen Vorteil, wie beispielsweise bessere Verdienstmöglichkeiten, erlangt hat. In diesen Fällen kann der Chef vom Mitarbeiter keine Kostenerstattung verlangen.

**WISO rät:** Haben Sie vor, den Betrieb ihres Arbeitgebers von sich aus zu verlassen, werfen Sie zu Ihrer Sicherheit immer einen Blick auf die Lohnklauseln in Ihrem Arbeitsvertrag. So können Sie sich vor unliebsamen Überraschungen schützen und einen möglichst günstigen Kündigungszeitpunkt wählen.

Besondere Regeln muss der Arbeitgeber auch bei Kürzungsklauseln beachten. Vor allem wenn er vorhat, das Gehalt des Mitarbeiters für die Tage des Jahres zu kürzen, an denen dieser krankheitsbedingt gefehlt hat, gelten strikte Grenzen: So darf für jeden Krankheitstag maximal eine Kürzung von 25 Prozent des jahresdurchschnittlichen Tagesverdienstes vorgesehen werden. Den Tagesverdienst errechnet man, indem man den Jahreslohn (ohne die zu kürzende Sondervergütung) durch die Zahl der Arbeitstage (in der Regel 260) teilt und das Ergebnis nochmals durch vier teilt. Urlaubstage zählen bei der Berechnung der Arbeitstage mit.

**Wichtig:**
Kürzungsklauseln wegen Krankheit können nur für Lohnanteile vorgesehen werden, die einmalig gezahlt werden, also nicht zum laufenden Verdienst zählen.

## Zukünftige Lohnkürzungen auch nur in Maßen

Der Arbeitgeber kann sich im Arbeitsvertrag auch das Recht einräumen lassen, bestimmte Teile des Gehaltes für die Zukunft zu reduzieren oder ganz einzustellen. Beispiel: Der Chef behält es sich im Vertrag vor, bei schlechter Auftragslage einen Teil des Weihnachtsgeldes zu streichen. Häufig betrifft das den Bereich übertariflicher Zulagen, also solche Teile des Gehaltes, die der Arbeitgeber zusätzlich zu dem vereinbarten Tariflohn bezahlt. Derartige Vertragsklauseln sind aber nur in engen Grenzen möglich. Und selbst wenn der Arbeitsvertrag eine solche Vereinbarung enthält, muss die konkrete Lohnkürzung noch nicht unbedingt zulässig sein. Beispiel: Der Chef streicht die Zulage, obwohl sich die Auftragslage nur leicht verändert hat.

**WISO rät:** Lassen Sie sich die Gründe für die Lohnkürzung und deren Umfang stets vom Arbeitgeber nennen. Überprüfen Sie Ihren Arbeitsvertrag auf entsprechende Regelungen. Fühlen Sie sich ungerecht behandelt, sprechen Sie Ihren Chef darauf an. Kann er Ihnen die Kürzungen nicht plausibel erklären, sollten Sie Rechtsrat einholen und sich notfalls vor Gericht dagegen wehren.

Fehlt es im Vertrag an Bestimmungen, nach denen der Chef seinem Mitarbeiter weniger Geld zahlen darf, sind Lohnkürzungen grundsätzlich ausgeschlossen. Das gilt selbst dann, wenn sich der Arbeitgeber in einer wirtschaftlichen Notlage befindet. Ebenso ist der Arbeitnehmer nicht verpflichtet, seinem Chef die Auszahlung des Lohnes zu stunden.

**WISO rät:** Zahlt der Chef Ihnen plötzlich einfach weniger Geld, obwohl hierzu nichts vereinbart war, sollten Sie Ihn sofort darauf ansprechen. Reagiert er auf Ihre Einwände nicht, brauchen Sie nicht zögern, dagegen zu klagen. Vor allem wenn Ihnen Ihr Arbeitgeber kündigt und Ihnen danach einen neuen Arbeitsvertrag mit weniger Gehalt anbietet, sind solche Klagen meist sehr aussichtsreich.

Ausnahmsweise muss sich der Arbeitnehmer eine Gehaltskürzung auch ohne besondere Vereinbarung gefallen lassen, nämlich dann, wenn der Arbeitgeber eine tarifliche Lohnerhöhung mit einer übertariflichen Zulage verrechnet. Das heißt, die Zulage des Mitarbeiters wird automatisch in dem gleichen Umfang verringert, wie der Tariflohn ansteigt. Die Folge ist, dass der Arbeitnehmer trotz der Erhöhung des Tariflohnes effektiv kein höheres Gehalt bekommt. So kann der Arbeitgeber aber nur vorgehen, wenn er dem Mitarbeiter im Arbeitsvertrag keinen bestimmten Abstand zwischen dem Tariflohn und seiner Zulage garantiert hat. Außerdem braucht er dazu im Normalfall die Zustimmung des Betriebsrates. Sonst ist die Verrechnung unzulässig.

**WISO rät:** Seien Sie aufmerksam, wenn es zu Erhöhungen des Tariflohnes kommt. Manche Arbeitgeber nutzen diese Gelegenheit, um Ihre übertarifliche Zulage unerlaubt zu verkürzen. Achten Sie also darauf, was nach der Tariflohnerhöhung am Monatsende bei Ihnen als Lohn herauskommt.

## Für Lohnpfändungen gibt es Grenzen

Auf sein Gehalt ist der Arbeitnehmer normalerweise dringend angewiesen. Umso wichtiger ist es, dass der Arbeitnehmer sein verdientes Gehalt auch tatsächlich bekommt. Das aber könnte schwierig werden, wenn der Arbeitgeber oder andere Personen auf den Lohn einfach zugreifen dürften. Ist der Arbeitnehmer beispielsweise verschuldet, bestünde die Gefahr, dass die Gläubiger seinen Lohnanspruch gegen den Arbeitgeber vollständig pfänden lassen. Um dem Arbeitnehmer hier ein Minimum an Einkommen zu belassen, sind gewisse Grenzen geschaffen worden, die bei einem Zugriff im Regelfall nicht unterschritten werden dürfen. Unpfändbar sind die Hälfte der Überstundenvergütung, Urlaubs- und Weihnachtsgeld bis zu einem Betrag von 500 Euro, Aufwandsentschädigungen sowie bestimmte Zulagen. Unpfändbar sind weiters bestimmte Mindestbeträge, die sich nach Einkommen und Unterhaltverpflichtungen des Arbeitnehmers richten, zur Zeit beispielsweise bis zu 940 Euro bei Alleinstehenden und bis zu 1.480 Euro bei einer Familie mit zwei Kindern.

Der Arbeitnehmer kann auch nicht einfach auf den unpfändbaren Teil seines Lohnes verzichten. Er kann also nicht gestatten, dass so viel seines Gehaltes gepfändet wird, dass ihm das eigene Existenzminimum nicht mehr verbleibt. Umgekehrt darf der Mitarbeiter aber auch nicht mit seinem Arbeitgeber einen Minimallohn oder die Aus-bezahlung des Lohnes an seine Ehefrau vereinbaren, um so seinen anderen Gläubigern zu schaden.

In Arbeitsverträgen ist häufig geregelt, dass der Arbeitnehmer seine Lohnansprüche nicht an andere Personen abtreten oder verpfänden darf. Das ist zulässig. Unabhängig davon können Gläubiger des Arbeitnehmers aber selbst im Wege der Lohnpfändung auf das Einkommen zugreifen. Hierdurch entstehen dem Arbeitgeber Bearbeitungs- und Verwaltungskosten, die nach dem Arbeitsvertrag oft der Mitarbeiter zahlen muss. Bei einer Vielzahl von Lohnpfändungen drohen dem Mitarbeiter wegen des Verwal-tungsaufwandes sogar Abmahnung oder Kündigung durch den Chef.

**WISO rät:** Die Rechtslage bei Klauseln über die Pfändungskosten ist derzeit nicht eindeutig. Bestehen Sie deshalb darauf, keine Bearbeitungsgebühren zu zahlen. Not-falls lassen Sie die Vereinbarung auf ihre Zulässigkeit überprüfen und fordern von Ih-rem Chef das einbehaltene Geld zurück.

## Vorsicht bei verspäteten Lohnzahlungen

Immer wieder kommt es vor, dass der Arbeitgeber das Gehalt nicht oder nicht pünk-tlich bezahlt. In diesen Fällen sollten Arbeitnehmer vorsichtig sein. Meist ist der Ar-beitnehmer nämlich vertraglich verpflichtet, seinen Lohnansprüchen innerhalb be-stimmter Fristen nachzugehen. Ansonsten verfallen sie ersatzlos und er sieht keinen Cent mehr. Verbreitet sind Klauseln, die den Arbeitnehmer dazu anhalten, sein Gehalt innerhalb eines Monats nach dem vereinbarten Zahlungstermin schriftlich beim Ar-beitgeber einzufordern. Kommt der Chef der Aufforderung nicht nach, muss der Mit-arbeiter innerhalb eines weiteren Monats sein Gehalt vor Gericht einklagen. Solche Ausschlussklauseln können für den Arbeitnehmer leicht zur Falle werden.

**WISO rät:** Zahlt Ihr Chef das Gehalt nicht, lassen Sie keine Zeit verstreichen. For-dern Sie ihn unverzüglich zur Zahlung auf. Auch wenn Ihr Arbeitsvertrag keine Be-stimmung enthält, dass sie ausstehenden Gehaltsansprüchen innerhalb einer Frist nachgehen müssen, sind Sie noch lange nicht auf der sicheren Seite: Häufig stehen sol-che Klauseln nämlich in Tarifverträgen oder Betriebvereinbarungen. Die weitere Ar-beit sollten Sie bei ausbleibenden Lohnzahlungen nur dann verweigern, wenn Sie kei-nen anderen Ausweg mehr sehen.

Wer das Glück hat, keine vertraglichen Ausschlussfristen beachten zu müssen, braucht sich mit der Nachforderung seines Lohnes nicht so zu beeilen. Mehr als zwei Jahre darf er allerdings trotzdem nicht verstreichen lassen. Für Lohnrückstände, die nach dem 1. Januar 2002 entstanden sind, hat der Arbeitnehmer sogar drei Jahre Zeit. Dann aber geht endgültig gar nichts mehr.

## Ein freiwilliger Lohnverzicht ist möglich

Auf seinen rückständigen Lohn kann der Mitarbeiter freiwillig verzichten, beispielsweise um seinem Arbeitgeber finanziell aus der Klemme zu helfen. Das gilt allerdings nicht für Zeiten, in denen der Arbeitnehmer krank oder in Urlaub war. Außerdem ist ein Verzicht ausgeschlossen, wenn das Gehalt in einem Tarifvertrag oder einer Betriebsvereinbarung geregelt ist. Zu beachten hat der Arbeitnehmer zudem die Pfändungsgrenzen. Er kann also nicht auf sein ganzes Gehalt verzichten, sondern nur auf einen bestimmten Teil wie etwa den Lohn, der bei einem Alleinstehenden über 940 Euro hinausgeht.

Wer auf seinen Lohn verzichten will, muss das deutlich zum Ausdruck bringen. Deshalb ist die Gefahr, rückständige Lohnansprüche durch Unterzeichnung einer so genannten allgemeinen „Ausgleichsquittung" zu verlieren, relativ gering. In einer solchen Vereinbarung erklärt der Arbeitnehmer zwar, keine Ansprüche mehr gegen den Arbeitgeber zu haben, wenn das Arbeitsverhältnis beendet wird. In aller Regel bezieht sich eine solche Erklärung aber nur auf solche Ansprüche, die der Arbeitnehmer kennt, beziehungsweise darauf, dass die Lohnberechnung richtig war. Der Mitarbeiter verzichtet also dadurch nicht automatisch auf offene Gehaltsansprüche. Natürlich kann der Arbeitnehmer sich auch anders entscheiden und in der Ausgleichsquittung ausdrücklich auf bestimmte Lohnrückstände verzichten.

**WISO rät:** Bevor Sie sich zu einem Lohnverzicht entschließen, sollten Sie überlegen, ob es für Ihren Chef nicht ausreicht, wenn Sie Ihren Lohn später fordern oder ihn zumindest wieder bekommen, wenn es ihm besser geht oder er das Geld nicht mehr braucht. Solche Absprachen sollten Sie aber in jedem Fall nur schriftlich treffen.

## Provision

Erhält der Mitarbeiter eine Provision, dann wird er prozentual am Wert der vom ihm für seinen Chef abgeschlossenen oder vermittelten Geschäfte beteiligt. Will der Arbeitgeber seinen Mitarbeiter auf Provisionsbasis beschäftigen, muss er mit ihm hierüber eine ausdrückliche Vereinbarung treffen. Unzulässig ist es dabei, den Arbeitnehmer ohne jeden Festlohn oder eine Provisionsgarantie zu beschäftigen, wenn von vornherein absehbar ist, dass der Arbeitnehmer aus der Provision keinen angemessenen Verdienst erreichen kann. Ist der Mitarbeiter krank oder in Urlaub, kann er während dieser Zeit vom Chef trotzdem den üblichen Provisionsdurchschnitt erhalten Der Arbeitgeber muss über die Provision im Normalfall jeden Monat eine Abrechnung erstellen.

## Tantieme

Tantiemen sind Gewinnbeteiligungen der Arbeitnehmer am Geschäftsergebnis des Unternehmens. Sie werden meistens nur leitenden Angestellten gewährt und müssen besonders vertraglich vereinbart werden. Ist eine Gewinnbeteiligung vereinbart, muss der Arbeitgeber seinem Mitarbeiter alle Auskünfte erteilen, die zur Überprüfung dessen, was er verlangen kann, notwendig sind.

# Gratifikation

Als Gratifikationen bezeichnet man Geldleistungen, die der Arbeitgeber aus bestimmten Anlässen an seine Mitarbeiter zahlt. Typische Beispiele sind Gratifikationen zu Weihnachten, zum Urlaub oder zu einem Jubiläum. Rechtlich gesehen hat der Begriff der Gratifikation keine eigenständige Bedeutung. Aber: Häufig werden Gratifikationen nicht für die erbrachte Arbeitsleistung, sondern allein deshalb gezahlt, weil der Arbeitnehmer dem Betrieb über einen gewissen Zeitraum treu geblieben ist oder in Zukunft treu bleiben soll. Dann kommt es nicht selten zu Schwierigkeiten, wenn der Arbeitgeber von seinem Mitarbeiter gezahlte Beträge zurückfordert oder bestimmte Leistungen gar nicht erst ausbezahlt. Als Faustregel gilt: Beträgt die Zahlung mehr als einen Monatslohn, darf der Arbeitnehmer bis zum 31. März des Folgejahres oder länger an den Betrieb „gebunden" werden. Das heißt, er muss das Geld unter Umständen an seinen Chef zurückzahlen, auch wenn er erst am 1. Juni des nächsten Jahres geht. Bei einem Betrag von 100 Euro bis zu einem Monatslohn darf die Bindung nicht über den 31. März des Folgejahres hinausgehen. Scheidet der Mitarbeiter hier also zum 15. März aus der Firma aus, muss er das erhaltene Geld an seinen Chef zurückzahlen. Wie und warum er den Betrieb verlässt, spielt dabei keine Rolle. Haben beide Seiten im Vertrag eine zu lange Bindungsfrist vorgesehen, gilt die zulässige Frist als vereinbart. Beispiel: Bei einem Weihnachtsgeld von 200 Euro soll der Mitarbeiter bis zum 30. Juni des nächsten Jahres an den Betrieb „gebunden" werden. Maßgeblich bleibt aber der 31. März.

## Vermögenswirksame Leistungen

Vermögenswirksame Leistungen sind besondere Geldleistungen, die der Arbeitgeber für seinen Mitarbeiter oder dessen Angehörige anlegt. Die Mittel hierfür bringt in der Regel der Chef auf. Dazu bedarf es einer besonderen vertraglichen Vereinbarung. Der Mitarbeiter kann seinen Arbeitgeber allerdings nicht zum Abschluss einer solchen Vereinbarung zwingen. Auf seinen schriftlichen Wunsch hin muss der Arbeitgeber aber Geld von dem normalen Gehalt des Mitarbeiters vermögenswirksam für ihn anlegen, ohne selbst etwas drauf zu legen. Der Arbeitnehmer kommt dann also für die Mittel auf. Der Chef händelt die Sache nur.

**WISO rät:** Sprechen Sie Ihren Arbeitgeber auf vermögenswirksame Leistungen an und fragen Sie ihn, wie viel er Ihnen bezahlt. Zahlt er nichts, sollten Sie überlegen, ob sie nicht ein Teil Ihres sonstigen Verdienstes anlegen lassen. Zahlt er Ihnen etwas, sollten Sie überlegen, ob Sie nicht noch etwas von Ihrem Gehalt dazugeben.

In welcher Form das Geld angelegt werden kann, ist gesetzlich geregelt. In Betracht kommen zum Beispiel
- ein Bausparvertrag,
- Aufwendungen für die Entschuldung von Wohnraum,
- Beteiligung am Unternehmen des Arbeitgebers, beispielsweise in Form von Belegschaftsaktien, stillen Beteiligungen oder Darlehen,

- Anteilsscheine an Aktienfonds,
- Aktien,
- Lebensversicherungen.

Meist werden die Beträge vom Arbeitgeber auf einen Anlagevertrag des Arbeitnehmers wie zum Beispiel einen Bausparvertrag überwiesen. Der Mitarbeiter sollte nicht vergessen, seinem Arbeitgeber die notwendigen Unterlagen für die vermögenswirksamen Leistungen zur Verfügung zu stellen, damit der Chef weiß, wohin er das Geld überweisen soll.

Das Wichtigste an den vermögenswirksamen Leistungen ist, dass bestimmte Geldanlagen vom Staat in Form einer Arbeitnehmer-Sparzulage besonders gefördert werden. Dabei darf allerdings eine Einkommensgrenze von 17.900 Euro oder 35.800 Euro bei einer Zusammenveranlagung von Ehegatten nicht überschritten werden. Sind die Grenzen eingehalten, gibt cs beispielsweise für das Bausparen oder die Entschuldung von Wohneigentum eine Förderung von maximal 48 Euro jährlich, also zehn Prozent des maximal förderungsfähigen Anlagebetrages von 480 Euro. Beim Erwerb von Aktienfondsanteilen beträgt die Förderung 81,60 Euro, beziehungsweise in den neuen Bundesländern 102 Euro jährlich, also 20 beziehungsweise 25 Prozent des maximal förderungsfähigen Betrages von 408 Euro. Beide Sparzulagen können nebeneinander in Anspruch genommen werden. Die Sparzulage muss der Arbeitnehmer jeweils jedes Jahr nachträglich bei seinem Finanzamt beantragen. Dafür gibt es einen speziellen Vordruck für die Einkommensteuererklärung. Dem Antrag muss eine Bescheinigung des Geldinstitutes beigefügt werden, bei dem das Geld angelegt wurde. Diese Bescheinigung bekommt der Arbeitnehmer automatisch zugeschickt. Über die geförderte Anlage, also das angelegte Geld, darf er in der Regel für einen Zeitraum zwischen sechs und sieben Jahren nicht verfügen. Aber bei Heirat, Arbeitslosigkeit, Erwerbsunfähigkeit oder Aufnahme einer selbständigen Tätigkeit kommt der Arbeitnehmer auch schon vorher an sein Geld heran.

Wichtig ist, dass es keine staatliche Sparzulage beispielsweise für Lebensversicherungen gibt.

**WISO rät:** Achten Sie bei Ihrer Entscheidung für einen Anlagevertrag zunächst darauf, ob und in welcher Höhe Sie eine Sparzulage erhalten können. Schauen Sie dann darauf, welchen Geldbetrag Sie monatlich mindestens anlegen müssen, um die maximale Sparzulage zu bekommen. Kommen Sie nicht auf die Idee, das Geld für Ihre Anlage selbst einzuzahlen: Nur wenn es Ihr Arbeitgeber auf den Anlagevertrag überweist, gibt es für Sie eine Sparzulage.

**Achtung:**
Die Sparzulage vom Staat garantiert Ihnen nicht, dass Sie mit Ihrer Geldanlage auch einen Gewinn erzielen. Wer sich zum Beispiel dafür entscheidet, sein Geld in Aktien anzulegen, muss damit rechnen, dass die Aktienkurse fallen, und er am Ende nicht mehr Geld herausbekommt, als er vorher eingezahlt hat. Jeder Arbeitnehmer muss also schon am Anfang entscheiden, welches Risiko er bei der Anlage seines Geldes ein-

gehen möchte. Entsprechend sorgfältig sollten Sie bei der Wahl der Anlageform vorgehen. Und aufgepasst bei Kostenvergleichen: In vielen Geldanlagen lauern versteckte Kosten, die sie auf den ersten Blick gar nicht erkennen können, wie etwa Gebühren für den Vertragsabschluss, Provisionen, Verwaltungs- und Kontoführungsgebühren. Lassen Sie sich deshalb stets alle Kosten im Einzelnen auflisten.

## Winterausfallgeld

Beim Winterausfallgeld oder, wie man es früher nannte, beim Schlechtwettergeld, handelt es sich um eine spezielle Art der Lohnzahlung im Baugewerbe. Gerade hier kommt es in den Wintermonaten häufig vor, dass der Arbeitgeber seine Arbeitnehmer wegen schlechter Witterung nicht beschäftigen kann. Normalerweise müsste er ihnen dann den vollen Lohn weiterzahlen, weil er das Risiko für den Arbeitsausfall trägt. Die Arbeitnehmer wiederum wären ständig von einer Entlassung bedroht, weil der Arbeitgeber Ihnen wegen des Arbeitsausfalls kündigen könnte. Die Tarifpartner und der Gesetzgeber haben deshalb ein Modell entwickelt, das alle Interessen unter einen Hut bringen soll. Dazu gehört auch die Zahlung des Winterausfallgeldes in Höhe von 60 Prozent des Nettolohnes durch das Arbeitsamt. 67 Prozent gibt es bei Arbeitnehmern mit Kind. Bei witterungsbedingten Ausfällen wird der Arbeitgeber also von der Lohnzahlung entlastet. Im Gegenzug dürfen die Arbeitgeber ihre Arbeitnehmer in der Zeit vom 1. November bis 31. März nicht aus Witterungsgründen kündigen. Weitere Einzelheiten regelt der Bundesrahmentarifvertrag für das Baugewerbe, der allgemeinverbindlich ist und damit auf alle Arbeitnehmer im Baugewerbe Anwendung findet. Hier finden sich auch Sonderregelungen zur Urlaubsübertragung, Winter- und Sommerarbeitszeit, Arbeitszeitkonten, Ausfallstunden, Fahrtkostenabgeltung, Verpflegungszuschuss, Auslösung und Unterkunftsgestellung. Außerdem gibt es im Baugewerbe ausnahmsweise tarifvertraglich festgeschriebene Mindestlöhne.

Den Antrag auf Winterausfallgeld muss übrigens der Arbeitgeber, nicht der Arbeitnehmer, beim Arbeitsamt stellen. Kommt er seiner Verpflichtung nicht nach, macht er sich gegenüber seinem Mitarbeiter schadensersatzpflichtig.

# 2. Erstattung von Auslagen

Auslagen des Arbeitnehmers sind Fahrtkosten für Dienstreisen, Reisespesen, Aufwendungen für bestimmte Berufskleidung, Kosten für Arbeitsmittel und so weiter. Kurzum, alle Ausgaben, die der Arbeitnehmer für seinen Chef erbringt, weil er hierzu angewiesen wurde oder sie nach den Umständen für erforderlich halten durfte. Außerdem dürfen die Auslagen nicht durch den Lohn abgegolten sein. Hat der Arbeitnehmer Aufwändungen gemacht, kann er sie vom Arbeitgeber in der Regel erstattet verlangen. Häufig sind solche Erstattungspflichten im Arbeitsvertrag ausdrücklich geregelt oder in gesonderten Kostenordnungen wie beispielsweise einer Reisekostenordnung enthalten. Aber auch wenn im Arbeitsvertrag nichts vereinbart wurde, kann der Mitarbeiter die Auslagen erstattet verlangen. Für solche Auslagen kann der Arbeitnehmer von seinem Chef einen Vorschuss fordern. Der Anspruch auf Ersatz der Auslagen verjährt nach zwei Jahren. Verlangt der Arbeitnehmer also nach Anfall der Aufwändungen bis dahin das Geld nicht zurück, muss der Chef die Kosten nicht mehr ersetzen.

**Wichtig:**
Vertragliche Regelungen zur Erstattung von Auslagen müssen angemessen sein. Vor allem, wenn zur Höhe der Erstattung nichts gesagt ist, oder Pauschalen vereinbart wurden, kann es hier Probleme geben. Beispiel: Die Pauschale steht in keinem Verhältnis zum tatsächlichen Aufwand. Schwierig wird es auch, wenn sich betriebliche Kostenordnungen im Laufe der Zeit ändern, ohne dass hierzu eine neue Vereinbarung getroffen wird. Ist mit der Änderung beispielsweise eine Verringerung der Erstattungsbeträge verbunden, muss die Neuregelung für den Arbeitnehmer nicht ohne weiteres verbindlich sein. Bestehen Sie also immer auf Ersatz aller Ihrer Auslagen, zumindest aber auf den Betrag, der früher vereinbart wurde. Geht es um hohe Beträge, wie etwa bei langen Auslandsreisen, sollte der Mitarbeiter im eigenen Interesse schon vorher alles Nötige abklären und sich schriftlich bestätigen lassen.

Nicht zu den erforderlichen Aufwändungen gehören in der Regel Umzugskosten. Der Mitarbeiter kann die Kosten also nur dann erstattet verlangen, wenn er dies mit seinem Chef ausdrücklich vereinbart hat, oder wenn der Arbeitgeber die Kosten freiwillig übernimmt. Hier lohnt es sich im Einzelfall nachzufragen.

# 3. Arbeitszeit, Überstunden, Kurzarbeit

Die Dauer der Arbeitszeit ist in aller Regel im Arbeitsvertrag geregelt. Ist nichts näheres bestimmt, dann gelten die im Betrieb üblichen Arbeitszeiten als vereinbart. Bestimmungen über die Arbeitszeit sind häufig auch in Tarifverträgen oder betrieblichen Vereinbarungen enthalten. Viele Arbeitsverträge nehmen auf solche Regelungen Bezug.

## Für die Arbeitszeit gibt es Höchstgrenzen

Für die Dauer der Arbeitszeit gibt es allerdings klare rechtliche Grenzen. Werden sie nicht beachtet, ist die Vereinbarung ungültig Die Arbeitszeit des Arbeitnehmers darf in der Regel acht Stunden pro Werktag nicht überschreiten. Als Werktage gelten alle Kalendertage außer Sonn- und Feiertagen. Die wöchentliche Arbeitszeit beträgt also maximal 48 Stunden. Ohne besondere Gründe kann die tägliche Arbeitszeit allerdings auf bis zu zehn Stunden erhöht werden. Dann darf aber, auf einen Zeitraum von sechs Monaten oder 24 Wochen gerechnet, die tägliche Arbeitszeit von acht Stunden nicht überschritten werden. Der Arbeitnehmer muss also an anderen Tagen entsprechend weniger arbeiten. Bei Nacht- und Schichtarbeitern gilt ein kürzerer Ausgleichszeitraum von vier Wochen. Nachtarbeiter ist in der Regel, wer in der Nachtzeit zwischen 23 Uhr und sechs Uhr mehr als zwei Stunden arbeiten muss. Besondere Regeln für die

Arbeitszeit gelten bei Jugendlichen, werdenden und stillenden Müttern, in bestimmten Betrieben wie Bäckereien und für Notfälle.

Zur Arbeitszeit zählt die Zeit vom Beginn bis zum Ende der Arbeit. Die Arbeitszeit bei mehreren Arbeitgebern wird zusammengerechnet. Ob der Mitarbeiter während der Arbeitszeit tatsächlich gearbeitet oder etwa wegen Auftragsmangels nur herumgestanden hat, spielt keine Rolle. Nicht zur Arbeitszeit gehören Pausen sowie die Anfahrtszeit, um zur Arbeitsstelle zu gelangen oder die Zeit, um sich umzuziehen und zu waschen. Gleiches gilt auch für den Fall einer Rufbereitschaft, bei der dem Arbeitnehmer die Bereitschaftszeit zur freien Verfügung steht. Demgegenüber zählt beispielsweise ein ärztlicher Bereitschaftsdienst, bei dem der Arbeitnehmer sich an einem vom Arbeitgeber festgelegten Ort aufhalten muss, zur Arbeitszeit. Ebenso zur Arbeitszeit rechnen im Normalfall Dienstreisen einschließlich der dafür nötigen Fahrtzeit.

Ist der Mitarbeiter mehr als sechs und bis zu neun Stunden im Betrieb tätig, darf er 30 Minuten Pause machen. Wer über neun Stunden arbeitet, kann eine 45-minütige Pause verlangen. Der Arbeitnehmer darf die Pausen in Abschnitte von je 15 Minuten aufteilen. Die Ruhenszeit, also die Zeit zwischen Ende der Arbeit und erneuter Arbeitsaufnahme, muss im Allgemeinen elf Stunden betragen.

An Sonn- und Feiertagen dürfen Arbeitnehmer generell nicht beschäftigt werden. Hier gelten aber zahlreiche Ausnahmen für bestimmte Arbeitnehmergruppen wie beispielsweise Kraftfahrer oder für Notfälle.

**Wichtig:**
Für die Arbeitszeit gelten häufig abweichende Bestimmungen aus Tarifverträgen oder Betriebsvereinbarungen. Sie können für den Arbeitnehmer auch nachteilig sein, wie etwa bei einer Verkürzung der Ruhezeit um zwei Stunden oder einer Regelung, die häufiger einen Zehn-Stunden-Tag anordnet.

## Die Einteilung der Arbeitszeit

Im Arbeitsvertrag nicht näher geregelt sind oft auch konkrete Einzelheiten zur Arbeitszeit, also der tägliche Beginn und das Ende der Arbeit, die Verteilung der Pausen und die Verteilung der Arbeitszeit auf die einzelnen Wochentage. Wie diese Punkte im Unternehmen dann gehandhabt werden, richtet sich normalerweise nach den betrieblichen Bedürfnissen oder Gepflogenheiten. Hier hat der Arbeitgeber einen großen Spielraum. Selbst wenn die Einteilung der Arbeitszeit für einen langen Zeitraum gleich geblieben ist, kann der Arbeitgeber sie in der Regel jederzeit verändern. Deshalb darf er beispielsweise in seinem Betrieb Gleitzeit einführen oder wieder aufheben. Soll die Arbeitszeit über mehrere Wochen oder Monate ungleich verteilt werden, wird das allerdings meist ausdrücklich festgeschrieben.

## Gleitzeit

Bei der Gleitzeit kann der Mitarbeiter innerhalb bestimmter Grenzen selbst über den Anfang oder über Anfang und Ende seiner Arbeitszeit entscheiden. Beispiel: Der Arbeitgeber bestimmt einen Rahmen für die tägliche Arbeitszeit zwischen 8 Uhr und 18 Uhr. Dazu legt er eine Kernzeit von jeweils 10 bis 15 Uhr fest, in der jeder Mitarbeiter anwesend sein muss. Der Arbeitnehmer kann nun bei einem Acht-Stunden-Tag selbst entscheiden, ob er lieber um 8 Uhr kommt und um 16 Uhr geht, oder ob er die Zeit zwischen 10 Uhr und 18 Uhr zum Arbeiten bevorzugt.

## Vertrauensarbeitszeit und Zielvereinbarung

Zunehmender Beliebtheit erfreut sich neuerdings die so genannte Vertrauensarbeitszeit. Hier wird die Einteilung der Arbeitszeit in vollem Umfang der Entscheidung des Arbeitnehmers überlassen. Der Arbeitnehmer kann also kommen und gehen, wann er will, solange er nur seine Arbeit erledigt. Der Haken: Es kommt häufig zu Überstunden, die entgegen den gesetzlichen Bestimmungen nicht vom Arbeitgeber aufgezeichnet und damit auch nicht abgerechnet werden. Unter Umständen führt die Vertrauensarbeitszeit sogar zur Überschreitung der täglichen Höchstarbeitszeiten. Verstärkt wird dieser unerwünschte Nebeneffekt durch den Abschluss so genannter Zielvereinbarungen, die den Mitarbeiter dazu anhalten sollen, bestimmte Arbeitsziele, wie beispielsweise die Fertigstellung eines Projektes innerhalb eines vorgegebenen Zeitraumes zu erreichen. Oft lassen sich nämlich die Ziele gar nicht ohne einen erheblichen Mehraufwand an Zeit bewältigen. Die Rechtslage zu Zielvereinbarungen ist bislang weitgehend ungeklärt. Fest steht nur, dass sie nicht von vornherein ungültig sind. Der Arbeitnehmer sollte deshalb bei Zielvereinbarungen darauf achten, dass er die Festlegung der Ziele beeinflussen kann und deren Erreichen nur von solchen Faktoren abhängig ist, die sich objektiv, beispielsweise anhand von Zahlen, belegen lassen. Ansonsten leistet er unter Umständen nicht nur gratis Überstunden, sondern bekommt am Ende nicht einmal die Zusatzprämie, weil er das angepeilte Ziel nicht erreicht. Die Lust an freier Zeiteinteilung und mehr Eigenverantwortung wird dann schnell zum Frust über enttäuschte Erwartungen und nicht erreichte Zielvorgaben.

## Überstunden und kein Ende?

Arbeitet der Arbeitnehmer länger als im Arbeitsvertrag vorgesehen, leistet er Überstunden. Solche Überstunden kann der Chef mit Ausnahme betrieblicher Notfälle aber nicht einfach alleine anordnen. Will er trotzdem, dass sein Mitarbeiter Überstunden macht, muss das schon im Arbeitvertrag vereinbart werden. Die meisten Arbeitsverträge enthalten deshalb Regelungen, mit denen der Mitarbeiter verpflichtet wird, auf Anordnung des Chefs eine gewisse Anzahl von Überstunden abzuleisten. Solche Klauseln sind zulässig, wenn die gesetzlichen Bestimmungen zur Höchstarbeitszeit eingehalten werden. Die konkrete Anordnung der Überstunden muss allerdings nach Grund und Umfang angemessen sein. Das heißt, der Vorgesetzte darf nur so viele Überstunden einfordern, wie tatsächlich nötig sind. Außerdem muss der Betriebsrat im Regelfall zustimmen.

**WISO rät:** Sieht Ihr Arbeitsvertrag die Ableistung von Überstunden nicht vor, kann Ihr Chef Sie normalerweise auch nicht dazu zwingen. Sie sollten dennoch sorgfältig abwägen, ob sie einem berechtigten Wunsch Ihres Arbeitgebers nach Überstunden nicht doch nachkommen können. Lehnen Sie die Ableistung von Überstunden ab, obwohl die Anordnung nach Ihrem Vertrag zulässig war, drohen Ihnen Abmahnung oder Kündigung.

## Wie Überstunden bezahlt werden

Die Bezahlung der geleisteten Überstunden richtet sich nach der Vereinbarung zwischen dem Chef und seinem Mitarbeiter. Meistens bezahlt der Arbeitgeber die Überstunden entsprechend dem vereinbarten Monats- oder Stundenlohn. Der Arbeitnehmer kann für die geleisteten Überstunden aber in der Regel auch dann den üblichen Lohn oder einen Freizeitausgleich verlangen, wenn zur Bezahlung nichts vereinbart wurde. Der übliche Lohn umfasst unter Umständen sogar die Zahlung von Zuschlägen. Zulässig ist es festzulegen, dass mit dem monatlichen Lohn eine geringe Anzahl von Überstunden oder gelegentliche Überschreitungen der täglichen Arbeitzeit bereits mitbezahlt sind. Ebenso kann für die Überstunden ausdrücklich nur ein Freizeitausgleich vorgesehen werden. Hat sich der Chef ein Wahlrecht zwischen Bezahlung und Freizeitausgleich einräumen lassen, ist es im Regelfall seine Sache, wofür er sich letztlich entscheidet. Unter Umständen ist aber auf eine Gleichbehandlung der Arbeitnehmer zu achten.

**Wichtig:**
Vertragliche Klauseln über Überstunden und Freizeitausgleich dürfen den Arbeitnehmer nicht unangemessen benachteiligen. Deshalb sind Bestimmungen unwirksam, die eine Bezahlung von Überstunden für den Fall ausschließen, dass

- der Mitarbeiter keinen Freizeitausgleich nehmen konnte, obwohl sein Arbeitgeber hierfür verantwortlich war,
- der Mitarbeiter die zugewiesene Arbeit gar nicht innerhalb der vertraglich vereinbarten Zeit leisten konnte, oder
- der Mitarbeiter keinen Freizeitausgleich mehr nehmen kann, weil das Arbeitsverhältnis beendet ist.

**WISO rät:** Ihre Überstunden sollten Sie sorgfältig mit Datum, Tageszeit und ausgeübter Tätigkeit notieren. Nur dann haben Sie überhaupt eine Chance, die von Ihnen geleisteten Überstunden im Streitfall bezahlt zu bekommen. Dabei müssen sie außerdem nachweisen, dass die Überstunden von Ihrem Arbeitgeber angeordnet oder geduldet wurden. Häufig enthalten Tarifverträge bestimmte Fristen, innerhalb derer Sie Ihre Ansprüche auf Überstundenvergütung geltend machen müssen. In der Regel ist das ein Monat.

# Der Ausgleich von Stunden: Das Arbeitszeitkonto

Wer in Gleitzeit oder mit unregelmäßigen Arbeitszeiten arbeitet oder Überstunden macht, braucht einen Überblick darüber, wie viele Stunden er im Verhältnis zu seiner normalen wöchentlichen oder monatlichen Arbeitszeit im Voraus oder in Rückstand ist. Dazu dient das so genannte Arbeitszeitkonto. Ähnlich wie bei einem Geldkonto erfasst der Arbeitgeber mit dem Arbeitszeitkonto alle Plus- und Minusstunden des Mitarbeiters, die sich zwischenzeitlich angesammelt haben. Für das Arbeitszeitkonto werden je nach Modell auch gerne die Begriffe Gleitzeitkonto, Überstunden- oder Mehrarbeitskonto, Jahresarbeitszeitkonto oder Lebensarbeitszeitkonto verwendet. Es können auch mehrere dieser Konten nebeneinander bestehen. Das Arbeitszeitkonto macht natürlich nur dann Sinn, wenn es zusätzliche Regelungen darüber gibt, wie hoch ein Zeitguthaben oder ein Zeitrückstand maximal sein darf, wie und in welchem Zeitraum die Differenz auszugleichen ist und was bei einer Überschreitung der Höchstgrenzen passiert. Beispiel: Ein Mitarbeiter in Gleitzeit arbeitet an einem Tag eine Stunde weniger als üblicherweise vorgesehen, hat also einen Zeitrückstand von einer Stunde. Dafür muss er innerhalb eines bestimmten Zeitraums eine Stunde mehr arbeiten, um den Rückstand auszugleichen. Verbreitet sind hier so genannte Ampelregelungen: Bei einem Kontostand von beispielsweise plus/minus 30 Stunden ist noch alles im grünen Bereich, der Arbeitnehmer kann selbst entscheiden, wie er die Stunden bis zum Ende eines vorher festgelegten Zeitraums ausgleicht. Bei einem Plus oder Minus von 50 Stunden wird der Arbeitnehmer zu einem umgehenden Ausgleich des Kontos angehalten, im roten Bereich oberhalb von 50 Stunden kann und muss der Arbeitgeber konkrete Maßnahmen zum Ausgleich des Kontos treffen. Meistens stehen solche Regelungen in Tarifverträgen oder Betriebsvereinbarungen.

**Wichtig:**
Die Einführung eines Arbeitszeitkontos hat keine Auswirkungen auf das Gehalt, die soziale Absicherung oder die zu leistenden Arbeitsstunden. Der Arbeitnehmer erhält fortlaufend sein vertraglich vereinbartes Monatsgehalt und muss hierfür langfristig gesehen mindestens die vertraglich vereinbarte Arbeitszeit ableisten. Scheidet er also beispielsweise aus dem Arbeitsverhältnis aus, obwohl er mit seinem Zeitkonto im Minus ist, muss er dem Arbeitgeber das zuviel gezahlte Gehalt zurückerstatten. Problematisch wird es allerdings, wenn er im Plus ist und sein Arbeitgeber zwischenzeitlich pleite geht. Für diesen Fall sollte im Arbeitsvertrag Vorsorge getroffen werden.

**WISO rät:** Achten Sie darauf, dass im Vertrag kein Verfall von Stunden vorgesehen ist, wenn Sie die vereinbarte Höchstgrenze des Guthabens oder den vorgesehenen Ausgleichszeitraum überschreiten oder aus dem Arbeitsverhältnis ausscheiden. Sorgen Sie selbst dafür, dass Sie keine Berge von Zeitguthaben vor sich herschieben. Bestehen Sie im Zweifel immer auf einer Bezahlung oder einem Freizeitausgleich Ihrer Arbeitsstunden. Vermeiden Sie Regelungen, die eine beliebige Übertragung überzähliger Stunden auf ein anderes Zeitkonto zulassen. Beispiel: Zeitguthaben aus einem Überstundenkonto werden auf ein separat geführtes Gleitzeitkonto umgeschrieben. Hier drohen langfristig Nachteile für die richtige Bezahlung und die Einhaltung der Arbeitszeit.

Sind Sie mit einem Vorgehen Ihres Chefs beim Zeitausgleich nicht einverstanden, achten Sie auch darauf, wie er bei anderen Mitarbeitern verfährt. Notfalls verlangen Sie, gleich behandelt zu werden.

## Sonderfall: Kurzarbeit

Mitunter kommt es vor, dass der Arbeitgeber die vereinbarte Arbeitszeit verkürzen will, weil er seine Mitarbeiter sonst wegen eines vorübergehenden Arbeitsmangels entlassen müsste. Es entsteht dann Kurzarbeit. Der Arbeitnehmer muss in der gekürzten Zeit nicht arbeiten, der Arbeitgeber braucht kein Gehalt zu zahlen. Aber: Kurzarbeit darf ohne ausdrückliche vertragliche Vereinbarung nicht einfach vom Chef angeordnet werden.

Während der Kurzarbeit verdient der Mitarbeiter wegen der verkürzten Arbeitszeit nur einen Teil seines üblichen Gehaltes. Sein Verdienstausfall kann aber unter bestimmten Umständen über das Arbeitsamt durch die Zahlung von Kurzarbeitergeld ausgeglichen werden. Damit wird sichergestellt, dass der Arbeitnehmer seinen Job nicht wegen wirtschaftlicher Zwänge hinschmeißen muss. Kurzarbeitergeld gibt es allerdings nur, wenn beim Arbeitgeber ein erheblicher Arbeitsausfall vorliegt. Folgende Voraussetzungen müssen dafür vorliegen:

- Der Arbeitsausfall muss auf wirtschaftlichen Gründen oder einem unabwendbaren Ereignis beruhen. Beispiel: sinkende Zuschüsse, behördliche Auflagen, Veränderung der Betriebsabläufe, Witterungsgründe.
- Der Arbeitsausfall darf nur vorübergehend sein, wie etwa bei konjunkturbedingten Schwankungen. Die Grenze liegt derzeit bei 15 Monaten.
- Der Arbeitsausfall darf betrieblich nicht vermeidbar sein.
- Pro Kalendermonat muss mindestens ein Drittel der Arbeitnehmer im Betrieb oder der Betriebsabteilung mindestens zehn Prozent weniger verdienen.

Liegen die Voraussetzungen vor, kann im Regelfall jeder betroffene Mitarbeiter Kurzarbeitergeld verlangen, sofern das Arbeitsverhältnis nicht bereits gekündigt oder durch Aufhebungsvertrag aufgelöst ist. Das Kurzarbeitergeld beträgt für einen Arbeitnehmer mit mindestens einem Kind rund 67 Prozent, sonst 60 Prozent des Nettoeinkommens, das in der Ausfallzeit verdient worden wäre. Der Mitarbeiter verdient also nicht nur 60 beziehungsweise 67 Prozent seines bisherigen Gesamtgehaltes, sondern das volle Gehalt für die verbliebene Arbeitszeit zuzüglich 60 oder 67 Prozent für die gekürzte Arbeitszeit.

Das Kurzarbeitergeld ist steuerfrei und wird derzeit für die Dauer von 15 Monaten gezahlt. Die Beiträge zur Kranken-, Pflege- und Rentenversicherung übernimmt für das Kurzarbeitergeld ausschließlich der Arbeitgeber.

Kommt es trotz der Kurzarbeit zu einer anschließenden Arbeitslosigkeit, berechnet sich das Arbeitslosengeld nicht nach dem Verdienst während der Kurzarbeit, sondern nach dem Einkommen, das der Arbeitslose ohne den Arbeitsausfall und ohne Mehrarbeit erzielt hätte.

## Kurzarbeitergeld gibt es nur auf Antrag

Um das Kurzarbeitergeld zu bekommen, muss der Arbeitsausfall dem Arbeitsamt schriftlich angezeigt werden. Diese Anzeige können nur der Arbeitgeber oder der Betriebsrat vornehmen. Außerdem muss das Kurzarbeitergeld innerhalb einer Ausschlussfrist von drei Monaten beim Arbeitsamt beantragt werden. Auch hierzu sind aus praktischen Gründen ausschließlich der Arbeitgeber oder der Betriebsrat berechtigt.

Lehnt das Arbeitsamt die Zahlung von Kurzarbeitergeld ab, weil es beispielsweise der Meinung ist, es liege kein Arbeitsausfall vor, kann der Arbeitnehmer gegen diese Entscheidung innerhalb eines Monats Widerspruch einlegen. Auch der Arbeitgeber und der Betriebsrat haben ein Widerspruchsrecht. Der Arbeitnehmer kann den Arbeitgeber allerdings im Regelfall nicht zwingen, der Entscheidung des Arbeitsamtes zu widersprechen. Verläuft der Widerspruch beim Arbeitsamt erfolglos, bleibt den Betroffenen nur noch der Gang zum Sozialgericht. Dafür steht nach der Ablehnung des Widerspruchs ein weiterer Monat Zeit zur Verfügung.

Bewilligt das Arbeitsamt das Kurzarbeitergeld, wird es monatlich an den Arbeitgeber überwiesen, der es wiederum an jeden einzelnen Kurzarbeiter auszahlt. Den Empfang des Geldes kann sich der Arbeitgeber vom Arbeitnehmer bestätigen lassen.

**WISO rät:** Unterlässt oder verschlampt der Arbeitgeber die Anzeige oder den Antrag beim Arbeitsamt, gehen Ihre Ansprüche auf Kurzarbeitergeld verloren. Beim Arbeitsamt können Sie dagegen leider nichts unternehmen, aber ihr Arbeitgeber haftet Ihnen für die entstandenen Verluste.

Werden Sie trotz der Möglichkeit von Kurzarbeit von Ihrem Arbeitgeber aus betrieblichen Gründen gekündigt, sollten Sie sich gerichtlich gegen die Kündigung wehren. Wie man das macht, erfahren Sie im Kapitel Kündigung. Ihre Chancen, einen solchen Prozess zu gewinnen, stehen gut.

## Kurzarbeit in einer Beschäftigungs- und Qualifizierungsgesellschaft

Häufig kommt es vor, dass der Arbeitsmangel beim Arbeitgeber nicht nur vorübergehend besteht, sondern länger andauert. Dann hilft die normale Kurzarbeit allein nicht weiter. Der Arbeitgeber ist vielmehr gezwungen, sein Unternehmen umzustrukturieren und eine größerer Anzahl von Mitarbeitern zu entlassen. Um die Betroffenen vor der drohenden Arbeitslosigkeit zu schützen und ihnen die Chance zu geben, sich beruflich neu zu orientieren, wird ihnen bisweilen angeboten, in eine so genannte Beschäftigungs- und Qualifizierungsgesellschaft zu wechseln. Der Arbeitnehmer wird dann bei der Gesellschaft beschäftigt und beruflich weiterqualifiziert. Die Gesellschaft selbst muss mit Ausnahme finanzieller Zuschüsse oder anderer Absprachen nichts mit dem alten Arbeitgeber zu tun haben. So gibt es etwa bundesweit tätige Gesellschaften, die angeschlagenen Unternehmen dafür ihre Dienste anbieten. Der Vorteil für den Arbeitnehmer: Er wird vom Staat in der Regel durch ein so genanntes Struktur-Kurzarbeitergeld unterstützt und zwar selbst dann, wenn ihm zuvor bereits gekündigt wurde.

Außerdem erhält er Gelegenheit, die drohende Arbeitslosigkeit zu verhindern und sich in seinem Job fit zu halten. In vielen Fällen führt der Weg sogar direkt aus der Qualifizierungsgesellschaft zu einem neuem Arbeitgeber. Für den Arbeitnehmer ist der Beitritt zu einer solchen Gesellschaft deshalb oftmals eine sinnvolle Alternative. Auf der anderen Seite muss er sich darüber im Klaren sein, dass er mit seinem Beitritt zur Qualifizierungsgesellschaft seinen alten Arbeitsplatz endgültig aufgibt. Häufig wird er wegen des Wechsels in die Beschäftigungs- und Qualifizierungsgesellschaft von seinem alten Arbeitgeber nicht einmal eine Abfindung erhalten.

## Die Entscheidung zum Wechsel ist nicht einfach

Die Entscheidung, einer Beschäftigungs- und Qualifizierungsgesellschaft beizutreten, ist immer freiwillig. Der Chef kann seine Mitarbeiter also nicht zu einem Wechsel zwingen. Allerdings ist kaum ein Arbeitnehmer in der Lage zu beurteilen, ob ihm ein Wechsel mehr Vor- oder mehr Nachteile einbringt. Wer die Möglichkeit hat, in eine Beschäftigungs- und Qualifizierungsgesellschaft zu wechseln, sollte bei seiner Entscheidung jedenfalls folgende Punkte bedenken:

Wer wechselt,
- beendet in der Regel das Arbeitsverhältnis mit seinem alten Chef;
- scheidet meist schneller aus als im Fall einer Kündigung;
- bekommt unter Umständen keine Abfindung;
- verzichtet oft auf langjährig erarbeitete Ansprüche oder Anwartschaften, wie etwa bei der betrieblichen Altersvorsorge oder beim Kündigungsschutz;
- erhält in der Beschäftigungsgesellschaft regelmäßig nur einen befristeten Arbeitsvertrag, meist für ein bis zwei Jahre;
- verhindert zunächst die drohende Arbeitslosigkeit;
- bleibt fit in seinem Job;
- findet während seiner Zeit bei der Gesellschaft oft einen neuen Arbeitgeber;
- erhält bei der Gesellschaft in der Regel rund 80 Prozent seines bisherigen Nettogehaltes, zum Teil in Form von Struktur-Kurzarbeitergeld;
- bekommt Arbeitslosengeld auf der Grundlage seines Verdienstes beim alten Arbeitgeber, wenn er nach seiner Beschäftigung in der Gesellschaft arbeitslos wird;
- muss unter Umständen mit einer Sperr- und Ruhenszeit beim Arbeitslosengeld rechnen, weil er mit seinem alten Arbeitgeber eine Aufhebungsvereinbarung über seinen Job trifft.

Wer nicht wechselt,
- bleibt zunächst bei seinem alten Arbeitgeber beschäftigt;
- muss mit einer Kündigung durch seinen Arbeitgeber wegen Arbeitsmangels rechnen;
- wird vielleicht von Leistungen aus einem Sozialplan ausgeschlossen, wenn er ausscheidet. Einen Sozialplan gibt es im Regelfall bei Massenentlassungen oder größeren Umstrukturierungen, um die wirtschaftlichen Nachteile der betroffenen

Arbeitnehmer auszugleichen. Er wird zwischen dem Arbeitgeber und Betriebsrat geschlossen;

- ist unmittelbar von Arbeitslosigkeit bedroht;
- ist unter Umständen gezwungen, die Dienste eines teuren Jobberaters oder einer Beratungsfirma in Anspruch zu nehmen, wenn seine Jobsuche erfolglos bleibt,
- erhält ohne Sperr- und Ruhenszeit das Arbeitslosengeld;
- muss in naher Zukunft mit weniger Geld rechnen, da das Arbeitslosengeld nur rund 60 Prozent des bisherigen Nettogehaltes ausmacht;
- kann sich vielleicht seine Ansprüche auf eine betriebliche Altersvorsorge erhalten;
- hat bei langjähriger Betriebszugehörigkeit unter Umständen gute Chancen, einen Prozess gegen die Kündigung zu gewinnen oder zumindest eine gute Einigung zu erzielen.

**WISO rät:** Stellen Sie sich bei andauerndem Arbeitsmangel darauf ein, von Ihrem Chef ein Angebot auf Übernahme in eine Beschäftigungsgesellschaft zu bekommen. Vor allem größere Firmen greifen in Krisensituationen gern auf dieses Instrument zurück. Prüfen Sie sehr sorgfältig, wie das Angebot aussieht: Welche Beschäftigungs- und Qualifizierungsleistungen werden Ihnen geboten? Wie viel Geld bekommen Sie? Auf welchen Zeitraum ist der Vertrag befristet? Was ist mit Urlaub, Sonderzahlungen, tariflichen Regelungen? Wie sind die Kündigungsmöglichkeiten geregelt? Achten Sie vor allem auch darauf, welche Firma Ihr Vertragspartner werden soll. Zwischen den einzelnen Gesellschaften und ihren Angeboten gibt es nämlich beträchtliche Qualitätsunterschiede. Versuchen Sie hier, über das Arbeitsamt oder das Internet Vergleiche zu anderen Gesellschaften einzuholen. Eine Firma, die schon lange am Markt ist und viele Großunternehmen betreut hat, finden Sie zum Beispiel unter www.mypegasus.de.

Wichtig ist außerdem, dass Sie sich bei Ihrer Entscheidung Zeit lassen und alle Vor- und Nachteile in Ruhe gegeneinander abwägen. Haben Sie Bedenken, Ihren alten Arbeitsplatz endgültig aufzugeben, können Sie Ihrem Chef auch vorschlagen, Ihr Arbeitsverhältnis vorübergehend „ruhen" zu lassen, solange Sie in der Gesellschaft arbeiten. Oder sie vereinbaren, dass er Sie wieder einstellen muss, wenn es dem Betrieb unverhofft wieder besser geht.

Manchmal passiert es auch, dass der Arbeitgeber die Beschäftigungsgesellschaft nur dazu benutzt, um seinen Arbeitnehmer dort zu „parken" und wenig später wieder einzustellen, beispielsweise im Rahmen einer Sanierung. Der Grund: Rechtliche Schutzvorschriften zu Gunsten des Arbeitnehmers, wie beispielsweise bei Kündigung oder über den Lohn, sollen auf diesem Weg umgangen werden. Der neue Arbeitsvertrag enthält nämlich regelmäßig schlechtere Konditionen als der alte Vertrag. Ein solches Vorgehen braucht sich der Arbeitnehmer nur dann gefallen zu lassen, wenn er zuvor über sämtliche Umstände des Vorgangs aufgeklärt wurde. Ansonsten kann er auf einer Weiterbeschäftigung zu den ursprünglichen Bedingungen bestehen, wenn er wieder in die Firma zurückkehrt.

# 4. Arbeitsort

Wo der Arbeitnehmer arbeitet, richtet sich erst einmal danach, was im Vertrag steht. Ist darin nichts Näheres geregelt, kommt es auf die Umstände des Jobs an. So kann der Chef berechtigt sein, seinen Mitarbeiter mit Ausnahme des Auslands an wechselnden Arbeitsorten einzusetzen, wenn die Art der Tätigkeit das mit sich bringt, wie das zum Beispiel bei Handwerkern der Fall ist. Innerhalb des Betriebes ist in der Regel ein Einsatz an jedem zumutbaren Ort zulässig. Wird der Betrieb innerhalb des gleichen Ortes verlagert, muss der Mitarbeiter auch das meistens hinnehmen. Nur wenn der Betrieb in einen anderen Ort verlagert wird, gilt etwas Anderes. Will oder kann der Mitarbeiter einer Betriebsverlagerung aber nicht folgen, wird sein Arbeitgeber ihm in der Regel betriebsbedingt kündigen.

**WISO rät:** Selbst wenn der Arbeitgeber Sie an wechselnden Arbeitsorten einsetzen darf, müssen Sie sich nicht jeden Arbeitsort gefallen lassen. Ihr Chef hat die Pflicht, vor jeder Anordnung sämtliche Umstände und Interessen sorgfältig abzuwägen.

Gleiches gilt auch, wenn der Arbeitsvertrag eine Klausel enthält, wonach der Arbeitgeber Sie bei Bedarf an einen anderen Arbeitsort versetzen oder Ihnen eine andere als die ursprünglich vereinbarte Tätigkeit zuweisen darf. Notfalls muss der Arbeitgeber hier zumindest die Umzugs- oder Unterbringungskosten tragen.

Plant der Arbeitgeber, seinen Mitarbeiter an einem Ort einzusetzen, den er nicht einfach festlegen darf, beispielsweise wenn der Mitarbeiter von Köln nach Düsseldorf versetzt werden soll, braucht er hierfür die Zustimmung seines Arbeitnehmers. Ansonsten bleibt dem Chef nichts anderes übrig, als seinem Mitarbeiter zu kündigen und ihm praktisch gleichzeitig den neuen Arbeitsort anzubieten. Folge: Der Mitarbeiter muss der Versetzung zustimmen, sofern der Chef dafür plausible Gründe hat. Macht er das nicht, verliert er seinen Arbeitsplatz.

# 5. Urlaub

Jeder Arbeitnehmer muss sich natürlich von seiner Arbeit auch mal erholen dürfen. Deshalb haben alle Arbeitnehmer Anspruch auf Urlaub. Das gilt nicht nur für Vollzeitkräfte sondern auch für Teilzeitkräfte und Aushilfskräfte wie Schüler und Studenten. Der Urlaub beträgt im Jahr mindestens 24 Werktage. Weil der Urlaub gerade der Erholung und Wiederherstellung der Arbeitskraft dient, kann der Mitarbeiter auf den gesetzlichen Mindesturlaub nicht einfach verzichten. Wer in der Woche an fünf Tagen arbeitet, kann also 20 Arbeitstage und damit vier Wochen Urlaub verlangen Vertraglich kann der Chef mit seinem Mitarbeiter aber einen längeren Urlaub vereinbaren. In der Praxis haben die meisten Berufstätigen zwischen 25 und 30 Arbeitstagen Urlaub. Schwerbehinderte Menschen haben einen zusätzlichen Urlaubsanspruch von fünf Arbeitstagen im Jahr.

Der Mitarbeiter hat aber in der Regel erst dann den vollen Anspruch, wenn er mindestens seit sechs Monaten im Betrieb beschäftigt war. Wer also seine Arbeit am 1. Januar aufnimmt, kann erst ab Juli in Urlaub gehen. Dafür darf er dann aber auch gleich seinen ganzen Jahresurlaub nehmen. Und: Fängt der Arbeitnehmer beispielsweise erst am 1. März an zu arbeiten, kann er nach sechs Monaten Betriebzugehörigkeit, also ab dem 1. September, ebenfalls noch seinen „vollen" Jahresurlaub verlangen.

Wer dagegen noch keine sechs Monate in der Firma war, bekommt normalerweise keinen Urlaub. Einen auf Monatsbasis umgerechneten anteiligen Urlaubsanspruch gibt es nur ganz ausnahmsweise und zwar in drei Fällen:

- Wer im Kalenderjahr seine Wartezeit von sechs Monaten noch nicht voll erfüllt hat, darf für jeden Monat 1/12 seines Jahresurlaubes in das gesamte nächste Jahr mitnehmen. Diese Tage kommen dann zu dem normalen Jahresurlaub des nächsten Jahres noch dazu. Beispiel: Der Mitarbeiter fängt ab dem 1. Juli in der neuen Firma zu arbeiten an. Er hat normalerweise 24 Urlaubstage im Jahr. Weil er aber erst im Juli angefangen hat, bekommt er den Urlaub nur anteilsmäßig. Das sind 12 Tage. Diese darf er sich allerdings erst nehmen, wenn er sechs Monate im Betrieb gearbeitet hat. Das führt dazu, dass er sich im nächsten Jahr statt 24 Tage 36 Tage Urlaub nehmen darf.

  Aber Vorsicht: Der Arbeitnehmer muss hier ausdrücklich vom Arbeitgeber verlangen, dass der Urlaub in das nächste Jahr übertragen wird. Tut der das nicht, dann verfällt er.

- Wer noch vor dem Ende der Wartezeit wieder aus der Firma ausscheidet, bekommt ebenfalls für jeden Monat anteiligen Urlaub. Beispiel: Der Mitarbeiter kündigt bereits nach vier Monaten. Bei 24 Urlaubstagen im Jahr kann er also acht Tage Urlaub nehmen. Falls das nicht mehr funktioniert, bekommt er den Urlaub ausbezahlt.

- Anteiligen Urlaub erhält auch derjenige, der zwar seine Wartezeit erfüllt hat, aber noch in der ersten Hälfte des gleichen Jahres ausscheidet. Beispiel: Der Mitarbeiter fängt am 1. September an zu arbeiten. Am 1. März hat er seine Wartezeit von sechs Monaten beendet. Scheidet er nun mit dem Ende der Wartezeit aus oder verlässt er die Firma noch vor dem 1. Juli, bekommt er anteiligen Urlaub. Bei einem Ausscheiden etwa zum 1. März wären das bei 24 Urlaubstagen im Jahr zwölf Urlaubstage. Kann er den Urlaub nicht mehr nehmen, wird er ausbezahlt.

**Wichtig:**
Tarifverträge können vorsehen, dass es auch noch in anderen Fällen anteiligen Urlaub gibt, zum Beispiel bevor der Mitarbeiter sechs Monate im Betrieb gearbeitet hat. Außerdem kann der Arbeitgeber einem Mitarbeiter auch von sich aus in der Wartezeit Urlaub genehmigen. Hier lohnt es sich immer nachzufragen. Denn manchmal ist es dem Arbeitgeber auch selbst lieber, wenn der Mitarbeiter den Urlaub gleich nimmt, da sich ansonsten unter Umständen zu viel Urlaub ansammelt.

Wer seinen gesamten Jahresurlaub bereits genommen hat und dann im laufenden Jahr zu einem anderen Arbeitgeber wechselt, kann von seinem neuen Chef keinen Urlaub mehr verlangen. Scheidet der Mitarbeiter aus der Firma aus, ohne bei einem anderen Arbeitgeber weiterzuarbeiten, braucht er seinem ehemaligen Chef den Urlaub, beziehungsweise das gezahlte Urlaubsgeld, nicht zurückzuerstatten, obwohl er bei ihm eigentlich „zu viel" Urlaub bekommen hat.

**WISO rät:** Wenn Sie Ihren Arbeitsplatz wechseln, ohne den gesamten Urlaub bereits konsumiert zu haben, können Sie den noch nicht verbrauchten Urlaub zum neuen Arbeitgeber mitnehmen. Ihr alter Arbeitgeber muss Ihnen für den bereits konsumierten oder ausbezahlten Urlaub eine Urlaubsbescheinigung ausstellen. Beispiel: Haben Sie bei 30 Urlaubstagen im Jahr noch zehn Urlaubstage übrig, bescheinigt Ihnen Ihr alter Chef, dass Sie bei ihm bereits 20 Tage Urlaub erhalten haben. Die Bescheinigung legen Sie Ihrem neuen Arbeitgeber vor und können dann in seiner Firma die restlichen zehn Tage Urlaub nehmen. Aber: Hat der alte Chef die restlichen zehn Tage ausbezahlt, gibt es beim neuen Chef nichts mehr. Kompliziert wird es, wenn Ihnen bei dem neuen Arbeitgeber weniger Urlaub zusteht als bei dem alten, also beispielsweise pro Jahr statt 30 nur 24 Urlaubstage. Hier bekommen Sie nur noch einen bestimmten Anteil der restlichen Tage, im Beispiel etwa noch acht statt zehn, also insgesamt 28 Tage.

Schwierigkeiten bereitet die Berechnung der Urlaubsdauer immer wieder, wenn der Mitarbeiter unregelmäßig im Betrieb tätig ist. Ist er teilzeitbeschäftigt, hat er einen Urlaubsanspruch, der seiner im Vergleich zum Vollzeitarbeitnehmer geleisteten Arbeit entspricht.

**Beispiele:**
Gewährt der Arbeitgeber üblicherweise Vollzeitkräften sechs Wochen Urlaub im Jahr, also 30 Urlaubstage, dann hätte jemand, der an drei Tagen in der Woche arbeitet, 18 Arbeitstage frei. Denn somit hat auch er die Möglichkeit, sich sechs volle Wochen im Jahr zu erholen.

Ein weiteres Beispiel: Arbeitet jemand im gleichen Betrieb jeden Tag halbtags, hätte er 30 halbe Urlaubstage. Auch er käme damit auf sechs Wochen Erholung im Jahr.

## Urlaub nach Wunsch

Der Arbeitgeber kann den Urlaub in der Regel nicht einseitig nach seinen Vorstellungen festlegen. Hat der Arbeitnehmer bestimmte Wünsche für die Urlaubszeit, muss der Arbeitgeber sie soweit wie möglich berücksichtigen. Andererseits darf der Arbeitnehmer den Urlaub nicht einfach nehmen, solange er noch nicht vom Arbeitgeber festgelegt ist. Das führt zu dem merkwürdigen Ergebnis, dass der Arbeitgeber die Urlaubsplanungen des Arbeitnehmers blockieren kann, ohne dafür einen Grund angeben zu müssen. Deshalb empfiehlt es sich, seinen Urlaub rechtzeitig beim Arbeitgeber zu beantragen, um notfalls noch Zeit für eine Nachfrage oder Änderung der Urlaubsplanung zu haben. Ausnahmsweise darf der Arbeitgeber den Urlaub nämlich verweigern, wenn dringende betriebliche Belange oder vorrangige Urlaubswünsche anderer Arbeitnehmer dem Urlaubswunsch entgegenstehen. Hat der Arbeitnehmer seinen Urlaubswunsch in eine betriebliche Urlaubsliste eingetragen und der Arbeitgeber nicht innerhalb eines Monats widersprochen, gilt der Urlaub als erteilt.

**WISO rät:** Reagiert der Arbeitgeber auf Ihren Urlaubswunsch gar nicht oder lehnt er ihn grundlos ab, können Sie ihren Urlaub kurzfristig gerichtlich erzwingen. Im funktionierenden Arbeitsverhältnis macht das zwar wenig Sinn, doch lässt die Reaktion Ihres Arbeitgebers darauf schließen, dass ein solches intaktes Arbeitsverhältnis nicht mehr vorliegt. Abzuraten ist von einem eigenmächtigen Urlaubsantritt oder einer Arbeitsverweigerung, denn dann riskieren Sie unter Umständen eine fristlose Entlassung. Außerdem können Schadenersatzansprüche entstehen.

An eine einmal getroffene Urlaubsfestlegung ist der Arbeitgeber gebunden. Nur in einem äußersten Notfall kann der Arbeitnehmer verpflichtet sein, seine Urlaubspläne zu ändern oder sogar einen bereits angetretenen Urlaub abzubrechen. Der Arbeitgeber muss dann allerdings für alle daraus resultierenden Kosten aufkommen. Der Arbeitnehmer ist außerdem nicht verpflichtet, einen vom Arbeitgeber einseitig angeordneten Urlaub zu akzeptieren, wenn er zuvor einen anderen erfüllbaren Urlaubswunsch geäußert hat. Stellt der Arbeitgeber den Arbeitnehmer einseitig von der Arbeit frei, beispielsweise nach einer Kündigung, liegt darin nicht automatisch eine Gewährung von Urlaub.

**WISO rät:** Wenden sie sich bei Streitigkeiten über die Festlegung des Urlaubszeitraums an den Betriebsrat. Dieser hat ein Mitbestimmungsrecht bei Auseinandersetzungen zwischen Arbeitgeber und einzelnen Arbeitnehmern.

## Wohin mit dem Resturlaub?

Häufig kommt es vor, dass der Arbeitnehmer seinen Jahresurlaub nicht vollständig bis zum 31. Dezember konsumiert. Im Normalfall kann er den Resturlaub dann in das neue Jahr mitnehmen. Aber Achtung: Das gilt nur, wenn es mit dem Chef so abgesprochen ist oder in einem Tarifvertrag steht. Sonst bestimmt das Gesetz, was mit dem Resturlaub passiert: Der Urlaub verfällt, wenn er nicht bis zum 31. Dezember komplett genommen wurde. Nur ausnahmsweise hat der Mitarbeiter ein Anrecht darauf, seinen Resturlaub bis zum 31. März des nächsten Jahres zu übertragen, nämlich dann, wenn ein dringender betrieblicher Grund wie etwa ein nicht vorhersehbarer Arbeitsanfall vorliegt, oder der Arbeitnehmer selbst den Grund für die Übertragung liefert, wie zum Beispiel bei Krankheit oder einem geplanten Familienurlaub in den Winterferien. Wurde der Resturlaub bis zum 31. März nicht vollständig konsumiert, verfällt er in der Regel ersatzlos. Hat der Chef es allerdings selbst zu verantworten, dass sein Mitarbeiter den von ihm beantragten Urlaub nicht nehmen konnte, gilt die Grenze des 31. März nicht. Beispiel: Im Betrieb gibt es einen erhöhten Arbeitsanfall. Dieser dauert von Dezember bis April, so dass der Mitarbeiter den Urlaub aus dem Vorjahr einfach nicht bis Ende März nehmen kann. Ist der Mitarbeiter von November bis April krank, und kann er deshalb den Urlaub nicht nehmen, dann verfällt der Urlaubsanspruch.

**Wichtig:**
Sonderregeln für die Urlaubsübertragung gelten neuerdings für Frauen im Mutterschutz. Wer wegen des einsetzenden Mutterschutzes seinen Jahresurlaub nicht mehr nehmen konnte, darf ihn auf das laufende Urlaubsjahr, in dem die Mutterschutzfrist endet, oder sogar auf das darauf folgende Urlaubsjahr übertragen. Das kann im Einzelfall bedeuten, dass der Urlaub erheblich länger, nämlich bis zu eindreiviertel Jahren übertragen werden kann.

## Keine Auszahlung von Urlaub

Der Chef kann von seinem Mitarbeiter nicht verlangen, dass dieser auf den Urlaub verzichtet, und er ihm dafür den Urlaub ausbezahlt. Selbst dann, wenn der Mitarbeiter seinen Urlaub ganz oder teilweise nicht mehr konsumieren kann, muss und darf der Arbeitgeber den Urlaub nicht ausbezahlen. Sonst bestünde die Gefahr, dass der Arbeitnehmer den Erholungszweck des Urlaubes zugunsten der Aufbesserung der Haushaltskasse opfert.

Ausnahmsweise hat der Arbeitnehmer aber einen Anspruch auf Ausbezahlung des Urlaubs, wenn er ihn nur deshalb nicht nehmen kann, weil er aus dem Betrieb ausscheidet. Beispiel: Der Arbeitnehmer muss krankheitsbedingt seinen gesamten Jahresurlaub ins nächste Jahr übertragen, wird aber schon zum 15. Januar gekündigt.

Die Abgeltungsregelung gilt also bei Kündigungen, Aufhebungsverträgen und anderen Beendigungsgründen. Hätte der Arbeitnehmer den Urlaub allerdings sowieso nicht mehr nehmen können, weil er beispielsweise noch beim Ausscheiden aus der Firma krank war, steht ihm auch keine Urlaubsabgeltung zu.

**Achtung:**
Hat der Arbeitgeber Ihnen den Urlaub gesetzeswidrig abgekauft, behalten Sie ihren Urlaubsanspruch einschließlich Lohn und müssen daneben unter Umständen nicht einmal den erhaltenen „Kaufbetrag" zurückzahlen.

## Nebenjob oder Krankheit während des Urlaubs

Der vielzitierte Erholungszweck des Urlaubs hat auch Auswirkungen auf die Gestaltung des Urlaubs. So ist es dem Arbeitnehmer verboten, während des Urlaubs einem anderen Job nachzugehen. Andererseits muss sich der Arbeitnehmer Urlaubstage, an denen er nachweislich krank ist und sowieso nicht arbeiten könnte, nicht auf den Jahresurlaub anrechnen lassen. Denn schließlich wird bei Krankheit der Urlaubszweck in aller Regel nicht erreicht.

**Achtung:**
Verboten sind während des Urlaubs nur Erwerbstätigkeiten, die dem Urlaubszweck widersprechen. Ausgleichs- oder Hobbytätigkeiten bleiben also zulässig. Ebenso können Sie freizeitmäßig in Ihrem Urlaub tun und lassen, was Sie wollen. Wenn Sie trotz Verbots dennoch jobben, riskieren Sie unter Umständen eine Unterlassungsklage oder eine Kündigung.

## Urlaub wird bezahlt

Während des Urlaubs soll der Arbeitnehmer seinen Lebensstandard erhalten können. Deswegen hat er zusätzlich zum Urlaub einen Anspruch darauf, dass sein übliches Gehalt während der freien Zeit weitergezahlt wird. Davon zu unterscheiden ist das Urlaubsgeld, das vielen Arbeitnehmern vom Arbeitgeber zusätzlich gezahlt wird. Das Urlaubsgeld ist eine freiwillige Leistung des Arbeitgebers, der Mitarbeiter hat also keinen Anspruch darauf.

**Vorsicht:**
Bei Fragen des Urlaubs gelten oft tarifliche oder betriebliche Sonderregelungen. So kann der Arbeitnehmer zum Beispiel mehr Urlaub haben, als in seinem Arbeitsvertrag steht, oder er darf den Resturlaub automatisch ins nächste Jahr übertragen. Das sollte bei einem möglichen Streitfall nicht aus den Augen verloren werden. Die gesetzliche Mindesturlaubsdauer von 24 Tagen darf allerdings niemals unterschritten werden.

## Sonderurlaub

Über den „normalen" Urlaub hinaus kann der Mitarbeiter von seinem Chef in der Regel nicht verlangen, ihm noch zusätzlich unbezahlten Sonderurlaub zu gewähren. Das heißt natürlich nicht, dass jede Bitte nach Sonderurlaub von vornherein aussichtslos wäre. Spielt der Chef mit, ist es häufig kein Problem, sich für eine gewisse Zeit unbezahlt beurlauben zu lassen. Ausnahmsweise hat der Mitarbeiter hierauf sogar einen Anspruch, nämlich dann, wenn das ausdrücklich im Vertrag steht oder ein besonderer persönlicher Notfall vorliegt.

## Bildungsurlaub

Viele Arbeitnehmer sind daran interessiert sich weiterzubilden, beruflich, politisch oder über aktuelle Themen unserer Zeit. In der Freizeit ist das natürlich kein Problem. Wer hierfür aber seine Arbeitszeit verwenden will, muss bei seinem Chef Bildungsurlaub beantragen. Den gibt es allerdings nur in bestimmten Bundesländern und für die Teilnahme an staatlich anerkannten Bildungsveranstaltungen. In folgenden Bundesländern wird derzeit Bildungsurlaub gewährt: Berlin, Hamburg, Brandenburg, Bremen, Hessen, Niedersachsen, Nordrhein-Westfalen, Rheinland-Pfalz, Saarland, Schleswig-Holstein, Sachsen-Anhalt, Mecklenburg-Vorpommern. In der Regel beträgt der Bildungsurlaub hier fünf Arbeitstage pro Jahr, die der Arbeitnehmer aber erst dann nehmen darf, wenn er länger als sechs Monate im Betrieb beschäftigt ist. Lehnt der Arbeitgeber den Bildungsurlaub ab, obwohl er dem Mitarbeiter zusteht, kann dieser seine Freistellung gerichtlich erzwingen.

Nähere Informationen zum Bildungsurlaub sowie zu einzelnen Bildungsveranstaltungen erhalten Sie im Internet unter www.bildungsurlaub.com.

# 6. Krankheit

Vor Krankheit ist niemand gefeit. Jedes Jahr geht ein erheblicher Teil der Gesamtarbeitszeit wegen Krankheit verloren. Umso wichtiger ist es deshalb, seine Rechte und Pflichten im Krankheitsfall zu kennen.

## Fortzahlung des Lohns bei Arbeitsunfähigkeit

An erster Stelle steht hier der Grundsatz, dass der Chef seinem Mitarbeiter, der krankheitsbedingt nicht arbeiten kann, für die Zeit von sechs Wochen das Gehalt weiterzahlen muss. Das gilt auch für Auszubildende, Praktikanten, Teilzeitkräfte und kurzfristig Beschäftigte. Voraussetzung ist, dass das Arbeitsverhältnis nach dem Arbeitsvertrag bereits seit vier Wochen ununterbrochen besteht.

## Krank ist nicht gleich arbeitsunfähig

Nicht jede Erkrankung führt automatisch zur Arbeitsunfähigkeit. Das heißt, selbst derjenige der krank ist, muss unter Umständen am Arbeitsplatz erscheinen. Ob aufgrund einer Krankheit zugleich auch Arbeitsunfähigkeit vorliegt, ist stets eine Frage des Einzelfalles und kann nicht generell beantwortet werden. Wer beispielsweise einen Bildschirmarbeitsplatz hat und sich beim Sport eine Fußprellung zuzieht, der ist unter Umständen krank, nicht aber arbeitsunfähig krank. Die Frage der Arbeitsunfähigkeit richtet sich nach der Person des Arbeitnehmers und der von ihm zu erbringenden Arbeit. Kann der Arbeitnehmer seine Arbeit objektiv nicht mehr verrichten, oder würde sich sein Gesundheitszustand dadurch weiter verschlechtern, dann liegt Arbeitsunfähigkeit vor.

Oft ist es so, dass der Mitarbeiter seine Arbeit aufgrund der Krankheit zwar nicht mehr voll, aber doch teilweise erbringen könnte. Eine solche teilweise Arbeitsunfähigkeit gibt es im rechtlichen Sinne nicht. Hier gilt also: Entweder kann man normal arbeiten oder nicht. Wer arbeiten geht, bekommt das normale Gehalt, wer zu Hause bleibt für längstens sechs Wochen die Entgeltfortzahlung in gleicher Höhe.

Zu beachten ist weiter, dass die Arbeitsunfähigkeit nicht automatisch dadurch eintritt, dass der Beschäftigte infolge der Erkrankung den Arbeitsweg nicht zurücklegen kann, soweit er auf andere Weise zu dem Arbeitgeber gelangen kann. Auch eine Fehldiagnose des Arztes führt nicht zur Arbeitsunfähigkeit.

**Achtung:**
Maßnahmen der medizinischen Vorsorge und Rehabilitation, also Kuren, sind der Arbeitsunfähigkeit wegen Krankheit gleichgestellt. Diese Maßnahmen müssen allerdings von Ihrem Sozialversicherungsträger bewilligt worden sein und in einer entsprechenden Einrichtung durchgeführt werden. Sind Sie nicht Mitglied einer gesetzlichen Krankenkasse oder Rentenversicherung, brauchen Sie eine besondere ärztliche Verordnung. Seit dem 1. Juli 2002 spielt es keine Rolle für die Entgeltfortzahlung mehr, ob die Maßnahme stationär oder ambulant durchgeführt wird.

## Kein Geld bei selbstverschuldeter Arbeitsunfähigkeit

Ausgeschlossen ist die Fortzahlung des Entgeltes, wenn der Arbeitnehmer die Arbeitsunfähigkeit selbst verschuldet hat. Hat der Arbeitgeber den Lohn zunächst weitergezahlt und erst im Nachhinein erfahren, dass der Arbeitnehmer an der Erkrankung selbst schuld ist, so kann er den zuviel bezahlten Lohn wieder zurückverlangen.

Wann der Arbeitnehmer aber schuldhaft handelt, lässt sich nicht generell beantworten. Maßgebend sind alle Umstände des konkreten Falles. Ein Verschulden liegt aber in der Regel vor, wenn der Arbeitnehmer die Krankheit durch besonders leichtfertiges, grob fahrlässiges oder vorsätzliches Verhalten herbeigeführt hat. Wer also etwa suchtkrank wird, weil er sich bewusst und häufig berauscht, geht leer aus. Auch wer nach einer Entziehungskur rückfällig wird oder unfallbedingt krank wird, weil er Verkehrsvorschriften grob missachtet hat, bekommt keine Lohnfortzahlung. Nicht schuldhaft hingegen handelt eine Frau, die rechtswidrig ihre Schwangerschaft abbricht.

Bei Sportunfällen kann das Verschulden im Betreiben einer als gefährlich einzustufenden Sportart wie beispielsweise Kickboxen liegen. Als nicht ausreichend gefährlich haben die Gerichte unter anderem Boxen, Drachenfliegen, Fallschirmspringen, Fußball, Karate, Motorradrennen, Skilaufen, Skispringen und Crossbahnrennen angesehen. Wer Sport trotz schlechter, aber notwendiger Ausrüstung, bei einem schlechten Zustand der Sportanlage oder unter Verstoß gegen anerkannte Regeln ausübt, kann die Arbeitsunfähigkeit aber auch bei ansonsten weniger gefährlichen Sportarten schuldhaft herbeigeführt haben. Gleiches gilt, wenn der Arbeitnehmer für die ausgeübte Sportart nicht geeignet ist. Dass der Mitarbeiter sich schuldhaft verhalten hat, muss sein Chef nachweisen. Den Arbeitnehmer kann allerdings in Ausnahmefällen eine Mitwirkungspflicht treffen. Wenn er beispielsweise an einer Schlägerei beteiligt war oder zuviel Alkohol getrunken hatte, muss der Arbeitnehmer nachweisen, dass er seine Arbeitsunfähigkeit nicht selbst verschuldet hat.

## Pflicht zu genesungsförderndem Verhalten

Ausgeschlossen ist der Anspruch auf Weiterzahlung des Lohns während der Krankheit auch, wenn eine unverschuldete Erkrankung durch das schuldhafte Verhalten des Arbeitnehmers erschwert oder verlängert wird und dadurch die Arbeitsunfähigkeit erst eintritt oder ihre Dauer verlängert wird.

Beispiel: Ein Arbeitnehmer widmet sich nach einem Bandscheibenvorfall dem Bau seines Eigenheims.

Jeder Arbeitnehmer hat nämlich die Pflicht zum genesungsfördernden Verhalten. Bei einem Verstoß kann es unter Umständen sogar zu einer Abmahnung, Kündigung oder Schadenersatzansprüchen des Arbeitgebers beispielsweise für Detektivkosten kommen.

**WISO rät:** Halten Sie sich unbedingt an ärztliche Anweisungen. Je nach Art der Erkrankung bedeutet das aber nicht, dass Sie den ganzen Tag Bettruhe einhalten müssen oder das Haus nicht verlassen dürfen. So können Sie sich unter Umständen in der Öffentlichkeit bewegen, verreisen oder sogar einer Nebentätigkeit nachgehen, wenn der Heilungsprozess dadurch nicht gefährdet wird. Aber Vorsicht: Gerade wenn Sie verreisen wollen, sollten Sie sicherheitshalber den Arzt befragen, ob dies Ihre Krankheit zulässt. Gleiches gilt, wenn Sie eine Nebentätigkeit ausüben wollen. Hier sollten Sie den Arzt außerdem genau darüber informieren, wie Ihre Nebentätigkeit aussieht. Nur so kann er auch beurteilen, ob diese Arbeit der Genesung schadet. Ähnelt die Tätigkeit der Ihres Arbeitgebers sollten Sie ohnehin darauf verzichten. Ärger mit dem Vorgesetzten ist in solchen Fällen fast immer vorprogrammiert.

Der Arbeitnehmer geht hinsichtlich einer Lohnfortzahlung im Übrigen auch dann leer aus, wenn seine Erkrankung nicht die alleinige Ursache der Arbeitsverhinderung ist.

## Wichtig: Die richtige Krankmeldung

Besonders wichtig für die Fortzahlung des Gehalts ist die ordentliche Krankmeldung. Der Arbeitgeber muss rechtzeitig wissen, welcher Arbeitnehmer nicht am Arbeitsplatz erscheint. Denn nur so kann er einen ordentlichen Betriebsablauf gewährleisten. Wer sich nicht an die Regeln der Krankmeldung hält, setzt seinen Fortzahlungsanspruch aufs Spiel und riskiert eine Abmahnung oder im schlimmsten Fall sogar eine Kündigung. Kann der Arbeitgeber aufgrund eines Fehlverhaltens des Arbeitnehmers nicht rechtzeitig für eine Vertretung sorgen, macht sich der Arbeitnehmer unter Umständen sogar schadenersatzpflichtig.

Jeden Arbeitnehmer trifft im Fall einer Arbeitsunfähigkeit erst einmal eine Anzeigepflicht. Das heißt, er muss die Arbeitsunfähigkeit unverzüglich seinem Arbeitgeber mitteilen. Falls ein Arzt den Arbeitnehmer später krank schreibt, sollte dieser den Arbeitgeber erneut anrufen und die Dauer der Arbeitsunfähigkeit mitteilen. So kann sich der Vorgesetzte frühzeitig auf das Fehlen einstellen und die betriebliche Organisation darauf ausrichten.

**WISO rät:** Rufen Sie bereits am ersten Tag der Arbeitsunfähigkeit zum Zeitpunkt des üblichen Arbeitsbeginns Ihren Chef oder die Personalabteilung an und informieren Sie diese über die Erkrankung. Nicht ausreichend ist demgegenüber die Mitteilung an einen Arbeitskollegen, die Telefonzentrale oder den Pförtner. Arbeiten Sie Teilzeit, müssen Sie die Erkrankung auch dann am ersten Tag anzeigen, wenn dies kein Arbeitstag ist.

Zu Beweiszwecken sollten Sie stets eine Notiz darüber anfertigen, wen Sie wann über die Arbeitsunfähigkeit informiert haben.

Sind Sie selbst aufgrund Ihrer Erkrankung nicht in der Lage, dem Arbeitgeber die Arbeitsunfähigkeit mitzuteilen, müssen Sie gegebenenfalls Verwandte oder Freunde beauftragen, mit dem Arbeitgeber Kontakt aufzunehmen. Vorsicht: Das Übermittlungsrisiko tragen dabei Sie. Wählen Sie deshalb nur zuverlässige Personen aus.

Beachten Sie, dass das bloße Absenden der Arbeitsunfähigkeitsbescheinigung, die erst am nächsten Tag mit der Post beim Arbeitgeber eingeht, zur unverzüglichen Anzeige der Erkrankung nicht ausreicht.

Befinden Sie sich bei Beginn der Arbeitsunfähigkeit im Ausland, etwa auf einer Urlaubsreise, gelten die Anzeigepflichten für Sie im gleichen Maße. Außerdem müssen Sie bei der Benachrichtigung die schnellstmögliche Art der Übermittlung wählen und dem Arbeitgeber zusätzlich die Adresse Ihres Aufenthaltsortes mitteilen. Die Kosten der schnellstmöglichen Übermittlung trägt in der Regel der Arbeitgeber. Neben dem Arbeitgeber müssen Sie die Arbeitsunfähigkeit auch Ihrer Krankenkasse mitteilen. Ihre Anzeigepflicht erstreckt sich bei Auslanderkrankungen zudem auf Ihre Rückkehr nach Deutschland.

## Genauso wichtig: Der Nachweis der Krankheit

Dauert die Arbeitsunfähigkeit länger als drei Kalendertage (nicht Werktage!), muss die Erkrankung dem Arbeitgeber nicht nur anzeigt, sondern auch nachgewiesen werden. Spätestens am vierten Tag muss dem Vorgesetzten dann eine ärztliche Bescheinigung, also ein Attest vorliegen. Fällt der vierte Tag auf einen Sonn- oder Feiertag, an dem im Betrieb üblicherweise nicht gearbeitet wird, so ist die Bescheinigung erst am darauf folgenden Tag zu erbringen. Auch hier kann die Arbeitsunfähigkeitsbescheinigung von Familienangehörigen oder Freunden überbracht werden, wenn der Arbeitnehmer selbst aufgrund der Erkrankung nicht dazu in der Lage ist. Möglich ist aber auch, ein Fax zu schicken, wobei dann allerdings das Original der Bescheinigung per Post nachgesandt werden muss. Besteht die Arbeitsunfähigkeit über den im Attest angegebenen Termin hinaus, ist eine Folgebescheinigung erforderlich. Dafür gelten die gleichen Regeln wie für die Erstbescheinigung.

**WISO rät:** Verlangt der Arbeitgeber die Arbeitsunfähigkeitsbescheinigung vom Arzt nicht erst nach dem dritten Tag der Erkrankung, sondern schon am ersten Tag, so ist das zulässig. Vielfach ist eine solche Verpflichtung sogar im Arbeitsvertrag ausdrücklich festgelegt. Sie sollten die Bescheinigung deshalb in jedem Fall rechtzeitig vorlegen. Der Arbeitgeber muss seine Arbeitnehmer allerdings in der Regel gleichbehandeln, darf also nicht von einigen Arbeitnehmern ein Attest schon am ersten Tag, von anderen erst am vierten Tag fordern.

## Kein Geld bei fehlendem Nachweis

Verspätet sich der Arbeitnehmer mit der Überbringung der ärztlichen Bescheinigung, kann der Arbeitgeber die Lohnfortzahlung wegen krankheitsbedingter Arbeitsunfähigkeit solange verweigern bis die ärztliche Bescheinigung vorliegt. Der Anspruch auf Entgeltfortzahlung geht dadurch aber grundsätzlich nicht verloren. Der Arbeitgeber muss das Entgelt ab dem ersten Tag der Arbeitsunfähigkeit nachzahlen.

Die Zahlung kann der Arbeitgeber übrigens auch dann verweigern, wenn der Arbeitnehmer dem Arbeitgeber trotz Aufforderung nicht seinen Sozialversicherungsausweis hinterlegt. Die Hinterlegung soll verhindern, dass der Arbeitnehmer während seiner Krankheit woanders arbeitet.

Der Arbeitgeber muss auch dann nicht zahlen, wenn eine andere Person für den

Eintritt der Arbeitsunfähigkeit verantwortlich war und der Mitarbeiter seinem Chef hierüber trotz Aufforderung nicht die erforderlichen Angaben macht. Mögliche Schadenersatzansprüche des Mitarbeiters gegen den Dritten könnten nämlich in Höhe der Entgeltfortzahlung auf den Arbeitgeber übergehen. Beispiel: Ein Dritter verschuldet einen Unfall, wodurch der Arbeitnehmer krank wird. Der Mitarbeiter muss seinem Chef nun alle Angaben über den Dritten und den Unfall machen, die er weiß. Denn nur so kann sich der Chef sein Geld von dem Dritten wiederholen.

## Wer den Nachweis ausstellt und was drin steht

Die Arbeitsunfähigkeitsbescheinigung kann sich der Mitarbeiter bei einem Arzt seiner Wahl ausstellen lassen. Es besteht keine Verpflichtung, sich an einen vom Arbeitgeber benannten Arzt zu wenden. Die Bescheinigung darf normalerweise keine Angaben zur Erkrankung enthalten. Inhalt ist neben einigen Formalien lediglich das Datum der Feststellung der Arbeitsunfähigkeit und die voraussichtliche Dauer der Erkrankung. Über die Art und Ursache der Erkrankung muss der Mitarbeiter seinen Chef nur in Ausnahmefällen aufklären, beispielsweise dann, wenn er eine ansteckende Krankheit hat. Nur so können Schutzmaßnahmen für andere Kollegen getroffen werden. Eine Rückdatierung der Bescheinigung durch den Arzt ist nur ausnahmsweise und in der Regel nur bis zu zwei Tagen zulässig.

**WISO rät:** Entbinden Sie Ihren Arzt mit Ausnahme gerichtlicher Anregungen niemals von der ärztlichen Schweigepflicht. Sonst kann der Arbeitgeber von Ihrem Arzt auch Einzelheiten über Ihre Krankheit erfahren. Verlangt der Arbeitgeber eine Entbindungserklärung oder ein Attest über die Art der Erkrankung, sollten Sie zunächst Rechtsrat einholen. Häufig fordert der Arbeitgeber diese Erklärung nämlich nur, um eine krankheitsbedingte Kündigung vorzubereiten.

**Wichtig:**
Eine Arbeitsunfähigkeitsbescheinigung darf der Arzt eigentlich nur ausstellen, wenn der Arbeitnehmer wegen seiner Krankheit nicht mehr im Betrieb eingesetzt werden kann. Um das zu prüfen, muss er sich bei seinem Patienten normalerweise nach Art und Umfang seiner Arbeit erkundigen. Die Praxis sieht freilich anders aus. Allein aus Zeit- und Konkurrenzgründen sind viele Ärzte mit Arbeitsunfähigkeitsbescheinigungen schnell bei der Hand. Im Betrieb spricht sich meist rasch herum, welche Ärzte das sind. Da und dort werden unter den Arbeitnehmern sogar Adressenlisten mit Ärzten gehandelt, die schnell und ohne große Nachfrage krank schreiben. Gerät der Arbeitnehmer aber zufällig an einen anderen Arzt, hat er unter Umständen Pech: Trotz Krankheit wird ihm vielleicht keine Arbeitsunfähigkeit attestiert. Seine letzte Chance ist dann der Besuch bei einem anderen Arzt.

## Vor Gericht zählt nur der Nachweis

Im Streitfall kommt dem ärztlichen Attest eine entscheidende Bedeutung zu. Nach der Lebenserfahrung spricht nämlich eine Vermutung dafür, dass der Arbeitnehmer bei einem ordnungsgemäß ausgestellten Attest tatsächlich arbeitsunfähig krank war. Das gilt auch für im Ausland ausgestellte Atteste. Will der Arbeitgeber das Attest nicht gegen sich gelten lassen, muss er berechtigte Zweifel an der Arbeitsunfähigkeit vorbringen. Das ist meistens äußerst schwierig. Beispiele: Rückdatierung oder fehlende Unterschrift auf dem Attest, Ankündigung einer Krankheit, andere Tätigkeit während der Arbeitsunfähigkeit, Ausstellung durch einen Arzt, der durch leichtfertiges Krankschreiben auffällig geworden ist. Der Arbeitnehmer sollte seinen Arzt dann ausnahmsweise von der Schweigepflicht entbinden, um den Beweis der Arbeitsunfähigkeit mit anderen Mitteln als dem Attest führen zu können. Bei einem Attest aus dem EU-Ausland reichen berechtigte Zweifel des Arbeitgebers nicht aus. Hier muss der Arbeitgeber beweisen, dass der Arbeitnehmer tatsächlich nicht arbeitsunfähig krank war.

Hat der Arbeitgeber nachvollziehbare Zweifel an der Richtigkeit des Attestes, kann er ebenso wie die Krankenkasse verlangen, dass sich der Arbeitnehmer vom medizinischen Dienst der Krankenkasse untersuchen lässt. Weigert er sich, spricht das in der Regel gegen die Richtigkeit des Attests. Berechtigte Zweifel liegen beispielsweise bei häufigen (Kurz-) Erkrankungen oder oftmaligen Erkrankungen am Wochenanfang oder -ende vor.

**WISO rät:** Will der Arbeitgeber Ihre Arbeitsunfähigkeit auf andere Art, beispielsweise durch einen Besuch zu Hause, kontrollieren, müssen Sie ihm weder Einlass gewähren noch Auskünfte erteilen. Abgesehen davon brauchen Sie sich auch gar nicht zu Hause aufhalten. Schaltet der Arbeitgeber einen Detektiv ein, so ist das nur dann zulässig, wenn der Arbeitgeber die Beauftragung wegen konkreter Verdachtsmomente für erforderlich halten musste. Bestätigt sich der Verdacht, müssen Sie Ihrem Arbeitgeber die Kosten für den Detektiv erstatten. Vorsicht: Durch überhöhte Detektivkosten versuchen manche Arbeitgeber, den Arbeitnehmer zusätzlich unter Druck zu setzen und somit zur Beendigung des Arbeitsverhältnisses zu drängen.

## Lohnfortzahlung für längstens sechs Wochen

Ist der Arbeitnehmer seiner Anzeige- und Nachweispflicht nachgekommen, hat er für die Dauer der Arbeitsunfähigkeit, längstens aber für sechs Wochen einen Anspruch darauf, dass ihm der Arbeitgeber das Gehalt weiterzahlt. Der Tag der Erkrankung wird nur dann mitgerechnet, wenn der Mitarbeiter vor der normalen täglichen Arbeitszeit erkrankt. Ansonsten bekommt er für den bereits angefangenen Tag noch seinen normalen Lohn.

**Wichtig:**
Das Gehalt gibt es nur dann weiter, wenn das Arbeitsverhältnis bereits länger als vier Wochen ununterbrochen andauerte. Wer also im Zeitpunkt der Arbeitsunfähigkeit beispielsweise nur zwei Wochen bei seinem Arbeitgeber tätig war, bekommt erst ab der fünften Woche Gehaltsfortzahlung (bis zu sechs Wochen). Für die Zeit davor bekommt der Beschäftigte kein Geld, bleibt aber dennoch dazu verpflichtet, dem Arbeitgeber die Arbeitsunfähigkeit anzuzeigen und gegebenenfalls nachzuweisen. Entschei-

dend ist bei der Fristberechnung übrigens nicht die tatsächlich Arbeitsaufnahme, sondern der vertraglich vorgesehene Arbeitsbeginn.

## Welcher Lohn weiterzuzahlen ist

Die Höhe des fortzuzahlenden Entgelts beträgt 100 Prozent des „normalen" Lohns. Maßgeblich sind dafür grundsätzlich die Bruttobezüge einschließlich der Anteile an der Sozialversicherung. Überstunden, die der Arbeitnehmer gewöhnlich macht, werden jedoch bei der Berechnung des fortzuzahlenden Gehalts nicht berücksichtigt. Gleiches gilt für Geldleistungen des Chefs, die nicht zum laufenden Verdienst zählen oder nur die Betriebstreue des Arbeitnehmers entlohnen sollen. Beispiele: 13. Monatsgehalt, Weihnachtsgratifikation. Handelt es sich um Sonderleistungen wie Urlaubsgeld oder laufende Prämien, kann der Arbeitgeber berechtigt sein, die Höhe der Gehaltsfortzahlung entsprechend zu kürzen.

## Was passiert nach sechs Wochen?

Nach Ablauf des gesetzlichen Sechs-Wochen-Zeitraums zahlt der Arbeitgeber das Gehalt nicht mehr weiter. Mit leeren Händen steht der Arbeitnehmer aber auch dann nicht da, denn er bekommt im Fall der Arbeitsunfähigkeit wegen derselben Krankheit für längstens 78 Wochen innerhalb von drei Jahren von der Krankenkasse Krankengeld und zwar in Höhe von 70 Prozent seines normalen Bruttogehaltes, maximal aber 90 Prozent des Nettoverdienstes. Der Anspruch auf Krankengeld besteht übrigens auch während der vierwöchigen Wartefrist nach Aufnahme des Arbeitsverhältnisses, in der der Beschäftigte keinen Anspruch auf Lohnfortzahlung hat.

## Grenzen der Lohnfortzahlung

Unabhängig von der Sechs-Wochen-Frist endet die Weiterzahlung des Gehalts in jedem Falle mit dem Ende der Arbeitsunfähigkeit oder trotz fortbestehender Arbeitsunfähigkeit, wenn das Arbeitsverhältnis wirksam endet. Hat der Arbeitgeber aber gerade die Arbeitsunfähigkeit zum Anlass für eine wirksame ordentliche Kündigung genommen, kündigt er also letztlich wegen der Krankheit, bleibt der Anspruch auf Entgeltfortzahlung bestehen. Das gilt dann auch, wenn er innerhalb der vierwöchigen Wartefrist oder einer vereinbarten Probezeit kündigt oder wenn der Arbeitnehmer mit gutem Grund selbst fristlos kündigt.

**WISO rät:** Im Falle einer gerichtlichen Auseinandersetzung sollten Sie den Anspruch auf Gehaltfortzahlung für den Krankheitsfall als solchen und nicht als normales Gehalt geltend machen und der Höhe nach genau zu beziffern. Lassen Sie sich nicht allzu viel Zeit, da die Weiterzahlung des Gehalts möglicherweise tarif- oder arbeitsvertraglichen Ausschlussfristen unterliegt.

## Keine Vereinbarungen zu Lasten der Arbeitnehmer

Die Regeln über die Lohnfortzahlung können grundsätzlich nicht zu Ungunsten des Arbeitnehmers abgeändert werden. Enthält der Arbeitsvertrag also beispielsweise Regelungen, die eine Verkürzung der sechswöchigen Anspruchsdauer oder eine Begrenzung der Zahlung der Höhe nach vorsehen, so sind diese ungültig. Unwirksam sind auch Vereinbarungen, nach denen die Arbeitsunfähigkeit von einem vom Arbeitgeber zu bestimmenden Arzt nachzuprüfen ist oder der Lohnfortzahlungsanspruch von einer bestimmten Dauer der Betriebszugehörigkeit abhängen soll. Auf die Gehaltsweiterzahlung während der Krankheit kann der Arbeitnehmer normalerweise auch nicht wirksam verzichten, zumindest nicht so lange, wie sein Arbeitsverhältnis noch fortbesteht.

**Vorsicht:**
Eine anteilige Kürzung für krankheitsbedingte Fehltage darf bei bestimmten Geldleistungen des Chefs, wie zum Beispiel bei Anwesenheitsprämien, durchaus vereinbart werden.

## Nochmalige Erkrankungen

Erkrankt der Arbeitnehmer nach Ablauf der Arbeitsunfähigkeit erneut, so kann er wiederum verlangen, dass er das normale Gehalt sechs Wochen weiterbezahlt bekommt. Das gilt auch bei gleichen Krankheitsbildern, wenn sie auf verschiedenen Erkrankungen beziehungsweise verschiedenen Ursachen beruhen.

Wer also im März/April die Grippe hatte und im Mai erneut daran erkrankt, dem steht wieder der Anspruch zu.

## Sonderfall: Fortsetzungserkrankung

Wird der Arbeitnehmer nach Ablauf der Arbeitsunfähigkeit wegen derselben Krankheit erneut arbeitsunfähig krank, ist der Anspruch auf Weiterzahlung des Gehaltes eingeschränkt. Man spricht dann von einer so genannten Fortsetzungserkrankung. In einem solchen Fall wird das Geld für alle einzelnen Zeiten der Arbeitsunfähigkeit zusammen nur für insgesamt sechs Wochen weitergezahlt. Die Erkrankung muss allerdings auf denselben Grundlagen beruhen wie die Vorerkrankung, beziehungsweise auf dieselbe chronische Veranlagung zurückzuführen sein. Litt der Arbeitnehmer beispielsweise an einer Infektionskrankheit, und kommt es wegen fehlenden Ausheilens zu einem Rückfall, steht ihm grundsätzlich kein neuer Anspruch auf Lohnfortzahlung zu.

Es gibt aber zwei Ausnahmen vom Grundsatz der eingeschränkten Entgeltfortzahlung bei Fortsetzungserkrankungen. Der Arbeitnehmer hat einen vollen Anspruch, wenn zwischen zwei Arbeitsunfähigkeitszeiträumen sechs Monate liegen. Wer also, wie im oben genannten Beispielsfall, in den Monaten März/April sechs Wochen an der Infektionskrankheit erkrankt und im November/Dezember einen sechswöchigen Rückfall erleidet, der hat wieder einen vollen Anspruch auf Weiterzahlung des Lohns.

Daran könnte auch eine zwischenzeitlich aufgetretene andere Krankheit nichts ändern. Ebenso entsteht ein erneuter Anspruch für sechs Wochen nach Ablauf von zwölf Monaten seit Beginn der ersten Arbeitsunfähigkeit im Rahmen der Fortsetzungserkrankung. Das gilt selbst dann, wenn zwischen den verschiedenen Phasen der Arbeitsunfähigkeit keine sechs Monate liegen. Erleidet der Arbeitnehmer folglich im Infektionsbeispiel einen jeweils sechswöchigen Rückfall im September/Oktober sowie im April/Mai des darauf folgenden Jahres, muss der Arbeitgeber das Gehalt weiterzahlen.

**WISO rät:** Im Streitfall muss der Arbeitgeber beweisen, dass eine fortgesetzte Erkrankung vorliegt. Bittet er Sie hierbei um Auskunft oder Mithilfe, können Sie eine Kooperation in aller Regel verweigern, da Ihnen die medizinischen Kenntnisse fehlen. Dem Arbeitgeber bleibt dann nichts anderes übrig, als von Ihnen eine Entbindung Ihres Arztes von der Schweigepflicht zu verlangen. Dem müssen Sie zwar nachkommen, trotzdem bleibt der Nachweis für den Arbeitgeber letztlich sehr schwierig.

# 7. Feiertage

An gesetzlichen Feiertagen hat der Chef seinem Mitarbeiter das normale Gehalt weiterzuzahlen. Ausnahme: Wenn der Arbeitnehmer am letzten Arbeitstag (nicht Kalendertag!) vor oder am ersten Arbeitstag nach dem Feiertag unentschuldigt fehlt. Dann geht er leer aus. Teilzeitkräfte können nur dann eine Feiertagsvergütung verlangen, wenn sie an dem Feiertag tatsächlich hätten arbeiten müssen. Der Arbeitgeber darf den Arbeitsplan allerdings nicht extra so einteilen, dass der Mitarbeiter für solche Tage nie zur Arbeit vorgesehen wäre.

Im Gegensatz zur Fortzahlung im Krankheitsfall muss der Arbeitgeber bei Feiertagen auch Überstunden bezahlen, soweit sie an diesem Tag geleistet worden wären. Fallen Krankheit und Feiertag zusammen, richtet sich die Höhe des Geldes nach der Fortzahlung für Feiertage. Bei der Berechnung des Sechs-Wochen-Zeitraums für die Entgeltfortzahlung im Krankheitsfall zählt der Feiertag allerdings mit. Beispiel: Der Mitarbeiter wird am 1. Dezember für sechs Wochen krank. Wegen der Feiertage verlängert sich die Zeit, für die der Chef das Gehalt weiterzahlen muss, nicht. Wären an den Feiertagen üblicherweise Überstunden angefallen, gibt es dafür zusätzliches Geld.

Auf Urlaubstage dürfen Feiertage nicht angerechnet werden. Das heißt, dem Arbeitnehmer geht kein Erholungsurlaub verloren, wenn ein Feiertag in die Zeit seines Urlaubs fällt.

# 8. Berufskrankheiten

Immer öfter werden Arbeitnehmer durch ihren Beruf krank. Sie können dann Leistungen der gesetzlichen Unfallversicherung beziehen. Das größte Problem für die Erkrankten liegt darin nachzuweisen, dass die Erkrankung auf die ausgeübte Tätigkeit zurückzuführen ist. Dementsprechend negativ fällt meistens auch die Entscheidung der Berufsgenossenschaften aus. Immerhin drei Viertel aller Anträge auf Anerkennung einer Berufskrankheit werden abgelehnt. Vielen Geschädigten bleibt dann nur noch der Gang zum Gericht.

## Die Erkrankung muss in einer Liste stehen

Ob eine Erkrankung des Arbeitnehmers überhaupt eine Berufskrankheit darstellen kann, hängt nicht allein davon ab, ob sie durch die berufliche Tätigkeit verursacht wurde. Auch liegt es nicht in den Händen des Arbeitgebers, Arbeitnehmers oder dessen Hausarztes über den Begriff der Berufskrankheit zu entscheiden. Eine Entschädigung gibt es vielmehr nur dann, wenn die Erkrankung auf der so genannten Berufskrankheitenverordnung steht. Diese Liste wurde vom Bundesministerium für Arbeit und Sozialordnung erarbeitet und wird ständig aktualisiert. Zur Zeit umfasst sie 68 Positionen. Unter den Begriff der Berufskrankheit fallen danach beispielsweise
- Erkrankungen der Atemwege und der Lunge,
- Hautkrankheiten,
- Infektionskrankheiten oder
- Verschleißkrankheiten der Wirbelsäule.

Steht eine Krankheit nicht auf dieser Liste, kann es sich aber dennoch um eine Berufskrankheit handeln, nämlich dann, wenn die Krankheit des Arbeitnehmers nach den aktuellen medizinischen Erkenntnissen eigentlich in die Liste aufgenommen werden müsste.

## Krankheit durch den Beruf

Für die Inanspruchnahme von Versicherungsleistungen muss der Arbeitnehmer die Krankheit gerade durch die Ausübung seiner beruflichen Tätigkeit erlitten haben. Das ist im Einzelfall schwierig herauszufinden. Denn eine Berufskrankheit entsteht in der Regel über einen langandauernden Zeitraum.

## Was als Arbeitnehmer zu tun ist

Wer denkt, an einer Berufskrankheit zu leiden, sollte zunächst einmal seinen Hausarzt zu Rate ziehen. Günstig ist es in jedem Fall, wenn ein Mediziner die Anzeige bei der Berufsgenossenschaft begründet. Sollte der Arzt bei dem Arbeitnehmer keine Berufskrankheit vermuten, und möchte er deshalb bei der Berufsgenossenschaft auch keine Berufskrankheit melden, kann der Arbeitnehmer den Verdacht aber auch selbst anzeigen. Das kann er durch einen einfachen Brief an die Berufsgenossenschaft tun. Welche Berufsgenossenschaft zuständig ist, erfährt der Arbeitnehmer beim Arbeitgeber, beim Betriebsrat oder bei den Gewerkschaften.

Die Berufsgenossenschaft beginnt dann mit ihren Ermittlungen. Mit Hilfe des Technischen Aufsichtsdienstes (TAD) wird untersucht, unter welchen Bedingungen der Arbeitnehmer gearbeitet hat, welchen Belastungen oder welchen Gefahrenstoffen der Arbeitnehmer während seiner Beschäftigung ausgesetzt war. Danach überprüft sie, ob die Krankheit durch den Beruf verursacht oder verschlimmert wurde. Und hier liegt meistens der größte Stolperstein für die Geschädigten. Denn sie tragen die Beweislast dafür, dass die Erkrankung durch den Beruf ausgelöst wurde. Diesen Nachweis machen die Berufsgenossenschaften oft nicht leicht.

**Vorsicht:**
Meist behelfen sich die Berufsgenossenschaften zur Ermittlung mit Fragebögen an den Antragsteller. Hier verbergen sich viele Fangfragen, die es der Berufsgenossenschaft leichter machen sollen, den Antrag abzulehnen. So wird beispielsweise gezielt nach Belastungen außerhalb des Berufes gefragt, die auch zu der Erkrankung führen können, wie etwa bei Lungenkrebs durch starkes Rauchen. Vor der Beantwortung sollte man sich deshalb in jedem Fall professionelle Beratung holen. Außerdem sollte man auch Eigeninitiative bei den Ermittlungen zeigen.

**WISO rät:** Notieren sie sich bereits am Arbeitsplatz die Namen und Inhaltsstoffe der Mittel, mit denen Sie es zu tun haben.
- Schreiben Sie sich auf, wie häufig Sie die Stoffe verwendet haben und in welchen Mengen. Schauen Sie sich bei Gefahrstoffen auch die Sicherheitsdatenblätter an.
- Fragen Sie Kollegen nach ähnlichen Beschwerden.
- Begleiten Sie die Mitarbeiter des TAD bei ihrer Betriebsbesichtigung und weisen Sie sie auf wichtige Punkte hin. Beschreiben Sie ihnen, unter welchen Bedingungen Sie gearbeitet haben.
- Lassen Sie sich das Gutachten des TAD von der Genossenschaft zuschicken und lesen Sie es sorgfältig durch.
- Schreiben Sie der Genossenschaft, wenn wichtige Punkte fehlen oder Ihrer Ansicht nach falsch sind.

## Leistungen der Unfallversicherung

Erkennt die Berufsgenossenschaft das Leiden als Berufskrankheit an, dann übernimmt sie die Kosten für verschiedene Leistungen. Sie zahlt die Heilbehandlung des Patienten, darunter fallen ambulante Behandlungen, Arznei- und Verbandsmittel, stationäre Aufenthalte in einem Krankenhaus sowie die Bereitstellung von Rollstühlen, Prothesen oder ähnlichen Hilfsmitteln. Außerdem zahlt sie auch ein Verletztengeld, wenn der Betroffene infolge seiner Erkrankung vorübergehend arbeitsunfähig wird. Das Verletztengeld beträgt 80 Prozent des entgangenen Bruttolohns bis maximal zur Höhe des Nettolohns. Die Leistungsdauer beträgt höchstens 78 Wochen.

Wer infolge einer Berufskrankheit außerdem nicht mehr in seinem bisherigen Beruf arbeiten kann, hat einen Anspruch auf Berufshilfe. Darunter fallen in erster Linie Maßnahmen zur Erhaltung des alten Arbeitsplatzes oder zur Erlangung eines neuen Arbeitsplatzes. Sollte das nicht zum Erfolg führen, kann sich der Arbeitnehmer umschulen lassen. Während dieser Zeit erhält er ein Übergangsgeld, falls er gehindert ist, eine ganztägige Erwerbstätigkeit auszuüben. Soweit Art und Schwere der Verletzungsfolgen dies notwendig machen, hat der Verletzte auch einen Anspruch auf Rehabilitation, also auf beispielsweise psychosoziale Betreuung oder eine Haushaltshilfe. Wer durch eine Berufskrankheit pflegebedürftig wird, enthält ebenso Pflegeleistungen, unter Umständen auch eine Heimpflege.

Eine Verletztenrente erhält der Erkrankte nur, wenn die Minderung der Erwerbsfähigkeit (MdE) bei mindestens 20 Prozent liegt. Die zu gewährende Rente erreicht in der Regel allerdings nur zwei Drittel des bisherigen Verdienstes. Bei einer MdE von zum Beispiel 30 Prozent bezahlt die Berufsgenossenschaft dann 30 Prozent von zwei Dritteln des bisherigen Verdienstes.

Sollte der Verletzte infolge der Berufskrankheit sterben, erhalten die Hinterbliebenen ein Sterbegeld, Hinterbliebenen- und Waisenrente.

Lehnt die Berufsgenossenschaft den Antrag des Arbeitnehmers auf Entschädigung ab, kann er innerhalb eines Monats Widerspruch gegen den Bescheid einlegen. Die Berufsgenossenschaft überprüft dann die Angelegenheit nochmals. Sollte auch der Widerspruch zurückgewiesen werden, bleibt dem Arbeitnehmer nur noch die Klage am Sozialgericht, die er ebenfalls innerhalb einer Monatsfrist einreichen kann. Diese Klage bei den Sozialgerichten ist übrigens kostenlos, und die Richter haben die Möglichkeit, nochmals eigene Gutachter zu beauftragen. Sie müssen sich also nicht auf die Ergebnisse der Gutachten der Berufsgenossenschaft stützen. Schaltet der Arbeitnehmer einen Anwalt ein, muss er dessen Kosten bezahlen, wenn er den Prozess nicht gewinnt.

## Berufskrankheit heißt nicht gleich Krankschreibung

Liegt eine Berufskrankheit vor, hat das zunächst keine unmittelbaren Auswirkungen auf das Arbeitsverhältnis. Die Berufskrankheit muss nicht einmal dazu führen, dass der Mitarbeiter krank geschrieben wird. Konsequenzen für das Arbeitsverhältnis ergeben sich in der Regel erst, wenn

- die Berufskrankheit zur Berufsunfähigkeit führt. Berufsunfähig ist ein Arbeitnehmer, der wegen Krankheit oder Behinderung in seinem Beruf oder einem anderen ihm zumutbaren Beruf nur noch weniger als sechs Stunden erwerbstätig sein kann;
- die Berufskrankheit zur teilweisen oder vollen Erwerbsunfähigkeit führt. Erwerbsunfähigkeit liegt vor, wenn der Arbeitnehmer wegen Krankheit oder Behinderung dauerhaft nicht in der Lage ist, irgendeine Erwerbstätigkeit mindestens drei beziehungsweise sechs Stunden täglich auszuüben. Das wird durch einen Arzt der Rentenversicherung festgestellt;
- die Berufskrankheit zu einer (dauerhaften) Arbeitsunfähigkeit führt und der Arbeitgeber dem Arbeitnehmer deswegen kündigt.

## Wenn die Berufskrankheit zur Berufs- oder Erwerbsunfähigkeit führt

Wird der Arbeitnehmer wegen seiner Krankheit berufs- oder erwerbsunfähig, kann er also in seinem, beziehungsweise irgendeinem anderen Beruf nur noch eingeschränkt arbeiten, führt das nicht automatisch zu einer Änderung des Arbeitsverhältnisses. Vor allem bedeutet der Eintritt einer Berufs- oder Erwerbsunfähigkeit nicht zwangsläufig, dass das Arbeitsverhältnis endet oder der Arbeitgeber kündigen darf.

**Vorsicht:**
Es gibt Verträge, die ein Ende des Arbeitsverhältnisses für den Fall vorsehen, dass eine Berufs- oder Erwerbsunfähigkeit des Arbeitnehmers eintritt und der Arbeitnehmer eine entsprechende Rentenleistung bezieht. Solche Klauseln sind zulässig soweit Sie den Arbeitnehmer nicht zu sehr benachteiligen. Außerdem können Berufs- oder Erwerbsunfähigkeit eine Kündigung des Arbeitgebers rechtfertigen, wenn sie zu einer dauerhaften Arbeitsunfähigkeit führen.

Wird eine Berufs- oder Erwerbsunfähigkeit festgestellt, kann der Arbeitnehmer entsprechende Rentenleistungen beziehen. Bekommt der Arbeitnehmer eine solche Rente, darf er daneben nur noch in begrenztem Umfang Geld verdienen, sonst wird die Rente anteilig gekürzt. Die Grenze liegt hier bei 325 Euro. Einen 325-Euro-Job kann der Rentenbezieher also aufnehmen, ohne dass seine Rente gekürzt wird.

**Wichtig:**
Die Rente wegen Erwerbsunfähigkeit hängt nicht davon ab, wie alt der Arbeitnehmer ist. Auch junge Leute können davon profitieren. Seit dem 1. Januar 2001 gibt es die Erwerbsunfähigkeitsrente außerdem auch für ehemals Selbständige.

**WISO rät:** Für die Bearbeitung von Anträgen auf eine Rente wegen Berufs- oder Erwerbsunfähigkeit brauchen die Rentenversicherungsträger meist viel Zeit. Sind Sie in dieser Zeit krankgeschrieben, erhalten Sie in den ersten sechs Wochen weiter Ihren Lohn, danach bekommen Sie für längstens 78 Wochen Krankengeld. Ist auch dieser Zeitraum verstrichen, sollten Sie sich beim Arbeitsamt melden und Arbeitslosengeld beantragen. Das gibt es in diesem Fall ausnahmsweise auch dann, wenn Ihr Arbeitsverhältnis noch gar nicht beendet ist.

Weitere Informationen erhalten Sie auch unter abeKra-Verband arbeits- und berufsbedingt Erkrankter, Stammheimer Str. 2, 63674 Altenstadt, Tel.: (0 60 47) – 95 26 60. Die Berufskrankheiten-Verordnung finden Sie kostenfrei unter www.ifam.med.uni-rostock.de/bkvo/bekvo.htm

Die Adresse der zuständigen Unfallversicherungen in den gewerblichen Berufsgenossenschaften finden Sie unter www.hvbg.de.

Bei Fragen zur Rente wegen verminderter Erwerbsfähigkeit können Sie sich wenden an den Verband Deutscher Rentenversicherungsträger, Eysseneckstr. 55, 60322 Frankfurt am Main, Tel.: 0 69 – 1 52 22 44, Fax: 0 69 – 1 52 23 10, Internet: www.vdr.de, E-Mail: vdr.frankfurt@vdr.de.

# 9. Betriebliche Sicherheit

Der Arbeitgeber muss seine Arbeitnehmer vor Gefahren im Betrieb schützen. Er muss also darauf achten, dass sich seine Arbeitnehmer nicht verletzen oder im Betrieb verunglücken. Das gilt nicht nur für Berufe, bei denen der Arbeitnehmer von vornherein einem erhöhten Risiko ausgesetzt ist, wie beispielsweise beim Umgang mit gefährlichen Stoffen oder mit Maschinen. Auch im normalen Berufsalltag kann es Umstände geben, die besondere Schutzvorkehrungen erforderlich machen. Das ist beispielsweise bei Bildschirmarbeitsplätzen der Fall, wo der Chef dafür sorgen muss, dass die richtigen Monitore und Schreibtische angeschafft werden. Nicht zuletzt bringt die besondere Ausgestaltung der Tätigkeit wie zum Beispiel bei Schicht- oder Nachtarbeit erhöhte Anforderungen an den Gesundheitsschutz mit sich.

Der Arbeitgeber hat zum Schutz seiner Mitarbeiter vor allem dafür zu sorgen, dass

- die an bestimmten Arbeitsplätzen vorhandenen Gefahren ermittelt und dokumentiert werden,
- die Arbeitnehmer über unvermeidbare Gefahren informiert werden,
- die Arbeitnehmer während der Arbeitszeit über Sicherheit und Gesundheitsschutz bei der Arbeit aufgeklärt werden,
- Räume, in denen gearbeitet wird, ausreichend beleuchtet, belüftet und beheizt werden,
- Unfallverhütungsvorschriften, wie etwa beim Umgang mit gefährlichen Stoffen eingehalten werden,
- die Arbeitnehmer hinreichend in den Umgang mit Maschinen und Sicherungsmitteln eingewiesen werden,
- die gesetzlichen Vorschriften, beispielsweise zum Schutz von Nacht- und Schichtarbeitern, wie etwa Arbeitszeitregelungen eingehalten werden,
- Nichtraucher hinreichend vor rauchenden Kollegen geschützt werden,
- betriebliche Ordnungen möglichst weitgehenden Schutz gewährleisten, wie zum Beispiel durch Pausenregelungen, Rauchverbote, Kleidervorschriften,
- dem Arbeitnehmer notwendige Schutzkleidung kostenlos zur Verfügung gestellt wird,
- der Arbeitnehmer nicht überfordert wird,
- der Arbeitsraum ausreichend groß ist,
- bei Bildschirmarbeiten hinreichende Unterbrechungen vorgesehen werden,
- Bildschirmarbeitsplätze den gesetzlichen Anforderungen entsprechend gestaltet sind. Hierzu gehören beispielsweise Vorgaben zur Größe und Anordnung von Schriftzeichen, zur Strahlungsintensität und Störungsfreiheit des Bildschirms sowie zur Raumgröße.
- die getroffenen Maßnahmen ständig überprüft und im notwendigen Umfang angepasst werden.

Die Einhaltung der Schutzmaßnahmen seitens des Arbeitgebers wird in der Regel durch die Gewerbeaufsicht oder den technischen Aufsichtsdienst kontrolliert. Dem Arbeitnehmer bleibt im Falle eines Verstoßes gegen die Sicherheitsbestimmungen meist nur die Möglichkeit, den Arbeitgeber hierauf hinzuweisen oder eigene Vorschläge zum Arbeitsschutz zu unterbreiten. Kommt der Arbeitgeber seinen Verpflichtungen dann nicht nach, kann der Arbeitnehmer zwar die Arbeit verweigern und auf die Vornahme der Schutzvorkehrungen bestehen. Aus Angst vor Unannehmlichkeiten werden viele Arbeitnehmer diese Schritte aber nicht wagen. Es bleibt dann nur der Weg zum Betriebrat, zur Aufsichtsbehörde oder zur Berufsgenossenschaft. Unter Umständen kann die Verletzung von Schutzpflichten auch zu Schadenersatzpflichten des Arbeitgebers führen.

# 10. Persönlichkeitsschutz

Immer wieder kommt es vor, dass Arbeitnehmer an ihrem Arbeitsplatz von Vorgesetzten oder Kollegen schikaniert oder unangemessen behandelt werden. Wer einmal einen solchen Fall erlebt hat, weiß wie schwierig es ist, sich dagegen zu wehren. Einzige Alternative bleibt eine wirksame Vorbeugung, um kritische Situationen erst gar nicht aufkommen zu lassen. Wie weit die Persönlichkeit des Arbeitnehmers geschützt ist, und was er gegen Beeinträchtigungen tun kann, wird nachfolgend anhand einiger Beispiele dargestellt. Meist stellt sich aber das Problem, dass sich die konkreten Vorwürfe im Nachhinein nur schwer beweisen lassen. Der Arbeitnehmer kommt also häufig trotz berechtigter Ansprüche nicht zu seinem Recht. Außerdem wollen sich viele Arbeitnehmer nicht die Sympathien ihres Arbeitgebers verscherzen.

## Beleidigung

Wird der Arbeitnehmer beleidigt, kann er den Täter bei der Staatsanwaltschaft anzeigen und unter Umständen die offizielle Rücknahme der Äußerung sowie eine Richtigstellung verlangen. Er kann den anderen auch zwingen, zukünftige Entgleisungen zu unterlassen. In extremen Fällen steht ihm daneben ein Schmerzensgeldanspruch zu. Wer im Betrieb beleidigt wird, für den empfiehlt es sich natürlich, das Problem erst einmal intern anzusprechen und zu versuchen, es auf diesem Weg zu klären.

## Sexuelle Belästigung

Die sexuelle Belästigung am Arbeitsplatz ist beileibe kein Einzelfall. Drei von vier Arbeitnehmern berichten über solche negativen Erfahrungen. Die rechtliche Lage ist eindeutig: Sexuelle Belästigungen muss sich der Arbeitnehmer nicht gefallen lassen. Der Arbeitgeber hat den Mitarbeiter vor derartigen Angriffen zu schützen. Fühlt ein Arbeitnehmer sich sexuell belästigt, kann er sich bei seinem Vorgesetzten oder dem Betriebsrat beschweren. Ist an der Sache etwas Wahres dran, muss der Arbeitgeber dafür sorgen, dass die Belästigung zukünftig unterbleibt. Tut er das nicht, macht er sich schadenersatzpflichtig. Außerdem darf der Arbeitnehmer die weitere Arbeit verweigern, kann aber sein Gehalt während dieser Zeit trotzdem verlangen.

Daneben kann der Arbeitnehmer gegen denjenigen, der ihn belästigt, Strafanzeige erstatten und Schadenersatz, unter Umständen sogar Schmerzensgeld verlangen.

Bleibt dem Arbeitnehmer wegen der Belästigung nichts anderes übrig als zu kündigen, kommen ebenfalls Schadenersatzansprüche gegen den Täter in Betracht. Wird der Arbeitnehmer wegen der Belästigung arbeitsunfähig krank, kann der Arbeitgeber unter Umständen vom Schädiger die Bezahlung des Gehaltes verlangen, das er selbst an den erkrankten Arbeitnehmer während der Krankschreibung zahlen muss.

## Mobbing

Eine moderne Form der Schikane am Arbeitsplatz ist das Mobbing. Hierbei wird der Arbeitnehmer systematisch benachteiligt und ausgegrenzt, um ihn auf diesem Weg aus dem Betrieb „herauszuekeln" oder psychisch „fertig zu machen." Hintergrund sind oft Persönlichkeitsprobleme des Mobbers oder unbewältigte Konflikte. Mobbing geschieht meist in versteckter Form. Zu den üblichen Methoden des Mobbing gehören

- Telefon-, Fax-, Brief- oder E-Mailterror,
- die soziale Ausgrenzung von Kollegen,
- Beleidigungen, abfällige Bemerkungen, Beschimpfungen,
- sexuelle Belästigungen,
- Weitergabe persönlicher Daten,
- Anschwärzungen beim Arbeitgeber und Kollegen,
- Anspielungen, Scherze, fehlende Hilfsbereitschaft, Unterlassen üblicher Umgangsformen,
- Manipulationen jeder Art,
- Abhören, Aufnehmen und Verbreiten persönlicher Äußerungen,
- die Anwendung körperlicher Gewalt,
- Sachbeschädigungen oder Diebstahl,
- Übertragung unzumutbarer, ungeliebter oder völlig anspruchsloser Tätigkeiten,
- unrealistische Zeitvorgaben für die Erledigung bestimmter Arbeiten,
- Zuteilung eines Arbeitsplatzes mit unzureichender Ausstattung.

Wer von Kollegen gemobbt wird, kann sich mit seinen Problemen zunächst an seinen Arbeitgeber wenden. Der ist auf Grund seiner Fürsorgepflicht dazu verpflichtet, seine Arbeitnehmer vor dem Mobbing der Kollegen zu schützen. Gegen mobbende Mitarbeiter kann der Arbeitgeber mit Rügen, Ermahnungen, Abmahnungen, Versetzungen oder sogar mit Kündigungen vorgehen. Oft hat allerdings der Arbeitnehmer von seinem Chef nichts zu erwarten, oder der Unternehmer mobbt sogar selbst mit.

Das muss sich der Mitarbeiter aber nicht gefallen zu lassen. Der Arbeitnehmer braucht deshalb nicht abzuwarten, sondern kann sich selbst gegen seine mobbenden Kollegen und seinen untätigen oder mitmobbenden Arbeitgeber zur Wehr setzen. Wer sich stark genug fühlt, spricht den Mobber dabei direkt auf sein Verhalten an. Das Gefühl, entdeckt worden zu sein, kann hier Wunder wirken. Ansonsten muss der gemobbte Arbeitnehmer von seinen rechtlichen Möglichkeiten Gebrauch machen. Dazu gehören Beseitigungs- und Unterlassungsansprüche sowie bei Eintritt gesundheitlicher Schäden oder anderer Beeinträchtigungen zusätzlich Schadenersatz- und Schmerzensgeldansprüche. Bei Beleidigungen oder übler Nachrede kann der Arbeitnehmer außerdem Strafanzeige erstatten. Gegenüber dem Arbeitgeber kommt ein zusätzlicher Schadenersatzanspruch in Betracht, wenn der Arbeitnehmer wegen des Mobbing das Arbeitsverhältnis beendet, wie etwa im Wege einer außerordentlichen Kündigung oder eines Aufhebungsvertrages. Kommt es im Verlauf des Mobbing zu unmittelbaren gesundheitlichen Schädigungen greifen unter Umständen die Sonderregeln zum Arbeitsunfall ein (siehe dazu das Kapitel Haftung).

In Betrieben mit Betriebsrat kann es für den Arbeitnehmer zu empfehlen sein, sich zunächst beim Betriebsrat zu beschweren und ihn zu bitten, beim Arbeitgeber auf Abhilfe hinzuwirken. Ein solches Beschwerderecht besteht übrigens unabhängig vom Mobbing in allen Fällen, in denen sich ein Arbeitnehmer benachteiligt, ungerecht behandelt oder sonstwie beeinträchtigt fühlt. Das Problem dabei: Die Situation zwischen Betriebsrat und Arbeitgeber entwickelt oft eine Eigendynamik, die dem Arbeitnehmer letztlich mehr schadet als nutzt. Im schlimmsten Fall ist der Chef am Ende selbst ein neuer Mobber des Arbeitnehmers.

**WISO rät:** Lassen Sie sich von Ihrer vermeintlich tollen rechtlichen Position nicht täuschen. Als Mobbing-Opfer sind Ihre Tage im Betrieb gezählt. In den meisten Fällen werden Sie nämlich nicht in der Lage sein, die oft versteckten Repressalien nachzuweisen. Vor allem, wenn Sie einer Mehrzahl von Kollegen gegenüberstehen, stehen Ihre Chancen schlecht. Die Kollegen werden sich gegenseitig decken und sich in ihrem Vorgehen noch bestärkt fühlen. Unter Umständen schiebt man Ihnen die Schuld für den gestörten Betriebsfrieden in die Schuhe, was Ihre Lage noch verschlimmert. Dann drohen Ihnen plötzlich die gleichen Maßnahmen des Arbeitgebers, die eigentlich für die anderen gedacht waren: Abmahnung, Versetzung, Kündigung. Gleiches gilt, wenn aufgrund des Mobbing Ihre Leistungen nachlassen oder Sie dauerhaft erkranken. Bevor Sie Ihre Gesundheit aufs Spiel setzen oder von Ihrem Arbeitgeber durch Abmahnung oder Kündigung weiter gedemütigt werden, sollten Sie das Arbeitsverhältnis, je nach persönlicher Situation, lieber selbst beenden. Besser ein Ende mit Schrecken als ein Schrecken ohne Ende. Vergessen Sie nicht, sich vorher noch von Ihrem Arbeitgeber ein qualifiziertes Zwischenzeugnis ausstellen zu lassen. Außerdem sollten Sie sich frühzeitig mit dem Arbeitsamt in Verbindung setzen und die Situation im Betrieb schildern. Dann können Sie vielleicht später trotz eigener Kündigung eine Sperrzeit beim Arbeitslosengeld vermeiden. Unabhängig davon empfiehlt es sich stets, im Fall gesundheitlicher Beeinträchtigungen einen Facharzt aufzusuchen.

Bei Problemen mit Mobbing können Sie sich außerdem wenden an das Netzwerk der Mobbing Selbsthilfegruppen, An der Oberhecke 21, 55270 Sörgenloch, Telefon 0 61 36 – 7 60 88 35 oder an den Verein gegen psychosozialen Stress und Mobbing, Aukammallee 19, 65191 Wiesbaden, Tel.: 06 11-54 17 37.

III. Am Arbeitsplatz

## Überwachung am Arbeitsplatz

Will der Arbeitgeber einen reibungslosen Betriebsablauf gewährleisten, muss es ihm gestattet sein, die Arbeitsabläufe und das Verhalten der Arbeitnehmer zu kontrollieren. Die Frage ist deshalb auch nicht, ob der Arbeitgeber solche Kontrollen durchführen darf. Es geht allein darum, welche Grenzen er hierbei einzuhalten hat. Abzuwägen sind stets die betrieblichen Interessen des Arbeitgebers mit den persönlichen Interessen des Arbeitnehmers. Allgemeine Aussagen lassen sich deshalb kaum treffen. Die Überwachung muss sich aber immer in einem vernünftigen Rahmen halten. Daraus folgt unter anderem, dass eine offene gegenüber einer heimlichen Überwachung vorrangig ist.

Zulässig sind im Regelfall

- Torkontrollen mit Personendurchsuchungen, soweit hierfür ein Grund vorliegt und die Durchsuchung sich auf das erforderliche Maß beschränkt;
- Dauerüberwachungen des Betriebes aus Sicherheitsgründen, beispielsweise bei Banken, soweit sie sich nicht vorrangig gegen den Arbeitnehmer richten;
- Kontrollen durch Aufsuchen und Rückfrage am Arbeitsplatz sowie Überprüfung von Unterlagen;
- bei konkretem Verdacht auf Pflichtverletzungen auch Kontrollen durch das Stellen von „Fallen", wie etwa die Verführung zu einem Diebstahl oder den Einsatz von Detektiven;
- Filterprogramme zur Eingrenzung der Internetnutzung;
- Kontrollen, in die der Arbeitnehmer freiwillig und rechtswirksam eingewilligt hat, wie etwa eine Überprüfung seiner privaten E-Mails.

Unzulässig sind im Allgemeinen

- Kontrollen über so genannte Einwegscheiben, die nur von einer Seite aus durchsichtig sind;
- Fernsehkontrollen und Kontrollen durch häufiges Abfotografieren;
- die Überwachung des Arbeitsplatzes durch Mikrophone oder Videokameras;
- „Fallen" in Form von Zuverlässigkeits- oder Ehrlichkeitstests ohne konkrete Verdachtsmomente;
- das Ab- oder Mithören von Telefongesprächen;
- das Lesen von E-Mails und Installieren von Internet-Überwachungsprogrammen.

Erlangt der Arbeitgeber Informationen mit unzulässigen Mitteln, dürfen diese in einem späteren Gerichtsprozess nicht verwendet werden. Hat der Arbeitgeber also beispielsweise heimlich ein Telefongespräch mitgeschnitten, in dem der Mitarbeiter zugibt, ihn bestohlen zu haben, kann er damit vor Gericht nichts anfangen.

Der Arbeitnehmer hat je nach Verstoß Beseitigungs-, Unterlassungs- oder Schmerzensgeldansprüche.

# Datenschutz

Der Schutz persönlicher Daten hat bei uns zu Recht einen hohen Stellenwert. Wegen der modernen Informationstechnologien wird es allerdings immer schwieriger, diesen Schutz auch tatsächlich zu gewährleisten. Vor allem im Arbeitsverhältnis ist die Gefahr groß, dass Daten unbefugt an Außenstehende weitergegeben oder in unzulässiger Form verwendet werden. Was die Sache besonders heikel macht: Der Arbeitnehmer hat meist ein besonders starkes Interesse daran, dass seine Daten nicht für unzulässige Zwecke missbraucht werden. Schließlich hat kein Mitarbeiter Lust darauf, dass seine Kollegen oder mögliche zukünftige Arbeitgeber alles über ihn wissen.

Um Daten des Arbeitnehmers zu erfassen und zu verwenden, braucht der Arbeitgeber deshalb immer eine besondere rechtliche Grundlage oder die Einwilligung des Arbeitnehmers. Zulässig ist es beispielsweise, Daten des Arbeitnehmers zu erheben oder nachträglich einzuholen, an denen der Arbeitgeber wegen des Arbeitsverhältnisses ein berechtigtes Interesse hat. Beispiel: Name, Anschrift, Geburtsdatum, Telefonnummer, Geschlecht, Familienstand oder besondere berufliche Qualifikationen des Mitarbeiters, aber auch Fehlzeiten wegen Krankheit oder Telefonverbindungen. Im Normalfall müssen die entsprechenden Auskünfte direkt beim Arbeitnehmer eingeholt werden. Der Arbeitgeber darf die zulässig erfassten Daten speichern, sofern dies für die weitere Abwicklung des Arbeitsverhältnisses erforderlich ist.

Fehlt es an ausdrücklichen gesetzlichen Bestimmungen, ist der Arbeitgeber für die Datennutzung auf die Einwilligung seines Mitarbeiters angewiesen. Hierzu muss der Arbeitnehmer der Nutzung seiner Daten ausdrücklich, freiwillig und in Kenntnis ihrer beabsichtigten Verwendung zustimmen. Einer Nutzung oder Übermittlung der Daten für Zwecke der Werbung oder der Markt- und Meinungsforschung kann er widersprechen.

Bei Verstößen gegen den Datenschutz kommen Beseitigungs-, Unterlassungs-, Schadenersatz- und Schmerzensgeldansprüche, unter Umständen auch Berichtigungs-, Sperrungs- oder Löschungsansprüche in Betracht. Unabhängig davon kann der Arbeitnehmer von seinem Chef jederzeit Auskunft über die zu seiner Person gespeicherten Daten, ihre Herkunft und mögliche Empfänger sowie den Zweck der Speicherung verlangen.

## Kleidungs- und Schmuckvorschriften

Wem ist es nicht schon einmal aufgefallen: Der „Bänker" trägt stets seinen Anzug mit Krawatte, die Flugbegleiterin ihr farblich abgestimmtes Kostüm und der Verkäufer im Fastfood-Laden um die Ecke seine obligatorische Papierfaltmütze. Dahinter steckt meist nicht eine berufsbedingte Vorliebe für gewisse Kleidungsstücke, sondern vielmehr eine betriebliche Kleiderordnung. Solche Kleidungsvorschriften sind aber nur zulässig, wenn es sich um das Tragen von Schutzkleidung zur Einhaltung bestimmter Sicherheitsvorschriften oder um das Tragen allgemein üblicher Arbeitskleidung, wie zum Beispiel bei Kellnern, Schaffnern oder Flugbegleitern handelt. Was im Einzelfall zur üblichen Arbeitskleidung zählt, lässt sich nicht immer leicht beantworten. So kann der Chef einem Mitarbeiter verbieten, zu seiner Dienstkleidung Ohrringe zu tragen.

Dagegen darf ein Mitarbeiter am Fastfoodgrill statt seiner Papiermütze einen Turban tragen oder der Bänker je nach Arbeitsplatz auch ohne Krawatte herumlaufen. In solchen Fällen, oder wenn keine besondere Kleidung üblich ist, kann der Arbeitgeber seinem Mitarbeiter nur ganz ausnahmsweise ein bestimmtes Auftreten vorschreiben. Beispiel: Der Mitarbeiter braucht nicht zum Frisör zu gehen, nur weil sich ein Kunde an seinen Haaren stört. Beschweren sich aber alle Kunden über die Haare, und drohen dem Arbeitgeber dadurch konkrete finanzielle Verluste, darf er den Mitarbeiter im Zweifel zum Haareschneiden schicken.

**Wichtig:**
Die Kosten für notwendige Dienst- oder Schutzkleidung muss normalerweise der Arbeitgeber übernehmen. Das gilt zumindest dann, wenn die Kleidung privat überhaupt nicht genutzt werden kann, wie etwa bei einer Uniform. Stellt der Arbeitgeber die Kleidung auf seine Kosten zur Verfügung, darf der Mitarbeiter sie bei Beendigung des Arbeitsverhältnisses natürlich nicht behalten, sondern muss sie wieder zurückgeben.

### Verbot von Meinungsäußerungen

Auch am Arbeitsplatz hat der Arbeitnehmer das Recht, seine Meinung zu sagen. Eine Einschränkung seiner Meinungsfreiheit muss sich der Arbeitnehmer in der Regel nur gefallen lassen, wenn er mit oder bei seinen Äußerungen den Arbeitsablauf im Betrieb beeinträchtigt, gegen Strafgesetze verstößt oder den Arbeitgeber in Misskredit bringt. Allgemeingültige Aussagen lassen sich hierzu aber nicht treffen. Es kommt immer auf die Umstände des einzelnen Falles an. Die Grenzen der Meinungsfreiheit sind beispielsweise überschritten, wenn

- der Arbeitnehmer den Arbeitgeber per Internet, beispielsweise in einem Chatforum, beleidigt;
- ein Lehrer beim Unterricht politische Plaketten trägt;
- ein Arbeitnehmer antisemitische, rassistische oder ausländerfeindliche Äußerungen von sich gibt. Betätigt sich der Arbeitnehmer im Betrieb in rassistischer oder fremdenfeindlicher Form, kann der Betriebsrat verlangen, dass der Arbeitnehmer aus dem Betrieb ausscheidet. Auch Einstellungen und Versetzungen solcher Personen kann der Betriebsrat verhindern.

# 11. PC, Internet, E-Mail

Nichts ist mehr, wie es einmal war: Unsere Gesellschaft hat sich in den letzten Jahren rasant von einer Industrie- zu einer Informationsgesellschaft gewandelt. Diese Entwicklung hat auch vor dem Arbeitsleben nicht halt gemacht. PC, E-Mail, Internet, Intranet sind Schlagworte, mit denen sich viele Arbeitnehmer heute auseinandersetzen müssen. Zahlreiche Arbeitsplätze sind mittlerweile mit einem PC ausgestattet, der einen Zugang ins firmeninterne Intranet oder ins weltweite Internet ermöglicht. Die zunehmende Vernetzung bringt aber auch eine hohe Anzahl neuer rechtlicher Probleme mit sich.

## Der PC muss benutzt werden

Ist vertraglich nichts anderes vereinbart, kann der Arbeitgeber normalerweise frei darüber entscheiden, ob er einen Arbeitsplatz mit einem PC ausstattet oder nicht. Ebenso darf er einen Arbeitnehmer an einen PC-Arbeitsplatz versetzen, soweit sich dessen Tätigkeit weiterhin im Rahmen des Arbeitsvertrages bewegt. Stellt der Arbeitgeber dem Arbeitnehmer auf diese Weise einen PC zur Verfügung, darf der Mitarbeiter die Arbeit mit dem Computer in der Regel nicht verweigern. Das gilt selbst dann, wenn er zuvor viele Jahre lang an einem „PC-freien" Arbeitsplatz gearbeitet hat. Aber der Arbeitgeber muss bei seiner Entscheidung auch die Interessen des Arbeitnehmers berücksichtigen. Wer beispielsweise nie einen PC bedient hat und außerdem nicht über ausreichende englische Sprachkenntnisse verfügt oder bereits kurz vor der Pensionierung steht, von dem kann eine umfassende Nutzung von PC und Internet nicht verlangt werden. Hier muss nach alternativen Lösungen, wie zum Beispiel einer Beschäftigung auf einem „PC-freien" Arbeitsplatz, gesucht werden. Lässt sich über diesen Weg keine einvernehmliche Lösung finden, bleibt dem Arbeitgeber in vielen Fällen aber nur übrig, seinem Mitarbeiter zu kündigen.

**Achtung:**
Entscheidet sich der Arbeitgeber für eine Ausstattung von Arbeitsplätzen mit PC und Internetzugang, darf er hierbei nicht willkürlich vorgehen. Soweit technisch und organisatorisch möglich, haben Sie daher einen Anspruch auf einen Internetanschluss, wenn anderen Arbeitnehmern mit der gleichen Funktion ein solcher Anschluss zur Verfügung gestellt wurde.

## Recht auf PC-Schulung

Viele Arbeitnehmer sind durchaus bereit, sich den Herausforderungen der neuen Technik zu stellen. Schließlich bieten sich hier auch große Chancen einer privaten wie beruflichen Weiterbildung. Allerdings hat nicht jeder Arbeitnehmer automatisch die nötigen Kenntnisse für einen sachgerechten Umgang mit PC und Internet. Deshalb ist der Arbeitgeber in solchen Fällen in der Regel dazu verpflichtet, dem Arbeitnehmer die erforderliche Einweisung, Unterrichtung und Weiterqualifizierung in Sachen PC zu gewähren. Der Mitarbeiter wiederum darf die vom Arbeitgeber angebotenen Schulungen nicht einfach grundlos verweigern. Die Weiterbildung hat im Übrigen auch während der Arbeitszeit zu erfolgen. Der Arbeitnehmer muss also nicht seine Freizeit opfern, um sich selbst die nötigen Kenntnisse zu verschaffen.

**WISO rät:** Bei der Ausstattung von Arbeitsplätzen mit PC und Intranet oder Internet sowie bei der notwendigen Schulung hat der Betriebsrat weitgehende Informations- und Mitbestimmungsrechte. Hält der Arbeitgeber die vorgeschriebenen Regeln nicht ein, haben Sie unter Umständen das Recht, die Bedienung des Anschlusses zu verweigern.

## Problem: Privatnutzung des Internet

Ist der PC erst einmal an das Internet angeschlossen, sehen viele Arbeitnehmer hierin geradezu eine Einladung zum privaten Gebrauch. E-Mails an Freunde, Online-Banking, Kauf von Waren übers Internet, Runterladen von Dateien, im Chatroom ein bisschen geplaudert, schnell noch die Urlaubsreise über das Internet gebucht oder einfach nur ein paar Stunden zum reinen Vergnügen durchs Netz gesurft – hemmungslos wird die Arbeitszeit dazu genutzt, persönlichen Angelegenheiten nachzugehen. Dass der Internetzugang ursprünglich nur für dienstliche Zwecke vorgesehen war, wird dabei schnell vergessen. Wichtig ist deshalb zu wissen, welche Regeln für die Internetnutzung am Arbeitsplatz gelten. Aber Vorsicht: Die Gerichte haben hier noch nicht in allen Fragen eine klare Linie entwickelt.

## Ohne Erlaubnis nur Internet für dienstliche Zwecke

Hat der Arbeitgeber die private Nutzung nicht erlaubt, darf das Internet am Arbeitsplatz, abgesehen von Notfällen, nur zu dienstlichen Zwecken genutzt werden. Hierunter fallen alle Zugriffe, mit denen der Arbeitnehmer seine Arbeit voranbringen will. Gestattet sind aber auch private Nutzungen, soweit sie betrieblich veranlasst sind. Beispielsweise darf der Arbeitnehmer seiner Frau per E-Mail mitteilen, dass er wegen einer Störung im Betrieb erst zwei Stunden später nach Hause kommt. Wird das Arbeitsverhältnis des Arbeitnehmers fast nur über das Netz abgewickelt, kann ausnahmsweise auch ein erhöhter nicht-dienstlicher Gebrauch zulässig sein. Beispiel: Der Arbeitnehmer hat überhaupt keinen sonstigen Kontakt zu Kollegen mehr. Selbst wenn der Arbeitnehmer das Internet nur zu dienstlichen Zwecken nutzt, kann der Arbeitgeber ihm zeitliche und inhaltliche Grenzen der Nutzung vorgeben.

Wer ohne Zustimmung des Arbeitgebers die private Nutzung von E-Mail und Internet betreibt, handelt vorschriftswidrig. Außerdem ist er für die Zeit der Nutzung seinen Arbeitspflichten nicht nachgekommen. Je nach Schwere des Verstoßes muss er mit einer Abmahnung oder im schlimmsten Fall mit einer Kündigung rechnen. Konnte der Arbeitnehmer sich beispielsweise wegen der betrieblichen Umstände nicht sicher sein, ob er das Internet für private Zwecke nutzen durfte, wird in der Regel nur eine Ermahnung oder ein klärendes Gespräch angemessen sein. Die Ermahnung taucht im Gegensatz zur Abmahnung meist nicht in der Personalakte auf und ist für zukünftige Kündigungen ohne Belang. War die Privatnutzung des Internet aber ausdrücklich vertraglich ausgeschlossen, oder sind dem Arbeitgeber hierdurch erhebliche Kosten entstanden, können sogar Kündigung und Schadenersatzansprüche in Betracht kommen. Gleiches gilt, wenn der Arbeitnehmer den ganzen Arbeitstag privat im Internet verbringt oder trotz fehlender Erlaubnis tagtäglich für ein paar Minuten privat durchs Netz surft.

**WISO rät:** Selbst wenn Sie das Internet nur zu dienstlichen Zwecken nutzen, können Sie hier nicht tun und lassen was Sie wollen. Vor allem müssen Sie sich daran halten, was in Ihrem Arbeitsvertrag steht oder was Ihr Chef Ihnen vorgibt. Verbietet Ihr

Arbeitgeber also beispielsweise, für eine Recherche bestimmte Webseiten aufzusuchen, müssen Sie sich daran halten.

## Privatnutzung nur mit Zustimmung

Immer häufiger kommt es vor, dass der Arbeitgeber einer privaten Internetnutzung durch den Arbeitnehmer zustimmt. Unproblematisch ist das, wenn der Arbeitgeber seine Erlaubnis ausdrücklich im Arbeitsvertrag oder durch Aushang am Schwarzen Brett erteilt. Schwieriger wird es, wenn die Internetnutzung zwischen Arbeitgeber und Arbeitnehmern nie ein Thema war. Dann entscheiden die Umstände des einzelnen Falles darüber, ob von einer Zustimmung des Arbeitgebers auszugehen ist. Hat der Arbeitgeber beispielsweise das private Telefonieren in weitem Umfang gestattet, darf der Arbeitnehmer in der Regel davon ausgehen, auch Internet und E-Mail privat nutzen zu dürfen. War aber beispielsweise das private Surfen und Mailen bei den Mitarbeitern üblich, ohne dass der Arbeitgeber das bislang bemerkt hat, darf der Arbeitnehmer nicht ohne weiteres davon ausgehen, dies sei auch für die Zukunft zulässig. Selbst wenn dem Arbeitgeber die Privatnutzung bekannt war, lässt sich hieraus erst nach einer gewissen Zeit eine generelle Zustimmung des Arbeitgebers herleiten. Für die Privatnutzung kann im Vertrag eine gesonderte Kostenregelung vereinbart werden. Häufig verzichtet der Arbeitgeber aber auf eine Kostenerstattung durch den Arbeitnehmer oder trifft mit ihm eine pauschale Kostenabrede.

**WISO rät:** Halten Sie bei einer erlaubten Privatnutzung unbedingt zeitliche und inhaltliche Vorgaben des Arbeitgebers ein. Wurde über Länge und Inhalt der Nutzung nie gesprochen, dürfen Sie trotzdem nicht unbegrenzt surfen und mailen. Die erlaubte Privatnutzung sollten Sie vielmehr auf Pausen oder Einzelfälle beschränken. Ratsam ist es außerdem, besonders teures Surfen über 0190-Nummern durch Herunterladen eines so genannten Dialers zu vermeiden. Bei Verstößen drohen Abmahnung und Kündigung. Notfalls sollten Sie zumindest die Bezahlung der angefallenen Einheiten anbieten.

## Zustimmung für die Ewigkeit?

Hat der Arbeitgeber der privaten Nutzung von Internet und E-Mail erst einmal zugestimmt, ist er hieran für die Zukunft gebunden. Die Privatnutzung wird zum Inhalt des Arbeitsvertrages, genau so wie die Höhe des Arbeitslohnes, die Länge der Arbeitszeit oder andere vertragliche Bestimmungen. Auch diese Vertragsinhalte kann der Arbeitgeber nicht ohne weiteres einseitig abändern. Will der Arbeitgeber also von seiner Zusage loskommen, muss er normalerweise das Einverständnis des Arbeitnehmers einholen. Ausnahmsweise ist er hierauf nicht angewiesen, nämlich dann, wenn er seine Erlaubnis von vornherein ausdrücklich als freiwillig bezeichnet hat. Ebenso kann er eine spätere Rücknahme seiner Zustimmung ausdrücklich im Vertrag vorgesehen haben. Für die konkrete Rücknahme benötigt er dann aber vernünftige Gründe. Einfacher wird es in diesem Fall sein, den zeitlichen und inhaltlichen Umfang der erlaubten

Nutzung abzuändern. Will der Arbeitgeber also dafür sorgen, dass die private Internetnutzung nicht ausartet, kann er sich dazu entscheiden, eine Einschränkung anzuordnen, anstatt die Nutzung ganz zu verbieten.

**WISO rät:** Gibt es über die private Internetnutzung keine schriftlichen Absprachen, werden Sie mündliche Einschränkungen durch Ihren Arbeitgeber allein aus praktischen Gründen meist hinnehmen müssen.

Teilt Ihnen Ihr Arbeitgeber aber plötzlich per E-Mail mit, in Zukunft handle es sich bei der privaten Internetnutzung nur noch um eine freiwillige oder jederzeit widerrufliche Möglichkeit, sollten Sie dem unbedingt widersprechen und auf Ihr Recht einer dauerhaft unbeschränkten Nutzung bestehen. Sonst besteht die Gefahr, dass es dem Arbeitgeber gelingt, sich durch die Hintertür einer nachträglichen Vereinbarung seinen vertraglichen Verpflichtungen zu entziehen. Aus dem gleichen Grund brauchen und sollten Sie nicht über eine längere Zeit hinweg auf die erlaubte Privatnutzung des Internet verzichten.

## Trotz Zustimmung: Nicht alles ist erlaubt

Brisant wird es, wenn der Arbeitnehmer das Internet zwar privat nutzen durfte, sich dann allerdings Sex- oder Pornodateien mit strafbarem Inhalt herunterlädt. Sicherlich liegt darin eine missbräuchliche Internetnutzung. Solange der Arbeitnehmer die strafbaren Dateien allerdings nur zum eigenen Konsum verwendet, kann er deswegen nicht ohne weiteres vom Arbeitgeber abgemahnt oder gekündigt werden. Hier müssen weitere Umstände dazukommen, die eine Fortsetzung des Arbeitsverhältnisses untragbar werden lassen. Als Beispiel ist der Fall eines Kindergartenleiters zu nennen, der sich über das Internet Kinderpornographie verschafft hatte. Mit arbeitsrechtlichen Konsequenzen muss der Arbeitnehmer auch rechnen, wenn durch sein strafbares Verhalten andere Mitarbeiter belästigt werden.

## Wenn der Chef die E-Mails liest

Da kann einem schon mal der Schreck in die Glieder fahren: Gerade hat man seiner Liebsten ein paar Grüße gemailt, da schaut einem der Chef über die Schulter und fragt, ob man denn noch genug zu arbeiten hätte. Schnell taucht bei vielen Arbeitnehmern in solch einer Situation die Frage auf, ob der Chef eigentlich ihren E-Mail-Verkehr kontrollieren darf. Letztlich geht es hierbei um das generelle Problem von Überwachung und Datenschutz im Arbeitsverhältnis. Wegen der starken Verbreitung und dem enormen Kontrollpotenzial des neuen Mediums ist die Problematik allerdings erst mit dem Internet in das Bewusstsein der Arbeitnehmer gerückt.

Bei der Zulässigkeit der Kontrolle sind dienstliche und private Nutzung zu unterscheiden. Die dienstliche Nutzung kann in wesentlich stärkerem Umfang überwacht werden als die Privatnutzung.

## Eingeschränkte Überwachung dienstlicher Internetnutzung

Bei der dienstlichen Nutzung stellt sich nicht so sehr die Frage, ob der Vorgesetzte überhaupt Kontrollen durchführen darf, sondern vielmehr, wie weit er dabei gehen kann. Die Zulässigkeit der Kontrolle richtet sich vor allem danach, welches Interesse höher einzustufen ist: das des Arbeitnehmers am Schutz seiner Daten oder das des Arbeitgebers an der Durchführung der Kontrolle. E-Mails sind dabei nach ihren äußeren Daten wie Zeitpunkt der Absendung, Adressaten, Zahl der angehängten Dateien sowie dem Inhalt selbst zu unterscheiden. Sollen nur die äußeren Daten erfasst werden, überwiegt regelmäßig das Interesse des Arbeitgebers, geht es um den Inhalt, ist normalerweise das Interesse des Arbeitnehmers stärker einzuschätzen. Der Arbeitnehmer muss sich also einen Zugriff des Arbeitgebers auf den Inhalt seiner E-Mails nicht gefallen lassen. Ausnahmsweise kann der Arbeitgeber aber trotzdem hierzu berechtigt sein, nämlich dann, wenn ein begründeter Verdacht für strafbare Handlungen wie beispielsweise den Verrat von Betriebsgeheimnissen besteht oder ein anderer Notfall vorliegt. In einem solchen Fall muss der Arbeitnehmer dem Arbeitgeber auch eine verschlüsselte E-Mail zugänglich machen.

Ähnliche Regeln wie für E-Mails gelten auch für die Kontrolle dienstlicher Intra- oder Internetnutzung. Wann der Arbeitnehmer auf welchen Seiten gesurft hat, darf der Chef im Regelfall durchaus dokumentieren. Auch kann er im Fall unzulässiger Privatnutzung die entsprechenden Verbindungsdaten festhalten, um sie dem Arbeitnehmer vorzuhalten. Dateien, die sich der Arbeitnehmer aus dem Internet heruntergeladen hat, darf der Arbeitgeber allerdings nicht auf ihren Inhalt überprüfen. Hier gilt nur dann etwas Anderes, wenn es sich um Dateien mit strafbarem Inhalt handelt, die der Arbeitnehmer anderen Personen zugänglich macht. Außerdem muss der Arbeitgeber beachten, dass die zulässige Erfassung einzelner Transaktionen nicht zu einer Totalkontrolle des Arbeitnehmers führen darf. Beispiel: Ein Arbeitnehmer befindet sich berufsbedingt fast jeden Tag ununterbrochen im Netz und alle Verbindungen werden festgehalten.

**WISO rät:** Sorgen Sie im Fall von Krankheit oder Urlaub dafür, dass auf Ihrer Mailadresse keine wichtige Post einlangen und liegen bleiben kann. Hierzu können Sie beispielsweise die Autoresponse-Funktion verwenden, die jeden Absender darüber informiert, für die Zeit Ihrer Abwesenheit notfalls auf die allgemeine Firmenmailadresse zurückzugreifen. Auf E-Mails unter dieser Adresse kann der Arbeitgeber ebenso wie im Fall klassischer Briefpost jederzeit zugreifen.

Selbst wenn Sie den Verdacht haben, dass Ihr Arbeitgeber Ihre Internetnutzung überwachen will, sollten Sie nicht auf die Idee kommen, Gegenmaßnahmen beispielsweise in Form von Anti-Überwachungs-Programmen zu ergreifen. Solche Maßnahmen sind unzulässig. Verschlüsseln Sie lieber Ihre E-Mails und wenden Sie sich direkt an Ihren Arbeitgeber oder den Betriebrat.

## Keine Kontrolle bei privater Nutzung

Die private Nutzung von E-Mail und Internet unterliegt in weitem Umfang dem Fernmeldegeheimnis. Das heißt, der Arbeitgeber darf im Regelfall nur solche Daten festhalten, die für eine kostenmäßige Abrechnung erforderlich sind. E-Mail-Adressen sind für ihn also ebenso tabu wie einzelne Internetseiten. Hat der Arbeitgeber von vornherein auf eine Kostenerstattung seitens seines Mitarbeiters verzichtet, gibt es für ihn überhaupt keinen Grund, irgendwelche Daten zu erfassen. Ähnlich strenge Regeln gelten auch, wenn der Arbeitnehmer mit Zustimmung des Chefs Teledienste wie beispielsweise den Zugriff auf eine Datenbank für private Zwecke in Anspruch nimmt. Der Schutz des Arbeitnehmers geht aber bei der Privatnutzung noch viel weiter: Der Arbeitgeber muss nach den gesetzlichen Bestimmungen sogar technische und organisatorische Vorkehrungen treffen, um den Mitarbeiter vor einer unzulässigen Nutzung seiner Daten zu schützen.

**WISO rät:** Hat der Arbeitgeber Ihnen sowohl die dienstliche als auch die private Nutzung von E-Mail und Internet gestattet, kann die Kontrolle der dienstlichen Nutzung unter Umständen unzulässig sein. Das ist immer dann der Fall, wenn sich die unterschiedlichen Nutzungsbereiche nicht trennen lassen, weil Ihnen der Arbeitgeber beispielsweise nur eine E-Mail-Adresse zugewiesen hat.

Hat der Arbeitgeber unzulässig Ihre Verbindungsdaten gespeichert, darf er sie generell nicht verwerten. Abmahnungen, Kündigungen oder sonstige Nachteile wegen der erhobenen Daten scheiden also von vornherein aus. Außerdem können Sie von Ihrem Arbeitgeber verlangen, dass die Daten umgehend gelöscht werden.

## Der Arbeitnehmer auf der Internetseite seiner Firma

Neben dem Schutz vor einer übermäßigen Kontrolle von E-Mail-Versand und Internetnutzung, also seinen Kommunikationsdaten, ist der Arbeitnehmer natürlich auch gegen eine unzulässige Verwertung persönlicher Daten über das Intra- oder Internet geschützt. Beispiel: Der Arbeitgeber stellt eine Webseite mit den Daten seiner Mitarbeiter ins Netz. Hier gelten die allgemeinen Regeln über den Datenschutz. Der Arbeitnehmer muss deshalb einer Verbreitung seiner Daten über das Internet im Regelfall ausdrücklich und freiwillig zustimmen.

**WISO rät:** Wollen Sie gegen Ihren Arbeitgeber wegen einer unzulässigen Kontrolle oder Verwendung von Daten vorgehen, prüfen Sie zunächst, ob Sie nicht zu einem früheren Zeitpunkt, beispielsweise in Ihrem Vertrag, einer Nutzung bestimmter Daten zugestimmt haben. Notfalls sollten Sie daran denken, Ihre Einwilligung zu widerrufen.

# 12. Telefon

Die meisten Arbeitnehmer kennen das Problem, die wenigsten aber wissen darauf die richtige Antwort. Gemeint ist die Frage, in welchem Umfang ein Arbeitnehmer am Arbeitsplatz zu privaten Zwecken telefonieren darf. Ebenso interessant ist natürlich für den Mitarbeiter, ob der Chef seine Gespräche überwachen und hieraus Konsequenzen ziehen darf. Die Problematik des Telefonierens am Arbeitsplatz ist mit der Internetproblematik eng verwandt. Viele der dafür entwickelten Lösungen finden sich deshalb bei der Frage der Internetnutzung wieder. Der Unterschied besteht allerdings darin, dass die Gerichte für die Telefonnutzung bereits über Jahre hinweg feste Regeln aufgestellt haben.

## Keine Privatgespräche ohne Erlaubnis

Wer über seinen Dienstapparat Privatgespräche führen will, braucht im Regelfall die Erlaubnis seines Arbeitgebers. Ausnahmen bestehen nur in Notfällen sowie dann, wenn das Privatgespräch dienstlich veranlasst ist. Will der Arbeitnehmer also beispielsweise seine Familie darüber informieren, dass die Dienstbesprechung sich verzögert und er deswegen später nach Hause kommt, darf er hierfür ohne weiteres sein Diensttelefon verwenden.

Aber selbst wenn der Arbeitgeber die private Nutzung des Telefons ohne zeitliche Beschränkung gestattet hat, muss der Arbeitnehmer dabei stets einen angemessenen zeitlichen Rahmen einhalten. Der gesunde Menschenverstand ist für die Beurteilung dieser Frage meist der beste Ratgeber. Die gleichen Regeln gelten übrigens auch für Dienstgespräche.

**Achtung:**
Häufig besteht Unklarheit darüber, ob der Arbeitgeber die Privatnutzung tatsächlich erlaubt hat. Nur die wenigsten Arbeitsverträge enthalten hierzu eine Regelung beispielsweise in Form einer Vertragsklausel über die Erstattung von Telefonkosten. Denken Sie auch daran, dass der Arbeitgeber seine Zustimmung zwischenzeitlich wieder rückgängig gemacht oder eingeschränkt haben kann. Das ist zwar schwierig, aber durchaus möglich. Vor allem werden Sie kaum das Gegenteil beweisen können. Wer seinem Arbeitgeber im Streitfall wenigstens eine Übernahme der privat vertelefonierten Beträge anbietet, muss im Regelfall zumindest nicht mit einer Kündigung rechnen.

## Unerlaubtes Telefonieren hat Folgen

Telefoniert der Arbeitnehmer trotz fehlender Erlaubnis privat oder jenseits der vorgegebenen oder akzeptablen zeitlichen Grenzen, riskiert er je nach Schwere des Verstoßes eine Abmahnung oder sogar eine Kündigung. Unter Umständen macht er sich auch schadenersatzpflichtig. Beispiel: Der Arbeitnehmer ruft eine 0190-er-Telefonsexnummer an und verursacht dem Arbeitgeber hierdurch Kosten in Höhe von mehreren tausend Euro. Hier kann sich der Arbeitnehmer übrigens auch keineswegs damit herausreden, der Arbeitgeber müsse die Rechnung wegen Sittenwidrigkeit des Angebotes sowieso nicht bezahlen. Im Regelfall muss der Arbeitgeber nämlich sehr wohl für die Rechnung aufkommen.

## Mithören, aufzeichnen, mitschneiden

Will der Arbeitgeber aus dem Fehltritt des Arbeitnehmers Konsequenzen ziehen, braucht er für den Streitfall verwertbares Beweismaterial. Zu diesem Zweck muss er in der Regel auf die Verbindungsdaten der geführten Telefonate zurückgreifen. Das ist durchaus zulässig. Folgerichtig darf der Arbeitgeber die nötigen Daten auch betrieblich erfassen und speichern. Wesentlich effektiver wäre es natürlich für den Arbeitgeber, wenn er neben den Verbindungsdaten auch den Inhalt der geführten Gespräche dokumentieren könnte. Solche weitreichenden Kontrollen braucht sich der Arbeitnehmer aber nicht gefallen lassen. Ein Mithören oder Mitschneiden von Telefongesprächen ist im Prinzip unzulässig. Etwas anderes gilt nur, wenn der Arbeitgeber schwerwiegende Gründe geltend machen kann, die ausnahmsweise eine Aufzeichnung der Telefonate rechtfertigen. Beispiel: Konkreter Verdacht des Verrates von Betriebgeheimnissen Schneidet der Arbeitgeber ein Telefonat mit, obwohl er solche Gründe nicht hatte, darf er es vor Gericht nicht als Beweis verwenden Das Gericht muss das Material also völlig außen vor lassen und so tun, als ob es dieses gar nicht gebe. Außerdem kann der Arbeitnehmer die Löschung verlangen.

**Achtung:**
Hat der Arbeitgeber Ihnen private Telefongespräche gestattet, darf er selbst bei den Verbindungsdaten nur solche Umstände festhalten, die für eine Abrechnung erforderlich sind. Zielrufnummer sowie Anfang und Ende der Gespräche scheiden deshalb für eine Erfassung aus. Es reicht die Anzahl der vertelefonierten Einheiten. Aber: Hat der Arbeitgeber von vornherein auf eine Abrechnung der Kosten verzichtet, gibt es überhaupt keinen Grund mehr, Telefondaten festzuhalten.

# 13. Dienstwagen

Bei Arbeitnehmern ist er vor allem als Statussymbol begehrt, für die Arbeitgeber ist er eher Mittel zum Zweck: der Dienstwagen. Vor allem Außendienstmitarbeiter und Servicetechniker, die beruflich häufig mit dem Auto unterwegs sind, bekommen von ihrem Arbeitgeber einen eigenen Wagen zur Verfügung gestellt. Immer häufiger kommen aber auch andere Mitarbeiter in den Genuss eines Firmenwagens – und das nicht nur, wenn sie im Betrieb eine leitende Stellung haben. In vielen Fällen darf der Wagen dann sogar privat genutzt werden. Einzelheiten sind meistens in besonderen Dienstwagenvereinbarungen geregelt. Je nach Inhalt und Umfang der Nutzung sind normalerweise folgende Punkte näher zu klären:

- die Marke und der Typ des zu nutzenden Fahrzeuges,
- der Umfang der Nutzung,

- wer die Kosten für Unterbringung, Betrieb, Reparatur, Wartung, Pflege, Versicherung trägt,
- der Nachweis der durchgeführten Fahrten,
- die Haftung,
- die Übernahme von Verwarnungs- und Bußgeldern durch den Arbeitgeber,
- die Überlassung des Fahrzeugs an dritte Personen oder deren Mitnahme,
- die Rückgabe des Fahrzeugs.

Ist der Arbeitnehmer an bestimmten Punkten besonders interessiert, sollte er sie im eigenen Interesse klarstellen, bevor er den Wagen übernimmt. Das gilt vor allem, wenn er den Wagen privat oder für den Urlaub nutzen will oder andere Personen, wie etwa seine Ehefrau, den Wagen mitbenutzen sollen.

## Privatnutzung ist Bezahlung

Darf der Arbeitnehmer das Fahrzeug auch privat nutzen, ist die Nutzung ein Teil seines Gehalts. Das hat zur Folge, dass der Chef dem Mitarbeiter den Wagen so lange lassen muss, bis er aus dem Betrieb ausscheidet. Selbst wenn der Vorgesetzte gekündigt hat und der Arbeitnehmer freigestellt wird, darf er das Fahrzeug behalten bis die Kündigungsfrist endgültig abgelaufen ist. Auch während des Mutterschutzes darf eine Arbeitnehmerin das Fahrzeug behalten. Verhindert der Arbeitgeber die Nutzung, indem er dem Mitarbeiter beispielsweise das Fahrzeug wegnimmt, kann dieser eine Entschädigung verlangen. Das gilt auch, wenn der Arbeitnehmer den Wagen trotz einer unberechtigten Aufforderung des Arbeitgebers anstandslos zurückgegeben hat. Die Höhe der Entschädigung darf jedenfalls bei kurzen Zeiträumen nach der so genannten Tabelle von Sanden/Danner/Küppersbusch berechnet werden. Daraus ergibt sich meist ein weit höherer Betrag, als wenn der Arbeitnehmer nur die steuerliche Bewertung der Privatnutzung zugrundelegen würde. Die beträgt nämlich monatlich meist nur einen Prozent des Kaufpreises.

**Beispiel:** Nach der Tabelle von Sanden/Danner/Küppersbusch muss der Arbeitgeber bei einem Mittelklassewagen pro Tag einen Betrag zwischen etwa 40 und 60 Euro als Nutzungsausfall zahlen. Legt man die steuerliche Bewertung zugrunde, erhält er nur rund 10 bis 15 Euro pro Tag. Die Tabelle von Sanden/Danner/Küppersbusch kann übrigens auszugsweise im Internet kostenfrei eingesehen werden: www.marktplatz-recht.de, unter der Rubrik „Service-Tabellen".

Bei längeren Zeiträumen kann der Arbeitnehmer allerdings nur den Betrag verlangen, den er aufbringen müsste, um einen entsprechenden Pkw privat zu nutzen. Nutzt der Arbeitnehmer tatsächlich einen gleichwertigen privaten Pkw, sind nur seine konkret aufgewendeten Kosten erstattungsfähig.

Die Privatnutzung des Dienstwagens hat auch steuerliche Konsequenzen. Als Bewertungsgrundlage für die Lohnsteuer wird meist eine monatliche Nutzungspauschale in Höhe von einem Prozent des Bruttokaufpreises angesetzt. Hinzu kommen in der

Regel 0,03 Prozent für jeden Kilometer zwischen Wohnung und Arbeitsstätte. Möglich ist aber auch ein Einzelnachweis der tatsächlich durchgeführten Fahrten. Achtung: In Zukunft ist mit einer Erhöhung der Nutzungspauschale auf 1,5 Prozent des Bruttokaufpreises zu rechnen. Achten Sie auf aktuelle Veränderungen.

# 14. Fortbildung

## Kein Zwang zur Fortbildung

Der Arbeitgeber ist normalerweise nicht verpflichtet, seinen Mitarbeitern eine Fortbildung zu ermöglichen. Will der Chef dem Arbeitnehmer aber kündigen, weil er nicht die nötigen Kenntnisse oder Fähigkeiten für die Stelle besitzt, kann unter Umständen etwas Anderes gelten. Umgekehrt trifft den Arbeitnehmer in der Regel keine Pflicht, sich fortzubilden. Aber auch hier gibt es Ausnahmen: Ist die Fortbildung für die weitere Berufsausübung des Arbeitnehmers unerlässlich, darf der Arbeitgeber anordnen, dass der Mitarbeiter an einer Fortbildung teilnehmen muss. Die Schulung hat dann allerdings während der Arbeitszeit zu erfolgen. Die Kosten hierfür muss der Chef bezahlen. Die Fortbildung endet in der Regel mit der Ablegung der erforderlichen Prüfungen oder mit dem Ablauf der hierfür vorgesehenen Zeit. Für Wiederholungsprüfungen muss der Arbeitgeber den Arbeitnehmer freistellen.

Der Chef kann mit seinem Mitarbeiter natürlich über die vorstehenden Fälle hinaus weitere Vereinbarungen über Fortbildungen zu treffen. Außerdem darf der Arbeitnehmer sich selbstverständlich auch während seiner Freizeit weiterbilden. Das bleibt ihm unbenommen.

## Rückzahlung von Fortbildungskosten

Wichtig: Fort- und Weiterbildungsmaßnahmen, für die der Arbeitgeber die Kosten übernimmt, verbindet er meist mit einer so genannten Rückzahlungsklausel. Das heißt, der Arbeitnehmer muss seinem Chef die Kosten für die Fortbildung einschließlich des in dieser Zeit fortgezahlten Lohnes erstatten, wenn der Arbeitnehmer vor einem bestimmten Zeitpunkt aus dem Betrieb ausscheidet. Damit erschwert der Arbeitgeber seinem Mitarbeiter den Arbeitsplatzwechsel. Gibt der Mitarbeiter seinen Arbeitsplatz trotzdem auf, erhält der Arbeitgeber zumindest seine vergeblich investierten Kosten zurück.

# 15. Erfindungen und Verbesserungsvorschläge

Ideen, Texte, Konzepte, Zeichnungen, Pläne, Produkte – tagtäglich werden Tausende von Arbeitnehmern an ihrem Arbeitsplatz zu Entdeckern und Erschaffern. Längst ist das Erfinden nicht mehr einer kleinen Gruppe von Bastlern und Tüftlern vorbehalten, die in ihrem stillen Kämmerlein vor sich hin forschen. Auch die Vorstellung vom Erfinder als ebenso genialem wie zerstreuten Professor, wie wir sie noch aus Kino und Fernsehen kennen, ist überholt. Heute werden 80 bis 90 Prozent aller Erfindungen von Arbeitnehmern erschaffen. Dazu kommen noch unzählige andere Ideen und Werke, die keinen Erfinderstatus erreichen. Das Ergebnis ihrer Arbeit steht den Mitarbeitern normalerweise nicht selbst, sondern ihrem Arbeitgeber zu. Und mehr als das normale Gehalt gibt es dafür auch nicht. Weil das aber nicht immer gerecht ist, brauchen solche Arbeitnehmer in bestimmten Fällen einen besonderen Schutz. Wie umfangreich der Schutz im Einzelnen ist, richtet sich danach, was der Mitarbeiter erschaffen hat. Nicht jede gute Idee am Arbeitsplatz ist bares Geld wert.

## Wer erfindet, bekommt Geld

Am besten steht der Arbeitnehmer da, wenn er eine Erfindung macht. Was eine Erfindung ist, lässt sich nicht pauschal beantworten. Es ist für jeden einzelnen Fall zu prüfen, ob etwas als Erfindung schützenswert ist. Grob vereinfacht gilt folgende Faustregel: Stellt die Leistung des Mitarbeiters einen besonderen und einfallsreichen Schritt dar, der für einen gewöhnlichen Fachmann nicht nahe liegt, handelt es sich um eine Erfindung. Die Schwelle hierfür liegt allerdings nicht sehr hoch. Nahezu alles, was neu ist, kann schützenswert sein, wie etwa ein Getriebe, eine Verschlussvorrichtung, ein Bausatz, ein Staudamm, ein Futtersilo oder Weiterentwicklungen an schon vorhandenen Geräten, Maschinen oder Mechanismen.

**Wichtig:**
Die Entwicklung von Computersoftware ist im Normalfall keine Erfindung.

Macht der Arbeitnehmer eine Erfindung, darf sein Chef sie wirtschaftlich verwerten, das heißt zu Geld machen. Er muss hierfür aber eine angemessene Vergütung an den Arbeitnehmer bezahlen. Voraussetzung ist, dass die Erfindung auf Grund des Arbeitsverhältnisses gemacht und ihm vom Arbeitnehmer ordnungsgemäß angezeigt wurde. Meldet der Arbeitnehmer seinem Chef die Erfindung nicht, macht er sich schadenersatzpflichtig.

Mit dem Geld für eine Erfindung kann der Arbeitnehmer meist kaum reich werden. In fast der Hälfte aller Fälle liegt der Betrag unter 500 Euro. Um die Höhe der Bezahlung auf ihre Richtigkeit überprüfen zu können, kann der Mitarbeiter von seinem Chef verlangen, dass er ihm die nötigen Auskünfte über die Verwertung seiner Erfindung einschließlich damit verbundener Einnahmen und Ausgaben erteilt. Ist er mit der Höhe nicht einverstanden, kann er sich, ohne dass es ihn etwas kostet, an die Schiedsstelle des Deutschen Patentamtes in München wenden. Erst danach ist der Gang zum Patentgericht möglich. In der Regel wird der Spruch der Schiedsstelle allerdings von allen Beteiligten akzeptiert. Der Arbeitnehmer sollte bei Streitigkeiten über seinen Erfinderlohn im Zweifel immer einen Patentanwalt einschalten, da er kaum in der Lage sein wird, den Wert seiner Erfindung richtig abzuschätzen. Das lohnt sich natürlich nur, wenn es sich schon von vornherein um eine einigermaßen bedeutsame Erfindung handelt. Nähere Auskünfte zu spezialisierten Anwälten erteilt die Patentanwaltskammer, Tal 29, 80331 München, Tel.: 0 89 – 2 42 27 80, Fax: 0 89 – 24 22 78 24, Internet: www.patentanwalt.de.

**Wichtig:**
In naher Zukunft ist damit zu rechnen, dass für die Bezahlung von Erfindungen Pauschalbeträge eingeführt werden. Achten Sie deshalb auf aktuelle Veränderungen.

**WISO rät:** Enthält Ihr Arbeitsvertrag eine Bestimmung, die Ihre Erfinderrechte von vornherein ausschließt, so ist eine solche Regelung unwirksam. Andere Vereinbarungen zu Erfindungen können Sie im Regelfall darauf überprüfen lassen, ob sie der Sache nach angemessen sind. Haben Sie anlässlich der Beendigung Ihres Arbeitsverhältnisses auf weitergehende Ansprüche gegen Ihren Chef verzichtet, beispielsweise in einem Aufhebungsvertrag oder einem gesonderten Schriftstück, werden Ihre Erfinderrechte hiervon nicht automatisch erfasst. Sie können also weiterhin Ihr Geld für die Erfindung verlangen.

Häufig kommt es vor, dass der Arbeitnehmer die Sache nicht allein, sondern zusammen mit anderen Kollegen erfunden hat. Jedes Mitglied des Teams hat dann Anspruch auf den Erfinderlohn, allerdings nur für seinen Anteil an der Gesamtleistung. Dass es dabei häufig zum Streit kommt, liegt auf der Hand.

**WISO rät:** Versuchen Sie, mit Ihren Teammitgliedern schnell zu einem vernünftigen Kompromiss zu kommen. Das spart Ihnen Zeit und Nerven. Außerdem erhält es den Teamgeist und das Arbeitsklima. Klären Sie vorab, wie viel Geld für die Erfindung überhaupt zu erwarten ist.

## Wer Verbesserungen vorschlägt, muss auch nicht leer ausgehen

Macht der Arbeitnehmer einen qualifizierten technischen Verbesserungsvorschlag, ohne dass gleich eine Erfindung vorliegt, kann er dafür trotzdem eine angemessene Bezahlung verlangen. Läuft die Maschine zum Beispiel wegen eines guten Vorschlages des Mitarbeiters plötzlich produktiver, obwohl seine Idee nur darin bestand, ein zusätzliches Modul einzubauen, reicht das wahrscheinlich nicht für eine Erfindung aus. Trotzdem gibt es dafür Geld. Wann bereits eine Erfindung, wann noch ein qualifizierter und wann nur ein einfacher Verbesserungsvorschlag vorliegt, lässt sich nicht pauschal beantworten. Hier entscheiden immer die Umstände des einzelnen Falles.

**Achtung:**
Das Geld steht dem Arbeitnehmer erst zu, wenn sein Chef den Verbesserungsvorschlag tatsächlich verwertet. Praktisch liegt das Problem darin, dass der Arbeitgeber selbst sinnvollste Vorschläge nicht aufgreift oder einen Verbesserungsvorschlag in leicht ab-

gewandelter Form als seinen eigenen verkauft. In solchen Fällen ist die Bezahlungspflicht besonders genau unter die Lupe zu nehmen. Kommt es zum Streit, entscheidet zunächst die Schiedsstelle des Deutschen Patentamtes in München. Erst danach können sich die Parteien an das Gericht wenden.

**WISO rät:** Einige Tarifverträge und Betriebsvereinbarungen sehen selbst für einfache Verbesserungsvorschläge eine Bezahlung vor. Erkundigen Sie sich im Zweifelsfall, ob für Sie solche Regelungen gelten. Sprechen Sie Ihren Chef in jedem Fall auf eine Vergütung Ihrer Vorschläge an, wenn Sie bemerken, dass die Firma sie aufgegriffen hat.

## Problem: Kein Geld für andere kreative Leistungen

Wird der Arbeitnehmer kreativ tätig, ohne eine Erfindung oder einen Verbesserungsvorschlag zu machen, beispielsweise beim Abfassen eines Textes oder beim Entwickeln eines Computerprogramms, wird die Sache für ihn schwierig. Zwar behält er, wie bei Erfindungen auch, das Recht, als Urheber genannt zu werden. Das Ergebnis oder Produkt seiner Leistung steht allerdings im Rahmen des arbeitsvertraglichen Zwecks dem Arbeitgeber zu. Das heißt, der Arbeitgeber darf das Werk vervielfältigen, verbreiten oder ausstellen, soweit es ihm der Arbeitsvertrag erlaubt. Bei Computersoftware geht das sogar so weit, dass der Arbeitgeber das Programm in jeder Hinsicht voll nutzen darf. Und der Arbeitnehmer kann für seine Leistung im Regelfall nicht einmal Geld verlangen.

**Wichtig:**
Wer in seiner Freizeit zum Urheber einer Sache wird, braucht seinem Arbeitgeber normalerweise keine Nutzungsrechte einräumen. Das gilt auch, wenn der Arbeitnehmer das Werk zwar am Arbeitsplatz erstellt, aber hierzu nicht konkret von seinem Chef beauftragt wurde. Im Einzelfall kann es aber äußerst schwierig sein festzustellen, ob tatsächlich eine Freizeitarbeit vorliegt.

**WISO rät:** Für den Fall, dass Sie während der Arbeit etwas erschaffen, können Sie mit Ihrem Chef vertraglich vereinbaren, dass er Ihr Werk gar nicht, nur zum Teil, für bestimmte Zwecke oder gegen einen festgelegten Geldbetrag nutzen darf. Ebenso können Sie vertraglich regeln, ob der Arbeitgeber die Rechte weiter nutzen darf, wenn das Arbeitsverhältnis beendet wird. Ist hierzu nichts festgelegt worden, sollten Sie anwaltlich prüfen lassen, ob Ihr Arbeitgeber zu einer zukünftigen Nutzung tatsächlich berechtigt ist.

Kein Geld kann der Mitarbeiter übrigens beanspruchen, wenn er bei der Arbeit ein Geschmacksmuster, also ein schützenswertes Muster oder Modell, wie beispielsweise eine selbstgestaltete Webseite, entwickelt.

# 16. Dienstwohnungen

Manchmal schließt der Arbeitgeber mit seinem Mitarbeiter nicht nur einen üblichen Arbeitsvertrag, sondern er überlässt ihm gleichzeitig noch eine Wohnung. Zwei Fälle sind zu unterscheiden:

Wenn dem Arbeitnehmer eine so genannte Werkdienstwohnung zur Verfügung gestellt wird, muss er aus der Wohnung ausziehen, sobald das Arbeitsverhältnis endet. Das Leben in der Wohnung ist also allein an den Arbeitsvertrag gekoppelt. Ausnahme: Der Arbeitnehmer hat die Wohnung überwiegend selbst eingerichtet oder wohnt dort mit seiner Familie. Dann muss der Arbeitgeber die Wohnung extra kündigen.

Bei einer Werkmietwohnung hingegen existieren zwei getrennte Verträge: Einer über das Arbeitsverhältnis und einer über das Mietverhältnis. Verliert der Mitarbeiter seinen Arbeitsplatz, heißt das nicht unbedingt, dass er auch aus der Wohnung ausziehen muss. Andererseits kann der Arbeitnehmer die Wohnung verlieren, obwohl er noch seinen Arbeitsplatz hat. Entscheidend ist, dass das Mietverhältnis vom Arbeitgeber extra gekündigt werden muss und zwar schriftlich unter Angabe der Gründe. Ist das Arbeitsverhältnis erst einmal aufgelöst, geht es aber auch mit der Kündigung der Wohnung schneller. So dürfen die Gerichte zum Beispiel davon ausgehen, dass der Chef ein berechtigtes Interesse an der Kündigung der Wohnung hatte, wenn der Mitarbeiter den Arbeitsplatz los ist. Außerdem sind die Kündigungsfristen in diesem Fall abgekürzt auf knapp drei Monate zum Monatsende bei normalen Mietwohnungen, die der Arbeitnehmer nicht länger als zehn Jahre bewohnt hat, und knapp einen Monat zum Monatsende bei Dienstwohnungen für Hausmeister, Pförtner oder ähnliche Fälle. Der Arbeitgeber kann natürlich auch mit der üblichen Frist für die Kündigung von Mietwohnungen kündigen. Äußert er sich nicht deutlich, gilt zu Gunsten des Arbeitnehmers die längere Frist. In Härtefällen, wie etwa bei hohem Alter des Mitarbeiters oder einer größeren Kinderzahl, ist der Arbeitnehmer berechtigt, der Kündigung einer normalen Werkmietwohnung innerhalb einer Frist von zwei Monaten vor Ende des Mietverhältnisses zu widersprechen.

**Wichtig:**
Bei Werkmietwohnungen hat der Betriebsrat ein gewichtiges Wörtchen mitzureden. Ohne seine Zustimmung ist beispielsweise der Abschluss oder die Kündigung des Mietverhältnisses unwirksam. Wer bei Streitigkeiten über die Dienstwohnung auf gerichtliche Hilfe angewiesen ist, muss sich bei Werkmietwohnungen an das Amtsgericht wenden. Das Arbeitsgericht ist nur zuständig, wenn es um Werkdienstwohnungen geht.

**Achtung:**
Die Regelungen für Dienstwohnungen haben sich durch die Reform des Mietrechts zum 1. September 2001 kaum geändert. Bei Werkmietwohnungen gilt also für die Zeit der Nutzung wie bisher das allgemeine Mietrecht. Einzelheiten hierzu erfahren Sie im WISO-Ratgeber „Mieten und Wohnen" (siehe Anhang).

# 17. Veränderte Arbeitsbedingungen

## Es besteht Anpassungsbedarf

Häufig sind Mitarbeiter sehr lange in ein und demselben Unternehmen tätig. Denkbar ist beispielsweise, dass jemand bereits seine Ausbildung bei dem gleichen Arbeitgeber gemacht hat, der ihn später in den Ruhestand verabschiedet. Die äußeren Umstände der Arbeit bleiben aber über einen so langen Zeitraum nicht die gleichen. Im Gegenteil: Die sozialen, gesellschaftlichen, technischen, strukturellen und wirtschaftlichen Rahmenbedingungen werden sich im Verlaufe der Jahre ständig verändern. Neue Maschinen, eine schwere Wirtschaftskrise, ein neues Gesetz – all das sind Beispiele für solche Entwicklungen. Häufig entsteht deshalb die Notwendigkeit, das Arbeitsverhältnis den geänderten Umständen anzupassen. Denn die einzelnen Bestimmungen des Arbeitsvertrages passen sich den neuen Verhältnissen nicht automatisch an. Sind die Anpassungen für den Arbeitnehmer vorteilhaft, wie beispielsweise bei einer Lohnerhöhung, gibt es meist keine Probleme. Mitarbeiter und Chef werden sich über die geplante Veränderung in der Regel einig. Anders ist es bei nachteiligen Anpassungen. Hier stellt sich häufig die Frage, ob der Arbeitgeber die Veränderungen einfach beliebig umsetzen kann.

## Was der Chef einfach bestimmen darf

Wer einen Arbeitsvertrag unterschrieben hat, darf normalerweise darauf vertrauen, dass genau das gilt, was im Vertrag steht. Aber manche dieser Regelungen lassen sich im Voraus nicht eindeutig und abschließend formulieren. Das betrifft vor allem die auszuübenden Tätigkeiten, den Arbeitsort und die Arbeitszeit. Der Arbeitgeber darf Einzelheiten dann auch im Nachhinein näher festlegen oder ändern. Der Vorgesetzte muss dabei allerdings auf die Interessen des Arbeitnehmers Rücksicht nehmen und sich im Rahmen des Arbeitsvertrages halten  Unzulässig ist es beispielsweise, dem Arbeitnehmer einen geringer entlohnten Arbeitsplatz zuzuweisen. Das gilt selbst dann, wenn der Arbeitgeber freiwillig anbietet, den bisherigen Lohn weiter zu zahlen. Und auch ein Wechsel auf einen häuslichen Telearbeitsplatz darf der Arbeitgeber nicht einfach anordnen. Zulässig aber sind

- der Übergang von Einzel- zur Gruppenarbeit,
- die Verkleinerung des Arbeitsbereiches,
- die Bestellung zum Vorarbeiter,
- die Einführung von Schichtarbeit,
- die Anordnung einer Dienstreise,
- die Neueinteilung der Pausen,
- die vorübergehende Vertretung eines Kollegen,
- eine Versetzung an einen anderen Arbeitsplatz, wenn das im Arbeitsvertrag so festgelegt wurde.

**WISO rät:** Schauen Sie bei zweifelhaften Anweisungen Ihres Arbeitgebers zunächst in Ihren Arbeitsvertrag. Je allgemeiner der fragliche Punkt dort geregelt ist, desto eher durfte der Arbeitgeber hier die Anordnung geben. Bei Vollzeitarbeitsplätzen gibt es größere Spielräume als bei Teilzeitarbeit.

Bleiben Ihre Zweifel bestehen, können Sie eine gerichtliche Klärung herbeiführen. Das sollten Sie jedoch nur tun, wenn die Bestimmung des Chefs für Sie wirklich unzumutbar ist. Halten Sie die Maßnahme des Arbeitgebers für unzulässig, dürfen Sie Ihre Einhaltung auch verweigern. Aber Vorsicht: Kündigt Ihnen Ihr Arbeitgeber dann wegen Verstoßes gegen arbeitsvertragliche Pflichten und stellt sich später heraus, dass Sie seine Anordnung zu Unrecht nicht befolgt haben, sind Sie Ihren Arbeitsplatz los. Umgekehrt kann es Ihnen passieren, dass Ihre Zustimmung zur Anordnung unterstellt wird, wenn Sie trotz bestehender Zweifel einfach weiterarbeiten. Am besten ist deshalb die Weiterarbeit unter dem ausdrücklichen Vorbehalt, dass die Anordnung rechtlich in Ordnung ist. Kommen Sie der Aufforderung Ihres Vorgesetzten nicht nach, kann dieser Sie, statt Sie zu kündigen, auch auf Erbringung der Arbeitsleistung verklagen oder eine Entschädigung von Ihnen fordern.

**Wichtig:**
Soll ein Mitarbeiter länger als einen Monat versetzt werden, muss der Betriebrat dem zustimmen. Versetzungen, denen der Betriebsrat zustimmen muss, sind übrigens entgegen der landläufigen Meinung nicht nur örtliche Veränderungen des Arbeitsplatzes wie etwa die Versetzung in eine andere Stadt. Auch die Zuweisung anderer Tätigkeiten oder Veränderungen des Arbeitsbereiches fallen hierunter. Beispiele: Wechsel in eine andere Abteilung, Wechsel vom Außen- in den Innendienst, Wechsel vom Einzel- zum Gruppenakkord, wesentlich längere Anfahrtszeiten zum Arbeitsplatz.

## Wann der Arbeitgeber die Zustimmung seines Mitarbeiters braucht

Will der Arbeitgeber bei seinen Anordnungen die Grenzen des Arbeitsvertrages überschreiten, also beispielsweise Teile des Gehalts kürzen oder dem Mitarbeiter andere Tätigkeiten zuweisen, muss er besondere Maßnahmen ergreifen. Gleiches gilt, wenn er von vornherein feststehende Vertragsbestimmungen wie etwa die Urlaubsregelung abändern möchte. Folgende Wege sind hier denkbar:

■ Der Chef kann sich unproblematisch mit dem Mitarbeiter darüber einigen, dass der ursprüngliche Vertrag geändert wird. Auch eine befristete Änderung ist auf diesem Weg möglich, sofern der Chef hierfür einen plausiblen Grund hat. Beispiel: Der Arbeitnehmer übernimmt wegen Ausfall eines Kollegen für zwei Monate eine zusätzliche Tätigkeit.

■ Der Arbeitgeber hat mit seinem Mitarbeiter bereits im Arbeitsvertrag vereinbart, dass er bestimmte Punkte des Vertrages im Nachhinein abändern darf. Eine solche Vereinbarung oder Änderung ist aber nur begrenzt zulässig. In der Regel braucht der Chef hier ebenfalls plausible Gründe. Beispiel: Eine Sonderzahlung zu Weihnachten darf bei wirtschaftlichen Schwierigkeiten um 10 Prozent gekürzt werden.

- Der Arbeitgeber hat mit seinem Mitarbeiter bereits im Arbeitsvertrag vereinbart, dass die betreffende Leistung von vornherein nur freiwillig war. Es muss also gar nichts abgeändert werden. Bei solchen Vereinbarungen hat der Chef einen weiten Spielraum. Plausible Gründe braucht er im Normalfall nicht. Beispiel: Eine Sonderzahlung wird ausdrücklich nur für das laufende Jahr gewährt.

- Der Arbeitgeber einigt sich zunächst gar nicht mit seinem Mitarbeiter, ändert den betreffenden Punkt des Arbeitsvertrages aber trotzdem einfach ab, indem er ihm kündigt und gleichzeitig einen neuen Vertrag zu den anderen Bedingungen anbietet. Für eine solche „Änderungskündigung" braucht der Chef gute Gründe. Beispiel: Der Chef kündigt, weil er einen Teil seines Betriebes an einen anderen Ort verlagert, und bietet dem Mitarbeiter gleichzeitig einen neuen Arbeitsvertrag für den neuen Arbeitsort an. Das ist in Ordnung, weil ja der Arbeitsplatz im alten Betrieb weggefallen ist. Der Mitarbeiter kann sich nun aussuchen, ob er dem neuen Vertrag zustimmt oder den Betrieb verlässt. Ist er sich über das Angebot nicht sicher, muss er dem neuen Vertrag zunächst unter Vorbehalt zustimmen und die Frage dann innerhalb von drei Wochen vor dem Arbeitsgericht klären lassen.

Hält der Arbeitgeber die vorstehenden Regeln nicht ein, ist eine Änderung des Arbeitsvertrages unzulässig. Vor allem kann der Arbeitgeber sich nicht einfach den Punkt des Vertrages, der ihm nicht passt, heraussuchen und allein hierfür eine Kündigung aussprechen. Beispiel: Der Arbeitgeber kündigt seinem Mitarbeiter nur das Weihnachtsgeld. Kündigungen betreffen immer das Arbeitsverhältnis als Ganzes. Will der Arbeitgeber also unbedingt eine Vertragsänderung durchsetzen, muss er im Zweifel ganz auf seinen Mitarbeiter verzichten.

**WISO rät:** Änderungen Ihres Arbeitsvertrages durch den Chef müssen Sie sich in der Regel nicht ohne weiteres gefallen lassen. Prüfen Sie deshalb zuerst, ob und wie weit Ihr Arbeitsvertrag Ihren Arbeitgeber zu solchen Änderungen berechtigt. Enthält Ihr Arbeitsvertrag keine entsprechenden Regelungen, sollten Sie trotzdem sorgfältig abwägen, ob Sie einem begründeten Anliegen Ihres Arbeitgebers nach einer Vertragsänderung nicht freiwillig nachkommen wollen. Notfalls nehmen Sie das neue Angebot Ihres Chefs unter Vorbehalt an. Ansonsten riskieren Sie unter Umständen eine endgültige Kündigung. Die wird zwar häufig nicht berechtigt sein, führt aber am Ende vielleicht doch zum Verlust Ihres Arbeitsplatzes.

## Änderungen durch Vereinbarungen zwischen Arbeitgeber und Betriebsrat

In den Medien finden sich zunehmend Berichte über wirtschaftlich angeschlagene Unternehmen, die mit Hilfe ihrer Belegschaft gerettet werden sollen. Oft ist dann auch von so genannten Beschäftigungspakten oder betrieblichen Bündnissen für Arbeit die Rede. Gemeint sind damit Absprachen zwischen Arbeitgeber und Betriebsrat, die dem Arbeitgeber aus der Klemme helfen sollen. Der Beitrag des Arbeitnehmers besteht bei diesen Maßnahmen in der Regel darin, dass er freiwillig auf einen Teil seines Lohns verzichtet. Im Gegenzug erhält für einen bestimmten Zeitraum eine Beschäftigungs„garantie" seines Chefs.

**WISO rät:** Zu einem Verzicht auf Ihr Gehalt können Sie in der Regel nicht gezwungen werden. Treffen Sie hierüber also erst dann eine Entscheidung, wenn Sie alle Vor- und Nachteile sorgfältig abgewogen haben. Bedenken Sie, dass sich ein geringerer Lohn negativ auf Ihren Lebensstandard, Ihre finanziellen Verpflichtungen und Ihre Motivation auswirken kann. Notfalls sollten Sie sich lieber rechtzeitig um einen neuen Job kümmern. Das gilt vor allem dann, wenn Ihr Betrieb ohnehin nicht mehr zu retten ist.

# 18. Haftung und Arbeitsunfälle

Wer einen Schaden verursacht hat, der muss in aller Regel dafür haften. Dieses Prinzip gilt natürlich auch am Arbeitsplatz. Arbeitgeber oder Arbeitnehmer müssen also für Fehler, die sie begehen, und die für die andere Seite einen Schaden zur Folge haben, einstehen. Der Ausgleich hierfür ist in der Regel die Zahlung von Schadenersatz.

## Fehler beim Arbeitgeber

Verletzt der Chef schuldhaft seine Pflichten, und beschädigt er dadurch Sachen seiner Mitarbeiter, haftet er für den entstandenen Schaden. Vergisst der Arbeitgeber also zum Beispiel, im Winter den Firmenparkplatz zu streuen, muss er den Schaden am Auto des Mitarbeiters zahlen, wenn es zu einem Unfall kommt.

Der Chef kann seine Haftung nur in Ausnahmefällen ausschließen und auch dann nur soweit, wie er nicht absichtlich handelt. So kann er etwa im Arbeitsvertrag vereinbaren, dass er mit Ausnahme vorsätzlich verursachter Schäden keine Haftung für Gegenstände des Mitarbeiters übernimmt, die bei ihm aufbewahrt werden, wie etwa Fachbücher, Arbeitskleidung, Fahrkarten, Fahrräder. Werden solche Gegenstände des Arbeitnehmers beschädigt, tritt aber häufig die Betriebshaftpflichtversicherung des Arbeitgebers ein.

**Achtung:**
Seit dem 1. Januar 2002 ist der Arbeitgeber auch für eigene Fehler beweispflichtig. Sollte es zu einem Gerichtsverfahren kommen, können Sie sich also erst einmal getrost zurücklehnen. Sie müssen dem Gericht zwar darlegen, welchen Fehler der Chef gemacht hat und welchen Schaden Sie dadurch haben. Ihr Arbeitgeber muss aber beweisen, dass er für den Schaden nichts kann, also nicht verantwortlich ist.

## Haftung des Arbeitgebers ohne Pflichtverstoß

Ausnahmsweise haftet der Arbeitgeber seinem Mitarbeiter sogar für Sachschäden, für die er eigentlich gar nichts kann. Gemeint sind damit Fälle, in denen der Arbeitnehmer allein deshalb geschädigt wird, weil er sich im Betätigungsbereich des Arbeitgebers, also etwa auf dessen Firmengrundstück, bewegt hat. Typisches Beispiel: Ohne dass jemanden eine Schuld trifft, entsteht am privaten Fahrzeug des Mitarbeiters ein Unfallschaden, als dieser mit Zustimmung seines Chefs auf dem Betriebsgelände oder bei einer Dienstreise einige Arbeiten erledigt. Würde der Mitarbeiter hier allerdings für den Einsatz seines Wagens eine gesonderte Bezahlung bekommen, müsste der Arbeitgeber nicht noch zusätzlich für den Schaden haften.

**Wichtig:**
Zahlt der Arbeitgeber seinem Mitarbeiter die steuerrechtliche Kilometerpauschale, deckt das allenfalls den Schaden ab, den der Arbeitnehmer durch eine Rückstufung in der Kfz-Versicherung erleidet. Will der Arbeitgeber auch für andere Schäden, wie zum Beispiel am Auto selbst, nicht haften, muss er eine besondere Vergütung zahlen, die über die Kilometerpauschale hinausgeht. Das könnte zum Beispiel die Zahlung einer angemessenen Aufwandspauschale sein.

Will der Mitarbeiter für eine Dienstreise den eigenen Pkw nehmen, ist das wegen des großen Haftungsrisikos für den Chef meistens nur zulässig, wenn der Vorgesetzte dies seinem Mitarbeiter erlaubt. Zahlreiche Arbeitsverträge sehen solche Absprachen vor.

Kann der Mitarbeiter Schadenersatz verlangen, muss er sich einen bestimmten Betrag anrechnen lassen, wenn er den Schaden mitverursacht hat. Das heißt also, er bekommt weniger Geld, wenn er selbst dazu beigetragen hat, dass es zu dem Schaden gekommen ist.

## Fehler beim Arbeitnehmer

Wichtig ist aber auch zu wissen, was passiert, wenn der Arbeitnehmer einen Fehler macht. Fehler sind schließlich menschlich, und da Arbeitnehmer einen Großteil ihrer Zeit am Arbeitsplatz verbringen, ist die Gefahr, sich hier und da einmal falsch zu verhalten, besonders groß. Im Gegensatz zum Arbeitgeber sind die wirtschaftlichen Folgen einer Haftung für den Arbeitnehmer meist auch wesentlich schwerwiegender. Je nach Schwere des Verstoßes kann die Folge eines Schadenersatzes beispielsweise die Streichung des jährlichen Urlaubs, die Aufnahme von Krediten oder im schlimmsten Fall auch die Vernichtung der wirtschaftlichen Existenz des Arbeitnehmers sein.

Würde der Mitarbeiter allerdings für jede noch so kleine Unachtsamkeit einstehen müssen, wäre das sicher ungerecht. Schließlich wird das hohe Haftungsrisiko des Arbeitnehmers in der Regel nicht durch einen entsprechend höheren Lohn ausgeglichen. Außerdem muss der Arbeitnehmer den Arbeitsanweisungen des Arbeitgebers folgen. Er kann also sein Risiko gar nicht selbst beeinflussen oder ausschalten. Auch versichern lässt sich das berufliche Risiko in der Regel nicht.

## Die Haftung ist eingeschränkt

Die Haftung des Arbeitnehmers für seine Fehler ist deshalb begrenzt. Das bedeutet natürlich nicht, dass er für einige oder alle Fehler überhaupt nicht mehr einstehen müsste. Der Arbeitnehmer soll nur soweit entlastet werden, wie eine Haftung ungerecht erscheint. Pauschale Aussagen lassen sich hierzu nicht treffen. Die Gerichte haben aber für die Haftung der Arbeitnehmer einige bedeutende Regeln aufgestellt.

**Wichtig:**
Die Regeln gelten nur für Fehler bei der Arbeit. Nicht erfasst sind also beispielsweise Handlungen, mit denen der Arbeitnehmer rein private Zwecke verfolgt, wie etwa die Privatnutzung des Firmenwagens, die Mittagspause in der eigenen Wohnung oder die Anfahrt zum Arbeitsplatz.

## Entscheidend: Die Schwere des Fehlverhaltens

Für die Haftung des Arbeitnehmers stellen die Gerichte heute entscheidend darauf ab, wie schwerwiegend das Fehlverhalten des Arbeitnehmers war. Unterschieden wird dabei zwischen der leichten Fahrlässigkeit, der mittleren Fahrlässigkeit und der groben Fahrlässigkeit sowie dem vorsätzlichen Fehlverhalten.

Arbeitnehmer müssen in der Regel nicht haften, wenn sie nur leicht fahrlässig einen Schaden verursacht haben. Das ist dann der Fall, wenn sie zwar objektiv etwas falsch gemacht haben, das Fehlverhalten jedoch als äußerst gering anzusehen ist. Beispiel: Eine Fliege fliegt dem Arbeitnehmer am Steuer des Firmen-LKWs ins Auge. Für einen kurzen Moment ist er unkonzentriert. Er bremst zu spät, und es kommt zu einem Unfall. Hier wäre der Unfall bei einem korrekten Verhalten zwar nicht passiert, allerdings ist sein Fehlverhalten als so gering anzusehen, dass ein Gericht den Arbeitnehmer von der Haftung aller Wahrscheinlichkeit nach freisprechen würde.

Anders sieht es da schon aus, wenn von einer so genannten mittleren oder normalen Fahrlässigkeit auszugehen ist. Dann ist das Fehlverhalten des Arbeitnehmers zwar nicht als äußerst gering zu sehen, allerdings liegt auch kein grober Pflichtverstoß vor. Die Gerichte teilen die Haftung hier zwischen Arbeitnehmer und Arbeitgeber auf. Sie bestimmen je nach Einzelfall eine Quote. Schlägt der Arbeitnehmer im geschilderten Fall mit der Hand einmal kurz nach der Fliege, kann er von einer Haftung nicht einfach freigesprochen werden, wenn es zu einem Unfall kommt. Das Gericht wird den Arbeitnehmer in der Regel aber auch nicht dazu verurteilen, den vollen Schaden zu bezahlen. In einem solchen Fall nehmen die Richter meistens eine Quotierung vor. Sie bestimmen das Verhältnis der Schadensteilung nach dem Einzelfall. Im Ergebnis könnte das Urteil beispielsweise lauten 60:40 zugunsten des Arbeitgebers. Kriterien für die Festlegung der Haftungsverteilung sind unter anderem

- das Maß an Sorgfalt, das bei der konkreten Tätigkeit normalerweise anzuwenden ist,
- die Höhe des Schadens,
- die Stellung des Arbeitnehmers im Betrieb,
- die Höhe des Lohnes, insbesondere der Erhalt einer Risikoprämie,
- die persönlichen Verhältnisse des Arbeitnehmers, und vor allem
- das Schadensrisiko, das die vom Arbeitnehmer ausgeübte Tätigkeit ihrer Art nach beinhaltet.

Letzteres bedeutet, dass der Arbeitnehmer umso weniger zu haften hat, je risikobehafteter seine Arbeit ist.

Bei grober Fahrlässigkeit müssen Arbeitnehmer in der Regel voll haften. Das ist dann der Fall, wenn sie die erforderliche Sorgfalt im ganz besonderen Maße verletzen. Wer also schon einfachste, ganz nahe liegende Überlegungen nicht beachtet, die eigentlich jedem einleuchten, der muss den vollen Schaden zahlen. Gleiches gilt natürlich, wenn der Arbeitnehmer vorsätzlich den Schaden herbeiführt. Eine Begrenzung der Haftung auf einen Maximalbetrag gibt es nicht.

Versucht der Fahrer in unserem Fall beispielsweise während der Fahrt, die Fliege am Boden oder auf dem Rücksitz zu fangen, könnte er vor Gericht zur Zahlung des vollen Schadens verurteilt werden.

Weitere Fälle wären:
- Übermüdung am Steuer,
- Anzünden einer Zigarette am Steuer während der Fahrt,
- Wechseln einer Kassette im Recorder während der Fahrt,
- Nachschlagen in der Straßenkarte während der Fahrt,
- Verwechseln von Blutkonserven, woraufhin der mit der Bluttransfusion behandelte Patient verstirbt,
- Weitergabe eines Internet-Passwortes, woraufhin dem Arbeitgeber durch unbefugte Nutzung von Daten Kosten entstehen.

Im Zusammenhang mit der Schwere des Verschuldens gibt es keine pauschalen Einstufungen. Die Gerichte nehmen immer den konkreten Einzelfall unter die Lupe. Selbst wenn die Fälle noch so ähnlich klingen, die Urteile können im Ergebnis sehr unterschiedlich aussehen. Für den Verschuldensgrad trägt der Arbeitgeber vor Gericht die Beweislast.

**WISO rät:** Ist ein Schaden im Rahmen einer Gruppenarbeit eingetreten und haben Sie selbst nicht fahrlässig gehandelt, sollten Sie eine uneingeschränkte Mithaftung nicht ohne weiteres akzeptieren und somit nicht für den Schaden aufkommen.

## Vorsicht bei Schuldanerkenntnis

Vor allem bei Berufskraftfahrern kommt es vor, dass der Arbeitgeber von dem Mitarbeiter nach einem Unfall ein so genanntes Schuldanerkenntnis verlangt. Dem Arbeitnehmer wird dann ein bereits entsprechendes Formular vorgelegt, das er nur noch zu unterschreiben braucht. Hierin übernimmt der Arbeitnehmer in der Regel die volle Schuld für sein Fehlverhalten. Der Schock und das Schuldgefühl nach einem Fehler können den Arbeitnehmer leicht dazu verleiten, die Unterschrift zu leisten. Woran er in diesem Moment nicht denkt: Mit seiner Unterschrift verschlechtert er seine Rechtsposition gegenüber dem Arbeitgeber, gegenüber der Versicherung und auch in einem etwaigen Gerichtsprozess erheblich. Unter Umständen führt das so weit, dass sich der Arbeitnehmer später nicht mehr auf seine eingeschränkte Haftung berufen kann.

**WISO rät:** Unterschreiben Sie niemals ein Schuldanerkenntnis. Sie sind dazu nicht verpflichtet.

- Machen Sie allenfalls Angaben zum Unfallhergang.
- Beschränken Sie sich dabei auf Tatsachen.
- Ziehen Sie nie irgendwelche Schlussfolgerungen aus diesem Tatsachen. Wer zu welchem Anteil für den Schaden verantwortlich ist, sollten Sie lieber den Juristen überlassen.

## Mitverschulden des Arbeitgebers

Unabhängig vom Fehlverhalten des Arbeitnehmers kann auch der Arbeitgeber für den Schaden mitverantwortlich sein. Dann ist es möglich, dass selbst bei einem grob fahrlässigen Verhalten des Arbeitnehmers der Chef einen Teil des Schadens mittragen muss. Ein solches Mitverschulden des Arbeitgebers kann zum Beispiel darin liegen, dass er einen erkennbar ungeeigneten oder überforderten Arbeitnehmer für die Tätigkeit einsetzte. Gerade bei LKW-Fahrern kommt es auch vor, dass die Route in der vorgegebenen Zeit gar nicht zu schaffen ist, der Fahrer sein Ziel nicht erreichen kann, ohne die vorgeschriebenen Ruhe- und Lenkzeiten zu überschreiten. Kommt es dann zu einem Unfall, muss auch der Arbeitgeber einen Teil des Schadens zahlen.

## Zahlung durch Versicherung des Arbeitgebers

Trotz seiner Haftung kann es vorkommen, dass der Arbeitnehmer für den verursachten Schaden nicht aufkommen muss, nämlich dann, wenn er oder der Arbeitgeber gegen das verwirklichte Risiko versichert sind. Die Frage nach Versicherungsmöglichkeiten taucht vor und nach jedem Schadensfall immer wieder auf.

Der Arbeitgeber wird häufig Versicherungen wie Feuer- und Gebäudeversicherung, Sachversicherungen, Betriebshaftpflicht, Kfz-Kasko oder Betriebsunterbrechung abgeschlossen haben. Ist der Arbeitgeber danach gegen den eingetretenen Schaden versichert, muss er zunächst einmal seine Versicherung in Anspruch nehmen, bevor er sich an den Arbeitnehmer wenden kann. Deckt die Versicherung nur einen Teil des Schadens, haftet der Arbeitnehmer unter Umständen für den nicht erstatteten Rest. Aber der Arbeitgeber ist nicht verpflichtet, eine Kasko- oder Betriebshaftpflichtversicherung abzuschließen, um eine Minderung des Schadens herbeizuführen. Unter Umständen kann der Arbeitnehmer allerdings so gestellt werden, als ob der Arbeitgeber eine entsprechende Versicherung abgeschlossen hätte. Dies bedeutet, dass der Arbeitnehmer letztendlich nur anteilig beziehungsweise voll für die Selbstbeteiligung und die Erhöhung der Versicherungsprämie haftet. Wann das der Fall ist, lässt sich nicht pauschal beantworten. Bei Fahrzeugschäden ist der Arbeitgeber aber regelmäßig dazu verpflichtet, so dass der Mitarbeiter nur in Höhe der üblichen Selbstbeteiligung haftet.

## Problem: Eigenversicherung nur beschränkt möglich

Der Arbeitnehmer selbst kann sich nur lückenhaft gegen berufliche Risiken absichern. Private Haftpflichtversicherungen kommen in der Regel nicht für Schäden auf, die im Zusammenhang mit der beruflichen Tätigkeit entstanden sind. Berufshaftpflichtversicherungen bestehen nur für bestimmte Berufe wie beispielsweise für Rechtsanwälte, Steuerberater, Architekten, Ärzte oder Lehrer. Für Gewerkschaftsmitglieder des Deutschen Gewerkschaftsbundes beispielsweise gibt es die Möglichkeit, sich gegen Schäden zu versichern. Allerdings geht das nur, wenn sie im Zusammenhang mit dem Fahren und dem Transportieren von irgendwelchen Gütern stehen. Alles in allem bestehen also nur wenige Möglichkeiten, Risiken durch den Abschluss von Versicherungen abzudecken. Und selbst wenn eine Versicherung das Risiko übernimmt, ist häufig schon die Haftung bei grober Fahrlässigkeit ausgeschlossen.

**WISO rät:** Bietet Ihnen ein Versicherungsunternehmen an, Sie gegen Schäden abzusichern, sollten Sie sich genau das Kleingedruckte durchlesen und darauf achten, wann die Versicherung tatsächlich die Schadensregulierung übernimmt. Überlegen Sie dann, ob die Versicherung wirklich Sinn macht.

## Was tun, wenn bereits ein Schaden eingetreten ist?

Wenn es tatsächlich zu einem Schadensfall gekommen ist, sollte der Arbeitnehmer in jedem Fall einige wichtige Dinge beachten.

**WISO rät:**
- Melden Sie den Schaden sofort Ihrem Arbeitgeber.
- Dokumentieren Sie den Schadenshergang.
- Machen Sie Fotos.
- Halten Sie Zeugenaussagen fest.
- Suchen Sie fachkundige Personen in der Gewerkschaft oder einen Rechtsanwalt auf.

Ist der Mitarbeiter für den Schaden verantwortlich, muss er damit rechnen, dass der Arbeitgeber von ihm Schadenersatz verlangt. Hat der Arbeitgeber einen Ersatzanspruch, kann er ihn in der Regel aber auch dadurch geltend machen, dass er einen Teil vom Nettolohn des Arbeitnehmers einbehält. Dabei muss er allerdings die Pfändungsgrenzen beachten, soweit der Arbeitnehmer ihn nicht absichtlich geschädigt hat.

**Wichtig:**
Auch für den Arbeitgeber können vertragliche Ausschlussfristen gelten. Das bedeutet, dass er seine Schadenersatzforderungen unter Umständen verliert, wenn er sich mit ihrer Durchsetzung zu viel Zeit lässt. Hier kommt es darauf an, was im Arbeits- oder Tarifvertrag steht.

## Mängel in der Arbeitsleistung

Arbeitet der Mitarbeiter schlecht und wird der Chef dadurch geschädigt, darf dieser ihm trotzdem nicht einfach das Gehalt herabsetzen. Er ist vielmehr darauf angewiesen, dem Arbeitnehmer ein schuldhaftes Fehlverhalten nachzuweisen, um hieraus einen Schadenersatzanspruch gegen den Arbeitnehmer zu erlangen. Den Schadenersatz muss der Arbeitgeber nicht extra von seinem Mitarbeiter einfordern, er kann stattdessen auch einen Teil von dessen Gehalt einbehalten Beachten muss er hierbei allerdings die Pfändungsgrenzen.

Vor allem, wenn der Lohn des Arbeitnehmers nicht nach Zeit, sondern nach Leistung (Akkord) oder Prämie bemessen ist, versuchen Arbeitgeber bisweilen, sich im Arbeitsvertrag ein Recht zur Lohnkürzung einräumen zu lassen. Solche Klauseln sind aber im Regelfall unzulässig.

## Fehlbestände in der Kasse

Jeder Kassiererin ist es wohl schon einmal so gegangen: Am Abend wird Kassensturz gemacht und am Ende weist die Kasse einen mehr oder weniger hohen Fehlbetrag auf. Ähnliches kann Arbeitnehmern passieren, denen Warenbestände oder andere Gegenstände anvertraut sind. Für den Fehlbetrag oder den Fehlbestand hat sich das Wort Manko eingebürgert. Für ein Manko haftet der Arbeitnehmer wie für andere Fehler auch. Handelt er also beispielsweise leicht fahrlässig, muss er nicht für den Schaden aufkommen.

Häufig haben Chef und Mitarbeiter aber im Arbeitsvertrag vereinbart, dass der Arbeitnehmer immer für den eingetretenen Schaden haftet, ganz gleich ob beispielsweise leichteste oder grobe Fahrlässigkeit vorliegt. Oder es wurde festgelegt, dass ausnahmsweise der Arbeitnehmer und nicht sein Chef beweisen muss, dass ihn am Fehlbestand keine Schuld trifft. Gibt es solche Vereinbarungen zwischen Chef und Mitarbeiter, so spricht man von einer Mankoabrede. Mit solchen Bestimmungen will sich der Arbeitgeber vom Haftungsrisiko befreien. Sie sind nur dann zulässig, wenn der Arbeitnehmer für sein erhöhtes Risiko eine angemessene Entschädigung in Form eines Mankogeldes oder eines höheren Gehaltes erhält. Angemessen kann eine solche Ausgleichszahlung beispielsweise sein, wenn sie dem Durchschnitt der erfahrungsgemäß zu erwartenden Fehlbeträge entspricht. Außerdem muss sich die Mankovereinbarung auf solche Situationen beschränken, in denen der Arbeitnehmer unbeobachtet alleinigen Zugriff auf die Kasse oder die Gegenstände hat. So haftet der Mitarbeiter nicht für Unstimmigkeiten, wenn außer ihm noch ständig andere Mitarbeiter an der Kasse beschäftigt sind.

### Wichtig:

Mit Ausnahme der Schuldfrage dürfen die Nachweispflichten in einer Mankoabrede nicht zu Lasten des Arbeitnehmers abgeändert werden. Das heißt, wenn es zum Streit kommt, muss der Arbeitgeber die Mankovereinbarung, den Fehlbestand in der Kasse und die alleinige Zugangsberechtigung des Mitarbeiters zur Kasse nachweisen. Der Arbeitnehmer wiederum hat darzulegen, warum ihn am Fehlbestand keine Schuld trifft. Hat es der Arbeitgeber allerdings versäumt, ausreichende Sicherheitsvorkehrungen zu treffen, ist der Arbeitgeber automatisch für den Schaden mitverantwortlich.

Ist die Mankoabrede ungültig, bleibt es dabei, dass der Arbeitnehmer nur dann für einen Fehlbestand haftet, wenn ihn hieran eine Schuld trifft. Der Mitarbeiter muss dann anteilig oder voll für den Schaden aufkommen, je nachdem ob er mittel oder grob fahrlässig gehandelt hat. Zu denken ist stets auch an ein Mitverschulden des Arbeitgebers.

**WISO rät:** Selbst wenn Sie eine Mankovereinbarung unterschrieben haben, sollten Sie im Zweifelsfall darauf bestehen, für den Schaden nicht zu haften, soweit Sie nicht eindeutig vorsätzlich oder grob fahrlässig gehandelt haben. Die Vereinbarung ist nämlich nur wirksam, wenn die vorgesehene Ausgleichzahlung tatsächlich angemessen ist. Und das kann letztlich nur das Gericht entscheiden.

Besonderheiten für die Mankohaftung bestehen, sofern dem Arbeitnehmer die Waren oder Kassengelder gerade zu dem Zweck überlassen wurden, darauf allein aufzupassen und sie selbständig zu verwalten. Hier muss der Arbeitgeber selbst dann nicht nachweisen, dass der Arbeitnehmer am Fehlbestand Schuld ist, wenn er keine Mankovereinbarung mit ihm getroffen hat.

## Zusätzliche Prämie für erhöhtes Risiko

Nicht nur bei der Haftung für Fehlbestände können Mitarbeiter und Chef besondere Regeln vereinbaren. Auch wenn die Arbeit aus anderen Gründen eine erhöhte Gefahr von Fehlern mit sich bringt, wie etwa bei besonders riskanten Tätigkeiten, trifft der Chef mit seinem Mitarbeiter häufig spezielle Haftungsregelungen. Meist wird dann vereinbart, dass der Mitarbeiter für Fehler nicht nur eingeschränkt, sondern voll verantwortlich ist. Im Gegenzug erhält der Arbeitnehmer einen Lohnzuschlag in Form einer Risikoprämie. Auch solche Bestimmungen sind im Grunde zulässig. Aber auch hier muss die Risikoprämie angemessen sein. Sonst haftet der Arbeitnehmer doch wieder nur eingeschränkt. Das heißt, bei leicht fahrlässigem Verhalten beispielsweise, muss er für einen Schaden nicht einstehen.

## Vertraglich vorgesehene Strafen

Manche Arbeitgeber kommen auf die Idee, im Arbeitsvertrag eine pauschale Strafe vorzusehen, wenn sich der Mitarbeiter bestimmte Fehltritte leistet. Solche Vertragsstrafeklauseln haben für den Chef den Vorteil, dass es überhaupt nicht mehr auf den Beweis eines Schadens ankommt. Im Gegenteil: Ein Schaden, wie etwa ein finanzieller Nachteil, muss nicht einmal in allen Fällen vorliegen. So kann der Mitarbeiter beispielsweise verpflichtet sein, eine Vertragsstrafe zu zahlen, wenn er

■ seine Arbeit nicht zu dem im Vertrag vorgesehenen Zeitpunkt antritt,

■ unter Vertragsbruch, also grundlos und ohne die Kündigungsfrist einzuhalten, aus dem Arbeitsverhältnis ausscheidet,

- der Chef gezwungen ist, seinem Mitarbeiter wegen schwerer Verletzungen der Arbeitspflicht zu kündigen,
- der Mitarbeiter gegen ein Wettbewerbsverbot verstößt, etwa verbotenerweise bei der Konkurrenz arbeitet,
- der Arbeitnehmer Betriebsgeheimnisse verrät.

Und noch einmal: Nur wenn die Vertragsstrafe im Arbeitsvertrag vorgesehen ist, kann der Chef sie verlangen. Der Mitarbeiter muss also für ein Verhalten keine Strafe zahlen, wenn zu diesem Punkt im Arbeitsvertrag nichts gesagt ist. Selbst wenn der Vertrag aber eine Strafe vorsieht, ist für den Mitarbeiter noch nicht alles aus. Die Bestimmung über die Vertragsstrafe muss nämlich zusätzlich noch richtig formuliert sein:

- So muss im Vertrag genau enthalten sein, welches Fehlverhalten unter Strafe gestellt ist. Pauschale Klauseln wie etwa: „wenn der Mitarbeiter seine Pflichten verletzt, muss er eine Strafe zahlen", reichen nicht aus.
- Vertragstrafen dürfen nur vorgesehen werden, wenn der Mitarbeiter für sein Fehlverhalten auch tatsächlich verantwortlich ist.
- Die Vertragstrafe muss der Höhe nach festgelegt sein oder sich innerhalb eines festgelegten Rahmens bewegen.
- Die Höhe der vereinbarten Strafe muss in einem angemessenen Verhältnis zum Verdienst stehen. Ist die Vertragsstrafe unverhältnismäßig hoch, muss sie gegebenenfalls herabgesetzt werden.
- Die Vertragsstrafe darf im Regelfall einen Monatslohn nicht überschreiten.
- Die Regelung zur Vertragsstrafe darf den Mitarbeiter nicht darin einschränken, bei berechtigtem Anlass selbst zu kündigen. Muss der Arbeitnehmer beispielsweise auch dann eine Strafe zahlen, wenn er fristgerecht kündigt, ist das ungültig.

**Vorsicht:**
Der Arbeitgeber ist nicht verpflichtet, sich mit der Vertragsstrafe zufrieden zu geben. Hat er beispielsweise durch das Fehlverhalten einen konkreten finanziellen Schaden erlitten, kann er ihn vom seinem Mitarbeiter zusätzlich ersetzt verlangen. Natürlich kann der Arbeitgeber auch freiwillig auf die Vertragsstrafe verzichten.

**WISO rät:** Vertragsstrafen sollten Sie in Zukunft grundsätzlich nicht mehr ohne weiteres bezahlen. Ab dem 1. Januar 2003 dürfen die Gerichte Bestimmungen über Vertragsstrafen nämlich in aller Regel sehr streng überprüfen. Das gilt auch für Verträge, die vor dem 1. Januar 2003 abgeschlossen wurden. Unter Umständen kommen die Gerichte deshalb sogar zu dem Schluss, dass Vertragsstrafeklauseln in Arbeitsverträgen überhaupt nicht mehr zulässig sind.

Eine Sonderform der Vertragsstrafe stellt die Betriebsstrafe dar. Mit ihr werden nicht Verletzungen der Arbeitspflicht, sondern Verstöße gegen die betriebliche Ordnung wie beispielsweise die Missachtung von Rauchverboten unter Strafe gestellt. Die Betriebsstrafe gibt es normalerweise in Form von Verwarnungen, Verweisen oder Geldstrafen. Die meisten Arbeitnehmer brauchen allerdings vor einer Betriebsstrafe keine Angst haben. Nur wenn ein Tarifvertrag oder eine Betriebsvereinbarung dies vorsieht, kann der Chef eine Strafe verhängen. Und wenn es einmal so weit kommt, ist auch noch lange nicht alles verloren: So ist der Arbeitgeber beispielsweise verpflichtet, den Mitarbeiter anzuhören, bevor er die Strafe verhängt, der Mitarbeiter darf sich einen Anwalt nehmen, und die Strafe muss angemessen sein. Außerdem muss der Betriebsrat bei jeder einzelnen Maßnahme gesondert zustimmen, sonst ist die Betriebsstrafe ungültig.

## Schäden bei Außenstehenden

Häufig kommt es vor, dass durch das Fehlverhalten des Arbeitnehmers nicht nur der Arbeitgeber betroffen ist, sondern auch außenstehende Personen geschädigt oder verletzt werden. Gerade bei Verkehrsunfällen mit dem Dienstwagen passiert es immer wieder, dass nicht nur der Wagen des Chefs demoliert wird, sondern auch der Unfallgegner einen Schaden am Auto hat oder sogar selbst verletzt wird. In solchen Fällen stellt sich schnell die Frage, ob der Dritte den Arbeitnehmer direkt in Anspruch nehmen kann. Die Antwort: Leider ja – und das sogar unbegrenzt. Auch bei leichter Fahrlässigkeit haftet der Arbeitnehmer also für den vollen Schaden. Daneben kann er sich aber auch an den Arbeitgeber wenden, da dieser für das Fehlverhalten seines Arbeitnehmers in der Regel ebenfalls einstehen muss. Damit es hier nicht zu Ungerechtigkeiten kommt, kann der Arbeitnehmer von seinem Chef verlangen, den Schaden des Dritten zumindest soweit allein zu bezahlen, wie er nur leicht fahrlässig gehandelt hat. Verhielt er sich normal fahrlässig, muss der Arbeitgeber zumindest einen Teil des Schadens übernehmen. Das alles bringt dem Arbeitnehmer allerdings dann nichts mehr, wenn sein Arbeitgeber in der Zwischenzeit pleite ist.

## Arbeitsunfälle

Wie leicht ist es passiert: Der Arbeitnehmer hat nicht aufgepasst und verletzt dadurch sich, einen Kollegen oder den Chef. Vorstellbar ist natürlich auch, dass der Chef selbst unachtsam ist und einen seiner Mitarbeiter verletzt. In solchen Fällen liegt in der Regel ein Arbeitsunfall vor, da eine Person zu Schaden kommt, die zum Betrieb gehört.

Für den Schaden aufgrund eines Arbeitsunfalls muss in der Regel nicht der Arbeitnehmer, sondern allein die gesetzliche Unfallversicherung einstehen. Damit sollen Streitigkeiten innerhalb des Betriebes vermieden werden. Aber: Hat der Mitarbeiter den „Unfall" vorsätzlich – also ganz bewusst – verursacht, muss er den Schaden selbst tragen. Der Geschädigte darf allerdings nicht doppelt kassieren. Leistet die Unfallversicherung zunächst Ersatz, kann er sein Geld nicht noch zusätzlich vom Arbeitnehmer verlangen. Die Versicherung selbst ist natürlich berechtigt, sich ihr Geld vom Arbeitnehmer zurückzuholen. Das gilt auch, wenn der Mitarbeiter grob fahrlässig gehandelt hat, und die Unfallversicherung deshalb voll für den Schaden einstehen muss.

### Wichtig:
Die Regeln zum Arbeitsunfall gelten nur dann, wenn der Unfall bei der Arbeit verursacht wurde. Das heißt, die Unfallversicherung springt nicht ein, wenn der Arbeitnehmer als Privatperson handelt oder der Unfall von einer betriebsfremden Person verschuldet wird. Verletzt der Arbeitnehmer einen Kollegen beispielsweise bei der Fahrt

zum Betrieb, also bei der Teilnahme am allgemeinen Straßenverkehr, greift die gesetzliche Unfallversicherung ein. Etwas Anderes gilt, wenn er sich selbst verletzt. Anderes Beispiel: Führt ein betriebsfremder Installateur im Betrieb Wartungsarbeiten durch, haftet er für einen beim Arbeitnehmer eintretenden Schaden selbst.

**Achtung:**
Wird ein Kollege durch das Verhalten eines anderen Mitarbeiters lediglich in Form eines Sachschadens geschädigt, liegt kein Arbeitsunfall vor. Der Arbeitnehmer muss also den Schaden bezahlen. Da der Chef ebenso für den Schaden haftet, braucht der Arbeitnehmer in der Regel nur einen Teil des Schadens selbst ersetzen.

## Wegeunfall als Arbeitsunfall

Viele Arbeitnehmer fragen sich, ob Sie auch dann über den Arbeitgeber unfallversichert sind, wenn ihnen der Unfall auf dem Weg zwischen ihrer Wohnung und dem Arbeitsplatz passiert. Der Gesetzgeber hat hier nichts dem Zufall überlassen und ausdrücklich bestimmt, dass auch Wegeunfälle zu den versicherten Arbeitsunfällen zählen. Wer aber meint, ein kleiner Abstecher zum Kumpel um die Ecke würde an seinem Versicherungsschutz schon nichts ändern, der irrt. Nur wer ohne Umwege den Betrieb ansteuert, ist für die ganze Wegstrecke versichert. Und genau hier liegt das Problem. Denn was ein „Umweg" ist, darüber lässt sich im Einzelfall trefflich streiten. Auch wann der Weg an der Wohnung beginnt und wo er am Arbeitsplatz endet, ist keineswegs immer so klar, wie es auf den ersten Blick scheint. Stolpert der Arbeitnehmer beispielsweise auf dem Weg zur Haustür oder in der Garage, taucht schnell die Frage auf, ob das noch zum Weg zur Arbeit zählt oder nicht. Als Faustregel kann der Arbeitnehmer sich aber zwei Dinge merken:

Sobald er die Tür seines Wohngebäudes verlassen hat, um zur Arbeit zu fahren, beginnt sein Versicherungsschutz. Und: Macht er einen Umweg aus privaten oder persönlichen Gründen, wird der Versicherungsschutz unterbrochen. Nachdem es dann wieder weiter geht, beginnt der Versicherungsschutz erneut zu laufen, wenn die Unterbrechung nicht länger als zwei Stunden dauert.

Der Versicherungsschutz für Wegeunfälle erfasst außerdem folgende Fälle:

- Wege, die von einem anderen Ort als der Wohnung zum Arbeitsplatz oder dorthin zurückführen, soweit der Ort ungefähr gleich weit entfernt liegt wie die Wohnung und keine persönlichen Gründe im Vordergrund stehen;
- Abweichungen, um Kinder in den Kindergarten oder in andere Obhut zu bringen;
- Abweichungen, um eine Fahrgemeinschaft zu bilden;
- Fahrten zur Familienwohnung, wenn der Arbeitnehmer wegen der großen Entfernung auch noch eine weitere Wohnung am Ort seines Arbeitsplatzes hat;
- völlig unerhebliche Unterbrechungen wie etwa bei einem Stopp am Zigarettenautomaten.

**Vorsicht:**
Der Versicherungsschutz entfällt, wenn der Arbeitnehmer den Unfall verursacht hat, weil er unter Alkoholeinfluss stand.

# 19. Arbeit bei der Konkurrenz

Im hinteren Teil von Arbeitsverträgen findet sich oftmals eine Bestimmung, die es dem Mitarbeiter verbietet, bei der Konkurrenz seines bisherigen Chefs zu arbeiten, wenn er aus dem alten Betrieb ausscheidet. Hierüber macht sich der Arbeitnehmer bei Abschluss des Arbeitsvertrages meist noch keine Gedanken. Das gilt erst recht für die Zeit, in der er bei seinem Chef arbeitet. Umso größer ist dann die Überraschung, wenn der Arbeitgeber plötzlich im Anschluss an die Kündigung auf diesem Wettbewerbsverbot besteht.

## Kein Wettbewerb mit dem eigenen Arbeitgeber

Solange der Mitarbeiter noch im alten Betrieb tätig ist, darf er nicht bei der Konkurrenz arbeiten. Dieses Verbot gilt automatisch. Chef und Mitarbeiter müssen darüber keine gesonderte Vereinbarung treffen. Verstößt der Arbeitnehmer gegen das Konkurrenzverbot, kann der Arbeitgeber Unterlassung, Schadenersatz, Auskunft und unter Umständen Auszahlung von erzielten Gewinnen verlangen. Außerdem riskiert der Arbeitnehmer eine Abmahnung oder Kündigung, bisweilen auch die Zahlung einer Vertragsstrafe. Aufgepasst: Der Arbeitnehmer darf selbst dann noch nicht bei der Konkurrenz arbeiten, wenn ihm der Chef zuvor gekündigt hat, solange die Kündigungsfrist noch nicht abgelaufen ist. Kündigt der Chef also etwa mit Schreiben vom 10. Mai zum 30. Juni, ist eine Tätigkeit für die Konkurrenz bis zum 30. Juni ausgeschlossen. Nicht einmal dann, wenn der Arbeitgeber ihn bis dahin von der Arbeit freistellt, darf der Mitarbeiter für die Konkurrenz tätig sein.

## Andere Nebentätigkeiten

Will der Arbeitnehmer einer Nebentätigkeit nachgehen, ohne dabei in Konkurrenz zu seinem Arbeitgeber zu treten, so spricht nichts dagegen. Er muss nur darauf achten, dass er seinen Arbeitspflichten weiter in vollem Umfang nachkommen kann. Außerdem darf er die gesetzlichen Höchstarbeitszeiten von acht beziehungsweise zehn Stunden nicht überschreiten. Ansonsten darf er aber ohne weiteres der Nebentätigkeit nachgehen.

Um dem Arbeitgeber eine bessere Kontrolle zu ermöglichen, sehen Arbeits- oder Tarifverträge häufig vor, dass der Arbeitnehmer die Aufnahme einer Nebentätigkeit anzeigen und genehmigen lassen muss. Das ist zulässig. Die Genehmigung muss Ihnen der Arbeitgeber aber erteilen, soweit er keine schützenswerten Interessen an einem Verbot der Nebentätigkeit hat. Außerdem darf er Ihnen die Aufnahme von Nebentätigkeiten nicht generell verbieten. Denkbar ist natürlich auch, dass der Arbeitgeber Ihnen sogar eine Nebentätigkeit bei einem Konkurrenten gestattet.

## Was passiert nach dem Ausscheiden?

Für die Zeit nach Beendigung des Arbeitsverhältnisses gilt die Konkurrenzregel nicht. Der Arbeitnehmer kann grundsätzlich frei darüber entscheiden, für wen er nun tätig wird. Sein ehemaliger Arbeitgeber hat aber häufig ein Interesse daran, eine anschließende Tätigkeit bei einem Konkurrenzunternehmen zu verhindern. Immerhin besteht die Gefahr, dass der Arbeitnehmer sein erworbenes Wissen zu dessen Nachteil einsetzt oder Kunden abwirbt. Zu diesem Zweck wird in den Vertrag oft eine Klausel aufgenommen, die dem Arbeitnehmer den nachvertraglichen Wettbewerb verbietet. Auch noch nach Abschluss des Arbeitsvertrages können die Parteien eine solche Konkurrenzklausel vorsehen.

Die Vereinbarung von Wettbewerbsverboten ist normalerweise zulässig. Es müssen aber gewisse Spielregen eingehalten werden, damit der Arbeitnehmer nicht einseitig benachteiligt wird. Ein Wettbewerbsverbot ist deshalb nur dann wirksam, wenn

- es schriftlich vereinbart wurde, und das original unterzeichnete Schriftstück dem Arbeitnehmer ausgehändigt wird;
- der Arbeitnehmer im Gegenzug eine Entschädigung in Höhe von monatlich mindestens der Hälfte des Lohns erhält, eine so genannte Karenzentschädigung;
- das Verbot nur soweit reicht, wie es dem berechtigten geschäftlichen Interesse des Arbeitgebers entspricht. Kein berechtigtes Interesse besteht zum Beispiel, wenn der Mitarbeiter nur eine einfache Aushilfstätigkeit ausübt oder der Chef einfach nur verhindern will, dass der Mitarbeiter den Arbeitsplatz wechselt;
- der Arbeitnehmer nach Ort, Zeit und Inhalt des Verbotes nicht unzumutbar eingeschränkt wird, Das ist beispielsweise dann der Fall, wenn der Mitarbeiter ein zweijähriges Wettbewerbsverbot für das gesamte Ausland und die gesamte Branche bekommt;
- es höchstens für zwei Jahren nach Beendigung des Arbeitsverhältnisses gilt.

**WISO rät:** Im Streitfall muss der Arbeitgeber beweisen, dass er es Ihnen verboten hat, im Anschluss an Ihr Arbeitverhältnis bei der Konkurrenz zu arbeiten. Hat er sich von Ihnen nicht schriftlich bestätigen lassen, dass Sie das Verbot erhalten haben, gerät er hier leicht in Schwierigkeiten. Dann haben Sie vor Gericht die besseren Karten. Ist die Entschädigung zu niedrig bemessen, können Sie sich entweder an das Verbot halten und die Entschädigung kassieren oder sich ohne Entschädigung über das Verbot hinwegsetzen. Gleiches gilt, wenn der Arbeitgeber an dem Verbot kein berechtigtes Interesse hat, die Zweijahresgrenze überschritten wird oder das Verbot Sie übermäßig belastet, beispielsweise weil es sich auf eine ganze Arbeitsbranche oder etwa auf das gesamte EU-Gebiet erstreckt. Ein Wahlrecht, ob sie sich an das Verbot halten wollen oder nicht, haben Sie auch, wenn der Arbeitgeber sich die Entscheidung über ein Wettbewerbsverbot bis zum Ende des Arbeitsverhältnisses offen gehalten hat.

# Ein Verstoß gegen Wettbewerbsvereinbarungen hat Folgen

Hält der Arbeitnehmer sich nicht an ein Wettbewerbsverbot, obwohl dies zulässig vereinbart wurde, hat der Arbeitgeber die Wahl:

- Er kann die Entschädigung zurückhalten oder bereits gezahlte Beträge zurückverlangen.
- Er kann Schadenersatz verlangen und sich für die Zukunft vom Wettbewerbsverbot lösen.
- Er kann auf das Wettbewerbsverbot zukünftig verzichten, oder
- den Arbeitnehmer darauf verklagen, den Wettbewerbsverstoß sofort zu unterlassen.

Daneben wird für den Arbeitnehmer je nach Vereinbarung meist noch eine Vertragsstrafe fällig.

Zahlt der Chef die Entschädigung nicht wie vereinbart, kann der Arbeitnehmer sich trotzdem an das Wettbewerbsverbot halten und daneben eine Entschädigung verlangen. Will er sich stattdessen lieber vom Wettbewerbsverbot lösen, ist das ebenfalls möglich.

**Wichtig:**
Während des Zeitraums, für den das Wettbewerbsverbot gilt, darf der Arbeitnehmer natürlich bei solchen Arbeitgebern arbeiten, die nicht in Konkurrenz zum früheren Arbeitgeber stehen. Unter Umständen ist er dazu sogar gezwungen. Er muss sich in diesem Fall aber seinen Verdienst auf die Entschädigung anrechnen lassen, soweit er mit beiden Einkünften zusammen mehr als 110 Prozent seines bisherigen Lohnes verdient. Ist der Arbeitnehmer gezwungen, wegen der neuen Beschäftigung seinen Wohnsitz zu wechseln, gilt eine Grenze von 125 Prozent. Anrechenbar ist auch, zumindest zu einem Drittel, das Arbeitslosengeld.

Beispiel: Der Arbeitnehmer muss umziehen, weil er an seinem bisherigen Wohn- und Arbeitsort keine andere Beschäftigung findet. An seinem neuen Wohnsitz nimmt er eine Tätigkeit auf, bei der er doppelt so viel wie bisher verdient. Eine Entschädigung kann er daneben nicht mehr verlangen. Über die Höhe des Verdienstes kann der Arbeitgeber vom Arbeitnehmer Auskunft verlangen.

**WISO rät:** Auf die Entschädigung sollten Sie selbst dann bestehen, wenn sie dem Arbeitgeber überhaupt keine Konkurrenz mehr machen können. Für Ihren Anspruch auf Entschädigung ist es zudem gleichgültig, ob sie krank werden, einem anderen Beruf nachgehen, in den Ruhestand treten oder ins Ausland ziehen.

## Wenn ein Wettbewerbsverbot uninteressant wird

Häufig kommt es vor, dass Chef und Mitarbeiter das Wettbewerbsverbot im gegenseitigen Einvernehmen aufheben. Das ist zulässig und kann sowohl schriftlich als auch mündlich erfolgen. Solange das Arbeitsverhältnis noch läuft, darf der Arbeitgeber natürlich auch ohne Absprache mit seinem Mitarbeiter auf das zukünftige Wettbewerbs-verbot verzichten. Allerdings nur schriftlich. Er muss dann aber trotzdem bis zum Ablauf eines Jahres nach seinem Verzicht die Entschädigung zahlen.

Besondere Regeln gelten, wenn der Chef oder sein Mitarbeiter sich nach Ausspruch einer Kündigung vom Wettbewerbsverbot lösen wollen. Hier kann sich der Arbeitnehmer folgendes merken: Bei einer fristlosen Kündigung darf immer derjenige, der aus einem wichtigen Grund kündigt, auf das Wettbewerbsverbot verzichten – egal ob es der Arbeitgeber oder der Mitarbeiter ist. Bei einer fristgerechten Kündigung kann nur der Arbeitnehmer verzichten, und zwar dann, wenn sein Chef ihm aus betrieblichen Gründen kündigt, also sein Arbeitsplatz wegfällt. Der Verzicht ist in diesem Fall allerdings ausgeschlossen, wenn der Chef sich dazu bereit erklärt, für die volle Zeit des Wettbewerbsverbots das Gehalt weiterzuzahlen.

**WISO rät:** Verzichten Sie nicht voreilig auf ein vereinbartes Wettbewerbsverbot, sondern prüfen Sie genau, mit welcher Lösung Sie in Ihrer weiteren Lebensplanung am besten fahren. Es macht beispielsweise keinen Sinn, auf die Entschädigung für ein einjähriges Wettbewerbsverbot zu verzichten, wenn Sie ohnehin vorhatten, nach Ihrem Ausscheiden ein Jahr ins Ausland zu gehen oder den Beruf zu wechseln.

# 20. Verschwiegenheit

Dass der Arbeitnehmer keine Betriebs- oder Geschäftsgeheimnisse ausplaudern darf, ist eigentlich eine Selbstverständlichkeit. Doch so manchem ist es gar nicht klar, wann ein solches überhaupt vorliegt.

Unter Betriebs- und Geschäftsgeheimnisse fallen alle Tatsachen, die
- im Zusammenhang mit dem Geschäftsbetrieb des Arbeitgebers stehen,
- nur einem eng begrenzten Personenkreis, also lediglich bestimmten Mitarbeitern, bekannt sind,
- auf einem berechtigten Geheimhaltungsinteresse des Arbeitgebers beruhen, und
- nach dem Willen des Arbeitgebers geheim zu halten sind. Seinen Wunsch nach Geheimhaltung kann der Chef ausdrücklich äußern oder dem Mitarbeiter anders zu erkennen geben, wie zum Beispiel durch ein Gespräch unter vier Augen.

Die Pflicht zur Verschwiegenheit erstreckt sich aber auch auf Tatsachen, die den Arbeitgeber selbst oder einen Kollegen betreffen und die der Arbeitnehmer bei seiner Arbeit im Betrieb erfahren hat. So darf er beispielsweise seinen Chef nicht in der Öffentlichkeit anschwärzen. Jedenfalls muss er vorher versuchen, die Probleme auf anderem Weg zu lösen. In Betracht kommt der Gang zum Vorgesetzten, zum Betriebsrat oder zu einer zuständigen Behörde, beispielsweise wenn Sicherheitsvorschriften missachtet werden. Die Verschwiegenheitpflicht gilt gegenüber jedermann.

**WISO rät:** Ihre Verpflichtung zur Verschwiegenheit kann sich auch auf weitere Umstände wie zum Beispiel das Gehalt oder sogar auf sämtliche Tatsachen aus dem Arbeitsverhältnis erstrecken – wenn Sie dem zuvor zugestimmt haben. Ihr Chef braucht für eine solche Vereinbarung aber einen besonderen Grund.

Die Verschwiegenheitspflicht gilt nicht unbedingt nur für die Zeit, in der der Mitarbeiter im Unternehmen tätig ist. Manche Arbeitsverträge enthalten auch eine Bestimmung, mit der die Verschwiegenheitspflicht auf die Zeit nach Ende des Arbeitsverhältnisses ausgedehnt wird. Das ist ohne weiteres zulässig.

**WISO rät:** Auch ohne vertragliche Vereinbarung sollten Sie es vermeiden, nach Vertragsende Betriebs- und Geschäftsgeheimnisse zu verraten. Ansonsten droht Schadenersatz.

# 21. Personalakte

So mancher Arbeitnehmer hat sich schon einmal die Frage gestellt, was denn in seiner Personalakte steht. Um das herauszubekommen, hätte er nur in die Personalabteilung gehen und um Akteneinsicht bitten müssen.

## Was unter einer Personalakte zu verstehen ist

Eine Personalakte ist jede Sammlung von Unterlagen, die im Zusammenhang mit dem Arbeitverhältnis stehen, und zwar unabhängig davon, wo diese aufbewahrt und wie sie bezeichnet werden. Nicht erforderlich ist, dass der Arbeitgeber die Akten in einem Ordner oder einem Hefter angelegt hat. Auch Aufzeichnungen auf Karteikarten, Mikrofilmen, EDV oder PC-Dateien gehören im Zeitalter der neuen Medien zu Personalakten.

## Was alles in der Personalakte stehen darf

Der Arbeitgeber darf in die Personalakte alle Informationen aufnehmen, die eine unmittelbare Beziehung zu der ausgeübten Tätigkeit des Arbeitsnehmers haben. Dazu zählen: Angaben zum Familienstand, zur beruflichen Entwicklung, zu Fähigkeiten und Leistungen, Arbeitsunfällen, Darlehen, Pfändungen oder Lohn- und Gehaltsänderungen, Bewerbungsunterlagen. Weiterhin gehören dazu der Arbeitsvertrag, Abmahnungen, Betriebsstrafen, Arbeitszeugnisse, Arbeitsunfähigkeitsbescheinigungen, Personalfragebögen. Auch Unterlagen, die das Verhältnis zu Ämtern und Behörden betreffen, also Lohnsteuer- und Versicherungsunterlagen zählen hierzu. Gleiches gilt für sonstigen Schriftverkehr zwischen Arbeitgeber und Arbeitnehmer.

Nicht in die Personalakte gehören hingegen Unterlagen und Vermerke, die keinen Bezug zur Arbeit haben. So darf der Arbeitgeber ein Strafurteil, das ein außerdienstliches Verhalten betrifft, grundsätzlich nicht der Personalakte beifügen. Auch Unterlagen von dem Betriebsarzt, die der ärztlichen Schweigepflicht unterliegen, haben in der Personalakte nichts zu suchen.

  **III. Am Arbeitsplatz**

**WISO rät:** Bevor Ihr Arbeitgeber der Personalakte Unterlagen beifügt, die für Sie Nachteile mit sich bringen können, muss er Ihnen normalerweise Gelegenheit zur Stellungnahme geben. Für Arbeitnehmer im öffentlichen Dienst ist das sogar ausdrücklich angeordnet. Kommt der Chef seiner Verpflichtung nicht nach, darf das negative Schriftstück nicht in Ihre Akte. Aber auch wenn etwa eine Abmahnung nicht in der Personalakte landet, müssen sie bei einem nochmaligen Pflichtverstoß mit einer Kündigung rechnen.

## Nicht jeder darf alles über die Personalakte wissen...

Der Chef muss den Inhalt der Personalakte vertraulich behandeln. Das heißt, der Arbeitgeber darf es nicht einfach anderen erlauben, in die Personalakte zu schauen. Außerdem muss er zusehen, dass möglichst wenige Mitarbeiter im Betrieb mit der Personalakte beruflich befasst sind. Nicht jede Sekretärin darf also Sachen darin abheften. Und die Akte darf schon gar nicht allgemein zugänglich sein, so dass sich jeder daran bedienen kann. Gibt es Daten, die besonders schützenswert sind, so sind sie sogar separat aufzubewahren, damit sie nicht bei jeder Sachbearbeitung der Akte sofort ins Auge fallen. Das bedeutet je nach Einzelfall, dass solche Daten von anderen Mitarbeitern verwaltet werden müssen, hierfür eine besondere Personalakte angelegt wird oder die Daten in verschlossenen Umschlägen aufbewahrt und Einsichtnahmen vermerkt werden. Für den Arbeitnehmer ist es im Einzelfall schwierig, die vertrauliche Behandlung seiner Akte zu überprüfen. Das gilt vor allem dann, wenn die Daten per EDV erfasst werden. Trotzdem: Die Regeln des Datenschutzes sind zu beachten. Hält der Arbeitgeber sich nicht daran, ergeben sich für den Arbeitnehmer Schadenersatzansprüche.

## ...Sie als Arbeitnehmer dürfen es schon

Hat der Chef eine Personalakte angelegt – wozu er aber keineswegs verpflichtet ist – haben Arbeitnehmer das Recht, sämtliche Aufzeichnungen jederzeit kostenlos einzusehen. Das gilt auch in Betrieben ohne Betriebsrat. Sie können also während der Arbeitszeit in die Personalakte schauen und sich auch Abschriften, Notizen und Kopien auf eigene Kosten machen. Der Arbeitgeber oder sein Bevollmächtigter darf allerdings während der Einsichtnahme anwesend sein. Wer will, kann bei der Einsicht auch ein Betriebsratsmitglied oder eine andere Person hinzuziehen, etwa einen guten Kollegen zur Einsicht bevollmächtigen. Das Betriebsratsmitglied muss den Inhalt der Personalakte vertraulich behandeln.

Ein Blick in die Personalakte empfiehlt sich beispielsweise, wenn der Arbeitnehmer sich ein Arbeitszeugnis ausstellen lassen will und die Befürchtung hat, dass dieses nicht seinen Vorstellungen entspricht. Böse Überraschungen lassen sich dann vielleicht vermeiden. Sind dort nämlich negative Vermerke notiert, kann der Mitarbeiter hierüber rechtzeitig mit seinem Chef sprechen. Vielleicht lassen sich auch Missverständnisse beseitigen.

Das Recht, in die Personalakte zu schauen, besteht normalerweise nur so lange, wie auch das Arbeitsverhältnis besteht. Danach muss der Arbeitnehmer ein konkretes Interesse hieran nachweisen. Beispiel: Der Arbeitgeber hat anderen Personen schriftlich Auskünfte über den Mitarbeiter erteilt und dieser will nun herausbekommen, welche Informationen das waren.

## Der Arbeitnehmer kann den Inhalt der Personalakte beeinflussen

Neben dem Einsichtsrecht haben Arbeitnehmer auch das Recht, eigene Erklärungen, Stellungnahmen oder Gegendarstellungen zum Inhalt der Personalakte abzugeben. Der Arbeitgeber ist dann verpflichtet, sie an den entsprechenden Stellen der Personalakte beizufügen und zwar auch dann, wenn er der Meinung ist, dass der vom Arbeitnehmer dargestellte Sachverhalt falsch ist. Unbenommen bleibt es dem Arbeitnehmer natürlich auch, sonstige Unterlagen, wie zum Beispiel Bescheinigungen über während des Arbeitsverhältnisses erworbene Qualifikationen, der Personalakte beizufügen.

**Wichtig:**
Unter Umständen kann der Arbeitnehmer von seinem Arbeitgeber sogar verlangen, dass dieser bestimmte Unterlagen aus der Personalakte entfernt.

Das gilt für Aufzeichnungen, die unrichtig sind, die ihn zu Unrecht belasten oder unzulässig in die Akte aufgenommen wurden. Beispiele dafür sind: eine unberechtigte Abmahnung, persönliche Daten über den Gesundheitszustand oder private Verhältnisse sowie unversandte Schriftstücke. Bei unrichtigen Angaben hat der Mitarbeiter zumindest das Recht, dass sein Chef sie berichtigt. Lässt sich nicht mehr eindeutig klären, ob die Aufzeichnung tatsächlich der Wahrheit entspricht, kann der Arbeitnehmer auf die Entfernung bestehen. Manche Chefs kommen auch auf die Idee, einfach einen Papierstreifen über die unrichtige Stelle zu kleben. Das ist in der Regel nicht zulässig, denn schließlich kann man daraus erkennen, dass irgendwann einmal etwas berichtigt wurde und allein diese Tatsache kann negativ auf den Mitarbeiter zurückkommen.

Wer mitbekommt, dass der Chef etwas in die Personalakte aufnehmen möchte, was da nicht hinein gehört, der kann gerichtlich vorgehen und schon von vornherein verhindern, dass die Unterlagen der Personalakte beigefügt werden.

Von den vorstehenden Fällen einmal abgesehen gilt aber: Was einmal in der Personalakte steht, bleibt auch drin. Manche Betriebe haben allerdings Betriebsvereinbarungen, die bestimmen, dass eine Abmahnung nach zwei Jahren aus der Personalakte genommen wird. Einige Vorgesetzte lassen sich auch nach Ablauf einer bestimmten Zeit aus Kulanz darauf ein, einen „Ausrutscher" aus der Personalakte zu entfernen.

# 22. Abmahnung

Abmahnungen kommen im Berufsleben immer wieder vor. Sie zeigen, dass der Chef mit dem Verhalten seines Mitarbeiters am Arbeitsplatz nicht zufrieden ist. Im Wiederholungsfall droht eine Kündigung. Deshalb sollte der Arbeitnehmer eine Abmahnung seines Vorgesetzten auch immer ernst nehmen. Denn einen leichtfertigen Jobverlust kann sich heute kaum noch jemand leisten.

## Ohne Fehlverhalten keine Abmahnung

Der Arbeitgeber kann eine Abmahnung natürlich nicht nach seinem freien Belieben aussprechen. Vielmehr muss der Mitarbeiter sich zuvor tatsächlich falsch verhalten haben. Das Fehlverhalten muss weiter so schwerwiegend sein, dass ein „verständiger" Arbeitgeber hierfür eine Kündigung in Betracht ziehen würde. Bagatellen oder bloße Werturteile scheiden also als Abmahnungsgründe aus. Beispiele für Abmahnungsfälle sind

- die Verletzung der Anzeige- oder Nachweispflicht im Krankheitsfall,
- gesundheits- oder genesungswidriges Verhalten während der Krankschreibung,
- das Fälschen eines ärztlichen Attests,
- die Verweigerung einer amtsärztlichen Untersuchung bei entsprechender Verpflichtung,
- Arbeitsverweigerung,
- schlechte Leistungen,
- Beleidigungen,
- wiederholte Unpünktlichkeit,
- Selbstbeurlaubung,
- unentschuldigtes Fehlen,
- eine Vielzahl von Lohnpfändungen,
- Verstöße gegen betriebliche Vorschriften, wie beispielsweise gegen Rauchverbote, Alkoholverbote, Kleidervorschriften oder Sicherheitsbestimmungen,
- Nichtvorlage von Arbeitspapieren,
- Nichtbestehen von Zuverlässigkeits- oder Ehrlichkeitstests,
- Arbeit bei der Konkurrenz,
- unerlaubte Privatnutzung von Telefon oder Internet.

Der Chef muss das Fehlverhalten in der Abmahnung aber so genau bezeichnen, dass der Arbeitnehmer erkennen kann, welcher Verstoß ihm vorgeworfen wird. Zu den notwendigen Angaben zählen beispielsweise Zeit, Ort, beteiligte Personen sowie die näheren Umstände des Pflichtverstoßes.

In der Abmahnung muss der Arbeitnehmer außerdem aufgefordert werden, sich zukünftig korrekt zu verhalten. Der Arbeitgeber muss darauf hinweisen, dass dem Mitarbeiter für den Fall der Wiederholung eine Kündigung droht. Dazu reicht es aus, wenn er „rechtliche Konsequenzen" in Aussicht stellt oder ähnliche Umschreibungen verwendet.

Hält sich der Arbeitgeber nicht an diese Voraussetzungen, so ist die Abmahnung unwirksam.

**WISO rät:** Ist das beanstandete Fehlverhalten nicht genau beschrieben oder hat es Ihr Arbeitgeber versäumt, Sie zu einem korrekten Verhalten in der Zukunft aufzufordern, sollten Sie Ihren Vorgesetzten nicht auf die Fehler in der Abmahnung hinweisen. Die Folge wäre nur, dass er Ihnen eine berichtigte Abmahnung vorlegt. Besser ist es, sich trotzdem genau an die Worte des Chefs zu halten und das beanstandete Verhalten zukünftig zu vermeiden.

## Die schriftliche Abmahnung ist der Normalfall

Eine Abmahnung kann mündlich oder schriftlich erteilt werden. Das Wort „Abmahnung" muss der Arbeitgeber dabei nicht ausdrücklich gebrauchen. Mündliche Abmahnungen sind in der Regel nicht so gefährlich wie schriftliche. Sie tauchen in der Personalakte nicht auf und behindern üblicherweise den weiteren beruflichen Werdegang des Arbeitnehmers nicht. Meist handelt es sich ohnehin nur um formlose Ermahnungen, mit denen der Chef noch keine Konsequenzen androht. Aber Vorsicht ist geboten, wenn über eine mündliche Abmahnung ein Vermerk in die Personalakte aufgenommen wurde.

In vielen Fällen wird der Arbeitgeber die Abmahnung schon aus Beweisgründen schriftlich aussprechen. Hierfür kann er sich nach Ansicht der Gerichte viel Zeit lassen. Die Abmahnung muss nicht innerhalb einer bestimmten Frist erfolgen. Erhält der Arbeitnehmer also nach einer Pflichtverletzung nicht sofort eine Abmahnung, so heißt das noch gar nichts. Auch nach Wochen oder sogar Monaten kann sich das Unternehmen zu einer Abmahnung entschließen. Den Betriebsrat muss der Arbeitgeber vor Ausspruch einer Abmahnung übrigens nicht anhören.

**WISO rät:** Nicht jeder Vorgesetzte ist automatisch zum Ausspruch einer Abmahnung berechtigt. Kommt die Abmahnung nicht persönlich von Ihrem Arbeitgeber, sollten Sie deshalb genau prüfen, ob die betreffende Person Sie überhaupt abmahnen durfte. Das ist in der Regel dann der Fall, wenn derjenige Sie auch hätte versetzen oder kündigen können. Abteilungs-, Personal-, Filial-, oder Zweigstellenleiter sowie Handwerksmeister sind meist ebenfalls zum Ausspruch von Abmahnungen berechtigt.

Bei ausländischen Arbeitnehmern, die der deutschen Sprache nicht mächtig sind, wird die Abmahnung erst dann wirksam, wenn sie ihre Tragweite erkannt haben. Dazu müssen sie die Abmahnung umgehend übersetzen lassen.

## So können Sie sich zur Wehr setzen

Wenn der Arbeitnehmer der Meinung ist, die gegen ihn erhobenen Vorwürfe seien falsch, kann er sich gegen die Abmahnung wehren. Hierbei ist jedoch sorgfältig abzuwägen: Einerseits verschlechtert sich durch die Abmahnung der Schutz des Arbeitnehmers vor einer Kündigung. Außerdem wird er vielleicht bei anstehenden Beförderungen oder Vergünstigungen nicht berücksichtigt. Andererseits sollte der Arbeitnehmer durch sein Vorgehen nicht gleich sein gesamtes Arbeitverhältnis aufs Spiel setzen. Es empfiehlt sich deshalb in der Regel nachstehende Vorgehensweise. Bestimmte Fristen sind dabei nicht einzuhalten.

## WISO rät:

- Suchen Sie mit Ihrem Arbeitgeber erst einmal ein klärendes Gespräch. Missverständnisse lassen sich so häufig aus dem Weg räumen. Vielleicht lässt sich Ihr Arbeitgeber darauf ein, die Abmahnung freiwillig zurückzunehmen und sie aus der Personalakte zu entfernen. Ansonsten sollten Sie ihn dazu auffordern, wenn Sie die Abmahnung für unrichtig halten.

- Leidet eine Abmahnung offensichtlich unter formalen Mängeln, weil beispielsweise für ein nochmaliges Fehlverhalten keine Kündigung angedroht wird, ist sie rechtlich unbeachtlich und sollte daher nicht angegriffen werden. Stützt ein Arbeitgeber eine spätere Kündigung auf diese Abmahnung, erhöhen sich in diesem Fall Ihre Chancen, ein Verfahren gegen die Kündigung zu gewinnen.

- Halten Sie die Abmahnung zwar für berechtigt, den Sachverhalt allerdings für etwas überzogen dargestellt, können Sie versuchen, Ihren Vorgesetzten wenigstens zur Berichtigung der Abmahnung zu bewegen.

- Sie haben außerdem die Möglichkeit, sich bei dem Betriebsrat über eine als ungerecht empfundene Abmahnung zu beschweren. Dann kann der Betriebrat seinerseits versuchen, den Arbeitgeber zur Rücknahme oder Berichtigung zu bewegen.

- Bleibt Ihr Arbeitgeber trotz aller Bemühungen bei seinen Vorwürfen, empfiehlt es sich, eine Gegendarstellung zu verfassen. Darin sollten Sie genau aufzeigen, weshalb die erteilte Abmahnung falsch ist. Verlangen Sie außerdem, dass Ihre Gegendarstellung der Personalakte beigefügt wird.

- Als letzte Möglichkeit können Sie vor dem Arbeitsgericht auf Aufhebung der Abmahnung und Entfernung aus der Personalakte klagen. Greifen Sie aber auf keinen Fall voreilig zu diesem Mittel. Sie haben stets die Möglichkeit, eine unberechtigte Abmahnung auch noch in einem späteren Kündigungsprozess oder bei einer Klage auf Zeugnisberichtigung anzugreifen. Allenfalls Ihre Beweissituation kann dann wegen der verstrichenen Zeit schwieriger sein. Andererseits muss der Arbeitgeber beweisen, dass Sie die Abmahnung überhaupt erhalten haben. Hat er keinen Zugangsnachweis, beispielsweise in Form einer Empfangsquittung, dürfte ihm das im Streitfall erhebliche Schwierigkeiten bereiten.

Zur Rücknahme und Entfernung der Abmahnung aus der Personalakte ist der Arbeitgeber verpflichtet, wenn

- die behaupteten Vorwürfe sich nicht auf arbeitsvertragliche Pflichten beziehen,
- die behaupteten Vorwürfe ganz oder teilweise nicht den Tatsachen entsprechen,
- das abgemahnte Fehlverhalten nicht konkret genug beschrieben wurde,
- die Vorwürfe zwar berechtigt sind, aber wegen ihrer Geringfügigkeit keine Abmahnung rechtfertigen,

- der Personalrat entgegen einer gesetzlichen Verpflichtung vorher keine Gelegenheit hatte, zu den Vorwürfen Stellung zu nehmen,
- der Arbeitgeber die Vorwürfe nicht nachweisen kann,
- die Abmahnung den Arbeitnehmer in seiner Persönlichkeit verletzt, beispielsweise durch Verwendung von Schimpfwörtern oder subjektiven Wertungen.

Beinhaltet eine Abmahnung den Vorwurf verschiedener Vertragsverletzungen, muss der Arbeitgeber sie aufheben, wenn nur eine der beanstandeten Pflichtverletzungen nicht den Tatsachen entspricht.

## Eine Abmahnung kann auch durch Zeitablauf wirkungslos werden

Hat der Arbeitgeber dem Arbeitnehmer eine Abmahnung erteilt, so kann diese nach einer bestimmten Zeit wirkungslos werden. Es gibt hierfür allerdings keine bestimmte Frist. Entscheidend sind die Umstände im Einzelfall. Abmahnungen wegen geringfügiger Verspätungen verlieren früher ihre Relevanz als schwerwiegendere Fehlverhalten. Bei leichten Verfehlungen ist ein Zeitraum von etwa zwei Jahren realistisch. Trotzdem gilt: Auch wenn die Abmahnung nach einigen Jahren für eine Kündigung unerheblich ist, bleibt sie in der Personalakte. Für eine etwaige Versetzung oder Beförderung kann sie immer noch von Belang sein.

## Im Wiederholungsfall: Kündigung

War die Abmahnung berechtigt, und liegt sie noch nicht zu lange zurück, droht dem Arbeitnehmer bei einem erneuten Fehltritt die Kündigung. Je nach Schwere können auch mehrere Abmahnungen erforderlich sein, bevor der Mitarbeiter entlassen wird. Zwischen Abmahnung und Kündigung muss in der Regel zudem eine angemessene Zeitspanne liegen, damit der Arbeitnehmer Gelegenheit hat, sein Fehlverhalten zu ändern.

**Wichtig:**
Die Kündigung muss das gleiche Fehlverhalten zum Gegenstand haben wie die Abmahnung. Hat der Arbeitnehmer also beispielsweise für eine Unpünktlichkeit eine Abmahnung erhalten, ist sie für eine spätere Kündigung wegen Verstoßes gegen ein Rauchverbot ohne Bedeutung. Andererseits muss das Fehlverhalten aber auch nicht haargenau identisch sein. Es reicht aus, wenn grob betrachtet, die gleichen Pflichten verletzt werden, so etwa, wenn der Mitarbeiter wegen Unpünktlichkeit abgemahnt wurde, aber gekündigt wird, weil er öfter früher nach Hause gegangen ist oder während der Arbeitszeit Karten gespielt hat. In allen Fällen verstößt der Mitarbeiter nämlich gegen seine Arbeitspflicht.

Ein- und denselben Pflichtverstoß kann der Chef im Übrigen natürlich nicht zum Anlass nehmen, gleichzeitig eine Abmahnung und eine Kündigung auszusprechen. Beispiel: Abmahnung und gleichzeitige Kündigung für einen Verstoß gegen das Rauchverbot.

**WISO rät:** Bei schwerwiegenden Vertrauensverstößen, wie beispielsweise Schmier-geldannahme, Diebstahl, Betrug und Unterschlagung, ist eine Kündigung auch ohne vorherige Abmahnung zulässig. Denken Sie also nicht, Ihnen könnte bei solchen erst-maligen Vergehen nicht die Entlassung drohen.

# 23. Freistellung und Suspendierung

Wer einen Arbeitsplatz hat, der kann auch verlangen, dass der Arbeitgeber ihn tatsäch-lich beschäftigt. Immer wieder gibt es aber Situationen, in denen der Arbeitgeber auf die Tätigkeit des Arbeitnehmers vorübergehend oder für längere Zeit verzichten möchte. Möglicherweise ist auch der Arbeitnehmer an einer zeitweiligen Nichtbe-schäftigung interessiert. Gründe hierfür können fehlende Arbeit, private Verpflichtun-gen, vorangegangene Kündigungen oder Aufhebungsverträge sowie Strafaktionen des Arbeitgebers sein. Einigt sich der Arbeitnehmer in solchen Fällen freiwillig mit dem Arbeitgeber darauf, für einen gewissen Zeitraum nicht zu arbeiten, so ist das nicht zu beanstanden. Weitaus häufiger tritt aber der Fall auf, dass der Arbeitgeber den Arbeit-nehmer einseitig von der Arbeitsleistung freistellt oder suspendiert. Das ist, abgesehen von gesetzlichen Sonderfällen, nur unter ganz bestimmten Voraussetzungen möglich.

## Grundsatz: Keine einseitige Freistellung

Für eine einseitige Freistellung braucht der Arbeitgeber ein berechtigtes Interesse. Ein solches Interesse liegt beispielsweise vor, wenn

- der dringende Verdacht erheblicher Straftaten besteht,
- die Gefahr eines Verrats von Betriebs- oder Geschäftsgeheimnissen besteht,
- der Arbeitnehmer wegen schlechter Auftragslage faktisch nicht mehr beschäftigt werden kann,
- eine Freistellung für den Kündigungsfall arbeitsvertraglich vereinbart wurde,
- der Arbeitnehmer gekündigt wurde und die Kündigung nicht offensichtlich un-wirksam ist.

Wenn der Arbeitgeber zuvor gekündigt hat, ist aber noch folgendes zu beachten: Selbst wenn die Kündigung nicht auf den ersten Blick ungültig ist und damit eigentlich zur Freistellung berechtigt, kann der Arbeitnehmer in Ausnahmefällen verlangen, weiter beschäftigt zu werden. Dann muss er bereits einen Prozess gegen die Kündigung vor dem Arbeitsgericht gewonnen haben oder ein besonderes Interesse an der Beschäftigung geltend machen können. Beispiel: Der Arbeitnehmer würde durch die Freistellung eine berufliche Qualifikation verlieren, weil er dafür praktische Nachweise benötigt. Auch ein Widerspruch des Betriebrats gegen die Kündigung kann dazu be-rechtigen, nach Ablauf der Kündigungsfrist weiterbeschäftigt zu werden, soweit der Arbeitnehmer gegen die Kündigung klagt.

**WISO rät:** Die Kündigung durch Ihren Arbeitgeber beinhaltet nicht automatisch eine Freistellung von der Arbeit. Ist hierzu nichts gesagt, müssen Sie bis zum Ablauf der Kündigungsfrist wie gewohnt zur Arbeit erscheinen. Ansonsten droht Ihnen eine weitere, vielleicht sogar fristlose Kündigung. Außerdem setzen Sie Ihren Lohn aufs Spiel. Haben Sie vor der Freistellung einen Aufhebungsvertrag geschlossen, verlieren Sie durch eine solche Kündigung unter Umständen Ihre Abfindung.

Sind Sie sich nicht sicher, ob Ihr Arbeitgeber Sie tatsächlich freigestellt hat, sollten Sie ihm ausdrücklich Ihre Arbeitskraft anbieten. Machen Sie das am besten im Beisein von Zeugen oder lassen Sie sich Ihre Anfrage schriftlich bestätigen.

Der Arbeitgeber darf den Arbeitnehmer nur so lange ohne seine Einwilligung von der Arbeit freistellen, wie er einen Grund dafür hat. Fällt beispielsweise der Verdacht einer Straftat des Arbeitnehmers weg, muss ihn der Arbeitgeber wieder beschäftigen. Macht er das nicht, kann der Arbeitnehmer seinen Beschäftigungsanspruch kurzfristig vor dem Arbeitsgericht durchsetzen und unter Umständen sogar Schadenersatz verlangen.

Ist dem Arbeitnehmer seinerseits an einer dauerhaften Freistellung gelegen, wie zum Beispiel im Fall einer vorangegangenen Kündigung, sollte er darauf achten, dass er „unwiderruflich" bis zum Ende des Arbeitsverhältnisses freigestellt wird. Sonst läuft er Gefahr, vom Arbeitgeber wieder zur Arbeit aufgefordert zu werden, obwohl er seine Zeit zwischenzeitlich vielleicht längst anders verplant hat. Kommt er der Aufforderung dann nicht nach, führt das zum Wegfall seines Lohnanspruchs oder schlimmstenfalls sogar zu einer weiteren Kündigung. Beispiel: Der Arbeitgeber kündigt den Mitarbeiter und stellt ihn zunächst von der Arbeit frei. Der Mitarbeiter nutzt die unerwartete Freizeit und beginnt tags darauf eine mehrwöchige Reise. Fällt dem Arbeitgeber nun plötzlich ein, dass er seinen Mitarbeiter doch noch für einige Restarbeiten braucht, ist dieser nicht mehr erreichbar und muss zumindest damit rechnen, bis zum Ablauf der Kündigungsfrist keinen Lohn mehr zu bekommen.

**Achtung:**
Hat der Arbeitgeber Sie einseitig oder mit Ihrer Zustimmung von der Arbeit freigestellt, kann er auf die Zeit der Freistellung nicht einfach Ihren noch ausstehenden Urlaub anrechnen. Das müsste er schon ausdrücklich vorher zu erkennen geben. Mögliche Unklarheiten gehen hier zu seinen Lasten. Nicht zu vergessen ist auch, dass der Arbeitgeber ja auf Ihre Urlaubswünsche Rücksicht nehmen muss.

Auch wenn Sie zuvor Überstunden abgeleistet haben, darf Ihr Chef diese nicht einfach mit der Freistellungszeit verrechnen. Das heißt, Ihr Überstundenkonto ist gesondert auszugleichen, wenn der Arbeitgeber hierzu nichts sagt.

Aber Vorsicht: Die Beweislage kann für Sie im nachhinein schwierig werden, wenn der Arbeitgeber behauptet, er habe die Verrechnung der Freistellung mit Überstunden und Resturlaub ausdrücklich erklärt, und wenn bei dem „Freistellungsgespräch" auf Seiten des Arbeitgebers mehrere Personen anwesend waren.

## Das Gehalt muss weitergezahlt werden

Wer von der Arbeit freigestellt wird, braucht sich um sein Gehalt keine Sorgen zu machen. Er kann für den Zeitraum der Freistellung weiterhin seinen üblichen Lohn verlangen. Natürlich steht es beiden Seiten frei, andere Abmachungen zu treffen. So wird häufig vereinbart, dass der Mitarbeiter nach einer Freistellung nicht mehr länger seinen Dienstwagen nutzen darf. Aber: Ist nichts anderes vereinbart worden, bleibt vertraglich alles beim Alten. Ab dem Zeitpunkt der Freistellung darf der Arbeitnehmer sogar bei einem anderen Arbeitgeber arbeiten. Wer allerdings bei einem Konkurrenzunternehmen einsteigen will, wird ohne entsprechende Vereinbarung mit seinem Arbeitgeber Probleme bekommen.

**WISO rät:** Verdienen Sie während der Zeit der Freistellung in einem anderen Unternehmen Geld, müssen Sie sich das normalerweise auf Ihren Lohnanspruch anrechnen lassen. Sie können also nicht ohne weiteres doppelt verdienen. Aber Sie können die Anrechnung des anderweitigen Verdienstes vertraglich ausschließen. Das empfiehlt sich vor allem, wenn Sie mit Ihrem Arbeitgeber ohnehin eine Vereinbarung über die Freistellung treffen. Dann können Sie den Punkt der Anrechnung bei dieser Gelegenheit gleich mitregeln. Nur bei einer ausdrücklichen Vereinbarung sind Sie hier auf der sicheren Seite. Trauen Sie sich nicht, die Anrechnungsfrage anzusprechen, beispielsweise weil Sie Ihren Arbeitgeber nichts von Ihrer neuen Tätigkeit wissen lassen wollen, vereinbaren Sie wenigstens eine bezahlte und unwiderrufliche Freistellung, am besten bis zum Ende Ihres Arbeitsverhältnisses.

Während der Freistellung läuft das Arbeitsverhältnis ganz normal weiter. Deshalb zählen Freistellungszeiträume auch mit, wenn es später einmal darauf ankommt, wie lange das Arbeitsverhältnis gedauert hat. Geht es also beispielsweise darum, ob der Arbeitnehmer schon sechs Monate im Betrieb ist und damit besonders gegen Kündigungen geschützt ist, sind Freistellungszeiten bei der Berechnung mit zu berücksichtigen. Ebenso zählen Sie für die Rente und eine betriebliche Altersvorsorge.

# 24. Arbeitspapiere und Arbeits-materialien

## Arbeitspapiere sind vom Arbeitnehmer vorzulegen...

Wer in einem Unternehmen zu arbeiten beginnt, der muss seinem Chef die Arbeitspapiere vorlegen. Dazu gehören die Lohnsteuerkarte, der Sozialversicherungsausweis, gegebenenfalls eine Urlaubsbescheinigung des letzten Chefs und bei ausländischen Arbeitnehmern die Arbeitsgenehmigung (früher: Arbeitserlaubnis). Je nach Branche können noch weitere Unterlagen hinzukommen, wie beispielsweise ein Gesundheitszeugnis, eine Gesundheitsbescheinigung (bei Jugendlichen) oder eine Lohnnachweiskarte. Das Sozialversicherungsnachweisheft gibt es seit 1999 nicht mehr.

Werden die Papiere nicht vorgelegt, besteht trotzdem ein Arbeitsverhältnis. Unter Umständen darf der Arbeitgeber den Mitarbeiter aber nicht beschäftigen.

Die Lohnsteuerkarte wird dem Arbeitnehmer übrigens jedes Jahr automatisch von seiner Gemeinde zugeschickt. Wer neu als unselbständiger Arbeitnehmer anfängt oder Änderungen auf der Karte vornehmen lassen will, muss sich an seine Gemeinde, unter Umständen auch an das Finanzamt wenden. Den Sozialversicherungsausweis erhält der Arbeitnehmer automatisch vom zuständigen Rentenversicherungsträger. Die erstmalige Ausstellung kann auch auf Antrag bei der Krankenkasse erfolgen. Bei Verlust des Sozialversicherungsausweises muss sich der Arbeitnehmer an seine Krankenkasse wenden. Die Arbeitsgenehmigung erteilt das Arbeitsamt. Sie wird von den meisten Nicht-EU-Ausländern benötigt, wenn sie in Deutschland arbeiten wollen.

## ...vom Arbeitgeber sorgfältig aufzubewahren...

Für die Dauer des Arbeitsverhältnisses hat der Arbeitgeber die Pflicht, die Arbeitspapiere sorgfältig zu verwahren. Eine Ausnahme stellt der Sozialversicherungsausweis dar, er bleibt im Regelfall beim Mitarbeiter. Zu seiner eigenen Sicherheit sollte der Arbeitnehmer bei der Übergabe der Papiere ein Protokoll erstellen, das er vom Chef abzeichnen lässt.

## ...und am Ende des Arbeitsverhältnisses wieder zurückzugeben

Nach Beendigung des Arbeitsverhältnisses muss der Arbeitgeber die ihm überlassenen Arbeitspapiere an den Arbeitnehmer zurückgeben. Dazu gehört auf jeden Fall die Lohnsteuerkarte einschließlich der auf ihr enthaltenen Lohnsteuerbescheinigung. Außerdem ist der Arbeitgeber verpflichtet, noch weitere Arbeitspapiere an den Arbeitnehmer herauszugeben. Dazu zählen die auf einem amtlichen Vordruck auszufüllende Arbeitsbescheinigung, die Urlaubsbescheinigung, das Arbeitszeugnis sowie die Meldungen an den Sozialversicherungsträger. Die Angaben für den Sozialversicherungsträger sind in der Regel auf der letzten Gehaltsabrechnung enthalten.

Der Arbeitnehmer muss sich die Papiere mit Ausnahme der Arbeitsbescheinigung selbst abholen. Der Arbeitgeber darf die Papiere nicht zurückhalten. Das gilt selbst dann, wenn er gegen den Arbeitnehmer noch Schadenersatz- oder andere Ansprüche hat. Häufig lassen sich die Arbeitgeber mit der Rückgabe der Papiere viel Zeit, vor allem wenn es anlässlich der Beendigung des Arbeitsverhältnisses zum Streit gekommen ist. Hier sollte sich der Arbeitnehmer nicht scheuen, die Aushändigung notfalls mit gerichtlicher Hilfe durchzusetzen. Sonst verliert er wertvolle Zeit bei der Stellensuche. Bezüglich der Lohnsteuerkarte und der Arbeitsbescheinigung hat der Arbeitnehmer unter Umständen auch Schadenersatzansprüche.

**WISO rät:** Es ist unzulässig, wenn der Arbeitgeber die Rückgabe Ihrer Arbeitspapiere davon abhängig macht, dass Sie ihm die korrekte und vollständige Abwicklung des Arbeitsverhältnisses bestätigen. Haben Sie eine solche „Ausgleichsquittung" bereits unterschrieben, brauchen Sie nicht zu verzweifeln: Ihre Papiere können Sie trotzdem verlangen. Von der Ausgleichsquittung ist die Quittung zu unterscheiden, mit der Sie den Erhalt der Papiere bestätigen. Eine solche Bestätigung können Sie nach Prüfung der Vollständigkeit selbstverständlich unterschreiben Hierzu sind Sie sogar verpflichtet.

## Was für Arbeitsmittel des Arbeitgebers gilt

Die Beendigung des Arbeitsverhältnisses betrifft nicht nur die Arbeitspapiere. Vielmehr müssen Arbeitgeber und Arbeitnehmer einander alle Sachen zurückgeben, die Ihnen nicht gehören.

Hierzu zählen auf Seiten des Arbeitnehmers beispielsweise Werkzeuge, Schutzkleidung, Geschäftsunterlagen sowie andere Arbeitsmittel, die vom Chef zur Verfügung gestellt wurden. Für sie hat der Arbeitgeber in der Regel auch die laufenden Unterhalts- und üblichen Reparaturkosten zu zahlen. Der Arbeitnehmer darf die Arbeitsmittel dem Arbeitgeber nicht vorenthalten. Ausnahme: Wer bestimmte Arbeitsmittel, wie zum Beispiel einen Laptop, auch privat nutzen durfte, darf sie so lange behalten, wie er noch im Unternehmen beschäftigt ist. Der Arbeitsvertrag sieht allerdings häufig spezielle Regelungen über die Herausgabepflicht vor.

## Wenn noch persönliche Gegenstände beim Arbeitgeber liegen

Den Arbeitgeber wiederum trifft die Pflicht, dem Arbeitnehmer seine persönlichen Sachen herauszugeben, soweit er sie beim Ende des Arbeitsverhältnisses noch in Verwahrung hat. Solange das Arbeitsverhältnis andauert, muss der Arbeitgeber auf diese Gegenstände sorgfältig aufpassen. Das gilt aber nur, wenn der Arbeitnehmer nicht umhin kam, sie in den Betrieb mitzunehmen, wie zum Beispiel in Fall von Straßenkleidung, Fahrkarten, kleineren Geldbeträgen oder Pkws auf dem Firmenparkplatz. Seine Haftung hierfür kann der Arbeitgeber allerdings bis zur Grenze des Vorsatzes vertraglich beschränken.

# 25. Arbeitszeugnis

Wer sich bewirbt, der braucht neben Berufserfahrung auch gute Referenzen, und die lassen sich unter anderem mit einem guten Arbeitszeugnis belegen. Das ist für den Arbeitnehmer enorm wichtig, damit er beweisen kann, was er bereits geleistet hat. Das ist für seine berufliche Zukunft mitentscheidend.

Der potenzielle neue Arbeitgeber erfährt durch das Zeugnis einiges über den Bewerber, noch bevor er ihn überhaupt kennen gelernt hat. Wer ein schlechtes Zeugnis hat, wird oft erst gar nicht erst zum Bewerbungsgespräch eingeladen. Das Arbeitszeugnis ist laut Umfragen das zweitwichtigste Bewertungskriterium nach den fachlichen Qualifikationen.

**Wichtig:**
Der Weg zu einem guten Arbeitszeugnis führt allein über eine gute Arbeitsleistung. Anleitungsbücher und Zeugnisratgeber können dem Arbeitnehmer nur bedingt helfen. Ein gutes Zeugnis ersetzen sie nicht.

## Anspruch auf Arbeitszeugnis

Jeder Arbeitnehmer kann ein schriftliches Arbeitszeugnis verlangen, wenn er aus dem Betrieb ausscheidet. Das bedeutet aber nicht, dass der Arbeitnehmer mit der Anforderung des Zeugnisses erst bis zu seinem letzten Arbeitstag warten müsste. Bereits mit Ausspruch einer Kündigung kann er vom Arbeitgeber die Ausstellung des Zeugnisses verlangen. Selbst wenn das Arbeitsverhältnis dann noch nicht beendet ist, kann er schon ein Schluss- und nicht etwa nur ein Zwischenzeugnis verlangen.

**WISO rät:** Fordern Sie das Arbeitszeugnis unmittelbar dann ein, wenn Sie aus dem Betrieb ausscheiden. Selbst wenn Sie einen Anspruch auf das Zeugnis haben, so ist der Chef nämlich nicht verpflichtet, das Zeugnis von sich aus zu erteilen. Wenn Sie zu lange warten, kann und muss der Arbeitgeber Ihre Leistungen nicht mehr bewerten. Unabhängig von der Verjährung Ihres Anspruchs kann das schon wenigen Monaten der Fall sein. Spätestens nach zwei Jahren aber haben Sie keinen Anspruch mehr.

Haben Sie das Zeugnis angefordert, muss es der Arbeitgeber form- und fristgerecht, also mit dem Ende des Arbeitsverhältnisses, ausstellen. Sie müssen es dann bei Ihrem Chef abholen. Hält der Arbeitgeber es nicht bereit oder sind Sie entschuldbar verhindert, muss er es Ihnen auf sein Risiko und seine Kosten zuschicken. Der Betriebsrat ist bei der Gestaltung des Zeugnisses nicht zu beteiligen.

Haben Sie Ihr Arbeitszeugnis erhalten, lesen Sie es umgehend aufmerksam durch. Je später Sie sich mit dem Zeugnis befassen, desto geringer sind Ihre Chancen, daran noch etwas zu ändern.

Stellt der Arbeitgeber Ihnen trotz Anforderung kein Zeugnis aus, können Sie auf Erteilung des Zeugnisses klagen.

## Formales: Keine bloße Förmelei

Der Arbeitgeber ist verpflichtet, sich bei der Ausstellung des Arbeitszeugnisses an bestimmte Formvorschriften zu halten. Tut er das nicht, hinterlässt das einen negativen Eindruck. Folgenden formalen Anforderungen muss das Zeugnis genügen:

- mit der Maschine oder dem PC einheitlich geschrieben,
- auf Geschäftspapier geschrieben mit Angabe von Namen und Anschrift des Ausstellers,
- keine Anschrift des Arbeitnehmers im Adressfeld,
- Anrede des Arbeitnehmers mit Frau oder Herr,
- Ausstellungsdatum,
- höchstens zweifach gefaltet, soweit es noch kopierfähig bleibt,

- als „Zeugnis" überschrieben,
- ohne Schreibfehler,
- in deutscher Sprache abgefasst, außer der Arbeitnehmer wünscht es ausdrücklich in einer anderen Sprache,
- ordentlich, das heißt frei von Eselsohren, Streichungen, Ausbesserungen, Flecken,
- vom Arbeitgeber selbst oder einem Bevollmächtigen in ranghöherer Stellung handschriftlich unterschrieben, wobei eine Bevollmächtigung kenntlich zu machen ist.

Derartige Formalitäten sind schon rein äußerlich leicht zu erkennen. Daneben gibt es aber noch andere formale Kriterien, die nicht so leicht ins Auge fallen. Trotzdem sind sie geeignet, ein Zeugnis abzuwerten. Kenner sehen so etwas schnell. Dazu zählen

- die Länge des Zeugnisses: War der Arbeitnehmer lange in einem Betrieb beschäftigt, und erhält er nur ein kurzes Zeugnis, dann ist das genauso verdächtig wie ein langes Zeugnis nach einer relativ kurzen Beschäftigungszeit. Mindestens eine, höchstens zwei Seiten sollte ein Zeugnis normalerweise lang sein.
- das Datum des Zeugnisses: Liegt es beispielsweise lange nach dem Austrittsdatum, dann legt das den Schluss nahe, dass um den Inhalt des Zeugnisses lange Diskussionen geführt wurden. Zur Rückdatierung ist der Arbeitgeber nicht verpflichtet. Ausnahmsweise kann der Arbeitgeber aber eine Rückdatierung verlangen, wenn der Arbeitgeber das Zeugnis trotz Anforderung einfach nicht ausstellt. Normalerweise sollte das Ausstellungsdatum mit dem Beendigungsdatum übereinstimmen.
- Kein Qualitätskriterium ist es hingegen, ob der Arbeitgeber sich für einen Aufbau des Zeugnisses in tabellarischer Form entscheidet oder einer Formulierung im fließenden Text den Vorzug gibt.

Besonders wichtig ist auch der Inhalt des Arbeitszeugnisses. Hier werden die entscheidenden Aussagen über den Arbeitnehmer getroffen und die Weichen für dessen berufliche Zukunft gestellt.

## Der Inhalt ist entscheidend

Bei der Abfassung des Zeugnisses hat der Arbeitgeber keine freie Hand. Manche Informationen dürfen überhaupt nicht erwähnt werden, bei anderen wiederum kann der Arbeitnehmer ausdrücklich eine Nennung verlangen. Schließlich steht auch die Bewertung der Arbeitsleistung nicht im Belieben des Arbeitnehmers.

Nicht ins Arbeitszeugnis gehören:
- Krankheiten, selbst wenn sie der eigentliche Kündigungsgrund waren,
- Kündigungsgründe, außer wenn der Arbeitnehmer das verlangt,
- Angelegenheiten des Privatlebens, wie beispielsweise Parteizugehörigkeit oder Freizeitaktivitäten,
- Straftaten, außer wenn sie nachgewiesen sind und sich auf das Arbeitsverhältnis ausgewirkt haben,

- Höhe des Gehaltes, allerdings darf die tarifvertragliche Vergütungsgruppe angegeben werden,
- Nebentätigkeiten,
- Mitarbeit in Betriebsrat oder Gewerkschaft, außer wenn der Mitarbeiter das ausdrücklich verlangt,
- Geheimzeichen wie Häkchen oder Striche,
- Abmahnungen,
- ausdrückliche negative Tatsachen oder Werturteile, wenn sie nicht beweisbar sind wie zum Beispiel Faulheit, Langsamkeit, Unpünktlichkeit,
- einmalige Vorfälle, soweit sie die Persönlichkeit des Arbeitnehmers nicht charakterisieren, wie etwa unentschuldigtes Fehlen oder die Beleidigung eines Kollegen.
- Behauptungen, Vermutungen oder Verdächtigungen, beispielsweise der Vorwurf, gelogen, gestohlen oder Geheimnisse verraten zu haben.
- Arbeitsgerichtsprozesse.

Auf der anderen Seite sollte in einem guten Zeugnis zu allen üblichen Punkten etwas vermerkt sein. Ein gutes Zeugnis zeichnet sich nämlich auch dadurch aus, dass es lückenlos ist. Fehlen einige Bewertungen, dann schließen Personalleiter hieraus in der Regel eine schlechte Leistung. Ein Arbeitszeugnis muss stets die Bezeichnung von Art und Dauer des Arbeitsverhältnisses enthalten. Alle wesentlichen Tätigkeiten des Arbeitnehmers sind aufzuführen. Darüber hinaus kann und sollte der Arbeitnehmer in der Regel im Zeugnis einzelne Angaben verlangen über

- Arbeitsbefähigung, also Fachkenntnisse oder berufliche Fertigkeiten,
- Arbeitsbereitschaft
- Arbeitsleistung
- Arbeitserfolg
- Arbeitsweise
- Arbeitsausdauer
- Verhalten
- Führungsqualität

## Problem: Die richtige Bewertung

Die Bewertung der Arbeit ist oft der heikelste Punkt eines Arbeitszeugnisses. Der Arbeitgeber muss einerseits wohlwollende Formulierungen wählen, um den Arbeitnehmer nicht in seinem beruflichen Fortkommen zu behindern. Andererseits unterliegt er der Wahrheitspflicht. Lobt der Arbeitgeber nämlich beispielsweise den Arbeitnehmer über den grünen Klee, obwohl dieser nur „Mist" gebaut hat, kann er sich gegenüber dessen neuem Arbeitgeber schadenersatzpflichtig machen. Zwischen Wohlwollen und Wahrheit liegt ein weites Feld, das in der Praxis durch die so genannte Zeugnissprache ausgefüllt wird. Das bedeutet, dass der Arbeitgeber im Zeugnis Aussagen verwendet, die auf den ersten Blick recht schmeichelhaft und lobenswert klingen, bei näherer Betrachtung aber einen negativen Beigeschmack haben. Der nächste Arbeitgeber kennt in der Regel die Bedeutung der gewählten Formulierungen und kann hieraus seine Rückschlüsse ziehen. Wer sein Zeugnis richtig überprüfen und einschätzen will, muss also ebenfalls diese Zeugnissprache beherrschen. Das ist glücklicherweise nicht unmöglich.

## Die Sprache zwischen den Zeilen

Nachfolgend einige wichtige „Übersetzungen" der Zeugnissprache. Die Liste ließe sich allerdings beliebig verlängern. Häufig entscheidet nur ein kleines Wörtchen über eine völlig andere Bedeutung.

- Hat der Arbeitnehmer die Ihm übertragenen Arbeiten „stets zur vollsten Zufriedenheit" erledigt, dann bedeutet das die Note „sehr gut".
- Die Erledigung der Arbeit „stets zur vollen Zufriedenheit" heißt, dass der Arbeitnehmer „gute" Leistungen gezeigt hat. Die Grenze zwischen „gut" und „sehr gut" ist allerdings fließend. Allein schon wegen des sprachlichen Unsinns einer „vollsten" Zufriedenheit, wollen einige Arbeitgeber auch für sehr gute Leistungen nur eine „volle" Zufriedenheit bescheinigen. In diesem Fall sollte der Arbeitnehmer auf eine gleichwertige Alternativformulierung bestehen, um Missverständnisse bei späteren Einstellungen zu vermeiden. Beispiel: „Wir waren mit den Leistungen stets in jeder Hinsicht außerordentlich zufrieden."
- Wer seine Arbeit zur „vollen Zufriedenheit" des Arbeitgebers erledigt hat, war ein durchschnittlicher Arbeitnehmer. Das klingt zwar nicht sehr berauschend, aber der durchschnittliche Arbeitnehmer ist eigentlich der Normalfall. Wer meint, besser gewesen zu sein, muss dies im Streitfall beweisen.
- Schlechter ist es schon, wenn der Arbeitnehmer die Arbeiten nur „(stets) zur Zufriedenheit" gelöst hat. Das heißt nämlich, dass er nur die Note „ausreichend" bekommen hat. Arbeitete er „im Großen und Ganzen zur Zufriedenheit", liegt eine mangelhafte Leistung vor.
- Das vernichtendste Urteil ist, wenn der Arbeitgeber bescheinigt, dass der Arbeitnehmer „stets bemüht war, den Anforderungen zu entsprechen", „mit Fleiß arbeitete", oder „bemüht war, die Arbeiten termingerecht zu erledigen". Im Klartext heißt das nämlich, er hat sich bemüht, war aber letztlich erfolglos.
- Bei der Bewertung des Verhaltens reichen die Formulierungen von „stets vorbildlich" für eine sehr gute Führung über „stets einwandfrei" (gut) und „einwandfrei" (befriedigend) bis zu „höflich und korrekt" (ausreichend) und „gab zu keiner Klage Anlass" für eine mangelhafte Führung.
- War das Verhalten nur gegenüber den Mitarbeitern „stets korrekt" und wird über das Verhalten zu den Vorgesetzten dagegen nichts gesagt, dann heißt das, dass es hier Probleme gab. Ebenso auffällig ist es, die Mitarbeiter vor den Vorgesetzten zu nennen.
- Wenn die „Toleranz des Arbeitnehmers im Kollegenkreis bekannt war", dann anscheinend nur da und nicht bei seinen Vorgesetzten.
- „Seine/Ihre gesellige Art war sehr geschätzt", soll bedeuten, dass er wohl eher zu intensivem Alkoholgenuss geneigt hat.
- Hatte der Arbeitnehmer ein „gutes Verhältnis zu Vorgesetzten und vermied er Spannungen", dann sagt das eher aus, dass er ein Opportunist und Jasager war.

- Wenn der Arbeitnehmer alle Arbeiten immer „ordnungsgemäß" erledigt hat, dann will der Arbeitgeber damit sagen, dass der Arbeitnehmer ein Bürokrat ohne Eigeninitiative war.
- „Er/Sie hat die Aufgabe in seinem/ihrem Interesse gelöst", heißt eigentlich: „Er/Sie hat Diebstähle oder sonstige Verfehlungen begangen."
- Werden Selbstverständlichkeiten wie „Pünktlichkeit" oder „Genauigkeit" hervorgehoben, dann bedeutet das unter Umständen, dass der Arbeitnehmer nicht viel mehr zu bieten hatte.
- Wer für die „Belange der Kollegen Einfühlungsvermögen" aufbrachte, bei dem vermutet der Chef (homo-)sexuelle Neigungen.
- Wenn der Arbeitnehmer die „Gelegenheit hatte, sich in alle Aufgaben seines Gebietes gründlich einzuarbeiten", dann heißt das, dass er diese Chance wohl nicht genutzt hat und vielleicht gleich nach der Probezeit ausgeschieden ist.
- War der Arbeitnehmer ein „umgänglicher Kollege", sahen ihn die meisten Mitarbeiter lieber gehen als kommen.
- Wusste sich der Arbeitnehmer „gut zu verkaufen", handelte es sich um einen Wichtigtuer.
- Wenn der Arbeitnehmer „innerhalb und außerhalb des Unternehmens für die Interessen der Kollegen oder Arbeitnehmer eintrat", dann heißt das, er war im Betriebsrat oder in der Gewerkschaft tätig.
- Nachteilig für den Arbeitnehmer ist es, wenn Unwichtiges vor Wichtigem genannt wird oder Einschränkungen verwendet werden.

Genauso wichtig wie das, was im Zeugnis steht, ist auch das, was nicht drin steht. Das Fehlen von Aussagen zu bestimmten Umständen kann einen zukünftigen Arbeitgeber ebenfalls misstrauisch werden lassen. Der Arbeitnehmer sollte deshalb unbedingt darauf achten, dass allgemein erwartete Angaben in seinem Zeugnis auftauchen, auch wenn sie ihm noch so unwichtig vorkommen. Dazu zählen beispielsweise Aussagen über bestimmte Eigenschaften, ein Dankeschön für die gute Zusammenarbeit, ein Bedauern über das Verlassen der Firma, alle guten Wünsche für den weiteren beruflichen wie privaten Lebensweg sowie die Angabe, wer gekündigt hat.

**WISO rät:** Überprüfen Sie Ihr Zeugnis stets auf Vollständigkeit und zweifelhafte Formulierungen. Dabei sollten Sie zwar kritisch sein, vermuten Sie aber nicht hinter jeder Formulierung gleich eine Falle. Eine Aussage kann mit den unterschiedlichsten Worten ausgedrückt werden. Auch negative Tatsachen dürfen aufgeführt werden, wenn sie der Wahrheit entsprechen.

Achten Sie bei Ihrem Zeugnis vor allem auf einen widerspruchsfreien Gesamteindruck. Gute Bewertungen bewirken überhaupt nichts, wenn sie an anderer Stelle wieder relativiert werden. Das gilt besonders für die abschließenden Sätze des Zeugnisses, wenn der Arbeitgeber einem beispielsweise keine guten Wünsche mit auf den Weg gibt.

Sind Sie mit dem Zeugnis nicht einverstanden, zögern Sie nicht, Ihren Chef darauf anzusprechen. Möglicherweise war er sich über seine nachteiligen Formulierungen gar nicht im Klaren. Dann wird er Ihrer Bitte nach einer Korrektur des Zeugnisses sicher nachkommen. Hat er seine Formulierungen bewusst gewählt, sollte Sie ihn zu einer Neufassung des Zeugnisses auffordern, wenn Sie Ihrer Meinung nach berechtigte Einwände haben. Lassen Sie sich damit höchstens ein bis zwei Monate Zeit. Vorsicht: Auch der Zeugnisanspruch kann einer tarif- oder arbeitsvertraglichen Ausschlussfrist unterliegen. Dann haben Sie unter Umständen sogar nur zwei Wochen oder einen Monat Zeit.

## Berichtigungen lassen sich erzwingen

Kommt der Arbeitgeber dem Wunsch des Arbeitnehmers nach Berichtigung eines Zeugnisses nicht nach, kann dieser sein Recht vor dem Arbeitsgericht durchsetzen. Um die eigene berufliche Zukunft nicht zu gefährden, wird das auch vielfach notwendig sein. Viele Arbeitnehmer setzen allerdings in eine Zeugnisklage zu hohe Erwartungen. Denn meist geht es um Formulierungen, die dem Arbeitnehmer eine durchschnittliche Leistung bescheinigen. Nur eine solche Bewertung kann der Arbeitnehmer zunächst einmal verlangen. Das Problem ist also, dass dem Arbeitnehmer auch vor Gericht häufig nur ein Zeugnis zuerkannt wird, das nicht die für Bewerbungen erforderliche, „gute" Qualität hat. Will der Arbeitnehmer eine bewerbungsfähige, überdurchschnittliche Bewertung, also in Schulnoten ausgedrückt eine Eins oder Zwei, dann muss er vor Gericht beweisen, dass er auch überdurchschnittliche Leistungen erbracht hat. Das ist im Einzelfall äußerst schwierig. Umformuliert: Nur wenn der Arbeitgeber die Leistungen seines Mitarbeiters unterdurchschnittlich bewertet, muss er beweisen, dass seine Bewertung richtig ist. Hat der Chef dem Mitarbeiter also beispielsweise eine Vier gegeben, muss er erklären, warum der Mitarbeiter für eine Drei zu schlecht war. Eine unterdurchschnittliche Bewertung wird allerdings ohne konkrete Gründe selten vorkommen.

Ein weiteres Problem stellt sich bezüglich der Schlussformel des Zeugnisses. Auch hier hat der Arbeitnehmer keinen Anspruch darauf, dass der Arbeitgeber sein Ausscheiden bedauert, ihm für die geleistete Tätigkeit dankt und ihm für die Zukunft die besten Wünsche mit auf den Weg gibt. Gleichwohl wird jeder Arbeitgeber das in einem guten Zeugnis erwarten.

**WISO rät:** Lassen Sie sich mit einer Klage auf Berichtigung nicht zuviel Zeit. Ein bis zwei Monate sind hier die Grenze.

Vor Gericht sollten Sie sich nicht darauf beschränken, einzelne Formulierungen des Zeugnisses oder das Zeugnis als Ganzes zu rügen. Machen Sie vielmehr konkrete Verbesserungsvorschläge. Zwar können Sie dem Arbeitgeber die Wahl seiner Worte nicht unbedingt vorschreiben, Sie können sie aber zumindest beeinflussen. Fordern Sie so viel wie nach eigener Einschätzung möglich, um vielleicht in einem Vergleich wenigstens einen Teil der begehrten Formulierungen durchzusetzen.

Wird das Zeugnis berichtigt, muss es das Datum des ursprünglich ausgestellten Zeugnisses tragen. Außerdem müssen Sie Ihr altes Zeugnis zurückgeben.

Schadenersatzansprüche gegen Ihren Chef wegen eines schlecht formulierten Zeugnisses werden in der Regel nicht durchsetzbar sein.

# Zwischenzeugnisse

Manchmal ist es für den Arbeitnehmer besser, sich vom Arbeitgeber ein so genanntes Zwischenzeugnis ausstellen zu lassen. Das ist ein Zeugnis, das nicht bei Beendigung des Arbeitsverhältnisses ausgestellt wird, sondern während des Arbeitsverhältnisses. Zwischenzeugnisse sind vor allem nützlich, wenn Veränderungen bevorstehen, und der Arbeitnehmer seine bisherigen Leistungen dokumentiert haben will. War das bisherige Arbeitsklima gut, besteht der Vorteil, dass der Arbeitnehmer mit einem guten Zwischenzeugnis rechnen kann.

In bestimmten Fällen hat der Arbeitnehmer einen Anspruch auf ein Zwischenzeugnis, nämlich dann, wenn

- er die Elternzeit antritt,
- die Probezeit abläuft,
- wichtige Veränderungen in der Unternehmensstruktur bevorstehen,
- er seinen Wehr- oder Zivildienst ableistet,
- sein Vorgesetzter wechselt,
- er versetzt wird,
- er das Zeugnis für Weiterbildungsmaßnahmen, Bewerbungen oder Kreditanträge benötigt,
- er von sich aus einen Stellenwechsel beabsichtigt,
- der Arbeitgeber pleite zu werden droht,
- der Betrieb von einem anderen Inhaber übernommen wird,
- der Arbeitgeber eine Kündigung in Aussicht gestellt, aber noch nicht ausgesprochen hat.

Ein Zwischenzeugnis unterscheidet sich abgesehen von der zu verwendenden „Gegenwartsform" und der fehlenden Schlussformel formal und inhaltlich nicht von einem normalen Zeugnis.

**WISO rät:** Nutzen Sie jede sich bietende Gelegenheit für ein gutes Zwischenzeugnis. Bedenken Sie, dass Zwischenzeugnisse häufig besser ausfallen als Endzeugnisse, weil der Arbeitgeber seinen Mitarbeiter damit auch motivieren will, und das Verhältnis zu ihm noch nicht durch eine etwaige Kündigung getrübt ist.

Außerdem: Ein gutes Zwischenzeugnis zwingt den Arbeitgeber in der Regel dazu, Ihnen später auch ein gutes Endzeugnis auszustellen. Nur wenn er triftige Gründe hat, kann Ihr Arbeitgeber von den verwendeten Formulierungen abweichen. Als Grund kann er aber nicht anführen, dass er Ihnen ja gekündigt hat. Ein gutes Zwischenzeugnis bringt Ihnen vor allem dann Vorteile, wenn der Arbeitgeber Ihnen später wegen schlechter Leistungen kündigen will.

## Zeugnisse selbst schreiben?

Ob aus Bequemlichkeit oder Entgegenkommen: Viele Arbeitgeber überlassen es Ihren Arbeitnehmern, sich ihr eigenes Zeugnis zu schreiben. Der vorformulierte Text wird dann nur noch auf den Firmenbogen übernommen und vom Arbeitgeber unterschrieben. Für den Arbeitnehmer ist das sicherlich eine große Chance. Sie kann aber schnell zur Last werden, wenn der Arbeitnehmer im Verfassen von Zeugnissen ungeübt ist. Aus dem vermeintlichen Vorteil kann dann unter Umständen sogar ein großer Nachteil werden. Wer sein Zeugnis selbst formulieren darf, sollte sich nicht sklavisch an Mustertexte oder Textbausteine halten. Auch Zeugnisse von Kollegen sollten nicht blind übernommen werden. Viel wichtiger und aussagekräftiger sind Formulierungen, die sich an der individuellen Tätigkeit des Arbeitnehmers orientieren. Es sollte also jeweils gut überlegt werden, welche Tätigkeiten im Einzelnen verrichtet wurden und welche individuellen Stärken hierbei zu Tage traten. Gleiches gilt für das Verhalten gegenüber Vorgesetzten, Kollegen und Kunden. Pauschale Zusammenfassungen müssen die einzelnen Leistungs- und Verhaltensbeschreibungen zutreffend wiedergeben. Widersprüche sind zu vermeiden, damit sich ein rundes Gesamtbild ergibt. Außerdem sollte eine unrealistische Selbstbeweihräucherung unterbleiben. Schließlich muss der Arbeitgeber mit dem Zeugnis auch leben können. Zu Grund und Art der Beendigung sollte nur etwas gesagt werden, wenn der Arbeitnehmer auf eigenen Wunsch ausscheidet oder betriebsbedingt gekündigt wurde. Bei der Erstellung empfiehlt sich eine Gliederung in die Abschnitte

- Überschrift
- Persönliche Daten, Beginn oder Dauer des Arbeitsverhältnisses ohne Nennung unerheblicher Unterbrechungen (knapp)
- Aufgabenbeschreibung, gegebenenfalls in zeitlicher Reihenfolge (umfassend, aber dennoch knapp)
- Leistungsbewertung mit Zusammenfassung (ausführlich)
- Verhaltensbewertung (ausführlich, aber im Regelfall kürzer als die Leistungsbewertung)
- Führungsbewertung (nur bei entsprechendem Arbeitsplatz)
- Beendigung des Arbeitsverhältnisses nach Art und Grund (nur auf Verlangen des Arbeitnehmers)
- Schluss- und Dankesformel (knapp)
- Ort, Datum und Unterschrift mit Angabe der Funktion des Unterzeichnenden

Einen Vorschlag für ein gutes, qualifiziertes Arbeitszeugnis finden Sie im Anhang dieses Buches.

**WISO rät:** Führen Sie ein Job-Tagebuch! Häufig kommt es vor, dass Ihr Chef gar nicht weiß, wie gut Sie eigentlich gearbeitet haben und Ihnen unabsichtlich ein nicht ganz so gutes Zeugnis geschrieben hat. Tragen Sie daher alles in ein Job-Tagebuch ein, was Sie Ihrer Meinung nach gut geleistet haben, zum Beispiel die Vertretung eines Kollegen, erfolgreiche Verhandlungen mit Kunden oder ein neues Projekt, das Sie an Land gezogen haben. Lesen Sie auch Ihre Personalakte, und kontrollieren Sie, ob alles Wichtige über Sie auch vermerkt ist. So gut gerüstet lässt es sich leichter über die Zeugnisinhalte verhandeln oder ein eigenes Arbeitszeugnis abfassen.

## Hauptfehler: Abwarten

Der entscheidende Fehler bei Arbeitszeugnissen liegt meist darin, sich nicht rechtzeitig darum gekümmert zu haben. Häufig warten Arbeitnehmer selbst nach Beendigung des Arbeitsverhältnisses erst einmal ab, in der Hoffnung, der Arbeitgeber werde schon aus eigenem Antrieb und mit dem gebotenen Wohlwollen das Arbeitszeugnis abfassen. Liegt dann erst einmal ein unbefriedigendes Arbeitszeugnis auf dem Tisch, ist es oft bereits zu spät. Deshalb sollte bei Zeugnissen das Motto gelten: Vorbeugen statt nachbessern.

**WISO rät:** Prüfen Sie die betrieblichen Gepflogenheiten Ihrer Firma beim Erstellen von Zeugnissen und überlegen Sie, wer wohl mit der Abfassung Ihres Zeugnisses betraut sein dürfte. Bieten Sie gegebenenfalls an, Ihr Zeugnis selbst zu schreiben. Zu denken ist auch an eine stichwortartige Aufzählung Ihrer Tätigkeiten und Leistungen oder die Vorlage eines unverbindlichen Formulierungsvorschlages.

Haben Sie vor, das Arbeitsverhältnis mit Ihrem Arbeitgeber einvernehmlich zu beenden, vergessen Sie nicht die Regelung des Arbeitszeugnisses. Ansonsten könnte Ihr Arbeitgeber in die Versuchung kommen, Ihre Verhandlungserfolge nachträglich durch ein schlechtes Zeugnis zu schmälern. Verlassen Sie sich hier nicht auf unverbindliche Zusagen Ihres Arbeitgebers, sondern machen Sie den Text des Arbeitszeugnisses zum Inhalt Ihrer Aufhebungsvereinbarung. Auch hier ist viel Raum für eigene Zeugnisentwürfe.

Gleiches gilt, wenn der Arbeitgeber Ihnen gekündigt hat und Sie hiergegen gerichtlich vorgehen. Bringen Sie ein vorformuliertes Arbeitszeugnis am besten gleich zum ersten Gerichtstermin in die Güteverhandlung mit. Nehmen Sie notfalls in einen gerichtlichen Vergleich auf, welche zusammenfassenden Leistungs- und Führungsbeurteilungen Ihr Arbeitszeugnis enthalten muss, denn der Rest des Zeugnisses darf dazu nicht im Widerspruch stehen.

# 26. Ausgleichsquittung

Wem schon einmal gekündigt wurde, der kennt das Problem: Die erste Aufregung über die Kündigung ist noch nicht ganz verflogen, da präsentiert einem der Arbeitgeber ein Stück Papier mit der Überschrift „Ausgleichsquittung" mit der Aufforderung zur Unterschrift. Der völlig verunsicherte Arbeitnehmer unterschreibt – und hat damit unter Umständen wertvolle Rechte verloren. Aber selbst wenn der Arbeitnehmer in dieser Situation ruhig bleibt, wird er sich spätestens zu Hause die Frage stellen, wie er mit der Ausgleichsquittung umgehen soll.

## Schlussstrich unter das Arbeitsverhältnis

Mit der Ausgleichsquittung können die Parteien einen Schlussstrich unter das Arbeitsverhältnis ziehen, indem sie auf gegenseitige Ansprüche verzichten. Das macht nach dem Ende des Arbeitsverhältnisses durchaus Sinn. Denn kaum jemand hat ein Interesse daran, in der Zukunft plötzlich mit Forderungen des alten Arbeitspartners konfrontiert zu werden. Leider haben die Arbeitgeber die Ausgleichsquittung in der Vergangenheit häufig zum Nachteil der Arbeitnehmer eingesetzt. So haben die Arbeitnehmer oftmals auf Ansprüche verzichtet, die Ihnen nicht bewusst oder noch gar nicht bekannt waren. Das Risiko auf Seiten des Chefs hingegen war gering, da der Arbeitnehmer ja seine Leistung, nämlich die Arbeit, ohnehin schon erbracht hatte. Die Gerichte haben deshalb zum Schutz der Arbeitnehmer einige Regeln aufgestellt.

Besonders wichtig: Der Arbeitnehmer ist niemals dazu verpflichtet, eine Ausgleichsquittung zu unterschreiben. Der Arbeitgeber kann den Arbeitnehmer also nicht zur Unterschrift zwingen oder die Ausgleichsquittung als Druckmittel, beispielsweise zur Herausgabe bestimmter Arbeitspapiere, einsetzen.

## Worauf der Arbeitnehmer verzichtet

Hat der Arbeitnehmer eine Ausgleichsquittung unterschrieben und darin ganz allgemein bestätigt, keine Ansprüche aus dem Arbeitsverhältnis mehr zu haben, so ist damit noch nicht alles verloren.

Die Ausgleichsquittung erfasst nämlich nicht automatisch
- Ansprüche auf Lohnzahlung für den Krankheitsfall,
- Rückzahlung von Darlehen des Arbeitgebers,
- gegenwärtige und zukünftige Ruhegeldansprüche,
- Ansprüche auf Entschädigung für ein Wettbewerbsverbot,
- Ansprüche für Erfindungen des Arbeitnehmers,
- Urlaubsansprüche,
- den Anspruch auf ein ordnungsgemäßes Arbeitszeugnis,
- Ansprüche auf Herausgabe von Arbeitspapieren,
- den Verzicht auf Kündigungsschutz,
- sonstige zwingende Ansprüche, beispielsweise aus Tarifverträgen oder Betriebsvereinbarungen, wie etwa bestimmte Gehaltsansprüche.

Außerdem kann sich der Arbeitgeber bei ausländischen Arbeitnehmern nicht auf die Ausgleichsquittung berufen, wenn sie der deutschen Sprache nicht mächtig sind und sie den Inhalt der Quittung deshalb nicht verstanden haben.

## Ausgleichsquittung und kein Zurück?

Unter Umständen kann der Arbeitnehmer sogar die gesamte Ausgleichsquittung nachträglich in Frage stellen. Ein solches Recht zur Anfechtung besteht für den Arbeitnehmer, wenn er sich bei Unterzeichnung der Quittung über bestimmte Umstände geirrt hat oder vom Arbeitgeber getäuscht oder rechtswidrig unter Druck gesetzt wurde. Die Ausgleichsquittung entfaltet dann keine Wirkung. Beispiel: Der Arbeitnehmer glaubte, mit seiner Unterschrift nur den Erhalt der Arbeitspapiere zu quittieren oder eine bloße Formalität zu erledigen. Das Problem ist hier in der Regel die schwierige Beweissituation für den ehemaligen Mitarbeiter, denn die Gerichte stellen hier hohe Anforderungen. Der Grund ist einleuchtend, denn sonst könnte sich jeder damit herausreden, er hätte sich geirrt.

Ohne Anfechtung kommt der Arbeitnehmer von der Ausgleichsquittung nur noch los, wenn ihm das Recht eingeräumt wurde, die Ausgleichsquittung zu widerrufen und er davon auch Gebrauch macht. Wirkungslos bleibt sie zudem, wenn das Arbeitsverhältnis wider Erwarten doch weiter fortgesetzt wird.

Welche Ansprüche jeweils von einer „allgemeinen" Ausgleichsquittung erfasst werden, lässt sich nicht pauschal beantworten. Entscheidend sind immer die Umstände des einzelnen Falles. Befindet sich eine allgemeine Ausgleichsklausel beispielsweise am Ende einer gerichtlichen (Vergleichs-) Vereinbarung, werden im Regelfall zumindest jene Ansprüche miterledigt, über die vorher gestritten wurde.

**Wichtig:**
Seit dem 1. Januar 2002 ist es für den Arbeitgeber wesentlich schwieriger geworden, Ausgleichsquittungen zu verwenden. Ein Vorgehen gegen zweifelhafte Ausgleichsquittungen lohnt sich vor allem dann, wenn der Arbeitgeber den Text der Ausgleichsquittung bereits vorformuliert hatte.

Möglich und zulässig ist es, bestimmte Ansprüche ausdrücklich in die Ausgleichsquittung aufzunehmen. Dann sieht der Arbeitnehmer genau, auf welche Rechte er verzichtet. Das geht allerdings nicht bei allen Punkten, denn es gibt zwingende Rechte, auf die der Arbeitnehmer nicht verzichten kann, selbst wenn er etwas unterschreibt, wie zum Beispiel bei den Urlaubsansprüchen. Wollen sich Chef und Mitarbeiter trotzdem darüber einigen, müssen sie ausdrücklich festlegen, dass der Mitarbeiter eine bestimmte Anzahl von Urlaubstagen schon genommen hat oder noch nehmen kann. Diese Zahl können sie dann frei vereinbaren

**WISO rät:** Bei Ausgleichsquittungen ist generell größte Vorsicht geboten. Überlegen Sie gut, auf welche Rechte Sie wirklich verzichten wollen und welche Rechte Ihnen noch zustehen könnten. Es ist immer schwieriger, sich später auf die Unwirksamkeit einer Ausgleichsquittung zu berufen, als vorher keine zu unterschreiben.

# 27. Ausschlussfristen

## Wer sich zu lange Zeit lässt, hat meist Pech gehabt

Mit Sicherheit ist es dem einen oder anderen selbst schon einmal so ergangen: Der Chef überweist das Gehalt nicht pünktlich, das angeforderte Arbeitszeugnis wird nicht ausgestellt, oder in der Gehaltsabrechnung fehlen die Überstunden. In solchen Fällen kann der Mitarbeiter natürlich verlangen, dass der Chef seinen Verpflichtungen möglichst bald nachkommt. Damit sollte er sich allerdings nicht allzu viel Zeit lassen. Denn in vielen Arbeitsverträgen steht, dass der Arbeitnehmer nur zwei oder vier Wochen Zeit hat, um seine Forderungen gegenüber seinem Chef durchzusetzen. Schließlich soll der Arbeitgeber ja nicht noch Monate später mit irgendwelchen Nachforderungen rechnen müssen. Besonders gefährlich wird es für den Mitarbeiter, wenn eine solche Ausschlussfrist nicht in seinem Arbeitsvertrag, sondern in einem Tarifvertrag steht. Denn diesen hat er in der Regel gerade nicht zur Hand. Wer aber die Frist verpasst, für den sieht es schlecht aus: Seine Ansprüche verfallen. Das rückständige Gehalt ist dann verloren, für die Überstunden gibt es auch keinen Cent mehr und auf das Arbeitszeugnis braucht der Mitarbeiter schon gar nicht mehr zu warten.

## Auch mehrere Ausschlussfristen sind möglich

Normalerweise fängt eine Ausschlussfrist an zu laufen, sobald der Mitarbeiter von seinem Chef etwa die Zahlung des Gehaltes oder die Ausstellung des Zeugnisses verlangen kann. Dann muss der Mitarbeiter innerhalb einer bestimmten Zeit, meistens zwischen zwei und vier Wochen, seine Forderungen beim Chef anmelden, also zu ihm gehen und ihn auffordern, das rückständige Gehalt zu bezahlen oder das Arbeitszeugnis zu schreiben.

Häufig kommt es aber vor, dass der Vertrag noch eine weitere Frist vorsieht: So wird der Mitarbeiter dazu verpflichtet, innerhalb einer weiteren Frist von ein oder zwei Monaten vor das Arbeitsgericht zu ziehen, wenn der Chef seine Forderungen ablehnt oder auf diese überhaupt nicht reagiert. Traut sich der Mitarbeiter nicht vor das Arbeitsgericht oder versäumt er die hierfür vorgesehene Frist, geht er ebenfalls leer aus.

Beispiel für eine doppelte Frist: Das Gehalt des Mitarbeiters für den Monat Mai ist laut Arbeitsvertrag am ersten Juni zu zahlen. Weiter steht im Arbeitsvertrag, dass rückständige Gehaltsansprüche innerhalb eines Monats beim Arbeitgeber anzumelden und innerhalb eines weiteren Monats vor dem Arbeitsgericht durchzusetzen sind. Folge: Spätestens bis Ende des Monats Juni muss der Mitarbeiter seinen Chef auffordern, rückständiges Gehalt für den Monat Mai zu zahlen. Lehnt der Chef das ab, hat der Mitarbeiter bis Ende Juli Zeit, das Maigehalt vor dem Arbeitsgericht einzuklagen. Danach ist es nicht mehr möglich.

**Wichtig:**
Seine Ansprüche sollte der Arbeitnehmer stets schriftlich beim Chef geltend machen. Das gilt selbst dann, wenn es nach dem Vertrag ausreichen würde, dass er sie mündlich einfordert.

Ausschlussfristen können dem Arbeitnehmer nicht mehr schaden, wenn der Chef seine Forderungen bereits anerkannt hat, wie es beispielsweise bei der Erteilung einer Lohnabrechnung der Fall ist. Beispiel: Der Mitarbeiter scheidet zum ersten Juni aus der Firma aus und erhält wenig später die korrekte Abrechnung für den Monat Mai. Gezahlt wird das Gehalt allerdings zunächst nicht. Der Arbeitnehmer kann seinen Lohn hier selbst dann noch nach mehreren Monaten verlangen, wenn im Vertrag eine Ausschlussfrist von zwei Wochen vereinbart wurde.

**WISO rät:** Ausschlussfristen in Verträgen sind sehr verbreitet. Überprüfen Sie deshalb in Streitfällen zunächst Ihren Arbeitsvertrag sowie sämtliche tariflichen und betrieblichen Vereinbarungen auf solche Fristen. Wenn Sie sich das nicht zutrauen, dann empfiehlt es sich, hier einen Anwalt einzuschalten.

Gehen Sie immer auf Nummer sicher und machen Sie alle Ihre Forderungen rechtzeitig geltend, sodass Ihnen keine Nachteile entstehen können. Das gilt vor allem, wenn Sie nicht erkennen können, ob in Ihrem Fall tatsächlich eine Ausschlussfrist eingreift.

Selbst wenn die Ausschlussfrist im Tarifvertrag steht und Sie kein Gewerkschaftsmitglied sind, sollten Sie sich nicht untätig zurücklehnen: Ist der Tarifvertrag allgemeinverbindlich, gilt die Frist auch für Sie. Das trifft auch zu, wenn Ihr Arbeitsvertrag auf den Tarifvertrag Bezug nimmt. Ob Sie etwas von der Frist wissen, ist völlig egal. Selbst wenn Ihr Chef den Tarifvertrag nicht im Betrieb ausgelegt hat, bleibt die Ausschlussfrist gültig.

**Achtung:**
Ob die derzeit gängigen Ausschlussfristen in Arbeitsverträgen nach dem 1. Januar 2002 überhaupt noch gültig sind, müssen die Gerichte erst noch klären. Der Arbeitnehmer sollte deshalb derzeit konsequent darauf bestehen, dass der Chef seinen Forderungen nachkommt, also beispielsweise das rückständige Gehalt zahlt. Steht die Regelung über die Ausschlussfrist in einem Tarifvertrag, kann es in Zukunft unter Umständen erforderlich sein, dass sie sichtbar im Betrieb ausgehängt wird oder der Arbeitnehmer auf anderem Wege von ihr Kenntnis nehmen kann. Auch hier sollte der Arbeitnehmer seine Rechte nicht voreilig abschreiben.

**WISO rät:** Lassen Sie sich nicht abwimmeln, wenn Ihr Chef Ihre Forderungen unter Hinweis auf eine Ausschlussfrist ablehnt. Fragen Sie ihn konkret, wo im Betrieb der Tarifvertrag ausliegt. Stellt sich Ihr Chef stur, sollten Sie im Zweifel schnell rechtlichen Rat einholen. Nur so können Sie auf Nummer sicher gehen, Ihre Ansprüche nicht endgültig zu verlieren.

## Manchmal geht doch noch etwas

Wer eine Ausschlussfrist versäumt, hat in der Regel Pech gehabt: Seine Forderungen sind unwiederbringlich verloren. Nur ausnahmsweise lassen die Gerichte hier eine Entschuldigung gelten, etwa, wenn der Arbeitnehmer während der ganzen Frist krank oder in Urlaub war, oder sein Chef ihm vorgegaukelt hat, er würde die Forderungen auf jeden Fall begleichen. Im Einzelfall kommt es hier aber immer darauf an, was genau im Vertrag steht. Zahlt der Arbeitgeber, obwohl die Ausschlussfrist für den Arbeitnehmer bereits abgelaufen war, kann er sein Geld zurückverlangen.

**Beispiel:**
Der Chef hat das Gehalt des Mitarbeiters für den Monat Mai nicht wie vereinbart am 1. Juni gezahlt. Im Arbeitsvertrag ist eine Ausschlussfrist von einem Monat vorgesehen. Nach sechs Wochen verlangt der Mitarbeiter nun Mitte Juli sein rückständiges Maigehalt. Der Chef zahlt zunächst anstandslos, will sein Geld danach aber wieder zurückhaben. Schließlich sei die Ausschlussfrist ja schon Ende Juni abgelaufen gewesen. Folge: Der Arbeitnehmer muss das Gehalt für den Monat Mai an seinen Chef zurückzahlen. Ausnahmsweise darf er es behalten, wenn er den ganzen Monat Juni krank oder in Urlaub gewesen ist, und sein Arbeitsvertrag für solche Fälle ausdrücklich bestimmt, dass die Ausschlussfrist nicht gilt.

**WISO rät:** Haben Sie zur Durchsetzung Ihrer Rechte einen Anwalt eingeschaltet, muss dieser Sie über mögliche Ausschlussfristen aufklären und befragen. Tut er das nicht und verlieren Sie dadurch Rechte, können Sie von Ihm Schadenersatz verlangen.

Übrigens gelten die Ausschlussfristen auch für den Arbeitgeber. Will der Chef also im Beispielsfall von seinem Mitarbeiter noch Geld haben, etwa weil er ihm versehentlich zu viel Lohn gezahlt hat, kann er sich damit auch nur einen Monat Zeit lassen.

# IV. Der Jobverlust

## 1. Wie man seinen Job verlieren kann

Wer von Jobverlust spricht, denkt meistens nur an die Kündigung. Die Kündigung ist aber längst nicht die einzige Möglichkeit, wie ein Arbeitsverhältnis enden kann. Die Zusammenarbeit von Chef und Arbeitnehmer kann auch auf anderem Weg ihr Ende finden. So gibt es folgende Gründe:

- Kündigung
- Auslaufen einer Befristung
- Eintritt einer Bedingung
- Anfechtung des Arbeitsvertrages
- Aufhebungs- oder Abwicklungsvertragsbeziehung
- Vereinbarung von Altersteilzeit
- Loslösung von einem unwirksamen Arbeitsverhältnis
- Tod des Arbeitnehmers
- gerichtliche Auflösung eines Arbeitsverhältnisses

Allein der Eintritt folgender Umstände führt noch nicht automatisch dazu, dass Mitarbeiter ihren Job verlieren:

- Tod des Arbeitgebers: Stirbt der Chef, endet das Arbeitsverhältnis nicht automatisch. Es besteht vielmehr mit den Erben weiter. Ist aber beispielsweise der Sohn des Arbeitgebers im Gegensatz zu dem verstorbenen Vater kein Handwerker oder kann er aus einem anderem Grund das Unternehmen nicht weiterführen, kann er natürlich den Betrieb schließen und die Mitarbeiter entlassen.
- Eintritt der Erwerbsunfähigkeit: Ausnahmen gibt es allerdings dann, wenn in einem Tarifvertrag steht, dass das Arbeitsverhältnis endet, falls der Mitarbeiter erwerbsunfähig wird und eine entsprechende Rente bezieht.
- Der Arbeitnehmer erreicht ein bestimmtes Alter, beispielsweise wird er 65 Jahre: Auch hier endet das Arbeitsverhältnis nicht zwangsläufig. Üblich sind aber Vereinbarungen, die ein solches Ende vorsehen.
- Änderung von Umständen, die für den Abschluss des Arbeitsvertrages maßgebend waren. Beispiele: schlechtere Konjunktur, weniger Aufträge, geringere Gewinne.
- Insolvenz des Arbeitgebers
- Wechsel des Betriebsinhabers
- Streik, Aussperrung, Wehr- oder Zivildienst, Elternzeit oder Erziehungsurlaub, einvernehmliche Freistellung, unbezahlter Urlaub
- dauernde Arbeitsunfähigkeit

**Achtung:**
Auch wenn das Arbeitsverhältnis in diesen Fällen nicht automatisch endet, heißt das noch lange nicht, dass Sie mit Sicherheit im Betrieb bleiben können und Ihr Job sattelfest ist. Unter Umständen ist Ihr Chef trotzdem berechtigt, Sie zu entlassen. Laufen die

Geschäfte beispielsweise schlecht und bekommt Ihr Chef weniger Aufträge, kann das durchaus ein Grund für eine betriebsbedingte Kündigung sein. Wer dauerhaft krank ist und nicht arbeiten kann, muss unter Umständen mit einer krankheitsbedingten Kündigung rechnen.

# 2. Kündigung und Kündigungsprozess

## Wenn der Arbeitgeber kündigt

Geht es um einen Jobverlust, stehen Kündigungen an erster Stelle. Sie gehören im Arbeitsleben leider zur Tagesordnung. Jeden kann es treffen. Auch vor Gericht spielt die Kündigung die Hauptrolle: Die meisten Verfahren vor den Arbeitsgerichten sind Kündigungsprozesse. Warum Kündigungen eine solche Bedeutung haben, liegt auf der Hand: Für den Arbeitgeber sind sie oft die einzige Möglichkeit, um kurzfristig Personal abzubauen, beispielsweise wenn es dem Betrieb schlecht geht, oder wenn er Personalkosten einsparen will. Für den Arbeitnehmer wiederum hat die Kündigung gravierende Folgen, weil sie seine Existenzgrundlage und seinen sozialen Status gefährdet. Es drohen Einschränkungen des Lebensstandards, finanzielle Engpässe, Zukunftsängste, persönliche Krisen, familiäre Probleme, soziale Isolation. Und nicht nur das: Wer gekündigt wird, verliert oft gute Kollegen, betriebliche Vorteile wie etwa bei der Altersvorsorge oder beim Gehalt sowie ein großes Stück Selbstvertrauen. Der Sturz in die Arbeitslosigkeit ist bei der derzeitigen Lage auf dem Arbeitsmarkt wahrlich keine gute Aussicht. Neue Jobs sind meist Mangelware. Vor allem Ältere und weniger Qualifizierte haben oft schlechte Karten. Umso wichtiger ist es für den Mitarbeiter, hier seine Rechte zu kennen.

Gegen eine Kündigung ist der wirtschaftlich schwächere Arbeitnehmer von Gesetzes wegen besonders gut geschützt. Der Chef muss eine Vielzahl von Regeln beachten, damit eine Kündigung überhaupt gültig ist. Aber auch der Arbeitnehmer, der sich gegen den Verlust seines Arbeitsplatzes wehren will, kann Fehler machen. Nicht jeder Arbeitnehmer hat nämlich die gleichen Rechte. Die brennendsten Fragen sind deshalb: Braucht der Chef Kündigungsgründe? Ist der Betriebsrat anzuhören? An wen wendet man sich, wenn man gegen die Kündigung vorgehen will? Wann ist eine Abfindung fällig?

**Wichtig:**
Die Gefahr, bei der Kündigung einen Fehler zu machen, ist für den Arbeitgeber enorm hoch. Der Arbeitnehmer sollte deshalb eine Kündigung seines Chefs genau unter die Lupe nehmen. Möglicherweise rettet ihm das seinen Arbeitsplatz. Jeder Fehler vergrößert aber zumindest die Chance auf eine höhere Abfindung.

**WISO rät:** Eine Kündigung bedeutet erst einmal einen Schock. Bewahren Sie trotzdem Ruhe und reagieren Sie nicht unüberlegt. Das gilt vor allem dann, wenn Ihnen die Kündigung persönlich ausgehändigt wird und Sie eine Durchschrift unterschreiben sollen. Lesen Sie genau durch, was Sie mit Ihrer Unterschrift bestätigen. Notfalls erbeten Sie sich einige Tage Bedenkzeit. Niemand kann Sie zu einer sofortigen Unterschrift zwingen. Gefahrlos quittieren können Sie allenfalls den Erhalt des Kündigungsschreibens. Erklären Sie sich aber auf keinen Fall mit der Kündigung einverstanden. Gehen Sie auch nicht darauf ein, wenn Ihnen Ihr Chefs anbietet, das Arbeitsverhältnis von Ihrer Seite aus selbst zu kündigen oder „gemeinsam" im Einvernehmen zu beenden. Selbst wenn er hier mit einem schlechten Arbeitzeugnis oder anderen Repressalien droht, sollten Sie keine voreiligen Entscheidungen treffen und zumindest erst einmal eine Nacht über die Kündigung zu schlafen. Haben Sie dieses Motto beherzigt, brauchen Sie auch am Tag nach der Kündigung nicht in Hektik verfallen. Sie haben genügend Zeit, um die notwendigen Maßnahmen zu ergreifen. Zu lange dürfen Sie allerdings nicht warten: Wenn Sie sich etwa darüber beschweren wollen, dass der Chef die Kündigung gar nicht selbst unterschrieben hat, müssen Sie das „unverzüglich" tun. Dafür haben Sie maximal eine Woche Zeit.

## Nur schriftliche Kündigungen sind wirksam

Kündigen darf der Arbeitgeber seit dem 1. Mai 2000 nur noch in schriftlicher Form. Das Wort „Kündigung" muss er dabei allerdings nicht verwenden. In seinem Schreiben muss nur deutlich zum Ausdruck kommen, dass er den Mitarbeiter endgültig loswerden will. Die Schriftform ist außerdem nur dann eingehalten, wenn der Chef die Kündigung original unterschrieben hat. Nicht ausreichend sind deshalb Kündigungen per Fax oder E-Mail.

Mehr Anforderungen werden an das Kündigungsschreiben nicht gestellt. Der Arbeitgeber muss dem Mitarbeiter darin weder eine Abfindung anbieten noch einen Kündigungstermin nennen, und er muss seinem Mitarbeiter darin nicht einmal einen Grund für die Entlassung nennen. Nur wenn vertraglich oder gesetzlich etwas anderes vorgesehen ist, wie zum Beispiel bei Kündigungen von Schwangeren oder Auszubildenden, muss der Chef seine Entscheidung begründen.

**Wichtig:**
Ihr Chef braucht Sie vor der Kündigung auch nicht anzuhören. Ebenso wenig muss er Sie über die Folgen der Entlassung oder etwaige Verteidigungsmöglichkeiten Ihrerseits aufklären. Sollen Sie allerdings wegen des Verdachtes einer Straftat entlassen werden, beispielsweise wegen eines Diebstahls im Betrieb, dürfen Sie vor der Kündigung zu den gegen Sie erhobenen Vorwürfen Stellung nehmen.

**WISO rät:** Nennt Ihnen Ihr Arbeitgeber einen Kündigungsgrund, sollten Sie in einem späteren Prozess darauf achten, wie er die Kündigung vor Gericht begründet. Widersprüchliche Angaben gehen bei der Beurteilung der Kündigung zu seinen Lasten. Ergibt sich aus dem Kündigungsschreiben nicht, zu welchem Termin Ihr Arbeitsverhältnis beendet werden soll, gilt im Zweifel der nächstmögliche Zeitpunkt. Das heißt, die Kündigung ist nicht ungültig, sondern wirkt zum nächsten zulässigen Termin. Können Sie nicht erkennen, ob Ihnen fristlos oder fristgerecht gekündigt wurde, ist zu

Ihren Gunsten von einer fristgerechten Kündigung auszugehen. Folglich muss Ihnen Ihr Chef bis zum Ablauf der Kündigungsfrist das Gehalt zahlen.

Eine einmal ausgesprochene Kündigung kann der Arbeitgeber nicht mehr einfach zurücknehmen. Hierzu benötigt er vielmehr die Zustimmung seines Mitarbeiters. Bereut der Arbeitgeber also seinen Schritt, weil er beispielsweise überstürzt gehandelt hat oder die Kündigung offensichtlich unwirksam ist, nutzt ihm das wenig, wenn der Arbeitnehmer jetzt an seinem Arbeitsplatz kein Interesse mehr hat und es nur noch auf eine Abfindung anlegt. Vorsichtig sollte der Mitarbeiter aber damit sein, einfach im Betrieb weiterzuarbeiten, wenn der Chef seine Kündigung wieder zurückgezogen hat. Später kann sich der Mitarbeiter meist nicht mehr darauf berufen, er habe der Rücknahme nicht zugestimmt, und deshalb könne er kurzfristig gehen oder parallel bei der Konkurrenz einsteigen.

## Keine Kündigung zum unpassenden Zeitpunkt

Eigentlich ist es kaum zu glauben. Aber so manchem Chef ist auch das schon eingefallen: Er kündigt seinem Mitarbeiter völlig unpassend, beispielsweise auf der Firmentoilette, bei einer gemeinsamen Zechtour, oder er händigt ihm die Kündigung im Notarztwagen aus. Solche Kündigungen sind von vornherein wirkungslos. Denn das Kündigungsschreiben darf der Arbeitgeber seinem Mitarbeiter nicht bei jeder Gelegenheit übergeben. Aber: Der Arbeitgeber kann die Kündigung natürlich ohne weiteres bei der nächsten passenden Gelegenheit wiederholen. Dann ist sie wirksam. Die Gerichte sind bei der Frage, was unpassend ist, nicht zimperlich. So wird es als zulässig angesehen, den Arbeitnehmer an Weihnachten zu kündigen, auch wenn dadurch das Familienfest getrübt wird.

## Keine Kündigung unter einer Bedingung

Unzulässig sind bedingte Kündigungen, weil der Arbeitnehmer dann über das Ende seines Arbeitsverhältnisses im Ungewissen bleibt und nicht wirklich weiß, woran er eigentlich ist. Wird dem Arbeitnehmer beispielsweise für den Fall, dass er zukünftig nicht mehr Leistung bringt, gekündigt, ist diese Entlassung unwirksam.

## Zulässig: Kündigung vor Arbeitsaufnahme

Häufig kommt es vor, dass der Arbeitnehmer einen Arbeitsvertrag unterschreibt, aber beispielsweise erst zwei Wochen danach mit der Arbeit beginnen soll. Noch bevor er überhaupt einen Tag gearbeitet hat, kann ihm der Chef ohne Angabe von Gründen kündigen. Will der Arbeitnehmer das verhindern, muss er im Arbeitsvertrag vereinbaren, dass solche Kündigungen ausgeschlossen sind. Zumindest aus den Begleitumständen muss sich aber ergeben, dass Chef und Mitarbeiter davon ausgehen, dass eine solche Kündigung nicht möglich sein soll. Das ist etwa dann der Fall, wenn der Arbeitnehmer zuvor aus einer sicheren Arbeitsstelle abgeworben wurde.

## Nicht jeder darf die Kündigung unterschreiben

Vor allem in größeren Betrieben kommt es häufig vor, dass die Kündigung nicht vom Arbeitgeber selbst oder von einem Geschäftsführer unterschrieben wird. Auf der Kündigung findet sich vielmehr der Name eines Vorgesetzten, eines Mitarbeiters der Personalabteilung oder einer anderen Person, die der Arbeitnehmer vielleicht nicht einmal kennt. Wer eine solche Kündigung bekommt, stellt sich dann zu Recht die Frage, ob der Unterzeichner ihm überhaupt kündigen durfte. Das ist nur dann kein Problem, wenn die betreffende Person nach ihrer betrieblichen Funktion offensichtlich hierzu befugt war, wie zum Beispiel ein Prokurist oder der Personalchef. Ansonsten muss der Mitarbeiter dem Arbeitnehmer von sich aus eine schriftliche Originalvollmacht des Arbeitgebers vorlegen. Macht er das nicht, kann der Arbeitnehmer die Kündigung aus diesem Grund zurückweisen, soweit er nicht aus anderer Quelle von der Bevollmächtigung wusste. Für die Zurückweisung darf der Arbeitnehmer sich allerdings nicht zu viel Zeit lassen: Eine Woche ist der längst mögliche Zeitraum. Und: Lässt der Mitarbeiter selbst die Kündigung durch eine andere Person, wie zum Beispiel durch seinen Anwalt, zurückweisen, muss er hierzu ebenfalls eine Originalvollmacht vorlegen.

**WISO rät:** Die Möglichkeit einer Zurückweisung sollten Sie stets gut überprüfen, da eine Originalvollmacht in den seltensten Fällen einer Kündigung vorgelegt wird. Mit einer berechtigten Zurückweisung können Sie die Kündigung schnell, unkompliziert und ohne jedes Risiko unwirksam werden lassen. Ihr Arbeitgeber kann sie dann zwar ordnungsgemäß wiederholen. Sie gewinnen aber Zeit und Geld, wenn sich der Kündigungstermin dadurch nach hinten verschiebt. Wichtig ist, dass Sie stets nachweisbar sicherstellen, dass der Arbeitgeber ihre Zurückweisung auch erhält. Im besten Fall sorgen Sie dafür, dass Sie für die Zustellung des Schreibens einen Zeugen haben.

Einen Formulierungsvorschlag für eine Zurückweisung der Kündigung finden Sie im Anhang dieses Buches.

## Welche Kündigungsfrist muss der Arbeitgeber einhalten?

Kündigen kann der Arbeitgeber normalerweise nicht von einem Tag auf den anderen. Der Arbeitnehmer soll schließlich genug Zeit bekommen, um sich einen neuen Arbeitsplatz zu suchen und sich gegen die Kündigung zu wehren. Deshalb muss der Arbeitgeber bei jeder Kündigung die Kündigungsfrist einhalten. Das ist der Zeitraum zwischen dem Erhalt der Kündigung und dem tatsächlichen Ende des Arbeitsverhältnisses.

Welche Kündigungsfrist für den einzelnen Mitarbeiter gilt, richtet sich in erster Linie nach dem Arbeitsvertrag. Steht dort nichts, greifen die gesetzlichen Fristen. Danach gilt zunächst einmal eine Grundkündigungsfrist von vier Wochen (=28 Tage) zum Fünfzehnten oder zum Ende eines Kalendermonats.

Ist der Mitarbeiter bereits länger im Betrieb beschäftigt, verlängert sich die Kündigungsfrist wie folgt:

| Beschäftigungsdauer | Kündigungsfrist zum Monatsende |
| --- | --- |
| ab 2 Jahre | 1 Monat |
| ab 5 Jahre | 2 Monate |
| ab 8 Jahre | 3 Monate |
| ab 10 Jahre | 4 Monate |
| ab 12 Jahre | 5 Monate |
| ab 15 Jahre | 6 Monate |
| ab 20 Jahre | 7 Monate |

**Vorsicht:**
Für die Berechnung der Frist werden nur diejenigen Beschäftigungszeiten berücksichtigt, die nach dem 25. Geburtstag des Mitarbeiters liegen. Beispiel: Der Arbeitnehmer ist 30 Jahre alt und seit zehn Jahren im Betrieb. Die Kündigungsfrist beträgt zwei Monate zum Monatsende.

**WISO rät:** Kürzere als die gesetzlichen Fristen brauchen Sie normalerweise nicht zu akzeptieren. Anders ist es aber bei abweichenden Regelungen in Tarifverträgen. Diese können kürzere Kündigungsfristen sowie andere Auslauftermine vorsehen, die dann je nach Ihrer tariflichen Gebundenheit auch für Sie verbindlich sind. Unproblematisch ist übrigens die Vereinbarung längerer als der gesetzlichen Kündigungsfristen. Hierdurch haben Sie ja keinen Nachteil.

Besondere Kündigungsfristen gelten

- in Aushilfsarbeitsverhältnissen bis zu einer Dauer von drei Monaten (hier kann im Arbeitsvertrag eine bis zur Fristlosigkeit verkürzte Kündigungsfrist vereinbart werden),
- in Kleinbetrieben bis zu 20 Arbeitnehmern ausschließlich der Auszubildenden (hier kann im Arbeitsvertrag eine Kündigungsfrist von mindestens vier Wochen zu jedem Tag des Monats vereinbart werden),
- für eine Probezeit bis maximal sechs Monate (zwei Wochen),
- für schwer Behinderte, auch in der Probezeit (vier Wochen),
- für die Probezeit in der Ausbildung (ohne Frist),
- in der Insolvenz, also wenn der Arbeitgeber pleite ist (maximal drei Monate).

## Die Berechnung der Kündigungsfrist ist nicht immer einfach

Wer seine Kündigungsfrist kennt, sollte Sie auch berechnen können. Denn nur so kann er überprüfen, ob der Arbeitgeber den richtigen Kündigungstermin gewählt hat. Aber: Die Berechnung ist nicht immer einfach. Schon der Beginn der Frist lässt sich nicht leicht bestimmen. Zu laufen beginnt eine Kündigungsfrist nämlich nur, wenn der Arbeitnehmer die Kündigung überhaupt erhält. Das ist unproblematisch, soweit der Chef seinem Mitarbeiter die Kündigung persönlich aushändigt. Schwieriger wird es, wenn er die Kündigung in den Briefkasten werfen lässt. Leert der Arbeitnehmer den Briefkasten am nächsten Tag, hat er die Kündigung natürlich an diesem Tag erhalten. Gleiches gilt aber auch, wenn

■ der Mitarbeiter zur Zeit des Einwurfs in Urlaub war und keinen Nachsendeantrag gestellt hat. Selbst wenn der Arbeitgeber weiß, dass sein Mitarbeiter verreist ist und sogar die Urlaubsanschrift kennt, zählt der Zeitpunkt der üblichen Leerung des Hausbriefkastens. Die Kündigung ist also nicht erst zugegangen, wenn der Mitarbeiter eigentlich aus dem Urlaub kommen müsste, sondern er wird so behandelt, als wäre er zu Hause und könnte wie üblich den Briefkasten leeren. Der Arbeitnehmer sollte also tunlichst dafür sorgen, dass ein anderer, etwa sein Nachbar oder ein Verwandter, nach der Post schaut, wenn er im Urlaub ist. Nur so kann er frühzeitig informiert werden.

■ der Arbeitnehmer zur Zeit des Einwurfs im Krankenhaus war,

■ die Kündigung von einer anderen Personen im Haus, wie zum Beispiel dem Vermieter, einer Hausangestellten oder Familienangehörigen angenommen und verändert, verzögert oder gar nicht weitergeleitet wird. Das geht also zu Lasten des Arbeitnehmers.

■ der Arbeitnehmer umgezogen ist, ohne es dem Arbeitgeber mitzuteilen,

■ der Arbeitnehmer den Briefkasten nicht beschriftet oder gar keinen Briefkasten angebracht hat, so dass der Einwurf der Kündigung unmöglich war,

■ der Arbeitnehmer einen anderen damit beauftragt hat, die Annahme der Kündigung an der Tür zu verweigern.

Schickt der Arbeitgeber die Kündigung mit einem Übergabe-Einschreiben zu und hinterlässt der Briefträger eine Benachrichtigungskarte im Briefkasten, weil niemand zu Hause ist, beginnt die Frist damit noch nicht zu laufen. Das geschieht erst am Tag der Abholung des Schreibens bei der Post. Holt der Mitarbeiter aber das Schreiben einfach nicht ab, dann zählt der letzte Tag der Postlagerung.

Kündigungen von Arbeitnehmern, die die deutsche Sprache nicht beherrschen, sind – im Gegensatz zum Abschluss des Arbeitsvertrages – erst dann wirksam, sobald sie die Kündigung verstehen konnten. Hierzu muss ihnen eine angemessene Frist für die Übersetzung eingeräumt werden. Wie lange das ist, kommt auf den Einzelfall an. Entscheidend dafür ist die Sprache des Mitarbeiters oder die Nähe des Übersetzungsbüros. Mehr als zwei Wochen werden jedoch in der Regel für die Übersetzung nicht notwendig sein.

Kündigt der Arbeitgeber bevor der Mitarbeiter überhaupt angefangen hat, in der Firma zu arbeiten, beginnt die Frist in aller Regel mit Erhalt der Kündigung und nicht erst ab dem vereinbarten Arbeitsbeginn zu laufen. Etwas anderes kann allerdings vereinbart werden. Beispiel: Laut Arbeitsvertrag soll der Mitarbeiter am 1. Juni seine Arbeit aufnehmen. Bereits am 25. Mai kündigt der Chef den Vertrag. Die Kündigungsfrist läuft ab dem 25. Mai und nicht erst ab dem 1. Juni.

Übrigens hängt der Erhalt der Kündigung nicht davon ab, dass der Arbeitnehmer sie tatsächlich gelesen hat. Auch wer seine Kündigung vor Wut zerreißt oder sie aus Unachtsamkeit ungelesen herumliegen lässt, kann seinen Arbeitsplatz verlieren.

**Wichtig:**
Der Tag, an dem der Arbeitnehmer die Kündigung erhalten hat, zählt bei der Berechnung der Frist nicht mit. Davon abgesehen ist aber auch ein Erhalt am Samstag, Sonntag oder einem Feiertag möglich, sofern der Arbeitgeber dies nachweisen kann.

**WISO rät:** Ob und wann Ihnen eine Kündigung zugegangen ist, spielt eine erhebliche Rolle nicht nur für die Kündigungsfrist. Auch die Frist, innerhalb derer sie sich gegen die Kündigung gerichtlich wehren können, richtet sich nach diesem Zeitpunkt. Im Streitfall muss Ihr Chef beweisen, dass und wann Sie die Kündigung erhalten haben. Hier kann er schnell in Schwierigkeiten geraten, wenn ihm die nötigen Beweismittel für die Übergabe oder den Einwurf, wie zum Beispiel Quittungen oder Zeugen, fehlen. Streiten Sie also notfalls den entsprechenden Erhalt der Kündigung ab. Hat Ihr Arbeitgeber sich bei der Berechnung Ihrer Kündigungsfrist vertan, gilt die Kündigung im Zweifel als zum nächsten zulässigen Termin ausgesprochen.

Die Beschäftigungsdauer, die für die Länge der Kündigungsfrist entscheidend ist, richtet sich allein danach, wie lange der Mitarbeiter dem Betrieb tatsächlich angehört hat. Krankheits- oder Beurlaubungszeiten sind deshalb mitzurechnen. Auch ein Wechsel des Arbeitgebers unterbricht die Beschäftigungsdauer nicht. Beispiel: Der Arbeitnehmer ist seit 15 Jahren im Betrieb tätig. Zwischenzeitlich war er mehrfach drei Monate lang krank. Außerdem gab es vor fünf Jahren einen neuen Chef. Trotzdem gilt für ihn eine Kündigungsfrist von sechs Monaten für 15 Jahre Beschäftigung. Doch Vorsicht: Tarifverträge können andere Berechnungsformen vorsehen.

## Freistellung nach Kündigung

Kündigt der Chef, stellt er den Mitarbeiter meist gleichzeitig von der Arbeit frei. Das heißt, der Arbeitnehmer darf und braucht bis zum Ablauf der Kündigungsfrist nicht mehr im Betrieb arbeiten. Manchmal erteilt der Arbeitgeber zugleich ein Hausverbot. Beides ist im Normalfall zulässig. Der Arbeitgeber ist zur Freistellung sogar verpflichtet, wenn der Arbeitnehmer dies verlangt, um sich eine neue Stelle suchen zu können. In allen Fällen muss der Arbeitgeber für die Zeit der Freistellung das volle Gehalt weiterzahlen. Aber: Für die Freistellung zur Stellensuche kann die Lohnfortzahlung im Arbeitsvertrag oder im Tarifvertrag ausgeschlossen worden sein.

**Wichtig:**
Fängt der Arbeitnehmer während der Zeit der Freistellung an, in einem anderen Unternehmen zu arbeiten, muss er sich den hierbei erworbenen Verdienst von seinem normalen Gehalt abziehen lassen. Das sollte er sich allerdings nicht gefallen lassen, wenn er sich mit dem Chef vorher auf eine bezahlte und unwiderrufliche Freistellung geeinigt hat.

**WISO rät:** Die Kündigung durch Ihren Arbeitgeber beinhaltet nicht automatisch eine Freistellung von der Arbeit. Ist dazu nichts vereinbart, müssen Sie bis zum Ablauf der Kündigungsfrist wie gewohnt zur Arbeit erscheinen. Tun Sie das nicht, droht Ihnen eine weitere, vielleicht sogar fristlose Kündigung. Dann sind Sie noch schneller aus der Firma, außerdem setzen Sie ihren Lohn aufs Spiel. Haben Sie statt der Kündigung zuvor einen Aufhebungsvertrag geschlossen, verlieren Sie vielleicht sogar Ihren Abfindungsanspruch.

Sind Sie sich nicht sicher, ob Ihr Chef Sie tatsächlich freigestellt hat, sollten Sie ihm ausdrücklich Ihre Arbeitskraft anbieten. Machen Sie das am besten im Beisein von Zeugen oder lassen Sie sich Ihre Anfrage schriftlich bestätigen. Ist nach den Umständen davon auszugehen, dass der Arbeitgeber Sie trotz der Kündigung gar nicht freistellen durfte, können Sie Ihre Weiterbeschäftigung notfalls auch kurzfristig gerichtlich erzwingen. Beispiele: Die Kündigung ist schon auf den ersten Blick unwirksam, weil die gekündigte Arbeitnehmerin schwanger war. Oder der Arbeitnehmer hat ein besonders Interesse an seiner Beschäftigung, weil er sonst seine berufliche Qualifikation verliert.

Klagt der Mitarbeiter gegen die Kündigung, verlängert sich die Freistellung in der Regel automatisch bis zum Ende des Prozesses. Kommt das Gericht in seinem Urteil zu dem Ergebnis, dass die Kündigung nicht zulässig war, muss der Arbeitgeber den Arbeitnehmer wieder einstellen. Will der Arbeitnehmer also weiter im alten Unternehmen bleiben, darf er wieder bei seinem Chef arbeiten. Der Chef darf ihn dann nicht mehr freistellen. Ob der Arbeitgeber gegen das Urteil Rechtsmittel einlegt, spielt dabei keine Rolle. Nur ausnahmsweise kann es bei der Freistellung des Arbeitnehmers bleiben, etwa dann, wenn der Chef davon ausgehen muss, dass der gekündigte Mitarbeiter Betriebsgeheimnisse verrät oder strafbare Handlungen wie Diebstähle unternimmt.

Weil die Fronten aber oft sehr verhärtet sind, einigen sich Chef und Mitarbeiter im Prozess häufig darauf, dass der Mitarbeiter gegen eine Abfindung aus dem Betrieb ausscheidet. Hat der Arbeitnehmer zwischenzeitlich eine andere Arbeit gefunden, hat er die Wahl: Entweder fängt er wieder bei seinem alten Arbeitgeber an oder er behält die neue Stelle.

## Der Betriebsrat darf nicht übergangen werden

Existiert im Betrieb ein Betriebsrat, muss ihn der Arbeitgeber, außer bei Kündigung von leitenden Angestellten, vor jeder Kündigung anhören, sonst ist die Kündigung wirkungslos.

Das gilt übrigens unabhängig davon, um welche Art der Kündigung es sich handelt. Folgende Regeln sind bei der Anhörung einzuhalten:

- Der Arbeitgeber muss alle Mitglieder des Betriebsrates über die geplante Kündigung informieren. Eine Information des Betriebsratsvorsitzenden reicht nicht aus. Im Normalfall ist eine Betriebsratssitzung erforderlich.
- Der Arbeitgeber muss dem Betriebsrat alle Gründe mitteilen, die seiner Ansicht nach die Kündigung rechtfertigen und für seinen Entschluss maßgeblich waren. Hierzu sind detaillierte Angaben zur geplanten Kündigung, zum Mitarbeiter sowie

zu den Gründen und Umständen der Kündigung erforderlich. Schlagwortartige Umschreibungen wie zum Beispiel „Kündigung wegen Krankheit" reichen nicht aus.

- Der Betriebsrat hat bei einer fristgemäßen Kündigung eine Woche, bei einer fristlosen Kündigung drei Tage Zeit, Stellung zu beziehen. Hierzu ist er allerdings nicht verpflichtet. Bei der Berechnung der Frist zählen alle Kalendertage mit. Nur der letzte Tag darf nicht auf einen Samstag, Sonn- oder Feiertag fallen, sonst zählt der nächste Werktag. Beispiel: Der Betriebsrat wird am Donnerstag über die fristlose Kündigung informiert. Die Frist läuft in diesem Fall nicht am Sonntag, sondern am Montag ab. Vor Dienstag darf der Arbeitgeber nicht kündigen. Hätte der Chef den Betriebsrat erst am Freitag informiert, wäre aber ebenfalls der Dienstag maßgeblich, da die Frist von vornherein am Montag abgelaufen wäre. Der Betriebsrat muss den Arbeitnehmer vor seiner Stellungnahme nicht anhören.

- Der Arbeitgeber darf erst nach Ablauf der Frist die Kündigung aussprechen. Ausnahme: Bereits vorher wurde ihm das Ergebnis der Anhörung mitgeteilt. Keine Rolle spielt es, ob der Betriebsrat schweigt, zustimmt oder die Kündigung ablehnt.

- Hat der Arbeitgeber den Betriebsrat vorher nicht eingeschaltet, kann er das nach Ausspruch der Kündigung nicht mehr nachholen. Die Kündigung ist in jedem Fall ungültig.

**WISO rät:** In einem späteren Prozess darf der Arbeitgeber sich nur auf diejenigen Kündigungsgründe berufen, die er dem Betriebsrat mitgeteilt hat. Spricht der Arbeitgeber mehrere Kündigungen gleichzeitig oder hintereinander aus, muss der Betriebsrat zu jeder einzelnen Kündigung angehört worden sein. Beispiel: Ihr Chef kündigt Ihnen fristlos und vorsorglich fristgerecht, weil er seine fristlose Kündigung vielleicht selbst nicht für „sattelfest" hält. Teilt Ihnen Ihr Chef in dem Kündigungsschreiben mit, „der Betriebsrat sei ordnungsgemäß angehört worden", sollten Sie sich umgehend beim Betriebsrat vergewissern, ob das stimmt.

Hat Ihr Chef vergessen, den Betriebsrat ordentlich anzuhören, kann er seinen Fehler nur noch aus der Welt schaffen, indem er Ihnen noch einmal kündigt und dieses Mal den Betriebsrat einschaltet.

Der Betriebsrat hat in bestimmten Fällen die Möglichkeit, gegen die Kündigung Widerspruch einzulegen. Hierdurch wird die rechtliche Position des Mitarbeiters verbessert. Er kann vom Chef verlangen, den Arbeitnehmer nach dem Ablauf der Kündigungsfrist vorläufig auf seinem Arbeitsplatz weiterzubeschäftigen. Das geht aber nur, wenn

- der Arbeitnehmer gegen die Kündigung klagt,
- der Betrieb mehr als fünf Arbeitnehmer beschäftigt und der Mitarbeiter schon länger als sechs Monate dabei ist,
- eine fristgerechte und keine fristlose Kündigung vorliegt.

Unzulässig wird die Kündigung durch den Widerspruch übrigens nicht. Der Arbeitnehmer darf nur vorübergehend weiter arbeiten. Die vorläufige Weiterbeschäftigung gilt so lange, bis das Gericht über die Kündigung entschieden hat.

**WISO rät:** Halten Sie die Kündigung für ungerechtfertigt, sollten Sie dagegen auch dann gerichtlich vorgehen, wenn der Betriebsrat keinen Widerspruch eingelegt hat. Herrscht zwischen Ihrem Chef und dem Betriebsrat nämlich ein gutes Klima oder zählt Ihr Betriebsrat zu den Schlafmützen, brauchen Sie mit einem Widerspruch nicht zu rechnen. Vor Gericht sollten Sie immer abstreiten, dass Ihr Arbeitgeber den Betriebsrat überhaupt angehört hat. Außerdem sollten Sie in Zweifel ziehen, dass dem Betriebsrat alle notwendigen Fakten präsentiert wurden. Ihr Chef muss dann das Gegenteil beweisen.

## Bei Massenentlassungen gelten Sonderregeln

Oft treffen Entlassungen nicht nur einen, sondern viele Mitarbeiter gleichzeitig. Vor allem, wenn der Chef im Betrieb rationalisiert, ist eine Kündigung mehrerer Mitarbeiter die Regel. Dann sitzen zwar alle in einem Boot, letztlich muss aber jeder sein Schicksal selbst in die Hand nehmen. Denn im Ergebnis kann es vorkommen, dass einige der ausgesprochenen Kündigungen wirkungslos sind, andere aber bestehen bleiben. Außerdem beschäftigt sich das Gericht nicht mit der Frage, ob die Massenentlassung in Ordnung war. Im Prozess geht es allein um die Kündigung, gegen die der einzelne Arbeitnehmer klagt. Aber in einem Punkt kann sich der Mitarbeiter in seinem Prozess die Massenentlassung auch zunutze machen. Der Arbeitgeber ist nämlich verpflichtet, eine geplante Massenentlassung beim Arbeitsamt anzuzeigen. Tut er das nicht, ist die Kündigung unwirksam. Gleiches gilt, wenn er bei seiner Anzeige den Betriebsrat nicht eingeschaltet hat. Kommt der Chef seiner Anzeigepflicht nach, können und müssen die Entlassungen im Regelfall zwischen dem ersten und dem vierten Monat nach der Anzeige durchgeführt werden. Das Arbeitsamt prüft also nicht, ob die Kündigung berechtigt ist.

Eine Massenentlassung liegt übrigens dann vor, wenn innerhalb von 30 Tagen eine bestimmte Mindestzahl von Arbeitnehmern im Wege von fristgemäßen Kündigungen oder Aufhebungsvereinbarungen aus dem Betrieb ausscheidet. Wie hoch die Zahl im Einzelnen ist, richtet sich nach der Betriebsgröße. Bei 25 Mitarbeitern müssen zum Beispiel mehr als fünf den Betrieb verlassen. Sind im Betrieb dagegen 100 Mitarbeiter beschäftigt, müssen schon mindestens zehn gehen. Bei über 500 Mitarbeitern sind es mindestens 30 Mitarbeiter.

## Fristlose oder fristgerechte Kündigung?

Im Normalfall spricht der Chef seinem Mitarbeiter eine fristgerechte (ordentliche) Kündigung aus. Er hält sich dann an die oben angeführten Kündigungsfristen. Solche Kündigungen müssen im Regelfall begründet sein.

Anders bei der fristlosen (außerordentlichen) Kündigung: Hier verliert der Arbeitnehmer seinen Arbeitsplatz sofort. Notfalls räumt ihm der Arbeitgeber freiwillig noch eine Frist von einigen Tagen ein. Die fristlose Kündigung ist für den Arbeitnehmer die Höchststrafe. Eine härtere Maßnahme kann der Arbeitgeber gegen ihn nicht ergreifen.

Deshalb sind fristlose Kündigungen nur ausnahmsweise und aus wichtigen Gründen zulässig Beispiel: Kündigung wegen Diebstahls.

Wegen der unterschiedlichen Bedeutung der Kündigungen muss der Arbeitgeber im Kündigungsschreiben deutlich zu erkennen geben, welche Art der Kündigung – fristlos oder fristgerecht – er aussprechen will. Zulässig ist es allerdings, wenn der Arbeitgeber im Kündigungsschreiben von vornherein fristlos und gleichzeitig fristgerecht kündigt. Beispiel: Der Arbeitgeber ist sich nicht sicher, ob die Gründe, die er für seine fristlose Kündigung hat, wirklich ausreichen. Vorsichtshalber kündigt er deshalb nicht nur fristlos, sondern gleichzeitig auch fristgerecht. Der Grund: Für seine fristgerechte Kündigung braucht er keine wichtigen Gründe. Meist erscheinen in solchen Fällen für die fristgerechte Kündigung Formulierungen wie „vorsorglich" oder „hilfsweise". Das Gericht muss dann im Zweifel beide Kündigungen auf ihre Wirksamkeit überprüfen.

**Vorsicht:**
Hat der Chef nur fristlos gekündigt und stellt sich vor Gericht heraus, dass die fristlose Kündigung unzulässig war, kann der Mitarbeiter unter Umständen trotzdem seinen Arbeitsplatz los sein. Der Trick: Soweit der Arbeitgeber in der Kündigung deutlich zu verstehen gegeben hat, dass er seinen Mitarbeiter auf jeden Fall loswerden wollte, gilt seine fristlose Kündigung gleichzeitig als normale Kündigung und die kann durchaus zulässig sein. Aber: Auch die ordentliche Kündigung muss begründet und der Betriebsrat zuvor angehört worden sein. Letzteres wird von den Arbeitgebern oft übersehen. Dann ist die ordentliche Kündigung unwirksam. Kleiner Wermutstropfen für den Arbeitnehmer: Einige Gerichte sind schon auf die abenteuerliche Idee gekommen, solche Kündigungen zumindest als Abmahnungen gelten zu lassen. Unter Umständen hat er also trotz eines erfolgreichen Prozesses am Ende eine Abmahnung in der Personalakte.

**Wichtig:**
Es gibt Mitarbeiter, denen der Chef überhaupt nicht fristgerecht kündigen darf, weil sie schon zu lange im Betrieb sind oder solche Kündigungen vertraglich ausgeschlossen wurden. Hier gerät der Chef natürlich schnell in die Zwickmühle, wenn zum Beispiel der Mitarbeiter dauerhaft krank wird oder dessen Arbeitsplatz wegfällt, diese Gründe aber für eine fristlose Kündigung nicht ausreichen. Ausnahmsweise erlauben die Gerichte in diesen Fällen eine außerordentliche Kündigung, wobei dem Mitarbeiter aber eine Auslauffrist einzuräumen ist, die der normalen Kündigungsfrist entspricht. Beispiel: Der Arbeitsplatz des langjährigen Mitarbeiters fällt in absehbarer Zeit einer Rationalisierungsmaßnahme zum Opfer. Der Arbeitgeber müsste seinem Mitarbeiter nun eigentlich fristgerecht kündigen, kann das aber nicht, weil der Mitarbeiter schon zu lange dabei ist. Ausnahmsweise darf er deshalb außerordentlich kündigen. Weil es aber nun ungerecht wäre, den Mitarbeiter fristlos zu entlassen, muss der Chef wenigstens die normale Kündigungsfrist einhalten.

## Hier geht es ums Ganze: Die Gründe für die Kündigung

Fassungslosigkeit und Unverständnis gemischt mit Wut und Enttäuschung – das sind meist die ersten Reaktionen auf eine Kündigung. Schnell stellt sich für den Arbeitnehmer die Frage, warum es ausgerechnet ihn erwischt hat. Möglicherweise hat er bereits viele Jahre im Betrieb hinter sich, ohne dass es einen Grund für Beanstandungen gab. Vielleicht hat ihn der Arbeitgeber zuvor nicht einmal auf die mögliche Kündigung hingewiesen. Deshalb hat der Arbeitnehmer ein Recht zu erfahren, aus welchem Grund er entlassen wurde. Zwar muss der Arbeitgeber seine Beweggründe nicht im Kündigungsschreiben nennen. Auch auf bloße Nachfrage ist der Chef mit Ausnahme fristloser Kündigungen nicht verpflichtet, dem Arbeitnehmer seine Motive mitzuteilen. Spätestens vor Gericht muss der Arbeitgeber aber die Karten auf den Tisch legen. Und: Beim Kündigungsgrund geht es ums Ganze. Nur wenn der Kündigungsgrund fehlt, hat der Arbeitnehmer eine Chance, längerfristig bei seinem Arbeitgeber zu bleiben. Fehlerhaftes Kündigungsschreiben, falsche Kündigungsfrist, schlampige Betriebsratsanhörung – bei all diesen Einwänden gilt: aufgeschoben ist nicht aufgehoben. Nicht so beim Fehlen eines Kündigungsgrundes: Hier kann der Arbeitgeber die Kündigung nicht ohne weiteres wiederholen. Die Kündigung ist generell wirkungslos. Deshalb spielen die Kündigungsgründe vor Gericht auch die Hauptrolle.

**WISO rät:** Die Kündigungsgründe teilt Ihnen Ihr Chef im Regelfall erst beim Gerichtstermin mit. Das ist durchaus zulässig. Sie müssen dann sehr schnell entscheiden, ob und inwieweit die Gründe plausibel und nachweisbar sind. Denn das Gericht, das die Wahrheit nicht oder noch nicht kennt, wird Sie fragen, ob Sie bereit sind, die Kündigung zu akzeptieren und gegen Zahlung einer Abfindung aus dem Betrieb auszuscheiden. Je nachdem, wie stichhaltig die Gründe sind, können Sie zumindest die Höhe der Abfindung beeinflussen. Umgekehrt gilt: Teilt der Arbeitgeber Ihnen die Gründe für die Kündigung bereits vorab im Einzelnen mit, können Sie davon ausgehen, dass er es mit der Kündigung wirklich ernst meint. Dann sollten Sie sich umso besser überlegen, ob Sie überhaupt vor Gericht ziehen oder nicht wenigstens ein geringes Abfindungsangebot akzeptieren.

Ob und welche Gründe der Arbeitgeber für eine Kündigung haben muss, ist von Fall zu Fall verschieden. Eine erste Orientierung bietet folgende Übersicht:

- Keinen Grund braucht der Arbeitgeber bei einer fristgerechten (ordentlichen) Kündigung in einem Kleinbetrieb mit nicht mehr als fünf Beschäftigten oder/und bei einem kurzen Arbeitsverhältnis von nicht mehr als sechs Monaten Dauer.

- Einen „vernünftigen" Grund braucht der Arbeitgeber bei einer fristgerechten (ordentlichen) Kündigung in größeren Betrieben und gleichzeitigem längerem Arbeitsverhältnis (Regelfall). Die Kündigung darf hier nicht sozial ungerechtfertigt sein.

- Einen so genannten „wichtigen" Grund braucht der Arbeitgeber bei einer fristlosen (außerordentlichen) Kündigung. Auf die Betriebsgröße und die Dauer der Beschäftigung kommt es hierbei nicht an.

Auch wenn der Arbeitgeber in seinem Kündigungsschreiben den Grund nicht offen legen muss, so muss er ihn trotzdem schon zu dem Zeitpunkt haben, zu dem er die Kündigung ausspricht. Ergibt sich der Grund erst später, reicht das nicht aus. Nur ganz ausnahmsweise, nämlich dann, wenn der Arbeitgeber den Grund vorher noch nicht kannte, darf er ihn später „nachschieben". Aber: Meist hat er dann vergessen, den Betriebsrat hierzu anzuhören. Beispiel: Der Arbeitgeber kündigt dem Mitarbeiter am 15. Mai fristgerecht zum 31. August. Gründe für seine Kündigung hat er zunächst keine. Erst im Juni lässt sich der Mitarbeiter im Betrieb etwas zu Schulden kommen, das eine Kündigung rechtfertigen würde. Ergebnis: Vor Gericht kann der Chef sich für seine Kündigung nicht auf das Fehlverhalten des Mitarbeiters im Juni stützen. Will er den Mitarbeiter trotzdem loswerden, muss er ihm noch einmal kündigen. Hätte sich der Arbeitnehmer allerdings schon im April falsch verhalten und sein Chef das erst im Juni bemerkt, wäre die Kündigung gültig, wenn der Betriebsrat nachträglich hierzu angehört worden wäre.

**Wichtig:**
Die Kündigungsgründe muss immer der Arbeitgeber beweisen. Entlässt der Chef also beispielsweise einen Mitarbeiter, weil er trotz Abmahnung immer wieder zu spät kommt, muss der Arbeitgeber diese Fehltritte auch nachweisen können.

**WISO rät:** Geben Sie sich nicht der Illusion hin, nach Ausspruch einer Kündigung noch eine große Chance zu haben, in Ihrem Betrieb weiterzuarbeiten. Selbst wenn Ihr Arbeitgeber keinen Grund hatte, Sie zu kündigen, ist das Arbeitsklima nach einer Kündigung meist so schlecht, dass Sie besser auf eine weitere Zusammenarbeit verzichten sollten. Allenfalls für die Höhe einer Abfindung spielt der Kündigungsgrund dann noch eine Rolle. Zahlen aus der Praxis bestätigen diese Vermutung: Weit mehr als 95 Prozent aller Arbeitnehmer, die gegen ihre Kündigung geklagt haben, sind danach nicht mehr an ihren Arbeitsplatz zurückgekehrt.

## Fristgerechte Kündigungen ohne Kündigungsgrund

Wer in einem Kleinbetrieb arbeitet oder erst seit kurzer Zeit bei seinem Arbeitgeber tätig ist, hat im Fall einer fristgerechten Kündigung schlechte Karten. Der Chef braucht die Kündigung im Normalfall nicht zu begründen. Außerdem kann der Arbeitnehmer eine Abfindung getrost vergessen.

Ein Kleinbetrieb liegt vor, wenn der Arbeitgeber regelmäßig, also über einen längeren Zeitraum hinweg, nicht mehr als fünf (bis Ende 1998 kurzzeitig: 10) Arbeitnehmer beschäftigt. Teilzeitkräfte werden nur anteilig mitgerechnet, nämlich mit 0,5 bei bis zu 20 Wochenstunden und mit 0,75 bei bis zu 30 Wochenstunden. Auszubildende zählen nicht mit. Kurzzeitig tätig ist ein Arbeitnehmer, dessen Arbeitsverhältnis noch nicht länger als sechs Monate dauerte. Ob er in dieser Zeit krank war, spielt keine Rolle. Im Arbeitsvertrag oder im Tarifvertrag kann bestimmt sein, dass die Einschränkungen für Kleinbetriebe und kurzzeitig Beschäftigte für den Arbeitnehmer nicht oder nur abgeschwächt gelten. Der Arbeitnehmer hat dann einen größeren Schutz.

**Beispiel:**
Ein Arbeitgeber beschäftigt drei Vollzeitkräfte, eine Teilzeitkraft mit 30 Wochenstunden, drei Teilzeitkräfte mit je 20 Wochenstunden und einen Lehrling. Es ist wie folgt zu rechnen: 3 + 1 x 0,75 + 3 x 0,5 + 0 = 5,25. Ergebnis: Das Kündigungsschutzgesetz findet Anwendung. Ohne Grund darf der Arbeitgeber nicht kündigen.

**WISO rät:** Welcher Kollege noch zu Ihrem Betrieb gehört, lässt sich manchmal nur sehr schwer feststellen, etwa wenn es um vorübergehende Aushilfen, vorläufig unbesetzte Arbeitsplätze oder Unternehmen mit mehreren Betriebsstätten geht. Bei Zweifeln sollten Sie einen Anwalt einschalten. Vergessen Sie nicht: Es geht hier um Ihre berufliche Zukunft, zumindest aber um viel Geld. Nicht immer eindeutig ist auch, wie lange Sie schon im Betrieb gearbeitet haben. So zählen beispielsweise kurze Unterbrechungen bei der Berechnung der Tätigkeitsdauer nicht mit. Wer also nach drei Tagen Pause wieder mit einem neuen Vertrag bei seinem Arbeitgeber einsteigt, wird so behandelt, als wäre das Arbeitsverhältnis nicht unterbrochen worden.

**Wichtig:**
Manche Gerichte haben den Schutz der Mitarbeiter neuerdings so weit ausgedehnt, dass sie vom Arbeitgeber immer, also auch in Kleinbetrieben oder bei kurzzeitiger Beschäftigung, einen besonderen Grund für die Kündigung verlangen. Die Tendenz ist ansteigend Notfalls muss der Arbeitnehmer einen Anwalt nach dem aktuellen Stand in seinem Gerichtsbezirk fragen.

Braucht der Arbeitgeber seine Kündigung wegen der bevorstehenden Einschränkungen nicht zu begründen, bedeutet das nicht, dass der Arbeitnehmer gegen die Kündigung überhaupt nicht geschützt wäre. Schließlich darf der Chef mit ihm nicht machen, was er will. Unzulässig sind deshalb Kündigungen, die völlig neben der Sache liegen. Kündigt der Arbeitgeber also beispielsweise mit der Begründung, er wolle ein paar Frauen weniger im Betrieb sehen, ist das selbstverständlich unzulässig. Gleiches gilt, wenn er allein unter Hinweis auf das falsche Parteibuch, aus Rache, in Widerspruch zu einem früheren Verhalten oder als Reaktion auf ein zulässiges Verhalten des Arbeitnehmers kündigt. Nicht erlaubt sind Kündigungen, weil ein Mitarbeiter in Teilzeit wechseln will, beim Jobsharing ein anderes Teammitglied gekündigt wurde, oder weil ein neuer Chef den Betrieb übernimmt. Es ist allerdings selten, dass ein Arbeitnehmer diese Gründe zugibt. Für den Mitarbeiter lassen sich diese Motive meistens kaum beweisen.

**WISO rät:** Achten Sie immer genau darauf, welche Motive für Ihren Chef bei seiner Kündigungsentscheidung ausschlaggebend waren. Haben Sie gute Beweise für eine Diskriminierung oder Willkür, oder sprechen die Fakten hier für sich, lassen Sie die Angelegenheit notfalls gerichtlich klären. Hat Ihr Arbeitgeber beispielsweise zwischen vier Mitarbeitern die Auswahl und kündigt er Ihnen, obwohl Sie der einzige sind, der eine Familie zu versorgen hat, wird ein Prozess wahrscheinlich erfolgreich sein.

Übrigens: Das Verbot diskriminierender oder willkürlicher Kündigungen ist natürlich nicht auf Arbeitnehmer in Kleinbetrieben oder solche mit Beschäftigungsdauer beschränkt. Auch andere Arbeitnehmer dürfen wegen solcher Motive nicht gekündigt werden.

## Fristgerechte Kündigungen mit Kündigungsgrund

Im Normalfall ist davon auszugehen, dass der Arbeitgeber für eine fristgerechte Kündigung einen besonderen Grund braucht. Denn die meisten Arbeitnehmer arbeiten in größeren Betrieben mit mehr als fünf Mitarbeitern und sind schon länger als sechs Monate dabei. Wann ein ausreichender Grund vorliegt, kann der Arbeitgeber nicht beliebig bestimmen. Vielmehr trifft das Gesetz hier eine eindeutige Aussage: Zulässig sind nur Kündigungen aus personenbedingten, verhaltensbedingten und betriebsbedingten Gründen. Aber Vorsicht: Der Arbeitgeber ist auf die Gründe nicht angewiesen, wenn es sich um die vertraglich zulässige Kündigung eines befristeten Arbeitsvertrages handelt.

## Personenbedingte Gründe

Bei der personenbedingten Kündigung will der Arbeitgeber seine Kündigung mit Gründen rechtfertigen, die in der Person des Arbeitnehmers liegen. Die Gründe müssen dazu führen, dass der Arbeitnehmer seine Arbeitsaufgaben nicht mehr erfüllen kann. Ob den Arbeitnehmer an den Umständen eine Schuld trifft, spielt keine Rolle. Eine vorherige Abmahnung des Arbeitnehmers ist meist nicht erforderlich. Beispiele für personenbedingte Gründe sind:

- Verlust der Fahrerlaubnis,
- Fehlen einer Arbeitserlaubnis,
- Sicherheitsbedenken bei bestimmten Tätigkeiten,
- Unfähigkeit,
- Krankheit.

Häufigster Fall der personenbedingten Gründe ist dabei die Kündigung wegen Krankheit. Sie kann sogar während einer noch andauernden Erkrankung ausgesprochen werden. Wer öfter für kurze Zeit ausfällt oder wegen einer schweren Operation längere Zeit krank ist, muss deswegen noch keine Kündigung fürchten. Schließlich muss der Arbeitgeber mit solchen Ausfällen seiner Arbeitnehmer rechnen. Gehen die krankheitsbedingten Fehlzeiten aber über das erträgliche Maß hinaus, wird es für den Arbeitnehmer kritisch. Folgende Umstände sind dafür entscheidend:

- Auch zukünftig muss der Arbeitgeber mit weiteren Erkrankungen im bisherigen Umfang rechnen. Das ist nur der Fall, wenn hierfür erkennbare Anzeichen beim Mitarbeiter vorliegen. Der Arbeitnehmer muss seinen Arzt dafür von der Schweigepflicht entbinden.
- Wegen der negativen Gesundheitsprognose muss der Arbeitgeber erhebliche betriebliche oder wirtschaftliche Beeinträchtigungen befürchten. Beispiel: Zahlung

von Krankheitskosten über einen Zeitraum von mehr als sechs Wochen im Jahr, Störungen des Betriebsablaufes.

■ Das Interesse des Arbeitgebers an der Kündigung muss schwerwiegender sein als das Interesse des Arbeitnehmers am Bestand seines Arbeitsverhältnisses. Hierbei sind sämtliche Umstände zu prüfen: bisherige Fehlzeiten, Alter, Familienstand, Unterhaltspflichten, Schwerbehinderung des Arbeitnehmers, mögliche Überbrückungsmaßnahmen des Arbeitgebers, Mitverschulden des Arbeitgebers.

**WISO rät:** Eine krankheitsbedingte Kündigung ist für den Arbeitgeber eine sehr unsichere Sache. Bei häufigen Kurzerkrankungen müssen Sie schon über Jahre hinweg mehr als 25 Prozent aller Tage gefehlt haben. Gefährlich wird es für Sie aber, wenn Sie dauerhaft oder über einen sehr langen Zeitraum krank sind. Dann bereitet die Negativprognose nämlich nicht mehr so große Schwierigkeiten. Außerdem muss Ihr Chef die betrieblichen Beeinträchtigungen nicht mehr nachweisen. Und: Sein Risiko für einen Prozess ist begrenzt, da er ohnehin nur für die ersten sechs Wochen Ihrer Krankheit das Gehalt fortzahlen muss.

Kündigt der Arbeitgeber Ihnen nicht, weil Sie wegen Ihrer Krankheit auf Dauer nicht anwesend sind, sondern weil Sie wegen Ihrer Krankheit am Arbeitsplatz nicht mehr Ihre volle Leistung erbringen können, ist dies ebenfalls nur ausnahmsweise zulässig. Vor allem wird Ihr Arbeitgeber Ihre eingeschränkte Leistungsfähigkeit beziehungsweise Ihre vorherige Normalleistung kaum nachweisen können.

Lässt Ihre Leistung altersbedingt nach, ist eine Kündigung in der Regel ausgeschlossen.

**Wichtig:**
Bei allen personenbedingten Kündigungen muss der Arbeitgeber sorgfältig prüfen, ob er den Arbeitnehmer nicht an einem anderen Arbeitsplatz weiterbeschäftigen kann.

## Verhaltensbedingte Gründe

Bei einer verhaltensbedingten Kündigung begründet der Arbeitgeber die Entlassung damit, dass sein Mitarbeiter sich bewusst unkorrekt verhalten hat. Der Arbeitnehmer muss also schuldhaft seine Pflichten am Arbeitsplatz verletzt haben. Ein solches Fehlverhalten braucht der Chef sich nicht gefallen lassen. Es reicht aber natürlich nicht jeder noch so kleine Verstoß aus, um eine verhaltensbedingte Kündigung zu rechtfertigen. Wer einmal fünf Minuten zu spät zur Arbeit kommt, fliegt deswegen noch nicht raus. Vor allem aber muss der Arbeitgeber den Arbeitnehmer vor der Kündigung erst einmal abmahnen. Mit der Abmahnung signalisiert der Arbeitgeber, dass er nicht bereit ist, das Fehlverhalten weiter oder noch einmal hinzunehmen. Aber wer sich krasse Verfehlungen, wie zum Beispiel einen Diebstahl, beim Arbeitgeber leistet, kann auch ohne Abmahnung entlassen werden. Gleiches gilt, wenn der Arbeitnehmer dem Arbeitgeber klar macht, dass er sein Verhalten nicht ändern werde. Auch innerhalb der ersten sechs Monate der Beschäftigung ist eine Abmahnung entbehrlich.

Beispiele für verhaltensbedingte Kündigungsgründe sind:

- häufiges Zuspätkommen,
- Nebentätigkeiten während des Krankenstandes,
- unerlaubte Privatnutzung von Telefon und Internet,
- Arbeit bei der Konkurrenz,
- Verletzung von Anzeige- und Nachweispflichten im Krankheitsfall,
- Alkoholmissbrauch im Dienst; aber: Ist der Arbeitnehmer alkoholkrank, kommt nur eine personenbedingte Kündigung in Frage.
- diskriminierende, rassistische oder beleidigende Äußerungen, auch in ausländischer Sprache,
- Selbstbeurlaubung,
- Arbeitsverweigerung,
- Verstoß gegen betriebliche Vorschriften wie Rauchverbote, Alkoholverbote oder Sicherheitsbestimmungen,
- Straftaten im Dienst; während der Freizeit nur dann, wenn der Arbeitnehmer dafür ins Gefängnis muss,
- unentschuldigtes Fehlen,
- Verrat von Betriebsgeheimnissen,
- Vortäuschen oder Ankündigen einer Krankheit,
- Mobbing,
- Verstoß gegen Loyalitätspflichten bei kirchlichen Mitarbeitern. In der katholischen Kirche muss vor jeder Kündigung noch zusätzlich ein „klärendes Gespräch" stattfinden.
- die Annahme oder Gewährung von Schmiergeld,
- im Normalfall nicht Kündigungen, die auf Druck anderer Personen wie Kollegen oder Geschäftspartnern ausgesprochen werden. Kündigungen des im Betrieb mitarbeitenden Ehepartners wegen Scheiterns der Ehe.
- ebenso nicht: Schwarzarbeit des Arbeitnehmers in seiner Freizeit.

**WISO rät:** Eine verhaltensbedingte Kündigung muss immer verhältnismäßig sein. Salopp gesagt: Ihr Arbeitgeber darf nicht mit Kanonen auf Spatzen schießen. Kündigungen wegen Lappalien sind deshalb ebenso unzulässig wie Kündigungen ohne Abmahnung. Unter Umständen kann Ihr Chef auch gezwungen sein, Sie statt der Kündigung an einen anderen Arbeitsplatz zu versetzen. Bei der Abwägung sind immer alle Umstände zu berücksichtigen.

Häufig kommt es vor, dass der Chef seinem Mitarbeiter eine Straftat oder Vertragsverletzung noch nicht endgültig nachweisen kann, aber trotzdem kündigt. Das darf er natürlich nicht ohne weiteres tun. Kein Unschuldiger darf „mir nichts dir nichts" seinen Arbeitsplatz verlieren. Verdachtskündigungen sind deshalb nur in engen Grenzen zulässig, nämlich dann, wenn

- der Mitarbeiter einer Straftat „dringend verdächtigt" wird oder eine schwere Vertragsverletzung vorliegt,
- der Verdacht aufgrund von Tatsachen oder konkreten Hinweisen zustandegekom-

men ist. Beispiel: Der Chef hat den Mitarbeiter während der Krankschreibung woanders arbeiten gesehen.

- der Arbeitgeber alles versucht hat, den Sachverhalt aufzuklären,
- der Chef seinem Mitarbeiter vor der Kündigung und vor der Anhörung des Betriebrats innerhalb von einer Woche Gelegenheit gegeben hat, zu den Vorwürfen Stellung zu nehmen,
- der Arbeitnehmer wieder eingestellt wird, sollte sich im Prozess gegen die Kündigung seine Unschuld herausstellen.

**WISO rät:** Der Arbeitgeber kann Ihnen gleichzeitig wegen eines Fehlverhaltens und wegen des Verdachts eines Fehlverhaltens kündigen. Meistens geschieht das „vorsorglich" oder „hilfsweise". Außerdem darf er bei dringendem Tatverdacht einen Detektiv einschalten. Stellt sich später heraus, dass der Arbeitgeber Sie tatsächlich für schuldig halten und damit kündigen durfte, müssen Sie auch noch die Detektivkosten zahlen. Mehrere tausend Euro sind dabei keine Seltenheit!

**Wichtig:**
Mit einer Kündigung wegen Fehlverhaltens riskiert der Arbeitnehmer eine Sperrzeit beim Arbeitslosengeld (siehe dazu auch das Kapitel „Der Gang zum Arbeitsamt").

## Betriebsbedingte Gründe

Nimmt der Arbeitgeber im Betrieb Veränderungen wie etwa die Schließung einer Abteilung vor, können Arbeitsplätze wegfallen. Dann darf der Arbeitgeber den betroffenen Mitarbeitern kündigen. Das klingt logisch. Wo kein Arbeitsplatz mehr da ist, kann auch niemand mehr beschäftigt werden. Und: Welche Arbeitplätze wegfallen, ist allein Sache des Arbeitgebers. Hier darf ihm niemand hineinreden. Schließlich trägt er für sein Geschäft das Risiko und die Verantwortung. Aber: Der Arbeitsplatz muss nach den Plänen des Arbeitgebers auch wirklich wegfallen. Vage Vorstellungen oder pauschaler Pessimismus reichen nicht aus. Ob der eigene Arbeitsplatz von einer betrieblichen Maßnahme betroffen ist, lässt sich für den Arbeitnehmer meist nur schwer beurteilen. Denn die Pläne seines Chefs wird er meist nicht kennen. Manche Arbeitgeber benutzen die betriebsbedingte Kündigung als Vorwand, um einen missliebigen Mitarbeiter loszuwerden. Ihre Chancen sind dabei nämlich erheblich besser als zum Beispiel bei grundlosen Kündigungen wegen Krankheit oder Fehlverhaltens, deren Richtigkeit der Arbeitnehmer leicht selbst einschätzen kann.

**WISO rät:** Achten Sie genau darauf, wie Ihr Arbeitgeber die Kündigung begründet. Beruft er sich zum Beispiel allein auf einen Rückgang von Aufträgen oder sinkende Gewinne, wird er kaum darlegen können, dass hierdurch gerade Ihr Arbeitsplatz weggefallen ist. Auch Pauschalargumente wie Einsparung von Personalkosten sind zur Begründung ungeeignet. Kein Kündigungsgrund liegt außerdem vor, wenn Sie einen neuen Chef bekommen. Schlechte Karten haben Sie hingegen, wenn der Betrieb endgültig stillgelegt werden soll. Gleiches gilt, wenn sich Betriebrat und Arbeitgeber in einer besonderen Vereinbarung über Ihre Entlassung geeinigt haben. Wenig ausrichten können Sie auch, wenn Ihr Arbeitsplatz allein deshalb wegfällt, weil Ihr Chef Ihrer Meinung nach eine unsinnige Entscheidung getroffen hat. Es gibt keine Verpflichtung, sinnvoll zu handeln.

Mit dem Wegfall des Arbeitsplatzes ist es für den Chef noch lange nicht getan. Denkbar ist immerhin, dass er seinen Mitarbeiter auf einem anderen Arbeitsplatz weiterbeschäftigen kann. Vielleicht hätte er die Entlassung sogar durch andere Maßnahmen vermeiden können. Und: Nicht immer ist von vornherein klar, ob genau der Arbeitsplatz des betroffenen Mitarbeiters wegen der betrieblichen Umstände wegfallen muss. Arbeiten beispielsweise vier Mitarbeiter auf vergleichbaren Arbeitsplätzen, werden aber nur zwei Stellen gestrichen, muss der Arbeitgeber zwischen den Arbeitnehmern eine Auswahl treffen. Vor einer betriebsbedingten Kündigung hat der Arbeitgeber also zu prüfen, ob

- die Kündigung nicht durch andere Maßnahmen, wie zum Beispiel Kurzarbeit oder eine Versetzung, zu vermeiden war. Notfalls muss der Arbeitgeber seinen Arbeitnehmer umschulen oder fortbilden. Der Arbeitnehmer ist unter Umständen auch verpflichtet, einen schlechter bezahlten Arbeitsplatz anzunehmen.
- die Kündigung nicht durch andere Maßnahmen zu vermeiden war. Beispiel: Der Chef kündigt zwar, bietet seinem Mitarbeiter aber gleichzeitig einen neuen Arbeitsplatz mit geänderten Bedingungen an.
- die Kündigung sozial gerecht war. Hierzu lassen sich keine pauschalen Aussagen treffen. Alle Umstände sind zu berücksichtigen. Als Faustregel gilt aber: Junge Mitarbeiter sind vor Alten zu kündigen. Kinderlose vor Kinderreichen und Kurzbeschäftigte vor Langbeschäftigten. Natürlich dürfen nur solche Arbeitnehmer verglichen werden, die einen vergleichbaren Arbeitsplatz haben und für den Betrieb nicht völlig unentbehrlich sind. Notfalls muss der Arbeitgeber sogar einen anderen Arbeitsplatz „freikündigen", das heißt, einen anderen Mitarbeiter entlassen, um den ansonsten von der Kündigung Betroffenen dorthin zu versetzen.

**WISO rät:** Die Entscheidung über die richtige Maßnahme und die richtige soziale Auswahl sind oft die „Knackpunkte" bei betriebsbedingten Kündigungen. Allerdings müssen Sie hier Fehler Ihres Chefs beweisen. Und das kann schwierig werden. Denn die freien Arbeitsplätze oder die sozialen Verhältnisse der anderen Mitarbeiter werden Sie meist nicht kennen. Hier hilft nur ein guter Draht zum Betriebsrat oder zur Gewerkschaft. Um nicht untätig herumzusitzen, können Sie aber wenigstens schauen, ob der Betrieb nicht parallel zu Ihrer Kündigung freie Stellen ausgeschrieben oder gar vergleichbare Arbeitnehmer eingestellt hat. Und: Bei der Kündigung ist sich jeder selbst der Nächste. Notfalls müssen Sie eben namentlich anführen, wer an Ihrer Stelle die Kündigung hätte erhalten müssen.

Fallen die betriebsbedingten Kündigungsgründe im Nachhinein weg, etwa weil der Betrieb saniert wird, kann der Mitarbeiter von seinem Chef verlangen, wiedereingestellt zu werden. Das gilt allerdings nur bis zum Ablauf der Kündigungsfrist. Stellt sich also

---

erst Monate später im Prozess heraus, dass der Arbeitsplatz wieder eingerichtet wurde, hat der Arbeitnehmer Pech gehabt. Vorsicht: Hier wird seitens der Arbeitgeber mitunter Missbrauch getrieben. So werden Mitarbeiter gekündigt, weil Ihr Arbeitsplatz angeblich wegfällt. Später werden aber für die gleichen Positionen wieder neue Mitarbeiter eingestellt. Das ist unzulässig.

## Sonderfall: Betriebsbedingte Gründe zur Änderung des Arbeitsvertrages

Betriebsbedingte Kündigungen werden zum Teil auch ausgesprochen, um die Arbeitsbedingungen des Mitarbeiters wie etwa Regelungen über den Urlaub, den Arbeitsplatz, die Tätigkeit oder das Gehalt zu verändern, im Klartext: zu verschlechtern. Dann wird das Arbeitsverhältnis zunächst im Wege einer Kündigung beendet. Gleichzeitig bietet der Arbeitgeber dem Arbeitnehmer aber eine Fortsetzung der Zusammenarbeit zu geänderten Bedingungen an. Man spricht dann von einer so genannten Änderungskündigung. Diese ist zunächst nichts anderes als eine „normale" Kündigung: Sie ist nur schriftlich gültig, es gelten die üblichen Kündigungsfristen, und der Betriebrat ist vor der Kündigung anzuhören. Vor allem aber muss der Chef auch bei der Änderungskündigung einen vernünftigen betrieblichen Grund vorweisen. Der entscheidende Unterschied zur normalen Kündigung besteht darin, dass der Mitarbeiter den Änderungsvorschlag seines Chefs unter Vorbehalt akzeptieren kann. Das heißt, er arbeitet zu den neuen Bedingungen weiter und lässt parallel dazu überprüfen, ob mit der Änderung alles seine Richtigkeit hat. Der Vorteil: Der Arbeitnehmer riskiert im Gegensatz zu einer völligen Ablehnung des Vorschlages nicht seinen Arbeitsplatz. Das Schlimmste, das ihm passieren kann, ist nämlich, dass das Gericht den Änderungsvorschlag des Arbeitgebers für gültig erklärt, und er nunmehr dauerhaft zu den neuen Bedingungen tätig sein muss.

**WISO rät:** Ihr Chef ist gezwungen, Ihnen im Wege der Änderungskündigung einen Arbeitsplatz mit geänderten Bedingungen anzubieten, wenn dadurch Ihre endgültige Kündigung verhindert werden kann. Unabhängig davon ist Ihr Chef vor jeder Änderungskündigung verpflichtet, Ihnen die geplanten Veränderungen zunächst ohne Ausspruch einer Kündigung anzubieten. Bevor Sie also in die Drucksituation der Kündigung kommen, muss der Chef Ihnen vorher schon einmal seine Absichten mitgeteilt haben. Kommt es zu einer Änderungskündigung, sollten Sie die neuen Arbeitsbedingungen in der Regel unter Vorbehalt akzeptieren und die Sache dann innerhalb von drei Wochen gerichtlich klären lassen. Eine Kürzung seines Gehaltes braucht sich der Mitarbeiter übrigens im Normalfall nicht gefallen lassen.

## Fristlose Kündigungen aus wichtigem Grund

Der Chef kann seinem Mitarbeiter natürlich nicht einfach fristlos kündigen. Dafür braucht er vielmehr einen wichtigen Grund. Dem Arbeitgeber darf eine Weiterbeschäftigung seines Mitarbeiters unter keinen Umständen mehr zumutbar sein. Selbst eine fristgerechte Kündigung muss ausscheiden. Ob das der Fall ist, lässt sich nur nach einer Abwägung sämtlicher Umstände beurteilen. Pauschale Aussagen sind nicht möglich. Die Anforderungen sind aber im Ergebnis enorm hoch. Die Gerichte haben fristlose Kündigungen beispielsweise in folgenden Fällen für zulässig gehalten:

- Straftaten im Dienst,
- dringender Verdacht einer schweren Straftat oder Vertragsverletzung,
- sexuelle Belästigungen,
- Tätlichkeiten,
- Vortäuschen einer Krankheit,
- beharrliche Arbeitsverweigerung,
- ständige Unpünktlichkeit,
- Selbstbeurlaubung,
- Verrat von Betriebs- und Geschäftsgeheimnissen,
- Annahme oder Gewährung von Schmiergeldern,
- Kündigungen von Mitarbeitern, denen fristgemäß nicht mehr gekündigt werden kann, beispielsweise weil sie schon sehr lange im Betrieb sind oder weil die fristgemäße Kündigung vertraglich ausgeschlossen wurde. Dann muss aber eine Auslauffrist gewährt werden.

Die Gründe für eine fristlose Kündigung sind der Sache nach nichts anderes als die personen-, verhaltens- oder betriebsbedingten Gründe bei einer fristgerechten Kündigung. Nur müssen Sie wesentlich schwerwiegender sein. So reicht ein wiederholtes Zuspätkommen allenfalls für eine fristgerechte Kündigung aus. Erst wenn der Arbeitnehmer dauernd unpünktlich kommt, kann er von seinem Chef fristlos entlassen werden.

**Wichtig:**
Der Arbeitgeber hat nur zwei Wochen Zeit, um seinem Mitarbeiter fristlos zu kündigen. Er muss also sehr schnell handeln, sobald er von den äußeren Umständen erfahren hat, wegen derer er kündigen will. Ist sich der Chef über den Fehltritt seines Mitarbeiters aber noch nicht sicher, beginnt die Frist erst nach Abschluss seiner Nachforschungen. Diese muss der Chef natürlich zügig durchführen.

**WISO rät:** Bei einer fristlosen Kündigung können Sie ausnahmsweise verlangen, dass Ihr Chef Ihnen den Grund unverzüglich mitteilt. Tut er das nicht, haben Sie eigentlich einen Anspruch auf Schadenersatz. Aber nur in den seltensten Fällen dürfte es Ihnen gelingen, auch einen konkreten Schaden nachzuweisen. Dann sehen Sie natürlich keinen Cent vom Chef. Eine fristlose Kündigung sollten Sie auf keinen Fall leichtfertig riskieren, denn es drohen Ihnen noch zusätzliche Nachteile beim Arbeitslosengeld.

## Sonderregeln für bestimmte Arbeitnehmer

Bestimmte Arbeitnehmer sind besonders gegen Kündigungen geschützt. Der Grund: Sie haben es auf dem Arbeitsmarkt schwerer als andere, eine neue Stelle zu finden oder sie sind wegen ihrer betrieblichen Position verstärkt „Racheakten" oder Repressalien ihres Arbeitgebers ausgesetzt. Inwiefern sich das auswirkt, können Sie in den einzelnen Kapitel dazu nachlesen. Zu diesen Personengruppen zählen:

- schwer behinderte Menschen,
- werdende und junge Mütter,
- Arbeitnehmer und Arbeitnehmerinnen in Elternzeit,
- Wehrpflichtige und Zivildienstleistende
- Betriebsräte und Personalräte einschließlich Ersatzmitgliedern, Mitglieder des Wahlvorstandes, Wahlbewerber, Initiatoren einer Betriebsratswahl,
- Mitglieder der Jugendauszubildendenvertretung.

## Oft werden Abfindungen gezahlt

Wer gekündigt wird, erhält von seinem Arbeitgeber für den Verlust seines Arbeitsplatzes häufig einen Geldbetrag als Abfindung. Das liegt aber nicht daran, dass der Arbeitgeber hierzu verpflichtet wäre, sondern daran, dass er sich freiwillig auf die Zahlung einer Abfindung einlässt. Der Grund: Er spart sich lange und teure Streitereien mit seinem ehemaligen Mitarbeiter. Außerdem lässt es sich im Betrieb sicherer für die Zukunft planen. Wer aber beispielsweise glaubt, er könne seinen Chef schikanieren und bekäme zur Belohnung noch eine Abfindung, ist meist auf dem Holzweg. Braucht der Arbeitgeber für seine Kündigung nicht einmal Gründe, wie zum Beispiel in einem Kleinbetrieb, springt für den Mitarbeiter in der Regel auch keine Abfindung heraus. Ein generelles Recht auf Abfindung gibt es nicht.

**Beachten Sie:**
Die Frage nach einer Abfindung stellt sich meist erst vor Gericht. Dann hängt es von Ihrem Verhandlungsgeschick ab, welche Abfindung Sie herausholen. Als Faustregel können Sie sich aber merken: Ein halbes bis ein ganzes Bruttomonatsgehalt pro Beschäftigungsjahr gilt als angemessene Höhe für Abfindungen. Wer schon lange dabei ist, kann eher mit einem ganzen Gehalt, wer erst kurzzeitig beschäftigt ist, eher mit einem halben Gehalt pro Beschäftigungsjahr rechnen. Außerdem spielt es eine Rolle, wie plausibel die Gründe Ihres Chefs für die Kündigung klingen. Beispiel: Nach zwei Jahren Beschäftigung erhält der Arbeitnehmer bei einem Monatsverdienst von 2.000 Euro im Normalfall rund 2.000 Euro Abfindung (pro Jahr ein halbes Gehalt, also 1.000 Euro). Die Abfindung wird üblicherweise als Bruttobetrag vereinbart. Die Auszahlung erfolgt in der Regel am Ende des Arbeitsverhältnisses.

**Wichtig:**
Es ist ein weit verbreiteter Irrglaube, dass der Chef auf Dauer an ein einmal ausgesprochenes Abfindungsangebot gebunden wäre. Stimmt der Mitarbeiter nicht umgehend zu, kann er sich später nicht mehr auf das Angebot berufen.

# Rechtliche Behandlung von Abfindungen

Abfindungen sind bis zu einem Betrag von 8.181 Euro steuerfrei. Wer mindestens 50 Jahre alt und seit mindestens 15 Jahren im Betrieb beschäftigt ist, kann 10.226 Euro steuerfrei erhalten. Bei mindestens 55 Jahren und 20 Jahren Betriebszugehörigkeit gilt ein Steuerfreibetrag von 12.271 Euro. Alles was darüber hinausgeht, muss versteuert werden. Allerdings nur zu einem ermäßigten (bis 1999: halben) Steuersatz: Der Steuersatz wird so bemessen, als wäre nur ein Fünftel des Betrages bezahlt worden. Die Steuervorteile sind aber häufig minimal, sodass es sich bisweilen lohnt, darauf zu verzichten und den Abfindungsbetrag über mehrere Jahre zu verteilen und normal zu versteuern. Im Zweifel sollte der Arbeitnehmer beim Finanzamt seines Arbeitgebers hierüber eine Auskunft einholen. Das Finanzamt ist verpflichtet, diese Auskunft zu erteilen. Wer auf Nummer sicher gehen will, kann zusätzlich noch bei dem für ihn zuständigen Finanzamt nachfragen.

**Wichtig:**

Die Steuervergünstigungen für Abfindungen gelten nur dann, wenn das Arbeitsverhältnis auf Veranlassung des Arbeitgebers oder vor Gericht aufgelöst wird. Das ist nicht der Fall, wenn der Mitarbeiter selbst kündigt oder sich falsch verhalten hat, und ihm der Chef deshalb kündigt. Außerdem darf die Abfindung keinen „versteckten" Lohn enthalten.

**Beispiel:**

Der Arbeitgeber kündigt seinem Mitarbeiter aus betrieblichen Gründen zum 30. April und zahlt ihm eine Abfindung für den Verlust des Arbeitsplatzes. Die normale Kündigungsfrist wäre aber erst am 30. Juni abgelaufen, so dass der Arbeitgeber eigentlich noch zwei Monate länger hätte Lohn bezahlen müssen. Hier muss die Abfindung jedenfalls in Höhe von zwei Monatsgehältern wie Lohn versteuert werden. Der Chef und sein Mitarbeiter können den Lohn nicht einfach als Abfindung deklarieren, um Steuern zu sparen.

Abfindungsbeträge sind für den ausgeschiedenen Mitarbeiter übrigens nicht sozialversicherungspflichtig. Etwas anderes gilt aber auch hier, wenn in der Abfindung „versteckter" Lohn enthalten ist.

Die Abfindung wird generell nicht auf das Arbeitslosengeld angerechnet. Allenfalls der Beginn der Arbeitslosengeldzahlungen kann sich nach hinten verschieben, Höhe und Umfang bleiben aber erhalten.

**Vorsicht:**

Für die Abfindung gibt es keine Pfändungsgrenzen. Hat der Arbeitnehmer also noch irgendwo Schulden, kann der Gläubiger – anders als beim Lohn – voll auf die Abfindung zugreifen. Wird für die Abfindung eine Zahlung in Raten oder eine Zahlung verschiedener Beträge über mehrere Jahre vereinbart, sollte der Arbeitnehmer ebenfalls aufpassen: Geht es seinem Arbeitgeber schlecht, besteht durch die Gefahr einer Firmenpleite der teilweise Verlust der Abfindung. Notfalls sollte der Arbeitnehmer hier eine Bankbürgschaft einfordern.

# Manchmal ist eine Abfindung garantiert

Abfindungen werden oft gezahlt, obwohl das der ausscheidende Mitarbeiter von seinem Chef eigentlich gar nicht verlangen könnte. In bestimmten Fällen hat der Arbeitgeber aber keine andere Wahl, als eine Abfindung zu zahlen:

- der Arbeitgeber kündigt,
- der Arbeitnehmer wehrt sich gegen die Kündigung vor Gericht,
- der Prozess wird ohne dass sich Mitarbeiter und Chef einigen, zu Ende geführt,
- der Arbeitnehmer gewinnt den Prozess, weil die Kündigung unwirksam ist,
- dem Mitarbeiter oder seinem Chef ist aber eine weitere Zusammenarbeit wegen der Vorkommnisse nicht mehr zuzumuten,
- der Mitarbeiter stellt allein oder mit seinem Chef zusammen bei Gericht einen Antrag, das Arbeitsverhältnis aufzulösen. Den Antrag kann auch allein der Chef stellen, aber nur, wenn er den Mitarbeiter fristgerecht gekündigt hatte, und ein Grund für die Kündigung fehlte.
- das Gericht löst das Arbeitsverhältnis auf,
- der Arbeitnehmer erhält eine Abfindung in oben genannter Höhe, je nach Alter und Betriebszugehörigkeit zwischen maximal 12 bis 18 Monatsverdiensten.

Eine Abfindung kann der Mitarbeiter außerdem beanspruchen, wenn ein so genannter Sozialplan eine solche Zahlung vorsieht. Sozialpläne werden zwischen Betriebsrat und Arbeitgeber ausgehandelt, wenn es dem Betrieb schlecht geht oder einschneidende Veränderungen geplant sind. Sie sollen die wirtschaftlichen Nachteile der Mitarbeiter abfedern, die von den Veränderungen betroffen sind. Im Einzelnen kommt der Arbeitnehmer unter folgenden Voraussetzungen zu einer Abfindung:

- es handelt sich um ein Unternehmen mit mehr als 20 Mitarbeitern,
- es liegt eine Betriebsänderung wie beispielsweise eine Massenentlassung oder eine Betriebsstilllegung vor,
- der Mitarbeiter ist von der Betriebsänderung betroffen, wie zum Beispiel durch eine betriebsbedingte Kündigung,
- es besteht ein Betriebsrat,
- mit dem Betriebsrat ist ein Sozialplan ausgehandelt worden. Es gibt also eine Vereinbarung darüber, wie die nachteiligen Folgen der Betriebsänderung für die Arbeitnehmer abgemildert werden.
- der Sozialplan sieht für den betroffenen Mitarbeiter eine Abfindung vor. Auf die Höhe der Abfindung hat der Arbeitnehmer grundsätzlich keinen direkten Einfluss. Fühlt er sich benachteiligt, kann er gegen den Sozialplan vorgehen und eine höhere Abfindung beziehungsweise die gleiche Abfindung wie andere Arbeitnehmer verlangen. Beispiel: Der Mitarbeiter soll seine Abfindung verlieren, wenn er gegen seine Kündigung klagt.

Fazit: Die Zahlung einer Abfindung kann bei betriebsbedingten Kündigungen allein davon abhängen, ob nur ein einzelner Arbeitnehmer den Betrieb verlässt oder ob wegen einer Betriebsänderung wie einer Massenentlassung mehrere Arbeitnehmer gehen müssen.

# Wie man sich gegen Kündigungen wehrt

Ist der Arbeitnehmer mit einer Kündigung nicht einverstanden, bleibt ihm meist keine andere Wahl, als gerichtliche Hilfe in Anspruch zu nehmen. Denn Versuche, seinen Chef in persönlichen Gesprächen oder über den Betriebsrat von seiner Entscheidung abzubringen, verlaufen in aller Regel erfolglos. Außerdem besteht die Gefahr, dass dem Arbeitnehmer die Zeit wegläuft. Für seine Klage beim Arbeitsgericht hat er nämlich im Normalfall nur drei Wochen Zeit. Schnelle Entscheidungen sind also gefragt. Wer zu lange zögert, hat Pech gehabt. Und: Ausreden zählen nicht, eine Verlängerung der Frist erkennen die Gerichte nur ausnahmsweise an, wenn der Arbeitnehmer die Klage ohne seine Schuld nicht eher einreichen konnte. Beispiel: Der Chef täuscht seinen Mitarbeiter über die wahren Kündigungsgründe oder verspricht ihm, die Kündigung im gegenseitigen Einvernehmen zurückzunehmen. Auch Urlaub kann ein Grund für eine Verlängerung der Dreiwochenfrist sein. Das ist für den Arbeitnehmer vor allem deshalb wichtig, weil die Frist schon zu laufen anfängt, wenn die Kündigung im Briefkasten liegt – ganz gleich, ob er zu dieser Zeit in Urlaub oder zu Hause ist.

Keine ausreichende Entschuldigung ist dagegen,
- dass der Arbeitnehmer die Frist nicht kannte,
- dass der Arbeitnehmer die Frist nicht kannte, weil er Ausländer ist,
- dass der Arbeitnehmer krank war,
- dass der Arbeitnehmer keinen früheren Termin bei seinem Anwalt bekommen hat.

**WISO rät:** Halten Sie Ihre Kündigung für ungerecht, scheuen Sie sich nicht, dagegen zu klagen – auch wenn es vielleicht Ihr erster Prozess ist. Vor Gericht zu ziehen ist keine Schande, sondern Ihr gutes Recht! Außerdem sind Prozesse gegen Kündigungen nicht die Ausnahme, sondern die Regel. Deshalb sind auch mehr als zwei Drittel aller Verfahren vor den Arbeitsgerichten Kündigungssachen. Eine Verschlechterung des Arbeitsklimas oder andere Repressalien Ihres Chefs brauchen Sie in der Regel nicht zu fürchten. Denn Ihren Arbeitsplatz sind Sie meist ohnehin los. Oft eröffnet Ihnen gerade erst der Prozess die Chance auf eine Abfindung.

Will sich der Mitarbeiter gegen die Gründe für die Kündigung wehren, dann hat er dafür höchstens drei Wochen Zeit. Die dreiwöchige Frist gilt für alle Arten von Kündigungen, also fristgerechte, fristlose, hilfsweise oder vorsorgliche Kündigungen. Bekommt ein und derselbe Mitarbeiter gleich mehrere Kündigungen vom Chef, dann muss er jede einzelne Kündigung innerhalb der Frist gesondert angreifen.

**Beispiel:**
Wenn Ihr Chef Ihnen zunächst fristlos und einige Tage später zur Sicherheit noch mal fristgerecht kündigt, müssen Sie sich ausdrücklich gegen beide Kündigungen wehren und das jeweils in einer Frist von drei Wochen. Und: Die Frist läuft ab dem Zeitpunkt, zu dem Sie die Kündigung erhalten.

Geht der Mitarbeiter gegen die Kündigung vor und rügt er nicht etwa fehlende Gründe, sondern hat er andere Einwände, wie zum Beispiel mangelnde Schriftform, fehlende Kündigungsberechtigung, unterbliebene Betriebsratsanhörung, fehlende Einschaltung des Integrationsamtes (bei schwer Behinderten) oder das Kündigungsverbot wegen eines Wechsels des Betriebsinhabers, dann kann er sich länger als drei Wochen gegen die Kündigung wehren. Wie lange genau das ist, ist allerdings nicht gesetzlich geregelt und meistens eine Frage des speziellen Falles.

**WISO rät:** Gehen Sie auf „Nummer sicher". Halten Sie bei Ihrer Klage trotzdem immer die dreiwöchige Frist ein. Das gilt selbst dann, wenn die Frist für Sie nicht zur Anwendung kommt. Zum einen können Sie das oft nicht selbst beurteilen. Zum anderen können Ihnen im Prozess vielleicht noch Dinge einfallen, die Sie innerhalb der drei Wochen Frist hätten vorbringen müssen. Und drittens besteht auch ohne Dreiwochenfrist meist eine maximale Klagemöglichkeit von nur rund drei Monaten.

## Niemals voreilig auf eine Klage verzichten

Häufig passiert es, dass der Arbeitnehmer im Rahmen der Kündigung eine so genannte Ausgleichsquittung unterschreiben soll, mit der er die vollständige und korrekte Beendigung des Arbeitsverhältnisses bestätigt. Darin erklärt sich der Arbeitnehmer dann meist auch damit einverstanden, gegen den Chef keine Kündigungsklage zu erheben. Hier ist stets äußerste Vorsicht geboten. Solche Absprachen sind nämlich durchaus wirksam, sofern sie nach Ausspruch der Kündigung getroffen werden. Der Mitarbeiter verliert dann sein Recht, vor Gericht gegen die Kündigung vorzugehen. Eine Ausgleichsquittung sollte deshalb nie voreilig unterschrieben werden.

## Mit oder ohne Anwalt vor Gericht?

Auch wenn viele Arbeitnehmer es sich nicht vorstellen können: Für die Klage vor dem Arbeitsgericht brauchen sie nicht unbedingt einen Anwalt. Trotzdem ist die Einschaltung eines Anwalts natürlich in den meisten Fällen sinnvoll. Dann muss der Arbeitnehmer aber auch dessen Kosten berappen. Denn vor dem Arbeitsgericht trägt zunächst einmal jeder seine Anwaltskosten selbst – egal wie der Prozess ausgeht. In der ersten Instanz können leicht Anwaltskosten zwischen 500 und 2.000 Euro entstehen. Hinzu kommen unter Umständen Gerichtskosten zwischen zehn und 500 Euro, und zwar dann, wenn man den Prozess verliert. Dafür ist das Kostenrisiko aber für den Arbeitnehmer begrenzt: Die Kosten für den gegnerischen Anwalt muss er in der ersten Instanz niemals bezahlen. Bei entsprechender wirtschaftlicher Situation – und die liegt nach einer Kündigung schnell vor – bekommt der Arbeitnehmer vom Staat Prozesskostenhilfe. Dann muss er für das Verfahren entweder gar nichts zahlen oder die Kosten in Raten zurückzahlen. Die Anträge auf Prozesskostenhilfe gibt es beim Arbeitsgericht. Nichts bezahlen muss der Arbeitnehmer auch dann, wenn eine Rechtsschutzversicherung für den Fall einspringt. Die meisten Rechtsschutzversicherungen decken die Kosten für arbeitsgerichtliche Streitigkeiten ab. Bisweilen ist allerdings eine Eigenbeteiligung des Arbeitnehmers vereinbart. Diese beträgt oft zwischen 100 und 200 Euro.

**WISO rät:** Überlegen Sie frühzeitig, ob Sie einen Anwalt einschalten wollen oder nicht. Je eher Sie sich an den Anwalt wenden, desto besser kann er Ihnen helfen. Meist empfiehlt es sich, einen Anwalt schon unmittelbar nach der Kündigung aufzusuchen. Denn auf die Kündigung folgen oft weitere Maßnahmen Ihres Chefs, mit denen Sie im Zweifel nicht umzugehen wissen, wie zum Beispiel der Einbehalt von Lohnzahlungen, die Wegnahme von Arbeitsmaterial, die Rückforderung des Dienstwagens, die sofortige Freistellung von der Arbeit, die Vorlage einer Ausgleichsquittung oder die Verweigerung eines Arbeitszeugnisses. Auch bei Fragen zur Arbeitslosigkeit kann der Anwalt helfen. Und vor allem: Verzichten Sie nie auf einen Anwalt, um Geld zu sparen. Das rächt sich oft. Erzielt der Anwalt eine gute Einigung, wie zum Beispiel eine hohe Abfindung, haben Sie die Kosten bald einmal doppelt und dreifach wieder hereingeholt.

Vor allem wenn dem Arbeitnehmer die Zeit davonläuft, kann es ratsam sein, zunächst selbst die Klage bei Gericht einzureichen. Der Mitarbeiter kann dann immer noch einen Anwalt hinzuziehen. Für die Klage zuständig ist das Arbeitsgericht, in dessen Bezirk sich der Arbeitsplatz befindet. Und: Nur keine Hemmungen! Bei den Geschäftsstellen der Arbeitsgerichte gibt es meist vorformulierte Klagevordrucke mit mehrsprachigen Erläuterungen. Notfalls ist man dort beim Ausfüllen behilflich. Ansonsten kann die Klage auch mündlich vorgetragen werden. Am besten bringt der Arbeitnehmer dazu alle Unterlagen über das Arbeitsverhältnis mit. Zu den Kündigungsgründen braucht und sollte der Arbeitnehmer aber keine Stellung nehmen. Wer selbst im ersten Gerichtstermin, dem so genannten Gütetermin, noch nicht anwaltlich oder gewerkschaftlich vertreten ist, erhält auch hier noch häufig Hilfestellungen vom Gericht. Um besser vorbereitet zu sein, kann der Arbeitnehmer sich vorher andere Verhandlungen vor dem Arbeitsgericht anschauen. Das ist problemlos und ohne Voranmeldung möglich.

Vor Gericht kann sich der Arbeitnehmer auch gewerkschaftlich vertreten lassen, soweit er Mitglied der Gewerkschaft ist. Dann muss die Gewerkschaft seine Kosten für den Prozess übernehmen. Wer allerdings erst kurz vor oder sogar nach einer Kündigung in die Gewerkschaft eintritt, um sich den Prozess finanzieren zu lassen, darf nicht mit einer Kostenübernahme rechnen.

Einen Formulierungsvorschlag für eine Kündigungsschutzklage finden Sie im Anhang dieses Buches.

## Wo finde ich den richtigen Anwalt?

Einen kompetenten Anwalt kann der Arbeitnehmer finden über
- Empfehlungen von Freunden und Bekannten,
- Telefonbücher oder Telefonverzeichnisse, im Internet oder auf CD-ROM,
- verschiedene Anwaltssuchdienste im Internet oder per Telefon,
- die nächstliegende Rechtsanwaltskammer.

Grundsätzlich kann jeder Anwalt den Arbeitnehmer vor dem Arbeitsgericht vertreten. Natürlich gibt es auch Anwälte, die sich auf arbeitsrechtliche Fragen spezialisiert haben. Im günstigsten Fall tragen sie die Bezeichnung „Fachanwalt im Arbeitsrecht". Die Gebühren sind aber bei allen Rechtsanwälten gleich hoch.

## Wie das Gericht entscheidet

Vor Gericht soll eigentlich geklärt werden, ob die Kündigung in Ordnung war. Fällt die Entscheidung dann zu Gunsten des Chefs aus, muss der Mitarbeiter den Betrieb verlassen. Gewinnt dagegen der Arbeitnehmer, darf er in dem Betrieb weiterarbeiten. In der Praxis sieht es aber meist anders aus. Denn wegen der Auseinandersetzung über die Kündigung ist eine weitere Zusammenarbeit zwischen Arbeitgeber und Arbeitnehmer in aller Regel nicht mehr denkbar. Ob die Kündigung wirklich in Ordnung war, wird deshalb vom Gericht oft gar nicht mehr geklärt. Vielmehr einigen sich beide Seiten darüber, dass der Arbeitnehmer aus dem Betrieb ausscheidet, und der Arbeitgeber ihm für den Verlust seines Arbeitsplatzes eine Abfindung zahlt. Es wird ein so genannter Vergleich geschlossen. Häufig drängen auch die Gerichte auf den Abschluss eines Vergleiches. Wer als Richter viele Prozesse durch Vergleich beendet, steht bei den Kollegen gut da und hat vor allem selbst weniger Arbeit. Der Arbeitnehmer sollte sich also nicht wundern, wenn der Prozess vor dem Arbeitsgericht so abläuft:

- der Arbeitnehmer erhebt fristgerecht Klage,
- innerhalb von vier Wochen erfolgt ein so genannter Gütetermin vor dem Arbeitsgericht, um eine Einigung zwischen den Parteien herbeizuführen,
- im Gütetermin passiert folgendes: kurze Erörterung der Kündigungsgründe, dann Vorschlag eines Vergleiches,
- kommt eine Einigung zustande, ist der Prozess zu Ende,
- kommt keine Einigung zu Stande, wird ein Haupttermin vor dem Arbeitsgericht innerhalb der nächsten vier bis sechs Monate bestimmt,
- im Haupttermin erfolgt die erneute Erörterung der Kündigung, dann wieder Vorschlag eines Vergleiches,
- kommt eine Einigung zu Stande, ist der Prozess zu Ende,
- kommt keine Einigung zu Stande, entscheidet das Gericht über die Kündigung, unter Umständen wird das Arbeitsverhältnis gegen Abfindung aufgelöst.

**WISO rät:** Wägen Sie gut ab: Ein gerichtlicher Vergleich kann für Sie häufig von Vorteil sein. Er spart Ihnen Zeit, Geld und Nerven. Außerdem fallen für den Vergleich keine Gerichtskosten an, und es gibt keine Nachteile beim Arbeitslosengeld. Auch die Unsicherheit darüber, wie es weitergeht, fällt weg. Andererseits müssen Sie sich darüber im Klaren sein, dass Sie plötzlich von einem Tag auf den anderen ohne Arbeit dastehen. Dafür ist die Abfindung oft nur ein schwacher Trost. Wenigstens ist diese Abfindung aber bis zu einer gewissen Grenze steuerfrei. Und: Ohne Perspektive wäre die weitere Arbeit in Ihrem Betrieb ohnehin sinnlos. Sind Sie sich nicht sicher, ob Sie den Vergleich tatsächlich wie vom Gericht oder vom Arbeitgeber vorgeschlagen akzeptieren sollen, schließen Sie einen so genannten Widerrufsvergleich ab. Das Gericht räumt Ihnen dann eine Frist von zwei bis drei Wochen ein, in der Sie sich die Sache noch einmal überlegen und den Vergleich notfalls wieder rückgängig machen können. Vorteil:

Sie gehen nicht mit leeren Händen nach Hause. Sind Sie sich nicht sicher, ob neben der Kündigung noch andere Ansprüche, wie etwa das Arbeitszeugnis, offen sind, weisen Sie das Gericht darauf hin. Am besten vereinbaren Sie gleich, dass der Arbeitgeber Ihnen am Ende des Arbeitsverhältnisses ein Arbeitszeugnis ausstellt, das mindestens der Note „gut" entspricht.

## Verschaffen Sie sich einen guten Abgang

Unabhängig von der rechtlichen Seite sollte jeder Arbeitnehmer darauf achten, sich einen vernünftigen Abgang aus dem Betrieb zu verschaffen. Denn je nach Kündigungsfrist muss er vielleicht noch einige Wochen oder sogar Monate für seinen Arbeitgeber tätig sein. Natürlich fällt es schwer, in dieser Zeit noch die volle Leistung zu bringen. Möglicherweise hat der Mitarbeiter auch überhaupt keine Lust mehr, jeden Tag im Betrieb aufzulaufen. Wie dem auch sei: Wer gezwungen ist zu gehen, sollte dies stets mit dem nötigen Anstand tun. Das ist nicht nur eine Frage des guten Stils, sondern bringt dem Arbeitnehmer vielleicht sogar konkrete Vorteile. Immerhin könnte er es später aus irgendeinem Grund noch einmal mit seinem Chef oder seinen Kollegen zu tun bekommen. Manchmal informiert sich auch der Personalchef eines Unternehmens, bei dem man sich bewirbt, über die Arbeitsleistung und das Verhalten des Mitarbeiters beim alten Vorgesetzten. Das ist durchaus üblich. Also: Vernünftig weiterarbeiten, am Ende den Arbeitsplatz aufräumen, den Nachfolger einweisen, sich bei den alten Kollegen verabschieden, einen kleinen Abschiedsumtrunk veranstalten – so oder ähnlich sollte der Abgang aus dem Betrieb idealerweise aussehen.

# 3. Aufhebungs- oder Auflösungsvertrag

## Alternative zur Kündigung?

Es muss nicht immer eine Kündigung sein: Will der Arbeitgeber sich vom Arbeitnehmer trennen, kann er auch versuchen, mit ihm einen Aufhebungsvertrag – manchmal spricht man übrigens auch von einem Auflösungsvertrag – zu schließen. Dann erklären Chef und Mitarbeiter übereinstimmend und in schriftlicher Form, dass sie damit einverstanden sind, dass das Arbeitsverhältnis endet. Der Vorteil für den Arbeitgeber: Er erspart sich so eine Kündigung, für die er vielleicht nicht einmal einen Grund gehabt hätte oder bei der eine Menge Ärger vorprogrammiert gewesen wäre. Außerdem steht er vor seinen anderen Mitarbeitern gut da. Der Arbeitnehmer wiederum kommt meist ohne viel Aufwand und ohne den „Makel" einer Kündigung zu einer Abfindung. Die Initiative zum Aufhebungsvertrag kann aber natürlich auch vom Mitarbeiter ausgehen: Wer beispielsweise wegen ständigen Fehltritten mit einer Kündigung rechnen muss, schlägt dem Chef besser gleich eine einvernehmliche Aufhebung vor, um wenigstens noch ein vernünftiges Arbeitszeugnis, vielleicht sogar zur „Belohnung" noch eine Abfindung zu bekommen. Eine gemeinsame Aufhebung bietet sich zudem an, wenn der Arbeitnehmer schon eine neue Stelle in Aussicht hat, bei der er möglichst schnell anfangen möchte.

## Wo die Probleme stecken

Eitel Sonnenschein bei allen Beteiligten – da stellt sich manch einer sicher die Frage, warum es in unserem Land statt Aufhebungsvereinbarungen überhaupt noch Kündigungen geben muss. Die Antwort: Auch bei einem Aufhebungsvertrag ist nicht alles Gold, was glänzt. Die eigentlichen Tücken stecken im Detail:

So bringt der Aufhebungsvertrag für den Arbeitnehmer beispielsweise erhebliche Nachteile beim Bezug von Arbeitslosengeld (Einzelheiten dazu finden Sie im Kapitel „Gang zum Arbeitsamt"). Diese finanziellen Einbußen lassen sich leider nur schwer in konkreten Zahlen ausdrücken. Tabellen oder ähnliche Übersichten gibt es hierzu nicht. Für jeden einzelnen Arbeitnehmer führt die Berechnung zu einem anderen Ergebnis. Deshalb wird der Arbeitnehmer auch kaum in der Lage sein, die Verluste ohne weiteres durch das Aushandeln einer höheren Abfindung aufzufangen.

Arbeitnehmer müssen bei Aufhebungsverträgen besonders darauf achten, zu welchem Datum das Arbeitsverhältnis genau endet. Der Grund: Bei ungünstigen Terminen drohen weitere Nachteile bei Arbeitslosengeld, Steuer, Sozialversicherung und betrieblicher Altersversorgung. Derjenige, der eine Beendigung zum Ablauf der ordentlichen Kündigungsfrist vereinbart, kann sich noch am sichersten sein. Beispiel: Der Mitarbeiter hat laut seinem Arbeitsvertrag eine Kündigungsfrist von zwei Monaten und will Ende Mai mit seinem Chef eine Aufhebungsvereinbarung abschließen. Als Beendigungsdatum für das Arbeitsverhältnis sollte der 31. Juli vorgesehen werden.

Eine Rückdatierung des Aufhebungsvertrages ist in der Regel unzulässig. Der Chef darf also nicht etwa am 1. Juni einen Vertrag mit seinem Mitarbeiter abschließen, und als Vertragsdatum den 1. April angeben. Bei einem Verstoß wird das Arbeitsverhältnis zwar trotzdem aufgehoben Nachteile entstehen dann aber wieder beim Arbeitslosengeld, bei der Steuer und der Sozialversicherung Außerdem muss der Arbeitnehmer mit strafrechtlichen Konsequenzen rechnen. Denn er kann unter Umständen wegen Betruges zu Lasten des Arbeitsamtes angezeigt und verurteilt werden.

Die Rückdatierung eines Aufhebungsvertrages ist im Übrigen etwas anderes als eine Rückwirkung. Beispiel dafür: Der Mitarbeiter schließt mit seinem Chef am 10. Juni einen Aufhebungsvertrag. Dieses Datum steht auch auf dem Vertrag. Er ist also nicht rückdatiert. Der Vertrag sieht aber eine Aufhebung rückwirkend ab dem 1. Mai vor. Bei der Rückwirkung muss der Mitarbeiter wenigstens nicht mit strafrechtlichen Sanktionen rechnen: Die rückwirkende Vereinbarung ist erlaubt. Ansonsten bleiben die Nachteile aber die gleichen: Weniger Arbeitslosengeld und mehr Steuern und Sozialversicherung.

Zum Problem für Chef und Mitarbeiter kann zudem der Umstand werden, dass der Aufhebungsvertrag schriftlich abgeschlossen werden muss. Erforderlich ist dafür, dass sowohl der Arbeitnehmer wie auch sein Chef die Vereinbarung unterschreiben. Die Unterschriften gelten aber dann nicht als abgegeben, wenn der Aufhebungsvertrag auf Anlagen wie zum Beispiel ein Zeugnis Bezug nimmt, die dem Aufhebungsvertrag nicht beigeheftet sind. Die ganze Vereinbarung ist damit ungültig. Der Mitarbeiter darf und muss weiter arbeiten.

Eine besondere Gefahr droht älteren Arbeitnehmern ab 56 Jahren in Form von Bestimmungen im Vertrag, die eine ganze oder teilweise Rückzahlung von Abfindungen oder anderen Entschädigungen vorsehen, wenn ihr Chef vom Arbeitsamt zur Kasse gebeten wird. Solche Klauseln sind zulässig und können den Arbeitnehmer viel Geld kosten.

Ein weiterer schwieriger Punkt: Der Aufhebungsvertrag regelt nicht nur, wann das Arbeitsverhältnis beendet wird und welche Abfindung der Mitarbeiter bekommt. Im Gegenteil, sinnvollerweise sollten mit dem Aufhebungsvertrag alle Punkte zwischen Chef und Mitarbeiter endgültig geklärt werden. Für den Mitarbeiter bedeutet das, er muss sich über Folgendes Gedanken machen:

- Grund der Aufhebung. Achtung: Hier können möglicherweise weitere Nachteile bei Arbeitslosengeld und Steuer drohen. Am besten ist es, wenn der Mitarbeiter angibt, aus betriebsbedingten Gründen auf Veranlassung des Chefs ausgeschieden zu sein.
- Einzelheiten der Abfindung, wie etwa der Auszahlungszeitpunkt, brutto oder netto, Absicherung für den Fall einer Insolvenz des Arbeitgebers oder die Frage, ob der Abfindungsanspruch auch vererbt wird, wenn der Mitarbeiter vor der Auszahlung verstirbt.
- Freistellung,
- Anrechnung anderweitigen Verdienstes,
- restliche Gehaltsansprüche einschließlich Sonderzahlungen und Gewinnbeteiligungen,
- Arbeitszeugnis. Das sollte auf keinen Fall vergessen werden. Ansonsten könnte der Arbeitgeber in Versuchung kommen, Verhandlungserfolge des Mitarbeiters nachträglich durch ein schlechtes Zeugnis zu schmälern. Der Mitarbeiter sollte sich deshalb nicht auf unverbindliche Zusagen seines Chefs verlassen, sondern den Text des Arbeitszeugnisses zum Inhalt der Aufhebungsvereinbarung machen. Am besten ist es, einen eigenen Zeugnisentwurf zu präsentieren.
- Resturlaub,
- Dienstwohnung,
- Verschwiegenheitspflichten,
- Wettbewerbsverbote,
- Rückgabe von Unterlagen, Arbeitsmitteln, Firmenwagen,
- Fortführung möglicher Versicherungen durch den Arbeitnehmer,
- betriebliche Altersversorgung (wird oft übersehen),
- Arbeitgeberdarlehen,
- Rückgabe der Arbeitspapiere,
- Ausgleichsklausel, mit der alle Rechte und Pflichten zwischen Arbeitnehmer und Arbeitgeber endgültig für erledigt erklärt werden,
- Kosten der Hinzuziehung eines Anwalts. Vorsicht: Die Rechtsschutzversicherung springt hier nicht ein.

Welche Lösungen im Einzelnen in Betracht kommen, dürfte den normalen Arbeitnehmer in aller Regel überfordern. Wer etwas übersieht, handelt sich schnell Nachteile ein.

**WISO rät:** Ein Aufhebungsvertrag ist in vielerlei Hinsicht eine sehr heikle Angelegenheit. Schließen Sie einen solchen Vertrag niemals unüberlegt und auf eigene Faust ab. Vor allem lassen Sie sich nie zu einer Unterschrift drängen oder zwingen. Das Risiko, wichtige Punkte zu übersehen, ist enorm hoch. Lassen Sie sich hier lieber von einem Anwalt beraten. Unter Umständen wird es sich sogar empfehlen, zunächst eine Kündigung des Arbeitgebers in Kauf zu nehmen.

Der Betriebsrat hat mit dem Abschluss eines Aufhebungsvertrages übrigens nichts zu tun.

Besondere Aufmerksamkeit ist bei Aufhebungsverträgen geboten, die mit einem freien Mitarbeiter geschlossen werden. Ist der Arbeitnehmer der Auffassung, er sei in Wahrheit gar nicht selbständig, sondern ein Arbeitnehmer, sollte er versuchen, sich durch die Formulierungen im Vertrag mögliche Nachversicherungsansprüche offen zu halten. Schließlich haftet nach dem Ende des Arbeitsverhältnisses nur noch der Arbeitgeber für unterbliebene Beitragszahlungen. Vorteilhaft sind alle Wendungen, die auf ein Arbeitsverhältnis schließen lassen, wie zum Beispiel

- die Verwendung des Begriffs Arbeitnehmer,
- Beendigungsformeln, die von einer Kündigung oder einem Ende des Arbeitsverhältnisses sprechen,
- Abfindungen für den Verlust des Arbeitsplatzes, am besten „steuerfrei nach § 3 Nr. 9 EStG",

sowie der Verzicht auf Klauseln, mit denen der Arbeitnehmer seine Stellung als freier Mitarbeiter anerkennt oder sich zur Erstattung von nach zu entrichtenden Sozialversicherungsbeiträgen oder Steuern verpflichtet. Insoweit ist eine „Erledigungsklausel" am Ende des Aufhebungsvertrages von Vorteil, die folgendermaßen aussehen könnte: „Damit sind alle Ansprüche aus dem Arbeitsverhältnis erledigt."

## Kaum ein Weg zurück

Viele Arbeitnehmer haben ihre voreilige Unterschrift unter einen Aufhebungsvertrag schon bereut. Wer freiwillig und bei vollem Bewusstsein in einen Aufhebungsvertrag einwilligt, kommt davon im Normalfall nicht mehr los. Bei der Frage, was freiwillig ist, sind die Gerichte nicht immer zimperlich. Hat der Chef beispielsweise vor, seinem Mitarbeiter mit gutem Grund fristlos zu kündigen, darf er das dem Arbeitnehmer durchaus vorher mitteilen. Unterschreibt der Arbeitnehmer unter diesem „Druck" den Aufhebungsvertrag, ist er trotzdem daran gebunden. Der Chef ist auch nicht verpflichtet, seinem Arbeitnehmer eine Bedenkzeit einzuräumen oder ihn auf sämtliche Gefahren eines Aufhebungsvertrages hinzuweisen. Darum muss sich der Mitarbeiter schon selbst kümmern. Aufklärungspflichten gelten allerdings für die Sperrfrist beim Arbeitslosengeld und den Verlust von Ansprüchen der betrieblichen Altersversorgung, wenn der Chef den Aufhebungsvertrag anregt. Außerdem muss der Arbeitgeber natürlich Fragen seines Arbeitnehmers wahrheitsgemäß beantworten. Nur: Verstößt der Arbeitgeber gegen seine Aufklärungspflicht, wird der Aufhebungsvertrag nicht wirkungslos. Der Arbeitnehmer kann lediglich Schadenersatz verlangen. Außerdem kann der Arbeitgeber mögliche Aufklärungspflichten dadurch umgehen, dass er seinen Arbeitnehmer einen generellen Verzicht auf eine Aufklärung unterschreiben lässt oder eine Klausel in den Vertrag aufnimmt, mit der der Arbeitnehmer eine vorherige Aufklärung bestätigt.

**Beachten Sie:**
So wie Sie den Aufhebungsvertrag unterschreiben, wird er in aller Regel wirksam. Wollen Sie unter keinen Umständen mehr an den Vertrag gebunden sein, gibt es allenfalls folgende Möglichkeiten:

- Eine Anfechtung wegen Täuschung oder Drohung. Beispiel: Der Chef droht mit einer fristlosen Kündigung, für die er überhaupt keinen Grund hat. Das Problem: Das Verhalten des Chefs ist meist nicht bis nur schwer nachweisbar.
- Gesetzesverstöße des Arbeitgebers. Sie sind zwar eher selten, kommen aber etwa dann vor, wenn der Betrieb einen neuen Chef bekommt und der Mitarbeiter zum Abschluss eines Aufhebungsvertrages überredet wird, ohne dass er über Einzelheiten des Betriebswechsels informiert wurde.
- Einen Widerruf des Vertrages. Einige Tarifverträge räumen den Arbeitnehmern die Möglichkeit ein, den Vertrag binnen einer Woche zu widerrufen. Achten Sie darauf, ob nicht eine solche Bestimmung für Sie zur Anwendung kommt.
- Eine nachträgliche Überprüfung des Vertragsinhalts durch ein Gericht. Seit dem 1. Januar 2002 dürfen die Gerichte nämlich die meisten Aufhebungsverträge auf einen angemessenen Inhalt kontrollieren. Hier liegt für Sie möglicherweise ein letzter Rettungsanker.
- Einen Rücktritt vom Vertrag. Ein Rücktrittsrecht haben Sie, wenn sich der Arbeitgeber mit der Zahlung der Abfindung verspätet. Dann müssen Sie ihm aber zunächst eine angemessene Nachfrist von etwa zwei Wochen zur Zahlung einräumen.

# 4. Abwicklungsvertrag

## Die bessere Lösung

Wer mit einer Kündigung nicht rechnet und überhaupt nicht an eine Entlassung denkt, der wird in den seltensten Fällen mit ihr einverstanden sein. Doch hat der Chef eine Kündigung erst einmal angedeutet, dann stellen sich schnell Fragen wie die nach einer Abfindung, einer Freistellung von der Arbeit oder einem anständigen Arbeitszeugnis. Um diese Punkte zu regeln, könnte der Arbeitnehmer versuchen, mit dem Arbeitgeber anstelle der Kündigung einen Aufhebungsvertrag abzuschließen. Das ist aber nicht unproblematisch und meist auch nicht empfehlenswert. Die Alternative für den Arbeitnehmer wäre, gegen die Kündigung vor Gericht zu ziehen und sich dort mit dem Chef in einem Vergleich zu einigen. Der Nachteil: Ob der Prozess tatsächlich so endet, lässt sich nicht vorhersagen. Außerdem kostet den Mitarbeiter die Sache erst einmal Zeit, Geld und Nerven. Wesentlich günstiger ist in solchen Fällen der Abschluss eines so genannten Abwicklungsvertrages. Dann bleibt es zwar bei der Kündigung, alle anderen Punkte, wie etwa Zeugnis und Abfindung, werden aber von Mitarbeiter und Chef schnell und einvernehmlich geregelt. Gegenüber dem Aufhebungsvertrag hat der Abwicklungsvertrag folgende Vorteile:

- Die Nachteile beim Arbeitslosengeld und bei der Steuer fallen bei geschickter Gestaltung weitgehend weg. Das erleichtert auch die Einigung mit dem Arbeitgeber.
- Wer sich nach kurzer Arbeitslosigkeit selbständig machen will, erhält sofort Überbrückungsgeld, da er keine Sperrzeit hat.
- Der Abwicklungsvertrag muss nicht schriftlich abgeschlossen werden. Das heißt, auch der Austausch von Faxen reicht für die Wirksamkeit aus.
- Der Arbeitnehmer kann trotz Abwicklungsvereinbarung von seinem Chef verlangen, dass dieser ihn wiedereinstellt, wenn sich die Verhältnisse bis zum Ablauf der Kündigungsfrist ändern, also beispielsweise der Betrieb entgegen der ursprünglichen Absicht fortgeführt wird.
- Der Abwicklungsvertrag bedeutet für beide Seiten nur ein geringes Risiko. Das Arbeitsamt erkennt Abwicklungsverträge in der Regel an. Das heißt, es droht keine Sperrzeit beim Arbeitslosengeld.
- Die Rechtsschutzversicherung übernimmt die Kosten einer anwaltlichen Vertretung für die Kündigung und für den Abwicklungsvertrag soweit schon eine Kündigung vorliegt.

**WISO rät:** Eine Abwicklungsvereinbarung bietet Ihnen viele Möglichkeiten und Vorteile. Stehen Sie vor der Alternative, sollten Sie einer Abwicklungsvereinbarung den Vorzug gegenüber einem Aufhebungsvertrag geben.

Auch für den Abwicklungsvertrag gilt aber: Nehmen Sie sich für den Vertragsabschluss Zeit. Ziehen Sie im Zweifel immer einen Anwalt zu Rate. Regeln Sie alle Fragen sorgfältig. Übersehen Sie keine offenen Punkte wie etwa Altersversorgung oder Arbeitszeugnis. Schließen Sie vorsichtshalber nur schriftliche Vereinbarungen ab.

## Entscheidend: Die Kündigung muss fristgerecht und betriebsbedingt sein

Dreh- und Angelpunkt des Abwicklungsvertrages ist die nähere Bezeichnung der Umstände für den Arbeitsplatzverlust. Der Arbeitgeber muss deutlich zu verstehen geben, dass er auf seine Veranlassung hin dem Arbeitnehmer fristgerecht und aus betrieblichen Gründen gekündigt hat. Nur in diesem Fall gibt es keine Nachteile beim Arbeitslosengeld. Denn der Arbeitnehmer hat dann ja nicht am Verlust seines Jobs mitgewirkt, sondern nur eine Vereinbarung über die Folgen, die Abwicklung, getroffen. Deshalb darf im Abwicklungsvertrag beispielsweise nicht drin stehen, dass der Chef den Arbeitnehmer wegen eines schweren Fehlverhaltens gekündigt hat.

**Wichtig:**
Bei der Angabe von Kündigung und Kündigungsgrund hat der Mitarbeiter viele Möglichkeiten, mit seinem Chef eine günstige Formulierung abzusprechen. So kann etwa aus einer verhaltensbedingten eine betriebsbedingte Kündigung gemacht und mit einer Abwicklungsvereinbarung verbunden werden.

**Beispiel:**
Der Chef kündigt, weil der Mitarbeiter schwere Fehler gemacht hat. In der Kündigung steht aber nichts davon. Der Mitarbeiter schlägt dem Chef nun eine Abwicklungsvereinbarung vor und verspricht gleichzeitig, nicht gegen die Kündigung zu klagen. Der Chef lässt sich darauf ein. Um dem Arbeitnehmer beim Arbeitslosengeld keine Steine in den Weg zu legen, steht in der Vereinbarung, dass der Chef betriebsbedingt gekündigt hat.

Ob solche Absprachen im Einzelnen zulässig oder ohne Folgen sind, steht natürlich auf einem anderen Blatt. Nur: Ein geschickter Abwicklungsvertrag ist allemal besser als ein ungeschickter Aufhebungsvertrag. Aber Vorsicht: Vor lauter verhandeln sollte der Arbeitnehmer nicht die dreiwöchige Klagefrist gegen die Kündigung verpassen. Sonst wird das Interesse des Chefs am Abwicklungsvertrag und an der Abfindungszahlung nämlich plötzlich stark nachlassen.

## Sonderfall: Abwicklungsvertrag ohne vorherige Kündigung

Ohne vorherige Kündigung keinen Abwicklungsvertrag – so jedenfalls der Normalfall. Denn abwickeln kann man ja nur etwas, was vorher schon passiert ist. Aber: Keine Regel ohne Ausnahme. Ist für beide Seiten nämlich schon vorher klar, dass der Chef demnächst kündigen wird, wäre es unsinnig, zuerst die Kündigung zu verlangen, bevor Chef und Mitarbeiter sich über den Rest einigen können. Hier empfiehlt sich deshalb noch vor der Kündigung eine Vereinbarung, die zum einen den Arbeitsvertrag aufhebt und alle offenen Punkte regelt, gleichzeitig aber zum Ausdruck bringt, dass der Chef dem Mitarbeiter sowieso gekündigt hätte, wenn die Vereinbarung nicht geschlossen worden wäre. Das ist dann eine Mischung zwischen Aufhebungs- und Abwicklungsvertrag. Nur schriftlich ist eine solche Vereinbarung gültig. Der Vorteil: Sie spart Zeit, Geld, Aufwand und Ärger, und sie wird von den meisten Arbeitsämtern anerkannt. Der Arbeitnehmer muss also auch hier nicht mit einer Sperrzeit beim späteren Arbeitslosengeld rechnen.

**Wichtig:**
Wer Ärger mit dem Arbeitsamt vermeiden will, sollte bei Abwicklungsvereinbarungen ohne vorherige Kündigung sehr genau auf die richtigen Formulierungen achten. Beispiel für eine vorteilhafte Klausel: „Das Arbeitsverhältnis zwischen den Parteien endet am 30. April 2005. Ohne Abschluss dieser Vereinbarung wäre Herr Müller zum gleichen Zeitpunkt aus betriebsbedingten Gründen ordentlich und fristgerecht gekündigt

worden." Damit ist auch sichergestellt, dass der Arbeitgeber später gegenüber dem Arbeitsamt nicht behaupten kann, er habe seinen Mitarbeiter in Wahrheit gar nicht entlassen wollen. Ein weiterer Punkt: Die Vereinbarung sollte in der Überschrift lieber Abwicklungs- statt Aufhebungsvertrag genannt werden. Zwar kommt es für Sperrzeit und Steuer nicht darauf an, wie der Vertrag bezeichnet wird, sondern nur darauf, was darin enthalten ist. Um aber beim Arbeitsamt erst gar keine Missverständnisse aufkommen zu lassen, sollte der Begriff Aufhebungsvertrag besser weggelassen werden.

**WISO rät:** Achten Sie bei einem Abwicklungsvertrag immer darauf, dass das Arbeitsamt Ihre Vereinbarung akzeptiert, Ihnen also keine Nachteile beim Arbeitslosengeld drohen. Klären Sie deshalb bereits vorher beim zuständigen Arbeitsamt, welche Formulierung inhaltlich am besten zu wählen ist. Notfalls lassen Sie sich einfach einen Beratungstermin geben. Wichtig ist, dass Sie hierbei immer darauf hinweisen, dass Ihr Arbeitgeber Ihnen fristgerecht betriebsbedingt gekündigt hat oder kündigen will. Bauen Sie in den Abwicklungsvertrag eine Sicherung für den Fall einer Pleite Ihres Arbeitgebers ein, damit Sie nicht später ohne Abfindung und ohne Arbeitsplatz dastehen. Denkbar ist zum Beispiel, dass Sie den Bestand des Vertrages oder der Kündigung von der frühzeitigen und pünktlichen Zahlung der Abfindung abhängig machen.

Einen Formulierungsvorschlag für einen Abwicklungsvertrag finden Sie im Anhang dieses Buches.

# 5. Eigene Kündigung des Arbeitnehmers

Mobbing, Umzug, Unzufriedenheit, Stress mit dem Chef, Auslandsaufenthalt, geänderte Familienplanung, Ausstieg, Auszeit, Selbstständigkeit, neue Stelle – unterschiedlichste Anlässe können den Arbeitnehmer dazu bewegen, seinen Arbeitsplatz von sich aus aufzugeben.

Der Arbeitnehmer sollte sich seinen Schritt aber gut überlegen. Eine eigene Kündigung hat nachteilige Konsequenzen auf das Arbeitslosengeld und die Besteuerung einer möglichen Abfindung. Außerdem sollte der Arbeitnehmer daran denken, dass er im Fall einer Eigenkündigung vertraglich verpflichtet sein kann, erhaltene Sonderzahlungen wie etwa eine Weihnachtsgratifikation zurückzuerstatten oder eine Vertragsstrafe zu zahlen. Andererseits kann eine Eigenkündigung dem Arbeitnehmer oft noch ein gutes Zeugnis verschaffen, wenn er damit einer berechtigten Kündigung seines Chefs wegen schwerer Verfehlungen zuvorkommt und ihm sozusagen damit „einen Gefallen" tut.

Für die Kündigung des Mitarbeiters gelten nur zum Teil die gleichen Regeln wie für die Kündigung durch den Arbeitgeber:

Der Mitarbeiter muss zwar die Schriftform und die Kündigungsfrist einhalten. Für ihn gilt allerdings im Normalfall immer nur die Kündigungsfrist von vier Wochen zum Fünfzehnten oder zum Monatsende, außer es ist vertraglich etwas Anderes vereinbart. Die Kündigungsfrist darf außerdem nie länger sein als die des Arbeitgebers. Den Erhalt der Kündigung durch den Arbeitgeber sollte der Arbeitnehmer immer nachweisen können – entweder durch Zeugen oder durch Einschreiben mit Rückschein.

Noch ein wichtiger Unterschied: Der Arbeitnehmer braucht für seine Kündigung keinen Grund, es sei denn, er kündigt fristlos. Von diesem Fall einmal abgesehen, kann der Arbeitnehmer kündigen, wann, wie und warum er will. Die Gründe für seine Entscheidung gehen niemanden etwas an. Trotzdem sollte der Arbeitnehmer sich einen anständigen Abgang verschaffen. Vor allem ist es unangebracht, sich beim Kündigungsschreiben im Ton zu vergreifen. Wie es das Schicksal will, ist der Mitarbeiter später vielleicht doch noch einmal auf seinen früheren Arbeitgeber angewiesen.

Übrigens: Zurücknehmen kann der Mitarbeiter seine Kündigung normalerweise ohne Zustimmung seines Chefs nicht. Wer also einmal gekündigt hat, der ist seinen Job in aller Regel los.

# 6. Der Gang zum Arbeitsamt

Viele Arbeitnehmer waren noch nie in ihrem Leben beim Arbeitsamt. Die meisten von ihnen werden auch froh sein, wenn sie nie dorthin müssen. Trotzdem: Wer seinen Job verliert, sollte sich sofort beim Arbeitsamt melden. Nur dann bekommt er schnell und reibungslos sein Arbeitslosengeld. Niemand muss sich dabei vorkommen wie ein Bittsteller. Der Besuch muss einem auch nicht peinlich sein. Beim Arbeitslosengeld handelt sich es keineswegs um ein Almosen, sondern schlicht um eine staatliche Geldleistung.

### Wie kommt man zum Arbeitslosengeld?

Wer seinen Job los ist, sollte als erstes zum Arbeitsamt gehen, sich arbeitslos melden und einen Antrag auf Arbeitslosengeld stellen. Denn ohne Antrag wird Arbeitslosengeld nicht gewährt. Zuständig für den Arbeitnehmer ist das Arbeitsamt des Wohnbezirkes. Als Empfänger von Arbeitslosengeld ist der Arbeitslose dann auch kranken-, pflege-, unfall- und rentenversichert.

Arbeitslosengeld gibt es grundsätzlich nur, wenn der Arbeitnehmer innerhalb der letzten drei Jahre vor seiner Arbeitslosigkeit mindestens zwölf Monate in Bezug auf die Arbeitslosenversicherung versicherungspflichtig beschäftigt war. Das Arbeitslosengeld beträgt im Normalfall 60 Prozent des Nettogehalts. 67 Prozent gibt es in bestimmten Fällen für Arbeitslose, die mindestens ein Kind haben. Wie lange ein Arbeitnehmer Arbeitslosengeld verlangen kann, richtet sich nach der Länge seiner Beschäftigung und nach seinem Alter. Die Obergrenze liegt bei 32 Monaten.

War der Arbeitnehmer beispielsweise drei Jahre versicherungspflichtig in einem Unternehmen beschäftigt, und ist er 45 Jahre alt, dann gibt es Arbeitslosengeld für 18 Monate. Weitere Einzelheiten zur Dauer des Arbeitslosengeldes finden Sie in einer Tabelle im Anhang.

**WISO rät:** Verlieren Sie keine Zeit. Das Arbeitslosengeld wird erst ab dem Tag bezahlt, an dem Sie es beantragen. Es wird nicht rückwirkend bezahlt, selbst wenn Sie schon seit mehreren Tagen oder Wochen Ihren Job los sind. Gehen Sie also sofort zum Arbeitsamt und stellen Sie den Antrag auf Arbeitslosengeld. Jeder Tag, den Sie zu spät kommen, kostet Sie Ihr Geld. Denken Sie auch daran, dass Sie mit Nachteilen bei der Rentenversicherung rechnen müssen, wenn Sie sich nicht unverzüglich arbeitslos melden.

Erscheinen Sie immer persönlich auf dem Arbeitsamt und nehmen Sie Ihren Personalausweis mit. Gehen Sie auch zum Arbeitsamt, wenn Sie ihre Kündigung für unwirksam halten und bereits dagegen geklagt haben. Lassen Sie sich nicht abwimmeln, auch wenn Sie nicht alle Unterlagen dabei haben. Entscheidend ist, wenigstens den Antrag zu stellen. Warten Sie nach einer Kündigung nicht den Ablauf der Kündigungsfrist ab, sondern melden Sie sich sofort nach der Kündigung arbeitslos. So erhalten Sie schneller Ihr erstes Geld. Außerdem brauchen Sie keine Angst mehr zu haben, den ersten Tag der Arbeitslosigkeit für Ihre Meldung beim Arbeitsamt zu verpassen. Frühester Meldezeitpunkt ist allerdings zwei Monate vor dem erwarteten Eintritt der Arbeitslosigkeit. Haben Sie sich mit allen Unterlagen arbeitslos gemeldet, können Sie einen Vorschuss auf das Arbeitslosengeld verlangen, wenn nur noch die Höhe der Leistungen unklar ist.

**Achtung:**
Nur in Ausnahmefällen kann es sich empfehlen, mit dem Antrag auf Arbeitslosengeld doch zu warten, wenn unmittelbar der 45., 47., 52., oder 57. Geburtstag bevorsteht, denn dann rutschen Sie in eine „bessere" Leistungsgruppe. Gehen Sie aber auch in diesem Fall unverzüglich zum Arbeitsamt, und lassen Sie sich diesbezüglich beraten.

Will der Arbeitslose auf Nummer sicher gehen, kann er neben dem Arbeitslosengeld zusätzlich Sozialhilfe beim Sozialamt und Wohngeld bei der Wohngeldstelle seiner Gemeinde beantragen.

## Was gilt während der Arbeitslosigkeit?

Während der Zeit der Arbeitslosigkeit kann der Arbeitslose nicht einfach tun und lassen, was er will. Schließlich soll er wieder einen Job finden. Deshalb muss er sich für die Vermittlungsbemühungen des Arbeitsamtes bereithalten. Das bedeutet unter anderem, dass er jederzeit in der Lage sein muss,

- die Mitteilungen des Arbeitsamtes persönlich zur Kenntnis zu nehmen. Das heißt, er muss täglich in seiner Wohnung die Post einsehen.
- das Arbeitsamt aufzusuchen,
- mit einem potenziellen Arbeitgeber in Verbindung zu treten oder sich vorzustellen,
- eine vorgeschlagene Arbeit anzunehmen oder an einer beruflichen Eingliederungsmaßnahme teilzunehmen.

Nach den ersten drei Monaten der Arbeitslosigkeit stehen dem Arbeitslosen im Regelfall drei Wochen Urlaub pro Jahr zu. Das gilt selbst dann, wenn er im laufenden Kalenderjahr bereits Urlaub als Arbeitnehmer genommen hatte. Den Urlaub muss er allerdings mit dem Arbeitsamt absprechen und rechtzeitig auf einem Urlaubsformular beantragen.

## Wichtig:
Um Schwierigkeiten beim Arbeitslosengeld zu vermeiden, sollte der Arbeitnehmer jeden Umzug sofort beim Arbeitsamt melden. Unterlässt er das, ist er für das Arbeitsamt nicht erreichbar. Er steht einer eventuellen Vermittlung nicht mehr zur Verfügung und verletzt damit seine Mitwirkungspflichten. Die Konsequenz: Das Arbeitslosengeld wird ihm gestrichen. Daran ändert im Übrigen auch ein gestellter Nachsendeauftrag bei der Post nichts. Allein die sofortige Meldung beim Arbeitsamt garantiert dem Arbeitslosen, dass ihm das Geld weiterbezahlt wird.

## Achtung:
Während der Arbeitslosigkeit darf der Arbeitslose einer Nebenbeschäftigung bis zu 15 Stunden nachgehen. Der Verdienst kann allerdings teilweise mit dem Arbeitslosengeld verrechnet werden. Dabei ist es egal, ob das Nebeneinkommen als Arbeitnehmer oder Selbständiger verdient wurde.

Um die Arbeitslosigkeit zu beenden, muss der Arbeitslose sich selbst um einen Job kümmern. Außerdem muss er nach Aufforderung des Arbeitsamtes eine ihm zumutbare Beschäftigung aufnehmen. Dabei sind Abstriche in Kauf zu nehmen:

- bei der beruflichen Qualifikation: Selbst Arbeiten, für die der Arbeitnehmer nicht ausgebildet wurde oder die er bislang überhaupt nicht verrichtet hat, gehören zu den zumutbaren Beschäftigungen. Trotzdem: Eine allzu schnelle Zuweisung einer Stelle mit niedrigerer Qualifikation sollte sich der Arbeitnehmer nicht gefallen lassen. Das Arbeitsamt soll erst einmal nachweisen, dass es die freie Stelle nicht mit einem weniger qualifizierten Arbeitslosen besetzen konnte und für den Arbeitnehmer selbst keine bessere Beschäftigung zu finden war. Wehren sollte sich der Arbeitnehmer auch, wenn das Arbeitsamt eine Sperrzeit für sein Arbeitslosengeld verhängt, nur weil er die geringer qualifizierte Arbeit abgelehnt hat.
- beim Verdienst: Tätigkeiten mit 80 Prozent (in den ersten drei Monaten der Arbeitslosigkeit), 70 Prozent (in den nächsten drei Monaten) oder rund 60 bis 67 Prozent (ab dem siebten Monat) des bisherigen Verdienstes sind aufzunehmen. Vorsicht: Ist dem Arbeitnehmer eine Stelle mit niedrigerer Qualifikation zugewiesen worden, kann er sogar noch weniger als die genannten Beträge verdienen.
- bei der Fahrzeit: Bei einer Beschäftigung von mehr als sechs Stunden ist im Normalfall eine Fahrzeit, das heißt ein tatsächlicher Zeitaufwand bis zu zweieinhalb Stunden für Hin- und Rückweg zusammen, zumutbar. Ansonsten soll eine Grenze von zwei Stunden gelten. In bestimmten Fällen wird dem Arbeitnehmer sogar ein Wochenendpendeln, also eine doppelte Haushaltsführung, zugemutet.
- bei der Lage und Dauer der Arbeitszeit.
- bei der Art der Beschäftigung: Unter Umständen müssen Arbeitslose auch als Leih- oder Zeitarbeiter tätig sein.
- bei den Arbeitsbedingungen. So kann zum Beispiel auch die Aufnahme einer Tätigkeit im Nacht- oder Schichtdienst zumutbar sein.

Für die Jobsuche kann sich der Arbeitnehmer auch an einen der zahlreichen privaten Arbeitsvermittler wenden. Das Vermittlungsmonopol des Arbeitsamtes gibt es schon seit 1997 nicht mehr. Seit neuestem brauchen private Arbeitsmakler zur Vermittlung nicht einmal mehr eine Erlaubnis des Arbeitsamtes. Unter bestimmten Voraussetzungen können private Arbeitsmakler vom Arbeitslosen sogar eine Vergütung für Ihre Tätigkeit verlangen.

**WISO rät:** Seien Sie bei der Einschaltung privater Arbeitsvermittler sehr aufmerksam und informieren Sie sich sorgfältig über alle Vermittlungsbedingungen einschließlich der Kosten. In bestimmten Fällen können Sie die persönliche Zahlung einer Vergütung über einen so genannten Vermittlungsgutschein des Arbeitsamtes verhindern.

Nachstehend beispielhaft einige Internet-Adressen privater Arbeitsvermittlungen:
www.jobscout24.de
www.stellenmarkt.de
www.jobworld.de
www.jobpilot.de
www.soziale-jobs.de

Wer seine Bewerbungschancen erhöhen will, kann zusätzlich einen professionellen Jobberater einschalten. Der „begleitet" ihn bei der Stellensuche, gibt Tipps zur richtigen Bewerbungsstrategie, checkt die Bewerbungsmappe, analysiert persönliche Fehler und Schwächen, verteilt Ratschläge zum besseren Auftreten, trainiert bestimmte Bewerbungssituationen, stärkt das Selbstwertgefühl, hilft bei Fragen zu Einstellungstests und zeigt, wie man sich und seine Fähigkeiten optimal verkauft. Das Problem: Jobcoaches sind nicht billig und auch die Qualität der Anbieter ist sehr unterschiedlich. Ein genauer Preis- und Angebotsvergleich ist deshalb unerlässlich.

Sobald die Arbeitslosigkeit für mehr als sechs Wochen unterbrochen war und der Arbeitnehmer also wieder berufstätig ist, erlischt im Übrigen die Arbeitslosmeldung. Die Arbeitslosmeldung wird außerdem sofort unwirksam, wenn der Arbeitnehmer einer Schwarzarbeit nachgeht. In beiden Fällen muss der Arbeitgeber sich beim Arbeitsamt erneut persönlich arbeitslos melden, wenn er wieder als arbeitslos gelten will. Im Übrigen empfiehlt es sich stets, sich während der Arbeitslosigkeit aus rentenrechtlichen Gründen alle drei Monate beim Arbeitsamt zu melden, selbst wenn man kein Arbeitslosengeld bekommt. Sonst verfällt die Arbeitslosmeldung und damit eine rentenrechtliche Berücksichtigung der Arbeitslosenzeit.

## Arbeitslosenhilfe und Überbrückungsgeld

Im Anschluss an das Arbeitslosengeld kann der Arbeitslose Arbeitslosenhilfe beziehen. Als Empfänger von Arbeitslosenhilfe ist der Arbeitslose ebenfalls kranken, pflege-, unfall- und rentenversichert. Der Bezug des Arbeitslosengeldes kann schon eine längere Zeit zurückliegen. Voraussetzung für die Arbeitslosenhilfe ist im Gegensatz zum Arbeitslosengeld die Bedürftigkeit des Arbeitslosen. Die Arbeitslosenhilfe beträgt in der Regel 53 Prozent (ohne Kind) oder 57 Prozent (mit Kind) des bisherigen Nettoverdienstes. Sie gibt es zunächst für ein Jahr, kann aber zeitlich unbegrenzt für jedes weitere Jahr bewilligt werden. Dann sind aber Abstriche bei der Höhe der Arbeitslosenhilfe in Kauf zu nehmen.

Vom Arbeitslosengeld und von der Arbeitslosenhilfe zu unterscheiden ist das Überbrückungsgeld. Überbrückungsgeld gibt es für denjenigen, der seine Arbeitslosigkeit dadurch beenden will, dass er sich selbständig macht. Im Ergebnis heißt das: Das Arbeitsamt zahlt dem Betreffenden das Arbeitslosengeld oder die Arbeitslosenhilfe für sechs Monate weiter, obwohl er gar nicht mehr arbeitslos, sondern selbständig ist. Damit soll dem Selbständigen geholfen werden, seine neue Existenz aufzubauen. Selbst wenn der Bezug des Arbeitslosengeldes wenige Tage zurückliegt, kann noch Überbrückungsgeld beantragt werden.

Um Überbrückungsgeld zu bekommen, reicht es natürlich nicht aus, zum Arbeitsamt zu gehen und zu sagen: „Ich mache mich selbständig, hier ist mein Konto für das Überbrückungsgeld." Der Existenzgründer braucht vielmehr ein Gutachten, etwa von der Industrie- und Handelskammer, einer Handwerkskammer oder einer Bank, in dem ihm bescheinigt wird, dass sein Konzept zur Existenzgründung tragfähig ist.

Sollte die Existenzgründung scheitern, gibt es auf Antrag wieder Arbeitslosengeld oder Arbeitslosenhilfe als wäre zwischenzeitlich nichts geschehen.

**WISO rät:** Fassen Sie eine Existenzgründung als Selbständiger ins Auge, können Sie damit schon anfangen, wenn Sie noch Arbeitslosengeld oder Arbeitslosenhilfe beziehen. Sie müssen also nicht unbedingt auf das Überbrückungsgeld bauen. Einziger Haken ist, dass Sie nicht mehr als 15 Stunden dafür arbeiten dürfen. Das Arbeitslosengeld wird sich durch die Nebentätigkeit meist kaum vermindern, da Sie die Auslagen für Ihre Existenzgründung vom Nebenverdienst absetzen können. Weiterer Vorteil: Sie sparen sich umständliche Behördengänge, wenn etwa Ihre Existenzgründung scheitert und Sie wieder Arbeitslosengeld beantragen müssen. Außerdem gibt es das Überbrückungsgeld ja ohnehin nur für sechs Monate.

## Vorsicht beim Ausfüllen von Vordrucken

Nach der Arbeitslosmeldung erhält der Arbeitnehmer unter anderem einen Fragebogen. Darin geht es darum, wie, wann und wieso das Arbeitsverhältnis beendet wurde. Beim Ausfüllen sollte sich der Arbeitnehmer nicht unter Zeitdruck setzen oder setzen lassen. Ansonsten riskiert er durch versehentliche Falschantworten eine Sperrfrist beim Arbeitslosengeld, so etwa wenn er schreibt, er sei sich mit seinem Chef einig geworden, die Firma zu verlassen.

Der Arbeitnehmer muss zudem seine Arbeitsbescheinigung einreichen, die ihm vom letzten Arbeitgeber ausgestellt wird. Darin muss der bisherige Chef sämtliche Einzelheiten zum Arbeitsverhältnis aufführen. Vor der Abgabe sollte der Arbeitnehmer aber immer überprüfen, was der Arbeitgeber auf dem Vordruck ausgefüllt hat. Mit ungünstig formulierten oder falschen Angaben zum Ende des Arbeitsverhältnisses kann der Arbeitgeber nämlich ebenfalls eine Sperrfrist des Arbeitnehmers provozieren. Beispiel: Der Arbeitgeber schreibt wahrheitswidrig, dem Mitarbeiter musste gekündigt werden, weil er seine Pflichten am Arbeitsplatz verletzt hat. Am besten ist es deshalb, den Vordruck persönlich beim Arbeitgeber abzugeben, direkt ausfüllen zu lassen, zu prüfen, gegebenenfalls berichtigen zu lassen und gleich wieder mitzunehmen. Damit spart sich der Arbeitnehmer zugleich mögliche Verzögerungen bei Ausstellung der Arbeitsbescheinigung. Vor allem, wenn Chef und Mitarbeiter im Streit auseinander gegangen sind, möchte mancher Arbeitgeber so noch im Nachhinein für Ärger sorgen. Hat der Arbeitnehmer die Arbeitsbescheinigung nicht gesehen, weil sein Chef sie beispielsweise direkt an das Arbeitsamt geschickt hat, kann er beim Arbeitsamt Akteneinsicht verlangen. Zu falschen oder unvollständigen Angaben kann und sollte der Arbeitnehmer auf einem eigens dafür vorgesehenen Formular Stellung nehmen. Ändern sich die Gründe für das Ende des Arbeitsverhältnisses nachträglich, beispielsweise aufgrund einer gerichtlichen Einigung, kann der Arbeitnehmer eine nachträgliche Berichtigung der Bescheinigung und eine Neuberechnung des Arbeitslosengeldes fordern.

**Beispiel:**
Der Mitarbeiter wird wegen eines angeblichen Fehlverhaltens entlassen und bekommt eine Sperrzeit beim Arbeitslosengeld. Später stellt sich heraus, dass die Vorwürfe nicht haltbar sind. Chef und ehemaliger Mitarbeiter einigen sich aber trotzdem vor Gericht darauf, das Arbeitsverhältnis zu beenden, weil eine weitere Zusammenarbeit nunmehr undenkbar ist. Die Sperrzeit ist rückwirkend zu korrigieren.

## Das Risiko der Sperrfrist

Wer an seinem Jobverlust tatkräftig mitwirkt, geht beim Arbeitslosengeld zumindest teilweise leer aus. Niemand soll schließlich noch vom Staat dafür belohnt werden, dass er seinen Arbeitsplatz leichtfertig aufs Spiel gesetzt hat, ohne eine neue Stelle zu haben.

Im Klartext bedeutet das: Bei

- Aufhebungsvereinbarungen zwischen Chef und Mitarbeiter,
- eigenen Kündigungen des Arbeitnehmers, oder
- berechtigten Kündigungen des Arbeitgebers wegen eines Fehltritts des Mitarbeiters

verhängt das Arbeitsamt gegen den Arbeitnehmer im Regelfall eine so genannte Sperrzeit.

Sie beträgt im Regelfall zwölf Wochen. Das heißt, in den ersten zwölf Wochen nach dem Verlust des Arbeitsplatzes erhält der Arbeitnehmer kein Arbeitslosengeld. Außerdem verkürzt sich der Gesamtzeitraum für das Arbeitslosengeld um insgesamt ein Viertel. Das können im Einzelfall dann erheblich mehr als zwölf Wochen, nämlich bis zu acht Monaten sein. In Ausnahmefällen kann die Sperrfrist aber auch verkürzt werden. Liegt seitens des Arbeitnehmers eine besondere Härte vor, etwa weil er sich wegen des schlechten Arbeitsklimas gezwungen sah, selbst zu kündigen, dann kann das Arbeitslosengeld beispielsweise nur sechs Wochen gesperrt sein. In diesem Fall wird auch der Zeitraum des Bezugs von Arbeitslosengeld nur um diese Zeit verkürzt.

Keine Sperrzeit gibt es aber, wenn

- der Arbeitnehmer für sein Verhalten einen wichtigen Grund hat. Beispiel: Er kündigt, weil er dauerhaft gemobbt wurde oder familienbedingt umziehen muss. Oder: Der Chef hätte ihm sowieso zum gleichen Termin personen- oder betriebsbedingt gekündigt.
- der Arbeitnehmer nicht in böser Absicht gekündigt hat. Beispiel: Der Mitarbeiter kündigt, weil er vorher ernsthaft damit rechnen konnte, bereits einen neuen Arbeitsplatz zu haben.
- kein Zusammenhang zwischen der Kündigung oder dem Aufhebungsvertrag und der Arbeitslosigkeit besteht. Beispiel: Das Arbeitsverhältnis hätte wegen einer Befristung sowieso geendet.
- der Arbeitgeber aus personen- oder betriebsbedingten Gründen gekündigt hat. Beispiel: Kündigung wegen Krankheit oder Wegfall des Arbeitsplatzes.
- die Kündigung des Arbeitgebers unwirksam war. Beispiel: Es fehlte bei der verhaltensbedingten Kündigung die vorherige Abmahnung.
- nicht klar ist, ob das Fehlverhalten des Mitarbeiters tatsächlich für eine verhaltensbedingte Kündigung ausreicht. Das heißt, selbst unter Juristen muss der Kündigungsgrund umstritten sein. Beispiel: Der Mitarbeiter durfte privat im Internet surfen, hat aber nach Ansicht des Arbeitgebers dafür zu viel Zeit aufgewendet. Wann hier die Grenze überschritten ist, lässt sich selbst für Experten kaum sagen.

Auch mit einer Klage gegen die Kündigung ist der Arbeitnehmer hinsichtlich der Sperrfrist meist auf der sicher(er)en Seite. Das gilt zumindest dann, wenn sich Chef und Mitarbeiter vor Gericht in einem Vergleich einigen.

Das klingt alles recht einleuchtend. Häufig streiten sich aber das Arbeitsamt und der ehemalige Mitarbeiter darüber, ob der Arbeitnehmer tatsächlich einen hinreichenden Anlass für eine Sperrfrist geliefert hat. Grund hierfür sind die unterschiedlichen Interessenlagen: Der Arbeitnehmer verhält sich natürlich so, dass er um eine Sperrfrist möglichst herumkommt, ganz gleich, ob die getroffenen Vereinbarungen zwischen dem Arbeitnehmer und seinem Ex-Chef der Realität entsprechen oder nicht. Das Arbeitsamt wittert – nicht zuletzt aus diesem Grund – hinter jeder Vereinbarung gleich eine Absprache zu Lasten des Arbeitsamtes. Hier können immer nur die Umstände des einzelnen Falles entscheiden.

**WISO rät:** Jedes Arbeitsamt handhabt die Sperrfristregelung anders. Erkundigen Sie sich deshalb bereits vor der Kündigung oder dem Aufhebungsvertrag nach den üblichen Gepflogenheiten Ihres Arbeitsamtes. Dann können Sie unter Umständen noch rechtzeitig gegensteuern. Sollten Sie mit Ihrem Chef einen Vertrag über die Aufhebung oder die Abwicklung des Arbeitsverhältnisses schließen, sollten die Formulierungen stimmen. Das gilt auch für gerichtliche Vergleiche. Ziehen Sie hier im Zweifel einen Anwalt oder Gewerkschaftssekretär zu Rate, damit Sie keine Sperrfrist riskieren.

Wurde gegen den Arbeitnehmer eine Sperrfrist verhängt, so besagt das noch gar nichts. Über die meisten Sperrfristbescheide kann man nämlich geteilter Meinung sein. Nicht umsonst ist die Sperrfristregelung auch bei fachkundigen Juristen sehr umstritten Der Arbeitnehmer sollte deshalb gegen die Sperrfrist einen Widerspruch beim Arbeitsamt einlegen, wenn er sich ungerecht behandelt fühlt oder der Sperrzeitbescheid nicht detailliert begründet wurde. Dazu hat er einen Monat Zeit. Spätestens dann muss das Arbeitsamt die Umstände des Vertragsendes eigenständig überprüfen. Zumindest wird es zu einer ausführlichen Begründung gezwungen. Hilft auch das nichts, sollte der Arbeitnehmer wegen der Sperrfrist innerhalb eines Monats nach dem Erhalt des Widerspruchsbescheides vor das Sozialgericht ziehen. Neben Widerspruch und Klage empfiehlt sich zusätzlich ein Schreiben an das zuständige Landesarbeitsamt mit der Bitte, den Bescheid zu überprüfen. Das Arbeitsamt ist im Übrigen für alle Umstände der Sperrfrist beweispflichtig.

**WISO rät:** Widerspruch und Klage gegen die Sperrfrist kosten Sie so gut wie nichts und bieten Ihnen die Chance, sich mit dem Arbeitsamt wenigstens auf eine Verkürzung der Sperrzeit zu einigen.

Haben Sie Bedenken, gegen die Sperrzeit einen Widerspruch einzulegen, sollten Sie beim Arbeitsamt zumindest eine Verkürzung der Sperrzeit wegen einer besonderen Härte beantragen. Das gilt vor allem dann, wenn die Sperrzeit zwölf Wochen beträgt. Ob eine besondere Härte in Ihrem Fall vorliegt, hat das Arbeitsamt nämlich meistens nicht geprüft. Zur Begründung können Sie zum Beispiel bei einer eigenen Kündigung angeben, dass sich das Arbeitsklima im Betrieb unerträglich verschlechtert hat. Hat der Chef Ihnen gekündigt, weil Sie ständig unpünktlich waren, sollten Sie überlegen, ob das nicht vielleicht familiäre oder persönliche Gründe hatte, die Sie nun ins Feld führen können. Besser ist es aber natürlich, eine Verkürzung der Sperrzeit zu beantragen und gleichzeitig einen Widerspruch gegen die gesamte Sperrzeit einzulegen.

## Ruhen des Arbeitslosengeldes

Verhängt das Arbeitsamt eine Sperrzeit, bekommt der Arbeitnehmer für eine gewisse Zeit überhaupt kein Arbeitslosengeld. Außerdem verkürzt sich der Zeitraum, für den das Arbeitslosengeld gezahlt wird. Das Arbeitsamt kann aber auch anordnen, dass der Arbeitnehmer sein Arbeitslosengeld erst zu einem späteren Zeitpunkt erhält. Dann kann der Arbeitslose zwar zunächst einmal kein Arbeitslosengeld verlangen, er verliert dadurch allerdings nichts, weil sein Anspruch auf Arbeitslosengeld nicht gekürzt, sondern nur nach hinten verschoben wird. Das Arbeitsamt spricht in solchen Fällen von einem Ruhen des Arbeitslosengeldes. Der Anspruch auf Arbeitslosengeld ruht vor allem dann, wenn der Arbeitnehmer für seinen Arbeitsplatzverlust eine Abfindung erhalten hat. Das gilt zum Beispiel bei Aufhebungsvereinbarungen, bei denen die sonst maßgebliche Kündigungsfrist nicht eingehalten wurde.

**Beispiel:**
Der Mitarbeiter schließt mit seinem Chef am 20. April einen Aufhebungsvertrag zum 30. April und erhält eine Abfindung von 5.000 Euro. Seine Kündigungsfrist beträgt aber zwei Monate zum Monatsende, so dass der Arbeitgeber ihn ohne den Aufhe-

bungsvertrag nicht vor dem 30. Juni hätte entlassen können. Bis dahin hätte er auch den normalen Lohn zahlen müssen. Ergebnis: Meldet sich der Mitarbeiter am 1. Mai arbeitslos, ruht sein Anspruch auf Arbeitslosengeld erst einmal für eine Weile. Im Beispielsfall würde der Mitarbeiter wegen der Aufhebungsvereinbarung übrigens auch noch gleichzeitig eine Sperrzeit bekommen. Sperrzeit und Ruhenszeitraum würden dabei aber nicht zusammengerechnet, sondern gälten beide ab dem 1. Mai. Angenommen, die Sperrzeit betrüge zwölf Wochen und der Ruhenszeitraum zehn Wochen, so fiele der Ruhenszeitraum unter den Tisch. Der Arbeitnehmer wird also nicht doppelt benachteiligt.

Wie lange die Zahlung des Arbeitslosengeldes ruht, lässt sich nicht pauschal bestimmen. Das hängt zum Einen von der Höhe der Abfindung und zum Anderen von der Abkürzung der Kündigungsfrist ab. Je nach Einzelfall können hier komplizierte Berechnungen erforderlich sein. Allgemein lässt sich aber sagen: Je höher die Abfindung und/oder die Abkürzung der ordentlichen Kündigungsfrist ist, desto länger ruht der Anspruch auf Arbeitslosengeld. Obergrenze sind zwölf Monate.

Nachfolgend noch ein weiteres Beispiel dafür, wann das Arbeitslosengeld ruhen kann: Der Arbeitnehmer meldet sich arbeitslos, kann aber von seinem Chef noch Gehalt oder Urlaubsgeld verlangen. Das klingt zunächst einmal widersprüchlich, ist es aber nicht: Denn es kann ja sein, dass der Chef beispielsweise kündigt, dabei aber einfach die Kündigungsfrist nicht einhält. Oder: Der Chef kündigt, und nachher stellt sich heraus, dass die Kündigung unwirksam war. In diesen Fällen hat der Mitarbeiter zunächst noch Anspruch auf seinen Lohn und nicht auf Arbeitslosengeld. Zahlt der Arbeitgeber das Geld aber nicht, kann das Arbeitsamt insoweit ausnahmsweise in Vorlage treten, wenn der Arbeitnehmer zuvor bereits Arbeitslosengeld beantragt hatte.

**Wichtig:**
Für den Ruhenszeitraum bei Abfindungszahlungen besteht nur bis zum Ablauf von einem Monat nach dem Ende des Arbeitsverhältnisses Krankenversicherungsschutz. Für die restliche Zeit, die immerhin bis zu elf Monate betragen kann, muss der arbeitslos gewordene Arbeitnehmer sich selbst um den Versicherungsschutz kümmern. Die Einschränkung für die Krankenversicherung gilt übrigens nicht bei Verhängung einer Sperrzeit.

Nähere Auskünfte zu Fragen der Arbeitslosigkeit sowie Vordrucke und Formulare erhalten Sie bei Ihrem Arbeitsamt oder auf der Internet-Seite www.arbeitsamt.de. Wünschen Sie eine rechtliche Beratung, sollten Sie sich an einen Anwalt Ihrer Wahl wenden. Besonders qualifiziert sind hier Fachanwälte für Sozialrecht. Sie können natürlich auch bei der Gewerkschaft um Rat fragen. Tipps und Unterstützung erhalten Sie auch über den Förderverein gewerkschaftlicher Arbeitslosenarbeit e.V., Marktstr. 10, 33602 Bielefeld, Telefon 05 21-9 67 84-0; Telefax 05 21-9 67 84-22, Internet: www.erwerbslos.de. Hilfreich ist auch der „Leitfaden für Arbeitslose" vom Arbeitslosenprojekt TuWas, erschienen in der 19. Auflage 2002 im Fachhochschulverlag Wiesbaden.

# V. Sonderregeln zu Gunsten bestimmter Personengruppen

Schlechtere Chancen auf dem Arbeitsmarkt, weniger Aufstiegsmöglichkeiten im Betrieb, Zuweisung von Tätigkeiten unter „Wert" – manche Arbeitnehmer befinden sich von vornherein in einer schwierigeren Situation als ihre Kollegen. Um dazu einen Ausgleich zu schaffen, hat der Gesetzgeber einige von ihnen besonders geschützt.

## 1. Schwer behinderte Menschen

### Entscheidend: Der Grad der Behinderung

Wer schwer behindert ist, hat schon im Alltag so einige Hindernisse zu überwinden. Im Berufsleben ist das nicht anders. Bestimmte Privilegien sollen dem Schwerbehinderten deshalb helfen, dort besser zurechtzukommen. Als schwer behindert gilt ein Arbeitnehmer, wenn sein Grad der Behinderung (GdB) mindestens 50 erreicht. Will der Arbeitnehmer sich auf seine Schwerbehinderteneigenschaft berufen, braucht er einen Nachweis über seine Behinderung und den GdB. Den wiederum erhält er bei der Behörde, genauer: beim Versorgungsamt. Zuständig für den Antrag wegen Schwerbehinderung ist das Versorgungsamt des Wohnbezirkes. Ist der Behinderte mit der Entscheidung des Versorgungsamtes nicht einverstanden, kann er gegen die Festlegung einen Monat lang Widerspruch beim Versorgungsamt einlegen. Der Widerspruch ist kostenlos. Das Versorgungsamt muss im Widerspruchsverfahren eine Überprüfung seines Bescheides vornehmen. Hilft auch das nichts, muss der Arbeitnehmer innerhalb eines Monats nach Erhalt des ablehnenden Bescheides vor das Sozialgericht ziehen.

Schwerbehinderten rechtlich gleichgestellt sind behinderte Arbeitnehmer mit einem GdB zwischen 30 und 50, soweit sie infolge ihrer Behinderung keinen geeigneten Arbeitsplatz erlangen oder behalten können. Ob eine Gleichstellung anzuerkennen ist, entscheidet das Arbeitsamt, in dessen Bezirk der Betroffene wohnt oder arbeitet. Gegen die Entscheidung kann der Arbeitnehmer Widerspruch einlegen und notfalls beim Sozialgericht klagen.

Die Feststellung der Schwerbehinderung oder der Gleichstellung gilt grundsätzlich nur so lange, wie der Arbeitnehmer auch tatsächlich die jeweiligen Voraussetzungen erfüllt. Aber: Von heute auf morgen braucht der schwer behinderte Mitarbeiter nicht mit dem Verlust seiner Rechte zu rechnen. Hier gilt zu seinen Gunsten eine Übergangsfrist von drei Monaten. Damit die Frist anfängt zu laufen, sind zwei Dinge erforderlich: Zuerst muss der Schwerbehinderte von der Behörde überhaupt die Mitteilung bekommen, dass seine Schwerbehinderteneigenschaft wegfallen soll. Zum Zweiten muss diese Mitteilung endgültig sein. Das heißt, der schwer Behinderte darf dagegen rechtlich nichts mehr unternehmen können, also beispielsweise keinen Widerspruch mehr einlegen können.

## Besonderer Kündigungsschutz

Wichtigstes Privileg für den Schwerbehinderten ist sicherlich sein verstärkter Kündigungsschutz. Das heißt, der Arbeitgeber kann ihn nicht so leicht vor die Tür setzen wie andere Arbeitnehmer. Neben die üblichen Bestimmungen zum Kündigungsschutz treten weitere Vorschriften, die dem Arbeitgeber eine Kündigung des Schwerbehinderten zusätzlich erschweren.

So beträgt die Kündigungsfrist für einen Schwerbehinderten mindestens vier Wochen. Vor allem aber braucht der Arbeitgeber in der Regel vor jeder Kündigung eines Schwerbehinderten die Zustimmung des zuständigen Integrationsamtes (früher: Hauptfürsorgestelle). Integrationsämter gibt es übrigens nicht in jeder Stadt sondern nur für ganze Bezirke, zum Beispiel drei in Hessen, sieben in Bayern usw. Nur bei Arbeitnehmern, die noch nicht länger als sechs Monate im Betrieb waren, entfällt diese Verpflichtung. Bei fristlosen Kündigungen muss die Zustimmung innerhalb von zwei Wochen beantragt werden. Erst wenn die Zustimmung vorliegt, kann der Arbeitgeber kündigen und zwar bei einer fristgemäßen Kündigung innerhalb von vier Wochen, bei einer fristlosen Kündigung sofort. Lehnt das Integrationsamt seine Zustimmung ab, darf der Arbeitgeber nicht kündigen. Tut er es trotzdem, ist die Kündigung wirkungslos. Der Arbeitnehmer kann seine sofortige Weiterbeschäftigung verlangen und notfalls gerichtlich durchsetzen.

Ob das Integrationsamt seine Zustimmung erteilt, ist meist eine Ermessensfrage. Wer als Arbeitnehmer immer zu spät kommt oder unerlaubt der Arbeit fernbleibt, der kann trotz Behinderung natürlich nicht darauf vertrauen, dass das Amt die Zustimmung verweigert. Wenn die Gründe für die Kündigung allerdings mit der Behinderung in Zusammenhang stehen, wird das Integrationsamt die Zustimmung nicht erteilen. Auch mit dem Argument der Arbeitgeber, dem Unternehmen ginge es nicht gut und es müssten Stellen abgebaut werden, sieht es für Schwerbehinderte oft gut aus. Der Arbeitgeber muss hier nämlich eine soziale Auswahl treffen. Diejenigen, die es am wenigsten trifft, müssen zuerst gehen. Und das sind in der Regel nicht die Schwerbehinderten.

Der Arbeitnehmer muss aber jedenfalls vor der Entscheidung des Integrationsamtes angehört werden. Ist er mit der Entscheidung nicht einverstanden, kann er zunächst beim Integrationsamt einen Monat lang Widerspruch einlegen. Eine Begründung des Widerspruches ist nicht erforderlich, aber empfehlenswert. Bleibt der Widerspruch erfolglos, kann der Arbeitnehmer sich nur noch an das Verwaltungsgericht wenden.

**Wichtig:**
Der Widerspruch beim Integrationsamt hindert den Arbeitgeber nicht daran, den Mitarbeiter zu kündigen. Dieser muss dann gegen die Kündigung gesondert vor dem Arbeitsgericht klagen. Für die Kündigungsklage hat der Arbeitnehmer unabhängig von seinem Widerspruch in der Regel nur drei Wochen Zeit.

**WISO rät:** Noch vor Einschaltung des Integrationsamtes besteht oft die Möglichkeit, Probleme mit Hilfe der betrieblichen Schwerbehindertenvertretung oder externer Gruppierungen wie etwa Wohlfahrtsverbänden oder Behindertenorganisationen frühzeitig aus der Welt zu schaffen. Hat der Arbeitgeber das Integrationsamt bereits um seine Zustimmung gebeten, kann der Mitarbeiter versuchen, bereits während des Zustimmungsverfahrens eine Einigung mit dem Arbeitgeber zu erzielen. Diese kann etwa darin bestehen, dass der Behinderte aus dem Betrieb ausscheidet, dafür aber eine Abfindung bekommt. Die Chancen dazu stehen nicht schlecht, da der Arbeitgeber bei seinem Antrag oft mit monatelangen Wartezeiten rechnen muss. Außerdem fördern die Integrationsämter die Vergleichsverhandlungen. Und: Befürwortet das Integrationsamt den Vergleich, gibt es in der Regel keine Probleme mit einer Sperrzeit beim Arbeitslosengeld.

Hat das Integrationsamt seine Zustimmung erteilt, folgt hierauf meist die Kündigung. Erheben Sie hiergegen fristgerecht Klage, werden Sie häufig noch im Prozess zu einer gütlichen Einigung kommen. Immerhin hat der Arbeitgeber stets das Risiko, dass die Kündigung noch aus anderen Gründen unwirksam ist.

Die genannten Sonderregeln gelten nur im Fall von Kündigungen, nicht aber bei Aufhebungsverträgen, Auslaufen befristeter Arbeitsverträge oder etwa bei eigenen Kündigungen von Schwerbehinderten.

## Der Knackpunkt: Unkenntnis des Arbeitgebers

Nicht jede Schwerbehinderung sieht man einem Menschen auf den ersten Blick an. So ist etwa das verbreitete Bild vom Schwerbehinderten, der im Rollstuhl sitzt, im Alltag eher die Ausnahme. Ein Großteil der Schwerbehinderten leidet an Funktionsbeeinträchtigungen der inneren Organe. Und solche Krankheiten sind keineswegs immer offensichtlich. Viele Arbeitgeber wissen deshalb oft gar nicht, dass einzelne ihrer Arbeitnehmer schwer behindert sind. Vor allem wenn bei der Einstellung nicht nach der Schwerbehinderung gefragt oder der Arbeitnehmer erst im Verlauf seiner Tätigkeit schwer behindert wurde, nimmt der Arbeitgeber die Schwerbehinderung meist erst einmal nicht wahr. Ein weiteres Problem: Hat der Arbeitnehmer erst einen Antrag auf Schwerbehinderung gestellt, ohne das sicher ist, ob er überhaupt Erfolg hat, benötigt der Arbeitgeber für seine Kündigung trotzdem eine Zustimmung des Integrationsamtes, wenn die Schwerbehinderung später anerkannt wird. Denn dann gilt die Schwerbehinderung rückwirkend ab dem Datum, an dem der Arbeitnehmer sie beantragt hat.

Das böse Erwachen auf Seiten des Arbeitgebers folgt in all diesen Fällen regelmäßig erst, wenn er dem Mitarbeiter gekündigt hat. Hier beruft sich der Chef dann natürlich darauf, er habe die Zustimmung des Integrationsamtes gar nicht einholen können, weil ihm der Arbeitnehmer vorher nichts von seiner Behinderung gesagt hat. Spielt aber keine Rolle, sagen die Gerichte: Für die Zustimmung des Integrationsamtes kommt es nicht darauf an, ob der Arbeitgeber von der Schwerbehinderung etwas wusste oder nicht. Es reicht aus, wenn die Schwerbehinderteneigenschaft im Zeitpunkt der Kündigung bereits festgestellt war oder der Arbeitnehmer Ihre Feststellung beantragt hatte. Der Arbeitnehmer ist lediglich dazu verpflichtet, den Arbeitgeber innerhalb eines Monats nach der Kündigung darüber zu informieren, dass er einen Antrag gestellt hat oder als Schwerbehinderter anerkannt wurde. War dem Arbeitgeber die körperliche Beeinträchtigung bereits vorher bekannt und hat der Mitarbeiter seinem Chef angekündigt, dass er den Antrag stellt, als Schwerbehinderter anerkannt zu werden, reicht dies ebenfalls für den verstärkten Kündigungsschutz aus.

**WISO rät:** Wenn Sie der Meinung sind, schwer behindert zu sein, stellen Sie frühzeitig einen Antrag beim Versorgungsamt. Ihr Kündigungsschutz, zumindest aber Ihre Verhandlungsposition kann sich dadurch erheblich verbessern. Ihrem Arbeitgeber brauchen Sie von Ihrem Antrag erst einmal nichts zu erzählen. Müssen Sie Ihren Chef wegen einer Kündigung über die Behinderung oder Ihren Antrag informieren, teilen Sie ihm das nicht in Ihrer Klage gegen die Kündigung, sondern in einem gesonderten Schreiben mit. Bis Ihr Chef die Klage bekommt, kann nämlich mehr als Monat vergehen – und dann hilft Ihnen Ihre Schwerbehinderung bei der Kündigung nichts mehr

## Weitere Sonderrechte

Die Stellung der Schwerbehinderten hat der Gesetzgeber noch durch andere Regelungen gestärkt. Beispiele:

- Renten, die der Mitarbeiter wegen seiner Schwerbehinderung bezieht, dürfen nicht mit dem Gehalt verrechnet werden,
- der schwer Behinderte darf beim Gehalt und bei seiner Tätigkeit nicht gegenüber anderen Mitarbeitern benachteiligt werden,
- geht es um eine Einstellung, darf ein Bewerber nicht mit der Begründung abgelehnt werden, er sei schwer behindert. Hält sich der Arbeitgeber nicht daran, muss er unter Umständen Schadenersatz in Höhe von bis zu drei Monatsgehältern zahlen. Der schwer Behinderte kann allerdings nicht verlangen, anstelle eines anderen Bewerbers eingestellt zu werden.
- der schwer Behinderte hat einen zusätzlichen, besonderen Anspruch auf Teilzeitbeschäftigung, wenn das wegen der Art oder Schwere der Behinderung notwendig ist. Notfalls muss hier der Arzt entscheiden.
- der schwer Behinderte kann vom Chef angeordnete Überstunden verweigern, soweit die tägliche Arbeitszeit dann mehr als acht Stunden beträgt.
- der schwer Behinderte kann pro Jahr fünf Arbeitstage zusätzlichen Urlaub verlangen. Das gilt allerdings nicht für schwer behinderte mit einem GdB zwischen 30 und 50.
- schwer Behinderte dürfen eine Schwerbehindertenvertretung wählen, wenn mindestens fünf Betroffene im Betrieb beschäftigt sind. Die Schwerbehindertenvertretung besteht aus einer Vertrauensperson sowie einem Vertreter. Sie ist Ansprechpartner für die Behinderten im Betrieb und vertritt ihre Interessen gegenüber dem Arbeitgeber.
- die gewählte Vertrauensperson der Schwerbehindertenvertretung hat einen verbes-

serten Schutz vor Kündigung. So sind etwa fristgerechte Kündigungen nur möglich, wenn der ganze Betrieb oder die betreffende Abteilung geschlossen wird. Für fristlose Kündigungen braucht der Arbeitgeber immer die Zustimmung des Betriebsrats. Die Vertrauensperson der Schwerbehindertenvertretung wird also so behandelt wie ein Mitglied des Betriebsrats.

■ die Schwerbehindertenvertretung muss vor Versetzungen, Kündigungen und anderen Maßnahmen angehört werden. Versäumt der Arbeitgeber, die Schwerbehindertenvertretung anzuhören, werden die Maßnahmen allerdings nicht ungültig.

■ neu seit 1. Juli 2001: Vor Gericht können sich schwer Behinderte von Behindertenverbänden vertreten lassen. Der Betroffene muss sich also nicht selbst mit dem Arbeitgeber herumschlagen, sondern kann den Rechtsstreit vertrauten und sachkundigen Personen, wie zum Beispiel Mitarbeitern eines Wohlfahrtsverbandes, überlassen.

Nähere Informationen und Beratung zum Thema Schwerbehinderung erhalten Sie bei den einzelnen Behindertenorganisationen und Selbsthilfeinitiativen oder über Wohlfahrtsverbände wie zum Beispiel

■ die Arbeiterwohlfahrt Bundesverband e.V., Oppelner Str. 130, 53119 Bonn, Tel.: 02 28 – 6 68 50, Fax: 02 28 – 6 68 52 09, Internet: www.awo.org, eMail: info@awo.org.

■ den Deutschen Caritasverband e.V., Karlstr. 40, 79104 Freiburg, Tel.: 07 61 – 20 04 18, Fax: 07 61 – 20 05 41, Internet: www.caritas.de.

■ das Diakonische Werk der EKD e.V. Stafflenbergstr. 76, 70184 Stuttgart, Tel.: 07 11 – 2 15 90, Fax: 07 11 – 2 15 92 88, Internet: www.diakonie.de, eMail: diakonie@diakonie.de,

■ den deutschen Paritätischen Wohlfahrtsverband e.V., Heinrich-Hoffmann-Str. 3, 60528 Frankfurt, Tel.: 0 69 – 6 70 60, Fax: 0 69 – 6 70 62 04, Internet: www.paritaet.org.

■ das deutsche Rote Kreuz e.V., Carstenstr. 58, 12205 Berlin, Tel.: Tel.: 0 30 – 85 40 40, Fax: 0 30 – 85 40 44 50, Internet: www.rotkreuz.de, eMail: DRK@DRK.de.

Bei Fragen zu Leistungen der Rehabilitation oder Unterstützung von Schwerbehinderten können Sie sich auch wenden an

■ die Integrationsämter. Eine Übersicht hierzu finden Sie im Internet unter www.integrationsaemter.de oder über die Bundesarbeitsgemeinschaft der Integrationsämter und Hauptfürsorgestellen, Ernst-Frey-Str. 9, 76135 Karlsruhe, Tel.: 07 21 – 8 10 72 19, Fax: 0721 – 8 10 72 88, e-Mail: bih@lwv-baden.de. Hier erhalten Sie auch Informationen zu Behinderten-Servicestellen in Ihrer Nähe.

■ die einzelnen Rentenversicherungsträger, zu finden im Internet unter www.vdr.de.

■ die Bundesversicherungsanstalt für Angestellte, zu finden im Internet unter www.bfa.de.

Auskünfte über besondere berufliche Möglichkeiten von Behinderten in Berufsbildungs- und Berufsförderungswerken erteilt

■ für die Ausbildung: Bundesarbeitsgemeinschaft der Berufsbildungswerke, Freiburger Str. 6, Haus 1, 77652 Offenburg, Tel.: 07 81- 9 70 70 43, Fax: 07 81 – 9 70 70 44, Internet: www.bagbbw.de, eMail: info@bagbbw.de.

- für den Beruf: Arbeitsgemeinschaft Deutscher Berufsförderungswerke, August-Krogmann-Str. 52, 22159 Hamburg, Tel.: 0 40 – 6 45 81 12 01, Fax: 0 40 – 6 45 81 12 04, Internet: www. arbeitsgemeinschaft-berufsfoerderungswerke.de.

# 2. Frauen im Mutterschutz

## Besonderer Kündigungsschutz

Einen besonderen Kündigungsschutz genießen werdende und stillende Mütter bis zum Ablauf von vier Monaten nach der Entbindung. Ihnen kann in dieser Zeit nicht gekündigt werden. Das gilt für jede Arbeitnehmerin, egal wie groß der Betrieb oder wie lange sie dort schon beschäftigt ist. Auch Auszubildende fallen darunter.

Der Kündigungsschutz beginnt mit dem Tag der Zeugung. Im Zweifelsfall berechnen die Gerichte den Beginn der Schwangerschaft, indem sie vom errechneten Geburtstermin 280 Tage zurückrechnen. Wird die Schwangerschaft wegen einer Fehlgeburt oder eines Schwangerschaftsabbruches vorzeitig beendet, verfällt zu diesem Zeitpunkt auch der Kündigungsschutz.

Will der Arbeitgeber während des Mutterschutzes trotzdem kündigen, braucht er eine Ausnahmegenehmigung der zuständigen Behörde. Meist handelt es sich dabei um das örtliche Gewerbeaufsichtsamt. Die Genehmigung wird nur bei schwerwiegenden Gründen erteilt, so etwa wenn dem Arbeitgeber der wirtschaftliche Ruin oder die Schließung seines Betriebes droht. Gegen die Genehmigung der Behörde kann die Arbeitnehmerin zunächst innerhalb eines Monats Widerspruch und dann nach einem weiteren Monat Klage vor dem Verwaltungsgericht erheben. Ist sie mit der Kündigung des Chefs nicht einverstanden, muss sie vor das Arbeitsgericht ziehen. Wichtig: Der Chef ist verpflichtet, seine Kündigung schriftlich zu begründen.

Die Mitarbeiterin sollte ihren Arbeitgeber über die Schwangerschaft informieren, sobald sie davon weiß. Doch selbst wenn sie ihrem Chef nichts gesagt hat, und er ihr kündigt, kann sie ihm noch zwei Wochen nach der Kündigung mitteilen, dass sie schwanger ist. Versäumt sie allerdings diese Frist, genießt sie keinen besonderen Kündigungsschutz mehr. Notfalls muss die Mitarbeiterin ihre Schwangerschaft dem Arbeitgeber durch ein ärztliches Attest nachweisen.

Eigene Kündigungen werdender und stillender Mütter sind natürlich jederzeit möglich. Während der Schwangerschaft und zum Ende der achten Woche nach der Geburt sogar fristlos und ohne Angabe von Gründen. Auch Aufhebungsvereinbarungen können jederzeit geschlossen werden.

## Arbeitsbedingungen für Schwangere

Der Mutterschutz beschränkt sich nicht nur darauf, dass der Chef seiner Mitarbeiterin nicht kündigen darf. Vielmehr müssen die Arbeitsbedingungen an den Zustand der

Arbeitnehmerin angepasst werden. Das bedeutet, der Arbeitgeber darf seiner Mitarbeiterin nicht mehr jede Tätigkeit zuweisen. Ausgeschlossen sind zum Beispiel

- Akkordarbeit,
- schwere körperliche Arbeiten oder Arbeiten mit gesundheitsgefährdenden Stoffen,
- Mehrarbeit über achteinhalb Stunden pro Tag oder 90 Stunden in einer Doppelwoche bei Frauen über 18 Jahren,
- Nachtarbeit,
- Sonn- und Feiertagsarbeit, sowie
- Arbeiten, die das Leben oder die Gesundheit des Kindes gefährden.

Kann der Arbeitgeber die Arbeitnehmerin nicht oder nicht anderweitig einsetzen, muss er ihr trotzdem das Gehalt weiterzahlen. Gleiches gilt natürlich, wenn die Arbeitnehmerin krankgeschrieben wird. Wer allerdings seine Arbeitsleistung bewusst zurückhält oder eigentlich arbeiten könnte, verliert seinen Gehaltsanspruch.

## Schutzfrist vor und nach der Geburt

Für den Zeitraum von sechs Wochen vor der Geburt bis acht Wochen nach der Entbindung muss der Chef seine Mitarbeiterin von der Arbeit freistellen. Auf ausdrücklichen Wunsch darf der Arbeitgeber die Arbeitnehmerin vor der Geburt aber noch länger beschäftigen. Nach der Geburt kann die Mitarbeiterin allerdings nicht auf den Mutterschutz verzichten. Sie darf dann definitiv acht Wochen nicht arbeiten, auch wenn sie gerne wieder früher ihre Arbeit aufnehmen würde. Bei Mehrlingsgeburten verlängert sich die Frist sogar auf zwölf Wochen.

Die werdende oder stillende Mutter erhält in der Zeit ihrer Freistellung in der Regel ein Mutterschaftsgeld von der gesetzlichen Krankenversicherung in Höhe von derzeit 12,78 Euro pro Kalendertag. Dieser Betrag wird vom Arbeitgeber auf das bisherige Nettogehalt aufgestockt. Die Frau verliert also durch ihren Mutterschutz kein Geld. Muss der Arbeitgeber in der Zeit des Mutterschutzes das Unternehmen schließen, übernimmt der Staat den Zuschuss. Sämtliche Beträge sind übrigens steuerfrei. Während des Bezuges von Mutterschaftsgeld ist die Arbeitnehmerin zudem in der gesetzlichen Krankenversicherung beitragsfrei versichert. Das gleiche gilt übrigens auch für das Erziehungsgeld.

Für Zeiten des Mutterschutzes darf der Arbeitnehmerin außerdem kein Nachteil beim Gehalt entstehen, beispielsweise durch die Kürzung von Sonderzahlungen oder von Anwesenheitsprämien.

### Achtung:

Seit Ende Juni 2002 beträgt das Beschäftigungsverbot in jedem Fall insgesamt 14 Wochen, also sechs Wochen vor und acht Wochen nach der Geburt. Im Gegensatz zu früher gehen Ihnen keine Schutzzeiten verloren, wenn Ihr Kind vor dem errechneten Geburtstermin zur Welt kommt. Dann werden die „verlorenen" Tage der vorgeburtlichen Sechs-Wochen-Frist einfach an die nachgeburtliche Acht-Wochen-Frist angehängt. Beispiel: Das Kind kommt eine Woche zu früh zur Welt. Früher gab es dann nach der

Geburt trotzdem nur für acht Wochen Mutterschutz. Heute bekommt die Arbeitnehmerin statt dessen neun Wochen.

Zwei weitere Neuerungen sind hervorzuheben: Mutterschaftsgeld bekommen Sie nunmehr auch dann, wenn Sie erst während der Mutterschutzfrist ein Arbeitsverhältnis eingehen. Und: Wer wegen des Mutterschutzes seinen Jahresurlaub nicht mehr vollständig im Urlaubsjahr nehmen kann, darf ihn auf das gesamte Jahr, in dem die Mutterschutzfrist endet und sogar noch auf das gesamte nächste Jahr übertragen.

# 3. Elternzeit und Erziehungsurlaub

In der Vorstellung aufgeschlossener Menschen längst der Normalfall, in der Realität leider meistens noch ein Phantom: Der „moderne" Mann, der sich nach der Geburt mit der Mutter die Kindererziehung und die Familienversorgung teilt. Um dem neuen Leitbild Konturen zu geben, hat der Gesetzgeber zum 1. Januar 2001 die bisherigen Vorschriften zum Erziehungsurlaub umgekrempelt: Elternzeit ist angesagt, zumindest auf dem Papier. Ob sich durch das neue Wort und die neuen Vorschriften tatsächlich etwas an den bisherigen Verhältnissen ändert, wird sich erst in Zukunft zeigen.

## Anspruch auf Elternzeit

Für einen Zeitraum bis zu drei Jahren nach der Geburt können der Vater oder die Mutter des Kindes von ihrem Arbeitgeber Elternzeit verlangen. Denkbar ist natürlich, dass insgesamt nur ein Teil der Elternzeit in Anspruch genommen wird oder dass die Eltern sich die Elternzeit aufteilen. Aber auch eine gleichzeitige Inanspruchnahme der Elternzeit durch beide Elternteile ist neuerdings möglich, sofern dadurch nicht der Dreijahreszeitraum überschritten wird. Insgesamt darf die Elternzeit auf bis zu vier Zeitabschnitte verteilt werden. Beispiel: Die Eltern nehmen im ersten Jahr gemeinsam Elternzeit, im zweiten Jahr nur die Mutter und im dritten Jahr nur der Vater.

Wollen die Eltern die drei Jahre Elternzeit nicht auf einmal nehmen, können sie einen Zeitraum von bis zu zwölf Monaten auf die Zeit bis zur Vollendung des achten Lebensjahres des Kindes übertragen, sofern der Arbeitgeber zustimmt. So kann etwa die Mutter nach der Geburt erst einmal zwei Jahre Elternzeit nehmen und der Vater nach dem sechsten Geburtstag des Kindes noch einmal ein Jahr.

### Vorsicht:
Die Übertragung funktioniert nur, wenn der Arbeitgeber zustimmt. Wenn sich die Eltern also beispielsweise ein Jahr der Elternzeit bis zum fünften Geburtstag des Kindes aufheben und der Arbeitgeber sich dann querstellt, verfällt dieses Jahr der Elternzeit. Und: Ein neuer Arbeitgeber ist an die Übertragung nicht gebunden. Hat also der alte Arbeitgeber früher einmal der Übertragung zugestimmt, sieht der neue Chef das aber anders, haben die Eltern keine Chance auf den Rest der Elternzeit.

Die Elternzeit muss spätestens sechs Wochen vor Beginn beim Arbeitgeber angemeldet werden, wenn sie unmittelbar nach der Geburt oder im Anschluss an die Mutterschutzfrist genommen werden soll. Ansonsten beträgt die Frist acht Wochen. Eine Zustimmung des Arbeitgebers ist nicht erforderlich.

Während der Elternzeit braucht der Arbeitnehmer nicht zu arbeiten, erhält aber von seinem Arbeitgeber auch kein Gehalt. Ebenso wenig stehen ihm Urlaubsgeld oder Lohnfortzahlung im Krankheitsfall zu. Das Arbeitsverhältnis besteht aber weiter, was beispielsweise für die Betriebszugehörigkeit des Arbeitnehmers von erheblicher Bedeutung sein kann. Für jeden vollen Monat Elternzeit verkürzt sich der jährliche Erholungsurlaub übrigens um ein Zwölftel.

**Vorsicht:**
Bei der Sozialversicherung entstehen dem Arbeitnehmer durch die Elternzeit zwar keine Nachteile, wer aber als Vater die Erziehungszeit in der Rentenversicherung anerkannt haben will, muss dies bei seinem Rentenversicherungsträger beantragen.

Wer erst einmal in Elternzeit gegangen ist, kann in der Regel nur noch mit Zustimmung seines Chefs vorzeitig wieder an seinen Arbeitsplatz zurückkehren. Also: Immer gut überlegen, wer für welchen Zeitraum bei seinem Chef Elternzeit beantragt.

## Kündigungsverbot

Wer sich in Elternzeit befindet, muss keine Kündigung seines Arbeitgebers befürchten. Solche Kündigungen sind unzulässig. Das gilt bereits ab dem Zeitpunkt, ab dem der Arbeitnehmer die Elternzeit verlangt hat, frühestens aber acht Wochen vor dem geplanten Antritt. Aber: Wenn eine zuständige Behörde wie etwa das örtliche Gewerbeaufsichtsamt die Kündigung im Vorhinein ausnahmsweise für zulässig erklärt, kann der Arbeitgeber trotz der Elternzeit kündigen. Gründe hierfür sind etwa eine Existenzgefährdung des Arbeitgebers oder die Schließung einer Betriebsabteilung. Gegen die Entscheidung der Behörde kann der Betroffene zunächst innerhalb eines Monats Widerspruch einlegen und dann nach einem weiteren Monat Klage vor dem Verwaltungsgericht einreichen. Gegen die Kündigung muss er vor das Arbeitsgericht ziehen.

Will der Arbeitnehmer übrigens selbst zum Ende der Elternzeit kündigen, muss er eine Kündigungsfrist von drei Monaten einhalten.

## Recht auf Teilzeitarbeit

Wer in Elternzeit geht, kann unter bestimmten Umständen von seinem Arbeitgeber eine Teilzeitbeschäftigung von bis zu 30 Stunden verlangen. Am besten ist eine vorherige Absprache.

Dazu muss
- der Arbeitgeber mehr als 15 Arbeitnehmer beschäftigen. Auch Teilzeitkräfte zählen hier voll mit.
- das Arbeitsverhältnis länger als sechs Monate bestehen,

- die gewünschte Arbeitszeit zwischen 15 und 30 Wochenstunden betragen,
- der Arbeitnehmer seinen Wunsch acht Wochen vorher schriftlich beim Arbeitgeber anmelden,
- der Arbeitgeber dem Wunsch betrieblich nachkommen können. Das ist zum Beispiel nicht der Fall, wenn die Teilzeit den betrieblichen Arbeitsablauf wesentlich beeinträchtigen oder zu hohe Kosten verursachen würde. Der Chef muss das allerdings im Einzelnen beweisen.
- das Kind nach dem 31. Dezember 2000 geboren sein.

Das Verbot, dem Arbeitnehmer zu kündigen, bleibt in der Teilzeit natürlich bestehen. Übrigens: Lehnt der Chef den Antrag auf Teilzeit ab, kann sich der Antragsteller arbeitslos melden und Arbeitslosengeld bekommen.

## Erziehungsgeld

Unabhängig von der Elternzeit können die Eltern bei der Erziehungsgeldstelle Erziehungsgeld beantragen. An wen sie sich hier genau wenden müssen, erfahren die Eltern bei ihrer Gemeinde. Je nach Bundesland ist nämlich eine andere Behörde zuständig. Bei der Erziehungsgeldstelle gibt es die notwendigen Antragsformulare sowie weitere Auskünfte rund um das Erziehungsgeld Für den Anspruch aus Erziehungsgeld müssen die Eltern vorher nicht gearbeitet haben.

**Wichtig:**
Mit dem Antrag auf Erziehungsgeld sollten sich die Eltern nicht zuviel Zeit lassen. Wer später als sechs Monate nach der Geburt des Kindes einreicht, erhält zumindest rückwirkend kein Geld mehr.

Erziehungsgeld gibt es im Normalfall nur, wenn
- die Eltern in Deutschland wohnen. Unter Umständen ist eine Aufenthaltserlaubnis oder eine Anerkennung als Asylberechtigter erforderlich.
- der Antragsteller das Sorgerecht oder die Adoptionspflege hat oder als nichtehelicher Elternteil zusammen mit dem Kind in einem Haushalt lebt,
- der Antragsteller das Kind überwiegend selbst betreut und erzieht, das gilt beispielsweise nicht für die Großeltern, die im gleichen Haushalt leben.
- der Antragsteller, also beispielsweise die Mutter, keine oder keine volle Erwerbstätigkeit ausübt. Teilzeitarbeit bis zu 30 Wochenstunden ist möglich. Wer dagegen andere Sozialleistungen wie zum Beispiel Arbeitslosengeld erhält, kann unter Umständen leer ausgehen, etwa dann, wenn die Bemessungsgrundlage für das Arbeitslosengeld eine Beschäftigung von mehr als 30 Stunden ist. Wichtig: Erziehungsgeld ist nicht allein deshalb ausgeschlossen, wenn der Partner des Antragstellers arbeitet.
- das steuerpflichtige Einkommen gewisse Grenzen nicht übersteigt. Bei Ehegatten und eheähnlichen Lebensgemeinschaften sind das in den ersten sechs Lebensmonaten insgesamt 51.130 Euro, bei Alleinstehenden 38.850 Euro. Später verringert

sich die Grenze auf 16.470 Euro für Ehepartner und eheähnliche Lebensgemeinschaften sowie 13.498 Euro für andere Berechtigte. Die Beträge erhöhen sich bei mehreren Kindern.

Das Erziehungsgeld beträgt derzeit 307 Euro pro Monat und wird ab der Geburt des Kindes längstens für 24 Monate gezahlt. Wird nur für ein Jahr Erziehungsgeld beantragt, gibt es monatlich 460 Euro. Maßgebend sind hier aber die Einkommensgrenzen ab dem siebten Lebensmonat, also zum Beispiel 16.470 Euro bei Ehepartnern. Das Erziehungsgeld ist steuerfrei, es darf auch nicht gepfändet werden.

**Wichtig:**
In einigen Bundesländern gibt es über das normale Erziehungsgeld hinaus noch zusätzliches Landeserziehungsgeld. Solche Regelungen bestehen in Baden-Württemberg, Bayern, Thüringen, Sachsen, Mecklenburg-Vorpommern. Im Einzelnen können Sie sich an folgende Stellen wenden:

- Baden-Württemberg: Landeskreditbank Baden-Württemberg, Albert-Nestler-Str. 8, 76113 Karlsruhe, Tel.: 07 21 – 3 83 30, Fax: 07 21 – 1 50 31 91, Internet: www.l-bank.de, e-Mail: familienfoerderung@l-bank.de;
- Bayern: Ämter für Versorgung und Familienförderung, Internet: www.lvf.bayern.de, Stichwort Erziehungsgeld;
- Sachsen: Ämter für Familie und Soziales;
- Mecklenburg-Vorpommern: örtliche Versorgungsämter;
- Thüringen: Jugendämter der Landkreise beziehungsweise kreisfreien Städte.

Wer von den Eltern das Erziehungsgeld erhalten soll, bestimmen die Eltern selbst. Erfüllen beide Eltern die Voraussetzungen für das Erziehungsgeld, müssen sie sich darüber einig werden, ob die Mutter oder der Vater es bekommen soll – ganz gleich, ob sie zusammen oder getrennt leben. Einigen sich die Eltern nicht, steht das Erziehungsgeld der Frau zu. Doppelt kassieren dürfen die Eltern jedenfalls nicht. Soll die Frau das Erziehungsgeld bekommen, wird das Mutterschaftsgeld auf das Erziehungsgeld angerechnet.

Wer mit einer Entscheidung über seinen Erziehungsgeldantrag nicht einverstanden ist, kann hiergegen innerhalb eines Monats Widerspruch einlegen. Ändert die Erziehungsgeldstelle ihre Meinung nicht, bleibt innerhalb eines weiteren Monats nur der Gang zum Sozialgericht.

## Die Elternzeit gilt erst ab 1. Januar 2001

Wichtig: Die Regelungen zur Elternzeit gelten nur für Eltern, deren Kinder ab dem 1. Januar 2001 geboren wurden. Für Eltern, deren Kinder bis zum 31. Dezember 2000 geboren wurden, bleibt es bei den alten Bestimmungen zum Erziehungsurlaub. Folgende Unterschiede zur Neuregelung sind zu beachten:

- kein gleichzeitiger Erziehungsurlaub beider Elternteile möglich,
- Erziehungsurlaub nur bis zum dritten Geburtstag des Kindes,

- es gibt nur Erziehungsurlaub, wenn der andere Elternteil erwerbstätig ist, es sei denn, man ist alleinerziehend,
- Teilzeitarbeit auf wöchentlich 19 Stunden begrenzt,
- kein Anspruch auf Verringerung der Arbeitszeit,
- der Arbeitnehmer oder die Arbeitnehmerin muss den Erziehungsurlaub spätestens vier Wochen vor dem geplanten Antritt vom Chef verlangen,
- andere Einkommensgrenzen beim Erziehungsgeld.

# 4. Auszubildende, Praktikanten, Volontäre, Studenten

## Auszubildende

### Der Einstieg in die Ausbildung

Für viele Arbeitnehmer war sie schon der Startschuss für eine große Karriere: Die Ausbildung. Wer in die Lehre geht, bekommt dort das nötige Rüstzeug, um im späteren Berufsleben zu bestehen. Fachliche Fertigkeiten, berufliche Kenntnisse, Qualifikation und Erfahrung – all das wird dem Azubi im Rahmen seiner Ausbildung vermittelt. Erst einmal muss sich der angehende Lehrling um einen Ausbildungsplatz bewerben. Geht alles gut, darf er am Ende seinen Ausbildungsvertrag unterschreiben. Natürlich nur, wenn er schon 18 Jahre alt ist. Ansonsten müssen die Eltern unterschreiben. Die Ausbildungszeit beträgt meist zwischen zwei und drei Jahren. Vor Beginn der Ausbildung muss der Azubi aber noch zur ärztlichen Untersuchung bei einem Arzt seiner Wahl. Die Untersuchung ist kostenlos, wenn der Azubi einen Untersuchungsberechtigungsschein mitbringt, den er sich bei seiner Gemeinde oder der Kreisverwaltung holen kann.

### Besonderheiten beim Ausbildungsvertrag

Einen Ausbildungsvertrag kann man nicht nur schriftlich, sondern auch mündlich vereinbaren. Dann muss der Arbeitgeber dem Azubi aber noch vor Beginn der Ausbildung die wichtigsten Punkte des Vertrages schriftlich bestätigen. Diesen Nachweis hat er ebenfalls zu unterschreiben. Zu den wichtigen Punkten zählen:
- Beginn und Dauer der Ausbildung,
- geplante Ausbildungsmaßnahmen außerhalb des Betriebes,
- die Dauer der täglichen Ausbildungszeit. Für Überstunden erhält der Azubi mehr Geld als für normale Stunden. Auch ein Ausgleich in Freizeit ist möglich. Bei Überstunden muss auch der Chef oder eine andere Aufsichtsperson vor Ort sein.
- die Zahlung der Ausbildungsvergütung. Das Geld ist spätestens am letzten Arbeitstag des Monats zu zahlen.

- die Dauer der Probezeit. Sie muss mindestens einen und darf maximal drei Monate betragen.
- die Höhe der Ausbildungsvergütung. Die Vergütung muss angemessen sein. Das heißt, sie darf im Normalfall nicht mehr als 20 Prozent unter der einschlägigen tariflichen Ausbildungsvergütung liegen. Außerdem ist sie jährlich zu steigern. Für die Zeit in der Berufsschule muss der Chef das Geld weiterzahlen.
- die Dauer des Urlaubs,
- Kündigungsregeln,
- anwendbare Tarifverträge und Betriebsvereinbarungen,
- die Art, die sachliche und die zeitliche Gliederung sowie das Ziel der Berufsausbildung, vor allem die Berufstätigkeit, für die ausgebildet wird. Übrigens: Der Azubi muss nur solche Arbeiten ausführen, die mit der Ausbildung in Zusammenhang stehen, er muss beispielsweise keine privaten Einkäufe für den Chef erledigen.

Wer einen dieser Punkte in seinem schriftlichen Ausbildungsvertrag oder in seiner schriftlichen Vertragsbestätigung vermisst, sollte seinen Chef hierauf ansprechen und um entsprechende Ergänzung bitten. Sein Ausbildungsvertrag bleibt aber auf jeden Fall gültig, auch wenn ein wichtiger Punkt nicht drinsteht. Der Chef wiederum muss mit einem Bußgeld rechnen. Außerdem kann der Azubi unter Umständen von ihm Schadenersatz verlangen oder den Vertrag fristlos kündigen.

Den Ausbildungsvertrag muss der Chef in ein besonderes Berufsausbildungsverzeichnis eintragen lassen. Nur dann wird der Azubi später zur Abschlussprüfung zugelassen. Vergisst der Chef die Anmeldung, bleibt der Ausbildungsvertrag ebenfalls gültig. Der Ausbilder muss aber auch hier mit einem Bußgeld, mit Schadenersatzansprüchen oder einer fristlosen Kündigung des Azubis rechnen.

Aufgepasst: Nicht jeder Arbeitgeber darf einen Azubi einstellen. Wer zum Beispiel einschlägig vorbestraft oder vorbelastet ist, kommt im Normalfall als Ausbilder nicht in Frage. Bei einem Verstoß drohen wiederum Bußgeld, Schadenersatz, Kündigung.

Außerdem darf der Chef in den Ausbildungsvertrag nicht alles aufnehmen, was er will. Verboten und deshalb ungültig sind etwa folgende Vereinbarungen:
- der Azubi wird verpflichtet, nach seiner Ausbildung im Betrieb zu bleiben oder weiterzuarbeiten,
- der Azubi wird verpflichtet, nach der Ausbildung nicht bei einer Konkurrenzfirma zu arbeiten,
- der Azubi wird verpflichtet, dem Chef drei Monate vor dem Ende der Ausbildung mitzuteilen, wenn er nicht bei ihm weiterarbeiten will,
- der Azubi wird verpflichtet, einen Teil seines Ausbildungsgeldes zurückzuzahlen, wenn er vor einem Termin, der nach dem Ende seiner Ausbildung liegt, kündigt,
- der Azubi oder seine Eltern müssen für die Ausbildung Geld bezahlen,
- die Eltern des Azubis „erkaufen" für ihr Kind den Ausbildungsplatz,
- der Azubi wird verpflichtet, eine Strafe zu zahlen, wenn er einen Fehler macht.

Zulässig ist es aber, wenn der Azubi bis zu sechs Monate vor dem Ende seiner Ausbildung mit seinem Chef einen Arbeitsvertrag abschließt, um im Anschluss an die Ausbildung im Betrieb weiterzuarbeiten. Dazu ist der Chef allerdings nicht verpflichtet. Besser haben es hier Lehrlinge, die sich in der Jugend- und Auszubildendenvertretung, also dem „Betriebsrat der Azubis", oder im Betriebsrat selbst engagiert haben: Sie muss der Chef im Normalfall übernehmen, wenn sie das innerhalb der letzten drei Monate der Ausbildung schriftlich bei ihm beantragen.

Wird der Azubi vom Chef nicht übernommen, endet die Zusammenarbeit mit Ablauf der vereinbarten Ausbildungszeit beziehungsweise mit Bestehen der Abschlussprüfung. Besteht der Lehrling die Prüfung nicht, kann er sie wiederholen. Spätestens nach einem weiteren Jahr Ausbildung ist die Frist für Wiederholungsprüfungen beendet.

## Ausbildung und Kündigung

Wie im normalen Arbeitsverhältnis kann es natürlich auch bei der Ausbildung passieren, dass Chef und Azubi nicht „miteinander können" und die Ausbildung beenden wollen. Unproblematisch ist das in der Probezeit: Hier können beide Seiten den Ausbildungsvertrag kündigen, ohne einen Grund anzugeben und ohne eine Frist einzuhalten. Nach Ablauf der Probezeit wird es schwieriger: Will der Arbeitgeber seinen Auszubildenden feuern, braucht er nunmehr einen wichtigen Grund. Der Chef kann nur fristlos kündigen. Und hierzu benötigt er handfeste Gründe. Denn kleinere Verfehlungen wie etwa häufiges Zuspätkommen, Urlaubsüberschreitungen oder unentschuldigtes Fehlen reichen ohne vorherige Abmahnung nicht aus. Was aber noch viel wichtiger ist: Die Kündigung muss nicht nur schriftlich erfolgen, sondern der wichtige Grund muss dem Auszubildenden auch schriftlich mitgeteilt werden. Außerdem dürfen zwischenzeitlich nicht mehr als zwei Wochen vergangen sein.

Der Auszubildende selbst kann nach der Probezeit in der Regel mit einer Frist von vier Wochen kündigen. Hat er einen wichtigen Grund, wie etwa bei groben Ausbildungsmängeln oder Verstößen des Chefs gegen Schutzvorschriften, kann er nach einer Abmahnung natürlich auch fristlos kündigen. Hier bekommt er eventuell auch noch Schadenersatz.

### Wichtig:
Ist der Azubi minderjährig, kann er ohne Zustimmung seiner Eltern nicht selbst kündigen. Der Chef wiederum muss seine Kündigung in diesem Fall gegenüber den Eltern aussprechen.

Kommt es zwischen Azubi und Chef zum Streit, kann keiner von beiden gleich zum Arbeitsgericht ziehen. Im Regelfall muss nämlich erst einmal ein Schlichtungsausschuss der zuständigen Kammer oder Innung, wie zum Beispiel der Handwerkskammer, zu dem Problem angehört werden. Erst wenn Azubi oder Chef mit der Entscheidung des Ausschusses nicht einverstanden sind, können sie sich innerhalb von zwei Wochen an das Arbeitsgericht wenden. Nur wenn für den Ausbildungsgang ausnahmsweise kein Schlichtungsausschuss besteht, darf sofort das Arbeitsgericht eingeschaltet werden. Aufgepasst: Wer einen strittigen Punkt, wie etwa eine Kündigung geklärt haben will, sollte sich nicht zu viel Zeit damit lassen, den Schlichtungsausschuss einzuschalten. Drei Wochen sollten hier ausreichen. Auch wer sich direkt an das Arbeitsgericht wendet, sollte sich nie mehr als drei Wochen Zeit lassen.

Für Azubis und fertig ausgebildete Arbeitnehmer gibt es eine Reihe von finanziellen Fördermöglichkeiten wie etwa die Beihilfe zur Berufsausbildung, das „Meister-Bafög" oder Stipendien für besonders gute Absolventen. Nähere Auskünfte hierzu erteilt Ihnen das nächste Arbeitsamt beziehungsweise das Bundesministerium für Bildung und Forschung, Hannoversche Straße 30, 10115 Berlin, Tel.: 0 18 88 – 5 70, Fax: 0 18 88 – 57 52 70, Internet: www.bmbf.de.

Beim Arbeitsamt können Sie auch das Verzeichnis über die rund 350 anerkannten Ausbildungsberufe einsehen. Diese Möglichkeit besteht auch bei den Handwerks- und den Industrie- und Handelskammern.

## Praktikanten und Volontäre

Wer die Wahl hat, hat die Qual: Den „richtigen" Beruf für sich zu finden, ist heute nicht immer einfach. Schließlich hat ja jeder Mensch andere Interessen und Fähigkeiten. Und auch die Berufsaussichten sind in jedem Job unterschiedlich. Vor allem junge Menschen sind sich deshalb oft noch nicht sicher, für welchen Beruf und welche Ausbildung sie sich entscheiden sollen. Um sich die Entscheidung zu erleichtern, ist es meist sehr hilfreich, erst einmal ein Praktikum zu machen und vor Ort die Arbeitsluft zu schnuppern. Manchmal gehören Praktika auch zu einer Ausbildung dazu. Wer an einem Praktikum interessiert ist, sucht sich erst einmal eine Firma seiner Wahl und bewirbt sich dann um einen Praktikumsplatz. Danach wird in der Regel ein Praktikantenvertrag abgeschlossen, den bei Minderjährigen die Eltern unterschreiben müssen. Der Unterschied zur Ausbildung: Ein Praktikum dauert in der Regel nur einige Wochen oder Monate, außerdem gibt es meist weniger Geld, und das Praktikum endet ohne einen qualifizierten Abschluss. Das alles bedeutet natürlich nicht, dass der Praktikant überhaupt keine Rechte hätte. Wer einen Praktikanten beschäftigt, muss ihm die Gelegenheit geben, sich am betrieblichen Geschehen zu beteiligen und dort Erfahrungen zu sammeln. Der Praktikant ist außerdem genauso Arbeitnehmer wie der Auszubildende auch. Er hat unter anderem ein Recht auf Urlaub, auf eine gewisse Bezahlung und auf einen Schutz gegen unberechtigte Kündigungen. Anders ist das allerdings, wenn das Praktikum zur Gänze in ein Studium integriert ist. Auch Schulpraktika, Ferienjobs und Studententätigkeiten gelten in diesem Sinne nicht als Praktikum.

In bestimmten Branchen wie etwa im Medienbereich heißen Praktikanten meist Volontäre. Dort bewirbt man sich deshalb in der Regel auch um ein Volontariat. Einen Unterschied zum Praktikum gibt es aber nicht.

## Studenten

Sei es als freier Mitarbeiter oder als Arbeitnehmer: Um sich das Studium zu finanzieren, müssen viele Stundenten jobben gehen. Wer sich für ein Arbeitsverhältnis entscheidet, ist nicht anders zu behandeln wie andere Arbeitnehmer auch: Er bekommt Urlaub, Gehalt und nach sechs Monaten unter Umständen sogar Kündigungsschutz. Andererseits muss er am Arbeitsplatz auch die vereinbarte Leistung bringen.

Bei der Sozialversicherung gelten für Studenten Besonderheiten. So sind Studenten aufgrund ihres Status bis zum 14. Fachsemester oder bis zum 30. Lebensjahr zu einem günstigen Tarif kranken-, pflege- und unfallversichert. Rentenversicherungspflicht besteht nicht. Wer aber als Student arbeitet und Geld verdient, für den gelten die allgemeinen Regeln der Sozialversicherung. Er und sein Chef müssen je zur Hälfte Beiträge zur Kranken-, Pflege-, Arbeitslosen-, und Rentenversicherung abführen. Wichtig ist aber folgende Ausnahme: Studenten sind in der Kranken-, Pflege- und Arbeitslosenversicherung (nicht aber in der Rentenversicherung) versicherungsfrei, wenn es sich um so genannte Werkstudenten handelt, die fest für einen Arbeitgeber tätig sind. Dabei darf der Student im Semester aber normalerweise nicht mehr als 20 Wochenstunden arbeiten. In den Semesterferien gilt diese Grenze nicht. Befristete Tätigkeiten, die sich auf die Semesterferien beschränken oder zwei Monate, also 50 Arbeitstage pro Jahr, nicht überschreiten, sind ebenfalls beitragsfrei. Handelt es sich nur um einen so genannten 325-Euro-Job, gibt es im Normalfall ohnehin keine Probleme. Der Job ist versicherungsfrei.

# 5. Kinder und Jugendliche

Keine Frage: Kinder und Jugendliche brauchen einen besonderen Schutz. Ihre Fähigkeiten sind noch nicht voll ausgebildet. Außerdem überschätzen sie leicht ihr Leistungsvermögen. Für ihre Entwicklung benötigen sie zudem mehr Freizeit.

## Verbot der Kinderarbeit

Kinderarbeit ist in Deutschland deshalb verboten. Das betrifft alle Kinder unter 15 Jahren sowie Personen, die noch schulpflichtig sind. Je nach Bundesland kann daher auch die Beschäftigung von 15- bis 16-Jährigen unzulässig sein. Aber natürlich müssen auch Schüler die Möglichkeit haben, etwas dazu zu verdienen. Deshalb gibt es eine Reihe von Ausnahmen, unter welchen Umständen sie doch jobben dürfen. Diese Bestimmungen sind entscheidend. So sind beispielsweise erlaubt:

- geringfügige Hilfeleistungen, soweit sie gelegentlich aus Gefälligkeit erbracht werden,
- Tätigkeiten im Familienhaushalt,
- ein Betriebspraktikum von Schülern (maximal sieben Stunden pro Tag und 35 Stunden in der Woche),
- Tätigkeiten für Kinder über 13 Jahre in der Landwirtschaft (je nach Betrieb maximal zwei bis drei Stunden täglich),
- das Austragen von Zeitungen und Zeitschriften bis zu zwei Stunden werktäglich bei Kindern über 13 Jahre,
- Hilfstätigkeiten beim Sport bis zu zwei Stunden täglich bei Kindern über 13 Jahre,

- Mitwirkung von Kindern an Theatervorstellungen, Musikaufführungen oder anderen Veranstaltungen mit behördlicher Genehmigung,
- Tätigkeiten von Kindern, die bereits vor Erreichen des 15. Lebensjahres die Schule absolviert haben, im Ausbildungsverhältnis oder im Arbeitsverhältnis (dort maximal sieben Stunden täglich und 35 Stunden wöchentlich mit leichten Arbeiten),
- vier Wochen Arbeit im Kalenderjahr während der Schulferien bei schulpflichtigen Jugendlichen.

## Beschränkung bei Jugendlichen

Keine Kinder mehr sind Jugendliche zwischen 15 und 18 Jahren. Sie dürfen deshalb auch arbeiten. Allerdings ist die Beschäftigung nur in einem fest begrenzten Umfang zulässig. Keinen Unterschied macht es dabei, ob der Jugendliche als Auszubildender oder als gewöhnlicher Arbeitnehmer beschäftigt ist. Folgende Bedingungen muss der Arbeitgeber einhalten:

- Vor Aufnahme der Arbeit muss sich der Jugendliche ärztlich untersuchen lassen. Ohne Gesundheitszeugnis läuft nichts. Nach einem Jahr ist eine Nachuntersuchung fällig.
- Jugendliche dürfen maximal 40 Stunden in der Woche und acht Stunden am Tag arbeiten. Ausnahmsweise ist es aber erlaubt, sie zum Beispiel von Montag bis Donnerstag achteinhalb Stunden zu beschäftigen, damit sie am Freitag früher ins Wochenende gehen können.
- Zwischen Feierabend und dem nächsten Arbeitsbeginn muss der Jugendliche zwölf Stunden Pause haben. Während der Arbeitszeit gibt es bei mehr als sechs Stunden Beschäftigung 60 Minuten, bei einer Beschäftigung zwischen viereinhalb und sechs Stunden insgesamt mindestens 30 Minuten Pause.
- Für Jugendliche gilt im Normalfall die Fünf-Tage-Woche, das heißt, der Samstag ist arbeitsfrei.
- Wer als Jugendlicher in der Berufsschule mehr als fünf Unterrichtsstunden zu je 45 Minuten besucht hat, braucht am gleichen Tag nicht mehr arbeiten.
- Nachtarbeit zwischen 20.00 Uhr und 6.00 Uhr ist ebenso wie Sonntagsarbeit für Jugendliche verboten. Hiervon gibt es aber zahlreiche Ausnahmen wie etwa für Betriebe mit Schichtarbeit (Nachtruhe hier nur zwischen 23 Uhr und 6 Uhr) oder im Gaststättengewerbe (Nachtruhe zwischen 22 Uhr und 6 Uhr).
- Verboten ist darüber hinaus die Arbeit im Akkord, andere tempoabhängige Arbeit, der Einsatz bei gefährlichen oder unfallträchtigen Arbeiten und eine Überforderung des Jugendlichen.
- Im Unterschied zu erwachsenen Arbeitnehmern kann der Jugendliche von seinem Chef mehr Urlaub verlangen. Statt des sonst geltenden Mindesturlaubes von 24 Werktagen pro Jahr hat der Jugendliche je nach Alter mindestens zwischen 25 und 30 Werktagen pro Kalenderjahr Urlaub. Mindestens 30 Tage gibt es für 15-Jährige, 27 Tage für 16-Jährige und 25 Tage für 17-Jährige. Im Bergbau sind es jeweils drei Tage mehr.
- In Tarifverträgen können besondere Regelungen für Jugendliche enthalten sein.

Aufgepasst: Jeder Arbeitgeber ist dazu verpflichtet, in seinem Betrieb das Jugendarbeitsschutzgesetz auszulegen, damit sich der Jugendliche über seine Rechte informieren kann. Wer sich als Arbeitgeber nicht daran hält, macht sich Schadenersatzpflichtig. Außerdem muss der Chef in diesem Fall mit einem Bußgeld oder einer Strafe rechnen. Auch abweichende tarifliche Regelungen muss der Jugendliche einsehen können.

# 6. Mitglieder von Arbeitnehmervertretungen

### Wer ist geschützt?

Will der Arbeitgeber ein Mitglied des Betriebsrats loswerden, hat er es schwer. Noch schwerer hat er es, wenn er das Betriebsratsmitglied nur deshalb entlassen will, weil ihm seine Tätigkeit im Betriebsrat nicht passt. Hier braucht der Betroffene meist nur einen Aufhebungsvertrag mit einer fetten Abfindung akzeptieren. Die meisten Arbeitnehmer wissen um die besondere Stellung der Betriebsräte. Was viele aber nicht wissen: Einen Schutz ähnlich wie ein Betriebsratsmitglied kann ein Arbeitnehmer auch dann erlangen, wenn er gar nicht im Betriebsrat sitzt, sondern

- Mitglied in einer Jugend- und Auszubildendenvertretung ist,
- in einem Seebetriebsrat sitzt. Solche Betriebsräte gibt es bei Seeschiffahrtsunternehmen.
- Mitglied einer Bordvertretung ist. Das ist das Vertretungsgremium einer Schiffsbesatzung.
- als Vertrauensperson in der Schwerbehindertenvertretung sitzt,
- Ersatzmitglieder der vorgenannten Personen, soweit sie das Mitglied gerade vertreten,
- im Wahlvorstand zur Durchführung einer Betriebsratswahl oder einer Wahl zur Schwerbehindertenvertretung tätig ist,
- sich für die Wahl zum Betriebsrat, zur Jugend- und Auszubildendenvertretung, zur Bordvertretung, zum Seebetriebsrat oder zur Schwerbehindertenvertretung bewirbt,
- zu einer Betriebs-, Wahl- oder Bordversammlung einlädt, sofern er in der Einladung unter den ersten drei Arbeitnehmern aufgeführt ist (neu seit 24. Juli 2001),
- die Bestellung eines Wahlvorstandes beantragt, sofern er in der Antragstellung unter den ersten drei Arbeitnehmern aufgeführt ist (neu seit 24. Juli 2001).

### Kündigungen sind in bestimmten Fällen ausgeschlossen

Wer im Betriebsrat sitzt, braucht keine fristgemäße Kündigung seines Arbeitgebers zu fürchten. Zulässig sind nur fristlose Kündigungen aus wichtigem Grund. Und auch das nur, wenn der Betriebsrat vorher ausdrücklich zugestimmt hat. Hierzu hat er drei

Tage Zeit. Stimmt er nicht zu, kann der Arbeitgeber sich allenfalls noch innerhalb weiterer elf Tage an das Arbeitsgericht wenden, um die Zustimmung vom Gericht zu bekommen. Dabei werden die Richter auch ein Auge darauf haben, ob tatsächlich ein wichtiger Grund zur Kündigung vorliegt. Dazu muss der Mitarbeiter seine arbeitsvertraglichen Pflichten in grobem Maße verletzt haben wie etwa bei einem Diebstahl oder durch rufschädigende Äußerungen über den Chef. Verstößt der Mitarbeiter gegen Betriebsratspflichten, indem er zum Beispiel eine Sitzung des Betriebsrates schwänzt, reicht das hingegen für die Kündigung nicht aus. In diesem Fall könnte der Arbeitgeber bei Gericht nur beantragen, den Arbeitnehmer aus dem Betriebsrat auszuschließen.

**Wichtig:**
Der spezielle Schutz vor Kündigungen gilt auch noch nach dem Ende der Amtszeit als Betriebsrat für einen Zeitraum von einem Jahr weiter. Bei Mitgliedern des Wahlvorstandes sowie Wahlbewerbern besteht der spezielle Schutz vor Kündigungen noch innerhalb von sechs Monaten nach ordnungsgemäßer Bekanntgabe des Wahlergebnisses. Bei den Mitarbeitern, die zu einer Betriebsversammlung einladen oder die Einberufung eines Wahlvorstandes beantragen, gilt der Schutz bis zur Bekanntgabe des Wahlergebnisses, falls die Wahl aus irgendeinem Grund gar nicht durchgeführt wird, drei Monate.

Mit den Sonderregeln zum Kündigungsschutz soll das Betriebsratsmitglied davor bewahrt werden, Nachteile zu erleiden, nur weil es sich für andere Arbeitnehmer und deren betriebliche Belange besonders einsetzt. Wird der Betrieb oder die Abteilung, in der das Betriebsratsmitglied beschäftigt ist, aber komplett geschlossen, macht der verstärkte Schutz keinen Sinn mehr. Deshalb kann der Chef in diesem Fall ganz normal fristgemäß kündigen. Den Betriebsrat muss er zur Kündigung nur anhören, eine Zustimmung ist nicht erforderlich. Aber, bevor der Arbeitgeber die Kündigung ausspricht, muss er überprüfen, ob er den Mitarbeiter nicht noch an einer anderen Stelle im Betrieb oder Unternehmen einsetzen kann. Notfalls ist er sogar dazu verpflichtet, einen anderen Arbeitsplatz „freizukündigen", das heißt, einen anderen Mitarbeiter zu entlassen, um zum Beispiel das Betriebratsmitglied auf dessen Arbeitsplatz zu versetzen.

**WISO rät:** Die speziellen Regelungen zum Kündigungsschutz können Ihre rechtliche Position erheblich verbessern. Es kann deshalb empfehlenswert sein, im Betrieb aktiv als Betriebsrat, im Wahlvorstand, auf der Bewerberliste, bei der Einleitung der Wahl des Betriebsrates oder des Wahlvorstandes zu werden, wenn Sie aus irgendeinem Grund mit einer baldigen Kündigung rechnen müssen. Das ist nicht so schwierig, wie Sie vielleicht denken. Trauen Sie sich nur! Die Kündigung wird für den Arbeitgeber durch Ihre Aktivität erheblich erschwert. Gleichzeitig erhöhen Sie Ihre Chancen auf eine höhere Abfindung, wenn es zu einer einvernehmlichen Trennung kommt. Die oft verbreitete Unkenntnis der Arbeitgeber von den (neuen) Bestimmungen kann hier bares Geld wert sein.

## Wie man im Betrieb aktiv wird

Wer im Betriebsrat oder bei Betriebsratswahlen aktiv mitmischen will, muss natürlich auch darüber Bescheid wissen. Dasfür gibt es wie bei allen Wahlen feste Regeln:

- Ein Betriebsrat kann nur in Betrieben gewählt werden, in denen mindestens fünf wahlberechtigte Arbeitnehmer tätig sind, von denen mindestens drei als Betriebsrat gewählt werden können.
- Für die Durchführung der Wahl ist der Wahlvorstand zuständig.
- Zur Betriebsversammlung, die während der Arbeitszeit stattfinden darf, können drei wahlberechtigte Arbeitnehmer oder eine im Betrieb vertretene Gewerkschaft aufrufen. Entsprechendes gilt für den Antrag beim Arbeitsgericht, einen Wahlvorstand einzusetzen.
- Der Wahlvorstand wird vom vorherigen Betriebsrat bestellt, in einer Betriebsversammlung gewählt (bei erstmaligen Betriebsratswahlen) oder vom Arbeitsgericht eingesetzt (wenn sich niemand für den Wahlvorstand findet).
- Die Wahl kann bei Fehlern vom Arbeitgeber innerhalb einer Frist von zwei Wochen nach Bekanntgabe des Ergebnisses angefochten werden. Die Amtszeit des Betriebsrats beträgt vier Jahre.

Im öffentlichen Dienst, also wenn der Arbeitnehmer bei Bund, Land, einem Landkreis, einer Kommune oder einer öffentlich-rechtlichen Körperschaft, wie zum Beispiel einer Anstalt oder Stiftung, angestellt ist, hat der Betriebsrat übrigens einen anderen Namen. Er heißt dann Personalrat.

# 7. Wehr- und Zivildienstleistende

Wer zum Bund muss, braucht keine Angst um seinen Arbeitsplatz haben: In der Zeit zwischen der Zustellung des Einberufungsbefehls und der Beendigung des Grundwehrdienstes sind fristgemäße Kündigungen verboten. Gleiches gilt bei Wehrübungen sowie für Zeitsoldaten bis zu einer Verpflichtung von zwei Jahren.

Der Wehrdienst darf außerdem nicht Kündigungsgrund sein. Beispiel: Will der Arbeitgeber seinen Mitarbeiter noch vor dem Einberufungstermin kündigen, darf er den Wehrdienst nicht als Grund anführen. Ausnahme: In einem Betrieb mit fünf oder weniger Arbeitnehmern kann der Chef einen einberufenen unverheirateten Mitarbeiter außerordentlich mit einer Frist von zwei Monaten zum Zeitpunkt der Entlassung aus dem Wehrdienst kündigen, wenn ihm eine Weiterbeschäftigung wegen der Einstellung einer Ersatzkraft nicht zugemutet werden kann. Die Übernahme eines Auszubildenden in ein unbefristetes Arbeitsverhältnis darf der Arbeitgeber übrigens nicht wegen der Einberufung ablehnen.

Der vorstehende Arbeitsplatzschutz gilt selbstverständlich auch für Zivildienstleistende.

# 8. Leitende Angestellte

Leitende Angestellte gehören in der Regel nicht zu den Arbeitnehmern, die einen besonderen Schutz bräuchten. Für sie gelten allerdings auch einige Sonderregeln, durch die sie aber meist eher benachteiligt als bevorzugt werden. Das hat aber durchaus seinen Grund: Wer mehr Arbeitgeber als Arbeitnehmer ist und allein aufgrund seines Arbeitsvertrages erhebliche Privilegien und Freiräume genießt, hat eine weniger gesicherte Position verdient als „normale" Arbeitnehmer.

Was eigentlich ein leitender Angestellter ist, lässt sich nicht pauschal bestimmen. Wichtigste Indizien sind sicher das Einkommen und die Stellung im Betrieb. Streitereien über die Eigenschaft als leitender Angestellter sind wegen dieser Unsicherheiten nicht ungewöhnlich. Sie können aber nur im Einzelfall unter Berücksichtigung aller Umstände geklärt werden.

Die geringere Schutzbedürftigkeit leitender Angestellter spiegelt sich in folgenden Besonderheiten wieder:

- Kündigt der Chef, muss der leitende Angestellte vor Gericht damit rechnen, dass sein Arbeitsverhältnis auf jeden Fall gegen Zahlung einer Abfindung aufgelöst wird. Selbst wenn seine Kündigung ungültig ist, kann der Chef nämlich die Auflösung ohne nähere Begründung beim Gericht beantragen.
- Der Betriebsrat wird vor der Kündigung nicht angehört. Besteht ein Sprecherausschuss für leitende Angestellte, muss dieser allerdings angehört werden.
- Der leitende Angestellte kann sich nicht beim Betriebsrat über den Chef beschweren.
- Für den leitenden Angestellten gelten keine Vorschriften über Höchstarbeitszeiten, Pausen- und Ruhezeiten, Sonn- und Feiertagsruhe.
- Überstunden bekommt der leitende Angestellte nur bezahlt, wenn das ausdrücklich vereinbart ist – selbst wenn er mehr leistet als andere.
- Gegenüber seinem Chef ist der leitende Angestellte besonders stark zur Treue und Rechenschaft sowie zur Prüfung und Überwachung der Betriebsabläufe verpflichtet.
- Die Anforderungen an den personen- oder verhaltensbedingten Grund bei einer fristgerechten Kündigung sowie an den wichtigen Grund bei einer fristlosen Kündigung sind wegen der vertraulichen Stellung des Mitarbeiters geringer. Das heißt, der leitende Angestellte kann leichter gekündigt werden.
- In der Regel gelten für den leitenden Angestellten keine Tarifverträge. Er muss sich also ganz auf seinen Arbeitsvertrag verlassen. Deshalb sollte er den Vertrag Punkt für Punkt aushandeln.
- Der Betriebsrat kann nichts unternehmen, wenn der leitende Angestellte versetzt oder benachteiligt wird.
- Bei Massenentlassungen muss der Chef eine geplante Kündigung eines leitenden Angestellten im Gegensatz zu Kündigungen anderer Arbeitnehmer nicht beim Arbeitsamt anzeigen.

# VI. Spezielle Probleme

## 1. Arbeitnehmer oder freier Mitarbeiter?

Rechte im Job hat nur derjenige, der Arbeitnehmer ist. Für Selbständige gelten dagegen eigene Regeln. Denn wer sein eigener Chef ist, kann natürlich von niemand anderem Urlaub, Zeugnisse oder etwa Geld für den Krankheitsfall verlangen. Auch ein Schutz gegen Kündigungen gibt es nicht. Der Selbstständige muss sich eigenständig darum kümmern, seine Aufträge und Kunden nicht zu verlieren. Die Selbstständigkeit hat aber auch Vorteile wie zum Beispiel freie Arbeitszeiten, freie Arbeitseinteilung oder freie Preisvereinbarungen. Vor allem aber müssen bei der Selbstständigkeit keine Beiträge an die Sozialversicherung abgeführt werden – weder vom Selbständigen noch von dessen Kunden oder Auftraggebern. Der Arbeitgeber spart zusätzlich noch die Lohnsteuer, die ja bei der Aushandlung des Gehaltes berücksichtigt werden müsste. Das Problem dabei liegt auf der Hand: Um Geld zu sparen, werden Mitarbeiter eines Unternehmens häufig als Selbstständige oder freie Mitarbeiter bezeichnet, obwohl sie in Wahrheit Arbeitnehmer sind. So sitzt etwa der „freie" Mitarbeiter wie alle anderen Angestellten jeden Tag acht Stunden im Büro des Unternehmens und muss sich vom Chef der Firma sagen lassen, was er im einzelnen zu tun hat. Oder der vermeintlich Selbstständige hat nur einen einzigen großen Kunden, von dem er wirtschaftlich und arbeitsmäßig völlig abhängig ist. In solchen Fällen wird es für beide Seiten sehr gefährlich: Fliegt nämlich die Scheinselbstständigkeit des Mitarbeiters auf, drohen dem Unternehmer erhebliche Nachzahlungen bei der Sozialversicherung. Der Mitarbeiter wiederum steht im Falle einer Scheinselbstständigkeit erst einmal dumm da, wenn es um Urlaub, Krankheit, Kündigung oder auch die Versorgung im Alter geht. Denn um etwas von seinem Chef zu verlangen, muss er zunächst selbst zugeben und nachweisen, dass er eigentlich gar nicht selbständig, sondern als Arbeitnehmer beschäftigt wurde. Nur dann kann er sich zum Beispiel erfolgreich gegen einen Rausschmiss wehren oder rückwirkend seine Sozialversicherung fordern.

### Wann jemand als Arbeitnehmer gilt

Ob jemand als Arbeitnehmer oder Selbstständiger tätig ist, richtet sich in erster Linie danach, wie stark er von seinem Arbeit- beziehungsweise Auftraggeber persönlich abhängig ist. Wer zeitlich, örtlich und organisatorisch vollständig in den betrieblichen Ablauf des Arbeitgebers eingegliedert ist, lässt sich als Arbeitnehmer qualifizieren. Das trifft beispielsweise für den Arbeiter am Fließband zu. Wer seine Arbeit dagegen unabhängig, frei und nach eigenen Vorstellungen organisiert, handelt als Selbstständiger. Hierzu zählen beispielsweise Ärzte oder Rechtsanwälte.

So eindeutig wie in den Beispielen liegen die Fälle aber bei vielen Beschäftigten nicht, im Gegenteil: Es gibt zahllose Personen, bei denen eine Zuordnung äußerst schwer fällt. Im Zweifel arbeiten sie genauso viel oder wenig abhängig wie selbständig. Gerade viele neue Berufsbilder sind davon betroffen. Der freie Mitarbeiter einer Medienagentur hat beispielsweise keine festen Arbeitszeiten einzuhalten, muss aber mit Nachteilen rechnen, wenn er die Aufträge seines größten Auftraggebers nicht innerhalb bestimmter Fristen erfüllt. Rein rechtlich ist eine solche Zwitterstellung zwischen Arbeitnehmer und Selbstständigem nicht anerkannt. Vielmehr muss eine Zuordnung zur einen oder zur anderen Seite erfolgen. Zur Abgrenzung nehmen die Gerichte deshalb eine Betrachtung aller Umstände vor. Folgende Kriterien sprechen eher dafür, dass jemand Arbeitnehmer ist:

- Der Chef bestimmt weitgehend über Inhalt, Durchführung, Zeit, Dauer und Ort der Arbeit. Der Mitarbeiter hat hier kaum Freiheiten.
- Die Arbeit wird im Alltag üblicherweise von Arbeitnehmern erledigt.
- Der Mitarbeiter sitzt in einem firmeneigenen Büro.
- Der Mitarbeiter arbeitet hauptsächlich für einen einzigen Auftraggeber.
- Der Mitarbeitervertrag wurde für eine längere Zeit, also beispielsweise für mehrere Jahre, geschlossen.
- Der Mitarbeiter bearbeitet die Aufträge auch selbst.
- Der Mitarbeiter beschäftigt keine oder nur wenige eigene Mitarbeiter.
- Der Mitarbeiter hat wenig eigene Entscheidungsfreiheit, gleichzeitig trägt er kaum ein Risiko.
- Der Mitarbeiter führt den Einkauf und Verkauf von Waren nicht eigenverantwortlich durch.
- Der Mitarbeiter ist nicht berechtigt, andere Personen einzustellen.
- Wie der Kunde zahlt, bestimmt nicht er, sondern der Auftraggeber selbst.
- Der Mitarbeiter wirbt nicht in eigener Sache und wirbt auch nicht selbst um Kunden.
- Der Arbeitsplatz des Mitarbeiters ist fest eingerichtet.

**Wichtig:**
Für die Zuordnung kommt es nicht darauf an, wie Chef und Mitarbeiter ihr Vertragsverhältnis bezeichnen. Ob jemand Arbeitnehmer oder Selbständiger ist, richtet sich nicht nach den Wünschen der Beteiligten, sondern allein danach, wie sich ihre vertragliche Beziehung objektiv darstellt, das heißt, wie der Vertrag tatsächlich erfüllt wird.

**WISO rät:** Streiten Sie mit Ihrem Arbeitgeber über Ihre Eigenschaft oder bestimmte Rechte als Arbeitnehmer, können Sie zur Klärung der Frage das örtlich zuständige Arbeitsgericht einschalten. Bedenken Sie, dass von Ihrem Status als Arbeitnehmer viele Rechte abhängen. Vor allem vor Kündigungen sind Sie im Regelfall besser geschützt. Es lohnt sich also, dafür vor Gericht zu ziehen.

Nicht so bedeutsam ist die Abgrenzung zwischen freiem Mitarbeiter und Arbeitnehmer für das Arbeitszeugnis: Auch der freie Mitarbeiter kann von seinem Auftraggeber ein Zeugnis verlangen.

## Sonderregeln für die Sozialversicherung

Ob ein Mitarbeiter als Arbeitnehmer oder Selbstständiger gilt, ist auch für die Sozialversicherung wichtig. Nur für Arbeitnehmer muss der Chef nämlich Sozialversicherungsbeiträge an den Staat abführen. Deshalb hat der Gesetzgeber hier nichts dem Zufall überlassen und anhand objektiver Kriterien genau festgelegt, wann jemand als Arbeitnehmer anzusehen ist. Für die Sozialversicherung – und nur hierfür – kommt es also nicht auf alle Umstände des einzelnen Falles an. Der Grund ist einleuchtend: Gäbe es keine objektiven Kriterien, müsste der Staat, um zu seinem Geld zu kommen, in jedem einzelnen Fall nachprüfen, ob es sich bei einem Mitarbeiter um einen Arbeitnehmer oder einen freien Mitarbeiter handelt. Das wäre ein riesiger Aufwand. Hinzu käme, dass die meisten Beteiligten aus Angst vor Strafen vielleicht die nötigen Auskünfte und Unterlagen verweigern würden. Deshalb hat der Gesetzgeber den Spieß jetzt umgedreht. Wer bestimmte Voraussetzungen erfüllt, gilt einfach als Arbeitnehmer, für den Sozialversicherungsbeiträge anfallen. Wer mit der Zuordnung nicht einverstanden ist, muss das Gegenteil beweisen, also belegen, dass er tatsächlich selbständig ist. Als Arbeitnehmer gilt, wer mindestens drei der folgenden fünf Voraussetzungen erfüllt:

- Er beschäftigt selbst keine anderen Arbeitnehmer mit mehr als 325 Euro Monatsverdienst.
- Er ist dauerhaft und überwiegend nur für einen Auftraggeber tätig.
- Sein Auftraggeber oder vergleichbare Personen lassen seine oder ähnliche Tätigkeiten regelmäßig durch Arbeitnehmer ausführen.
- Seine Tätigkeit hat keine typischen Merkmale unternehmerischen Handelns.
- Er hat eine ähnliche Tätigkeit bereits früher als Arbeitnehmer seines Auftraggebers ausgeübt.

Liegen mindestens drei dieser fünf Punkte vor, kann der Mitarbeiter also nicht einfach behaupten, er wäre trotzdem selbstständig. Um keine Sozialversicherungsbeiträge als Arbeitnehmer zu zahlen, muss er zumindest einen Vertrag präsentieren, der auf eine wirkliche Tätigkeit als freier Mitarbeiter schließen lässt.

### Besonders wichtig:

Auch ein wirklich Selbstständiger kann seit 1999 in die Rentenversicherung einbezogen werden, wenn er mit Ausnahme von 325-Euro-Kräften keine Arbeitnehmer beschäftigt und fast ausschließlich für einen Auftraggeber tätig ist. Wann das der Fall ist, lässt sich nicht pauschal beantworten, es entscheiden immer die Umstände des einzelnen Falles. Ausnahmen von der Versicherungspflicht bestehen aber zum Beispiel in den ersten drei Jahren für Existenzgründer.

Um die Frage der Sozialversicherungspflicht zu klären, können Unternehmer und Mitarbeiter bei der Bundesversicherungsanstalt für Angestellte (BfA) ein besonderes Anfrageverfahren durchführen. Adresse: 10704 Berlin, Tel.: 08 00 – 3 33 19 19 (gebührenfrei), Internet: www.bfa-berlin.de, Faxabruf: 0 30 – 86 52 72 40. Früher war dafür die Krankenkasse der Ansprechpartner. Gegen die Entscheidung der Bundesversicherungsanstalt über die Frage der Selbständigkeit kann der Mitarbeiter Widerspruch und gegebenenfalls Klage vor dem Sozialgericht einlegen. Auch wenn sich die Bundesversicherungsanstalt mit der Entscheidung mehr als drei Monate Zeit lässt, ist eine Klage möglich.

## Beispiele für nichtselbstständige Tätigkeiten

Nachfolgend einige Beispielsfälle, bei denen die Gerichte die Tätigkeit in jeder Hinsicht als unselbstständig qualifiziert haben. Der Mitarbeiter galt also als Arbeitnehmer:

- Artist
- Arzthelferin
- Bauhandwerker
- Cutterin
- Bühnenbildner
- Co-Pilot
- Croupier
- Disc-Jockey
- Filialleiter
- Golflehrer
- Krankenpfleger
- Lizenzfußballer
- Peepshow-Modell
- Schornsteinfeger
- Telefonist
- Werbesprecher, Zeitungsredakteur

# 2. Arbeitnehmerüberlassung, Leiharbeit, Zeitarbeit

Arbeitsverhältnisse, bei denen der Arbeitnehmer nicht in der Firma seines Arbeitgebers, sondern im ständigen Wechsel in anderen Firmen arbeitet, sind immer mehr auf dem Vormarsch. Wer neu in den Beruf einsteigt, die Babypause hinter sich hat oder einfach nur Berufserfahrung sammeln will, für den ist ein solches Modell unter Umständen die optimale Lösung. Die wechselnden Einsätze sichern allen Beteiligten ein hohes Maß an Flexibilität. Sie werden als Arbeitnehmerüberlassung, Zeitarbeit oder Leiharbeit bezeichnet.

### Wer arbeitet für wen?

Ein Arbeitsvertrag besteht nur zwischen dem Arbeitnehmer und dem Verleiher, also der Zeitarbeitsfirma. Die Firma, in der der Zeitarbeiter tatsächlich arbeitet, setzt den Arbeitnehmer hingegen nur vorübergehend auf einem Arbeitsplatz ein, hat aber mit ihm keine eigenen vertraglichen Beziehungen. Der Arbeitnehmer ist allerdings in den jeweiligen Betrieb eingegliedert und muss sich dort vom Chef Anweisungen geben lassen. Abmahnungen und Kündigungen wiederum kann nur die Zeitarbeitsfirma als Arbeitgeber aussprechen.

## Für die Zeitarbeit gelten besondere Vorschriften

Für die Zeitarbeit gelten besondere Bestimmungen. So braucht derjenige, der Arbeitskräfte gewerblich als Zeitarbeiter verleihen will, stets eine Erlaubnis des Arbeitsamtes. Für den Arbeitnehmer sind in erster Linie folgende Regelungen von Interesse:

- Die wesentlichen Arbeitsbedingungen müssen schriftlich fixiert werden. Diese Verpflichtung geht weiter als bei gewöhnlichen Arbeitsverhältnissen. So sind beispielsweise die Zeitarbeitsfirma, Einzelheiten über die Erlaubnis zur Zeitarbeit, persönliche Daten des Arbeitnehmers, nähere Beschreibungen der Tätigkeitspflichten und notwendige Qualifikationen sowie Leistungen bei Krankheit, Urlaub und vorübergehender Nichtbeschäftigung anzugeben.
- Die Zeitarbeitsfirma muss dem Arbeitnehmer ein Merkblatt über den wesentlichen Inhalt der gesetzlichen Bestimmungen zur Arbeitnehmerüberlassung aushändigen und zwar in dessen Muttersprache.
- Es darf keine Lohnkürzung oder Kündigung geben, wenn der Arbeitnehmer vorübergehend nicht eingesetzt werden kann.
- Mehrere befristete Arbeitsverträge können unter erleichterten Bedingungen hintereinander geschaltet werden.
- Die Firma, in der der Zeitarbeiter eingesetzt wird, muss ihn genauso vor Gefahren schützen wie die eigenen Mitarbeiter.
- Der Arbeitnehmer hat nach drei Monaten in einem Betrieb ein aktives Wahlrecht zum Betriebsrat.
- Die Zeitarbeitsfirma darf den Arbeitnehmer nicht wiederholt innerhalb von drei Monaten nach einer Kündigung neu einstellen, sonst ist die letzte Kündigung unwirksam. Beispiel: Der Zeitarbeiter wird zum 30. Juni gekündigt und am 10. August wieder eingestellt. Das ist in Ordnung. Wird der Zeitarbeiter aber jetzt noch einmal entlassen, beispielsweise am 30. April des nächsten Jahres, kann er bis zum 30. Juli nicht wieder eingestellt werden. Schließt die Firma trotzdem vorher einen Arbeitsvertrag, etwa am 15. Juli, wird so getan, als hätte es die Kündigung zum 30. April gar nicht gegeben.
- Der Arbeitseinsatz des Zeitarbeiters im einzelnen Betrieb ist auf 24 Monate begrenzt (bis zum 1. Januar 2002: zwölf Monate). Die Beschränkung gilt aber nur für einen (nahezu) ununterbrochenen Einsatz bei derselben Firma. Der Zeitarbeiter darf also beispielsweise 30 Monate lang bei der gleichen Firma eingesetzt werden, wenn er nach einem Jahr für mehrere Monate bei einer anderen Firma war. Nach zwölf Monaten im gleichen Betrieb kann der Arbeitnehmer vom Chef die gleichen Arbeitsbedingungen verlangen wie vergleichbare andere Beschäftigte. Wird der Mitarbeiter länger als 24 Monate in demselben Betrieb eingesetzt, sollte er im eigenen Interesse auf einem festen Arbeitsverhältnis zwischen ihm und der Firma, bei der er eingesetzt ist, bestehen.
- Ein Arbeitsverhältnis zwischen dem Mitarbeiter und der Firma, in der er tätig

wird, entsteht auf jeden Fall dann, wenn die Zeitarbeitsfirma gar keine Erlaubnis für die Überlassung hatte. Dann kann der Arbeitnehmer zusätzlich Schadenersatz von seiner Zeitarbeitsfirma verlangen. Für das neue Arbeitsverhältnis gelten mit Ausnahme der vereinbarten Arbeitszeit die gleichen Bestimmungen wie für die übrigen Mitarbeiter des Betriebes. Außerdem kann der Arbeitnehmer von seinem Chef mindestens den mit der Zeitarbeitsfirma ausgehandelten Lohn verlangen.

- Arbeitnehmerüberlassung im Baugewerbe ist grundsätzlich unzulässig.
- Die Firma, in der der Zeitarbeiter eingesetzt wird, kann mit dem Arbeitnehmer ein eigenes Arbeitsverhältnis eingehen, wenn das Arbeitsverhältnis zur Zeitarbeitsfirma nicht mehr besteht. Die Zeitarbeitsfirma darf das nicht verbieten.

**WISO rät:** Auch auf dem Zeitarbeitsmarkt gibt es einige schwarze Schafe, vergewissern Sie sich also vor Abschluss eines Leiharbeitsvertrages von der Seriosität des Unternehmens. Achten Sie darauf, dass die Firma eine Erlaubnis der Bundesanstalt für Arbeit hat. Vergleichen Sie mehrere Firmen, bevor Sie sich für eine entscheiden. Kommen Sie nach Abschluss Ihres Zeitarbeitsvertrages zu der Überzeugung, dass mit der Firma oder mit Ihrem Vertrag irgend etwas nicht stimmt, sollten Sie sich möglichst schnell auf ein Arbeitsverhältnis zu der Firma berufen, bei der Sie gerade eingesetzt sind. Drei Wochen sind hier der Maßstab. Sonst laufen Sie Gefahr, Ansprüche wie etwa eine dauerhafte Anstellung oder bessere Bezahlung zu verlieren.

## Worauf Zeitarbeiter beim Arbeitsvertrag achten sollten

Der Arbeitsvertrag mit einer Zeitarbeitsfirma unterscheidet sich nicht grundlegend von einem gewöhnlichen Arbeitsvertrag. Der Arbeitnehmer sollte aber besonders darauf achten,

- dass er nur einen schriftlichen Vertrag akzeptiert,
- dass er nicht zu einem Niedriglohn beschäftigt wird. Sein Gehalt kann der Arbeitnehmer „frei" aushandeln, er muss allerdings damit rechnen, dass sein Gehalt bis zu 25 Prozent unter dem liegt, das üblicherweise in der jeweiligen Branche gezahlt wird.
- für welche Arbeiten er eingesetzt werden darf,
- dass er nicht dazu verpflichtet wird, Urlaub zu nehmen, wenn die Zeitarbeitsfirma ihn vorübergehend nicht einsetzen kann,
- wie die Gehaltsregelung für den Fall der Nichtbeschäftigung aussieht,
- dass der Vertrag eine Regelung zur Fahrtkostenerstattung enthält und zwar für die Fahrten vom Wohnort zum Arbeitsplatz und nicht vom Sitz der Zeitarbeitsfirma zur Arbeitsstätte,
- dass die maximale Entfernung des Einsatzortes im Vertrag festgelegt ist.

Weitere Informationen und Adressen von Zeitarbeitsfirmen erhalten Sie über den Bundesverband Zeitarbeit e.V., Personaldienstleistungen, Prinz-Albert-Str. 73, 53113 Bonn, Tel.: 02 28 – 76 61 20, Fax: 02 28 – 7 66 12 26, Internet: www.bza.de, E-Mail: info@bza.de.

# 3. Schwarzarbeit

Weit verbreitet und doch verboten: Fast jeder kennt in seinem näheren Umfeld Personen, die schon einmal schwarz gearbeitet haben. Vielleicht ist aber der eine oder andere sogar selbst schon zum Schwarzarbeiter geworden, möglicherweise ohne sich überhaupt darüber im Klaren zu sein. Umgekehrt haben viele auch schon selbst Schwarzarbeiter beschäftigt, wie zum Beispiel beim Bau des Eigenheims oder bei der Anstellung von Haushaltshilfen. Der Grund ist einfach: Durch Schwarzarbeit lassen sich auf den ersten Blick Geld, Zeit und Aufwand sparen. Außerdem sehen die meisten Mitmenschen in der Schwarzarbeit nichts Kriminelles. Die Nachteile der Schwarzarbeit sind dagegen nicht so offensichtlich, aber ganz gravierend. Wer schwarz arbeitet oder Schwarzarbeiter beschäftigt, trägt zu höheren Arbeitslosenzahlen und Wettbewerbsverzerrungen bei. Auch für leere Kassen bei der Sozialversicherung und dem Finanzamt ist man verantwortlich. Und den Verlust der eigenen sozialen Absicherung oder anderer Ansprüche übersehen ohnehin die meisten. Gerade wegen dieser Gefahren ist aber die Schwarzarbeit verboten. Dabei handelt es sich keineswegs um ein Kavaliersdelikt. Bei einem Verstoß drohen den Beteiligten Strafen bis zu neuerdings 300.000 Euro. Außerdem muss mit einer Anklage wegen Steuerhinterziehung und Betrug gerechnet werden. Dazu kommt das Risiko von Nachzahlungen an das Finanzamt und die Sozialversicherung.

## Was ist Schwarzarbeit?

Zur unzulässigen Schwarzarbeit zählen unter anderem folgende Fälle:
- Verletzung einer Anzeigepflicht gegenüber dem Arbeitsamt. Beispiel: Arbeitslose, die nebenbei Geld verdienen.
- Nichtanmeldung eines Gewerbes oder Nichterwerb eine Reisegewerbekarte,
- Ausübung von Handwerkstätigkeiten, ohne in die Handwerksrolle eingetragen zu sein. Für den Eigenbedarf, aus Gefälligkeit oder im Rahmen von Nachbarschaftshilfe sind diese Tätigkeiten allerdings zulässig. Außerdem dürfen auch beim Hausbau andere Personen mithelfen, ohne gleich Schwarzarbeiter zu sein. Das gilt aber nur, wenn sie kostenlos arbeiten, oder wenn es sich um Angehörige handelt.
- Beauftragung anderer Personen, die Schwarzarbeit leisten,
- Beauftragung von Subunternehmern mit Schwarzarbeit,
- Einsatz von Arbeitnehmern unter Verstoß gegen das Arbeitsschutzrecht, also zum Beispiel das Verbot der Nacht- oder Sonntagsarbeit,
- kein Abführen von Steuern und Sozialabgaben durch den Arbeitgeber,
- Beschäftigung von ausländischen Arbeitnehmern ohne Arbeitserlaubnis,
- illegale Arbeitnehmerüberlassung, also Zeitarbeit ohne die erforderliche Erlaubnis der Behörde
- Verstoß gegen das Arbeitnehmer-Entsendegesetz, also der Einsatz ausländischer Arbeitskräfte am Bau zu Billiglöhnen und schlechteren Arbeitsbedingungen.

## „Arbeitgeber" müssen oft trotzdem Geld berappen

Wer schwarz arbeitet, kann für seine Leistungen trotzdem Geld verlangen. Das ist zwar unter Umständen nicht so viel wie bei einem normalen Arbeitsverhältnis. Je nach Einzelfall kann es aber vorkommen, dass er von seinem Arbeitgeber den üblichen Lohn verlangen kann. Führt der Arbeitgeber nämlich beispielsweise keine Sozialversicherungsbeiträge und Steuern ab, obwohl er mit dem Arbeitnehmer darüber keine Vereinbarung getroffen hat, besteht zwischen den Beteiligten ein ganz normales Arbeits- und kein Schwarzarbeitverhältnis. In solchen Fällen muss der Arbeitgeber den Arbeitnehmer auch in der Zukunft weiterbeschäftigen. Will er das Arbeitsverhältnis beenden, braucht er dazu eine Kündigung.

Die Schwarzarbeit ändert für den Arbeitnehmer außerdem nichts an seinem Versicherungsschutz bei Unfällen. Kommt es bei der Schwarzarbeit zu einem Unfall, ist der Schwarzarbeiter unfallversichert. Gleiches gilt für die Kranken-, Renten-, Pflege- und Arbeitslosenversicherung. Verursacht der Schwarzarbeiter bei der Arbeit Schäden, haftet er auf Schadenersatz. Seinen Arbeitgeber trifft dabei keine Mitschuld, nur weil er ihn schwarz beschäftigt hat.

Auf den ersten Blick scheint der Schwarzarbeiter also gegenüber dem normalen Arbeiter kaum Nachteile zu haben. Die Sache hat aber einen entscheidenden Haken: Oft wird der Schwarzarbeiter seine Rechte gegenüber dem Arbeitgeber oder der Versicherung nicht durchsetzen können. Jedenfalls fliegt dann die Schwarzarbeit auf, was wiederum für beide Seiten zu Nachforderungen bei Steuer und Versicherung, sowie zu Geldbußen und strafrechtlichen Sanktionen führen kann.

## Welche Konsequenzen den Beteiligten drohen

Wer Schwarzarbeitnehmer beschäftigt oder nicht ordnungsgemäß Sozialversicherungsbeiträge und Steuern abführt, muss mit erheblichen Nachzahlungen an die Krankenkasse und das Finanzamt rechnen. Kommt die Einzugsstelle der Krankenkasse einer fehlenden Abführung von Sozialversicherungsbeiträgen auf die Schliche, hat der Arbeitgeber sämtliche Beiträge, also seinen Anteil und den Anteil des Arbeitnehmers, nachzuentrichten. Auch für unterbliebene Steuerzahlungen ist der Arbeitgeber verantwortlich. Die richtige Meldung, Berechnung und Abführung von Beiträgen und Steuern ist allein Sache des Arbeitgebers. Bei Problemen kann er beim Finanzamt oder bei der Krankenkasse Auskunft einholen.

Auch der Schwarzarbeitnehmer trägt ein erhebliches Risiko für die Nachzahlung von Steuern und Sozialversicherungsbeiträgen. Zwar kann der Arbeitgeber den Anteil des Arbeitnehmers an den Sozialversicherungsbeiträgen nur im Wege des Lohnabzugs und maximal für die letzten drei Abrechnungsmonate zurückfordern, und auch das geht nur, wenn das Arbeitsverhältnis noch besteht. Für die Hinterziehung der Lohnsteuer ist der Arbeitnehmer aber neben seinem Chef voll mitverantwortlich. Nur wenn das Finanzamt sich hier erst einmal an den Chef hält, kann er noch Glück haben: So bleibt der Arbeitgeber etwa auf seinen Kosten sitzen, wenn er eine neue Anschrift des Arbeitnehmers nicht kennt, die Zahlung einer nachträglichen Pauschalbesteuerung übernommen hat, tarifliche Ausschlussfristen zutreffen oder einfach zu viele Arbeitnehmer von den Nachzahlungen betroffen sind. Natürlich kann der Arbeitgeber auch freiwillig darauf verzichten, sich das Geld vom Arbeitnehmer zurückzuholen.

**Wichtig:**
Die Folgen der Schwarzarbeit beschränken sich nicht darauf, dass Steuern und Beiträge nachzuzahlen sind. Schwarzarbeit steht unter Strafe. Im Einzelfall können für beide Seiten Geldbußen bis zu 30.000 Euro fällig werden. Dazu muss der Schwarzarbeiter nicht einmal als Arbeitnehmer beschäftigt worden sein. Beispiel: Wer nebenbei als Selbstständiger Handwerkstätigkeiten übernimmt, ist nicht sozialversicherungspflichtig, hat sich aber unter Umständen trotzdem wegen Schwarzarbeit zu verantworten. Zusätzlich können sich die Beteiligten noch wegen Steuerhinterziehung, Betrug und Nichtabführen von Sozialversicherungsbeiträgen strafbar machen. Also: Hände weg von der Schwarzarbeit.

## Die Bedeutung des Sozialversicherungsausweises

Der Staat hat weitreichende Möglichkeiten, um Schwarzarbeit zu verfolgen und aufzudecken. Gleichzeitig ist er aber auch daran interessiert, die Schwarzarbeit schon von vornherein zu unterbinden. Dazu dient unter anderem der Sozialversicherungsausweis, den grundsätzlich jeder Arbeitnehmer bei Antritt einer Stelle seinem Arbeitgeber vorlegen muss. Notfalls kann er das innerhalb von drei Tagen nachholen. Sonst muss der Arbeitgeber bei der Krankenkasse Meldung erstatten. Der Sozialversicherungsausweis hat etwa die Größe eines Personalausweises und ist weitgehend fälschungssicher.

In bestimmten Branchen, wie zum Beispiel im Bau-, Gaststätten- und Schaustellergewerbe, muss der Sozialversicherungsausweis zusätzlich ein Lichtbild des Beschäftigten enthalten. Außerdem muss der Arbeitnehmer den Ausweis dort immer bei sich tragen. Legt der Mitarbeiter den Ausweis hier nicht bei Antritt der Stelle seinem Chef vor, ist dieser verpflichtet, der Krankenkasse sofort Meldung zu machen.

Um einen Missbrauch, zum Beispiel beim Bezug von Arbeitslosengeld, zu verhindern, hat der Mitarbeiter, wenn er arbeitslos ist, den Sozialversicherungsausweis für die Dauer des Leistungsbezuges beim Arbeitsamt zu hinterlegen. Ähnlich ist es, wenn der Arbeitnehmer von der Krankenkasse Kranken- oder Verletztengeld bekommt. Dann kann die Krankenkasse verlangen, dass der Ausweis solange bei ihr hinterlegt wird. Das gleiche Recht hat der Arbeitgeber für die Zeit, in der er dem Mitarbeiter während einer Krankheit den Lohn weiterzahlt. Von diesen Fällen abgesehen, verbleibt der Ausweis in der Regel beim Arbeitnehmer.

**WISO rät:** Sollten Sie Ihren Sozialversicherungsausweis einmal verlieren, melden Sie den Verlust sofort Ihrer Krankenkasse. Sie bekommen dann einen neuen Ausweis ausgestellt. Finden Sie später Ihren alten Ausweis wieder, müssen Sie das ebenfalls melden und den überflüssigen oder unbrauchbaren Ausweis an die Krankenkasse zurückgeben.

# 4. Neuer Betriebsinhaber

Taucht in einer Firma ein neuer Chef auf, weht plötzlich oft ein anderer Wind. Mitarbeiter werden entlassen, das Gehalt gekürzt, Arbeitsplätze verändert. Doch nicht jeder Wechsel in der Führungsetage berechtigt automatisch dazu, solche Maßnahmen zu ergreifen. Im Gegenteil: Für den Arbeitnehmer bleibt normalerweise erst einmal alles beim Alten.

## Keine Nachteile für den Arbeitnehmer

Wird die Firma verkauft, brauchen die Mitarbeiter zunächst keine Nachteile befürchten. Der neue Chef muss sie mit übernehmen und zunächst weiter in der Firma beschäftigen. Die Arbeitsverhältnisse gehen automatisch auf ihn über. Der Arbeitnehmer muss nichts unterschreiben und auch keinen neuen Arbeitsvertrag abschließen. Besonders wichtig: Die Verträge laufen mit dem gleichen Inhalt weiter wie bisher. Ob Lohn, Urlaub oder monatliche Arbeitszeit – der Arbeitnehmer braucht keine Abstriche in Kauf zu nehmen. Andererseits bleiben auch negative Umstände bestehen. Hatte also beispielsweise der alte Chef schon gekündigt, kann der Arbeitnehmer vom neuen Chef nicht verlangen, ihn über die Kündigungsfrist hinaus weiter zu beschäftigen. Eine Abmahnung des alten Chefs bleibt ebenfalls in der Personalakte.

**WISO rät:** Besonderheiten gelten, wenn Ihnen Rechte aus Tarifverträgen und Betriebsvereinbarungen zustehen. Fragen Sie hier bei der Gewerkschaft oder dem Betriebsrat nach, welche Regelungen zukünftig für Sie zur Anwendung kommen.

Das Arbeitsverhältnis wird durch den Übergang auf den neuen Chef nicht unterbrochen, sondern „läuft weiter". Wer also schon lange in der Firma beschäftigt war, braucht nach dem Wechsel nicht wieder bei Null anzufangen. Seine bisherige Beschäftigungszeit wird ihm vielmehr voll angerechnet. Das ist beispielsweise dann der Fall, wenn der Arbeitnehmer eine Prämie für 20-jährige Betriebszugehörigkeit auch dann erhält, wenn er 15 Jahre in der alten und fünf Jahre in der neuen Firma gearbeitet hat. Gleiches gilt, wenn der Arbeitnehmer seine sechsmonatige Probezeit auch dann beendet hat, wenn hiervon vier Monate auf seinen alten und zwei Monate auf seinen neuen Arbeitgeber entfallen.

## Vorsicht bei Kündigungen und Aufhebungs-vereinbarungen

Wer in die neuen Firma übernommen wird, kann sich seines Arbeitsplatzes aber noch lange nicht sicher sein. Entschließt sich nämlich der neue Chef, den Betrieb umzukrempeln und deshalb Mitarbeiter zu entlassen, fliegt der Arbeitnehmer möglicherweise raus. Der Arbeitgeber darf seinem Mitarbeiter allerdings nicht einfach deshalb kündigen, weil er als neuer Chef das Sagen hat. Passt dem neuen Chef also beispielsweise nur das „Gesicht" des Mitarbeiters nicht, ist das kein ausreichender Grund für eine Kündigung. Auch der alte Arbeitgeber darf den Wechsel in der Führungsetage nicht zum Anlass nehmen, den Mitarbeiter zu entlassen. Beispiel: Der Arbeitgeber kündigt, um dem Mitarbeiter den neuen Chef zu ersparen oder dem neuen Chef damit entgegenzukommen.

Besonders vorsichtig sollte der Arbeitnehmer sein, wenn er dazu gedrängt wird, seinen alten Arbeitsvertrag aufzuheben oder selbst zu kündigen, um mit dem neuen Firmeninhaber einen neuen Arbeitsvertrag abzuschließen. Als Argument wird dabei oft vorgeschoben, der alte Vertrag müsse erst beendet werden, um die Übernahme des Mitarbeiters zu ermöglichen, oder der Abschluss eines neuen Arbeitsvertrages sei aus formalen oder inhaltlichen Gründen zwingend erforderlich. Worum es tatsächlich geht, ist klar: Der Arbeitnehmer soll mit dem neuen Vertrag weniger Lohn und einen schlechteren Kündigungsschutz erhalten. Wer eine solche Vereinbarung unterschreibt, braucht keine Angst haben, sie ist ungültig. Auch andere Absprachen wie beispielsweise eine Regelung, dass das Arbeitsverhältnis mit dem Inhaberwechsel neu zu laufen beginnt oder der Arbeitnehmer auf Rechte aus seinem bisherigen Arbeitsverhältnis verzichtet, sind unter diesen Umständen ungültig.

Was zulässig bleibt, sind Vereinbarungen, mit denen der bisherige Vertrag im gegenseitigen Einvernehmen für die Zukunft abgeändert werden soll. Beispiel: Der Arbeitnehmer lässt sich freiwillig auf eine neue Urlaubsregelung ein. Allerdings handelt der Arbeitnehmer in den wenigsten Fällen in solchen Situationen wirklich freiwillig. Deshalb braucht der neue Arbeitgeber konkrete und nachvollziehbare Gründe, wenn er eine Abänderung des Arbeitsvertrages wünscht. Ein Argument könnte etwa sein, dass er den neuen Mitarbeitern genauso viel Urlaub gewähren will wie seinen übrigen Mitarbeitern. Plausible Gründe sind auch erforderlich, wenn der Arbeitnehmer auf rückständigen oder zukünftigen Lohn verzichten will. Kommt der Arbeitnehmer im Nachhinein zu der Auffassung, es hätten gar keine vernünftigen Gründe für die Änderung vorgelegen, kann er die Regelung auch noch nachträglich gerichtlich überprüfen lassen.

**WISO rät:** Eine Kündigung, die Ihnen im Zusammenhang mit einem neuen Chef ausgesprochen wurde, sollten Sie stets sehr kritisch überprüfen. Schauen Sie vor allem darauf, wer die Kündigung ausgesprochen hat, und ob Ihnen die Gründe einleuchten. Wollen Sie gerichtlich gegen die Kündigung vorgehen, müssen Sie Ihre Klage gegen denjenigen richten, der Ihnen gekündigt hat. Wechselt die Firma zwischenzeitlich vom alten auf den neuen Chef, sollten Sie notfalls zusätzlich auf Weiterbeschäftigung oder auf Wiedereinstellung beim neuen Firmeninhaber klagen, wenn dieser Sie nicht beschäftigen will.

Haben Sie versehentlich eine Aufhebungsvereinbarung über Ihr altes Arbeitsverhältnis unterschrieben, sollten Sie Ihren alten beziehungsweise den neuen Chef zunächst auffordern, sie wieder zu beschäftigen und zwar zu den bisherigen Bedingungen. Wenn das nichts hilft, bleibt Ihnen nur noch der Gang zum Gericht.

# Niemand muss zu einem neuen Arbeitgeber

Wer auf einen neuen Chef keine Lust hat, darf dem Wechsel der Firma schriftlich widersprechen. Damit kann der Arbeitnehmer natürlich nicht verhindern, dass der Betrieb trotzdem auf den neuen Inhaber übergeht. Was er aber verhindern kann, ist, dass auch sein Arbeitsverhältnis auf den neuen Chef übergeht. Damit der Arbeitnehmer überhaupt Gelegenheit zu widersprechen hat, muss er von dem geplanten Wechsel an der Firmenspitze erst einmal etwas wissen. Deshalb ist sein Chef verpflichtet, jeden betroffenen Arbeitnehmer schriftlich über Zeitpunkt und Grund des Inhaberwechsels, über die in Aussicht genommenen Maßnahmen sowie über die rechtlichen, wirtschaftlichen und sozialen Folgen zu informieren. Auch von dem neuen Chef können die Arbeitnehmer diese Informationen erhalten. Sie haben dann einen Monat Zeit, um ihren Widerspruch gegenüber dem alten oder neuen Inhaber zu erklären. Kommt der Arbeitgeber seiner Aufklärungspflicht nicht nach, kann der Arbeitnehmer noch solange widersprechen, bis er ordentlich informiert wird. Aber um eine dauerhafte Rechtsunsicherheit zu vermeiden, geben manche Gerichte dem Arbeitnehmer für seinen Widerspruch auch dann nur maximal sechs bis sieben Monate Zeit.

**WISO rät:** Die Anforderungen an die Informations- und Aufklärungspflicht des Arbeitgebers sind sehr hoch. Möglicherweise können Sie also selbst dann noch widersprechen, wenn Sie die Frist für den Widerspruch vermeintlich versäumt haben.

Selbst wenn in Ihrem Arbeitsvertrag steht, dass Sie dem Übergang Ihres Arbeitsverhältnisses auf einen neuen Chef nicht widersprechen dürfen, braucht Sie das nicht zu interessieren, denn solche Bestimmungen in Ihrem Arbeitsvertrag sind ungültig.

# Der Widerspruch garantiert keine Beschäftigung

Mit seinem Widerspruch verhindert der Arbeitnehmer, dass ein Arbeitsverhältnis mit dem neuen Betriebsinhaber zustande kommt. Er bleibt damit weiterhin bei seinem alten Arbeitgeber beschäftigt. Das heißt aber noch lange nicht, dass er deswegen nicht entlassen werden könnte. Der alte Chef wird ihn in der Regel nicht mehr weiterbeschäftigen können, weil er ja gar nicht mehr Inhaber der Firma ist. Der Arbeitnehmer hat dann mit seinem Widerspruch unter Umständen den Grund für die eigene Kündigung geliefert. Solange der alte Chef ihm aber nicht ausdrücklich und fristgerecht gekündigt hat, muss er ihm zumindest den vereinbarten Lohn weiterzahlen – selbst wenn es keine Arbeit mehr gibt. Effektiver ist der Widerspruch, wenn nicht die ganze Firma, sondern etwa nur eine Abteilung verkauft wurde. Hier muss der Chef nämlich genau überprüfen, ob er den Mitarbeiter nicht an einem anderen Arbeitsplatz im Betrieb einsetzen kann. Notfalls kann er sogar gezwungen sein, einen anderen Mitarbeiter zu entlassen, damit der widersprechende Kollege weiter beschäftigt werden kann.

## Gründe sind für den Widerspruch nur ausnahmsweise erforderlich

Will der Arbeitnehmer dem Betriebswechsel widersprechen, braucht er dafür keine Gründe. Aber, wer für seinen Widerspruch keine plausiblen Gründe hat, handelt sich unter Umständen trotzdem Nachteile ein, etwa

- wenn ihn der alte Arbeitgeber betriebsbedingt kündigt. Hier muss der Chef begründen, warum er gerade ihn entlassen musste. Und beim Vergleich mit den anderen Arbeitnehmern wird negativ berücksichtigt, dass der Widerspruch grundlos ausgeübt wurde.
- wenn er Abfindungsansprüche verliert, weil ein solcher Verlust in einem Tarifvertrag oder in einer anderen Abmachung wie etwa einer Betriebsvereinbarung vorgesehen ist,
- wenn ihm gegenüber eine Sperrzeit beim Bezug von Arbeitslosengeld verhängt wird, soweit er nach einer Kündigung durch den alten Arbeitgeber arbeitslos wird, indem er nicht beim neuen Arbeitgeber arbeitet und damit seiner Verpflichtung zur Aufnahme einer anderweitigen Erwerbstätigkeit nicht nachkommt. Folge: Der alte Chef muss nach dem Widerspruch erst einmal keinen Lohn zahlen, wenn er für den Mitarbeiter keine Arbeit hat. Wer widerspricht und dann beim neuen Chef weiterarbeitet, sollte dies nur unter Vorbehalt tun.
- wegen der Gefahr, besondere Schutzrechte bei einer Kündigung zu verlieren. Beispiel: Kündigungen von Betriebsratsmitgliedern oder Arbeitnehmern, denen nicht mehr ordentlich gekündigt werden kann.

Im Einzelfall kann es also empfehlenswert sein, von seinem Widerspruchsrecht nur bei sachlichen Gründen Gebrauch zu machen. Solche Gründe liegen beispielsweise vor, wenn

- der Erwerber für Missmanagement und Insolvenzen bekannt ist,
- der Erwerber allgemein als unzuverlässig bekannt ist,
- der Erwerber bereits mitgeteilt hat, dass er den Arbeitnehmer kündigen oder den übergegangenen Betriebsteil stilllegen wird,
- der Erwerber nicht mehr als fünf Arbeitnehmer beschäftigt und der Arbeitnehmer durch den Wechsel seinen allgemeinen Kündigungsschutz verliert,
- der Arbeitnehmer von einem mittelständischen Unternehmen in einen Kleinbetrieb wechseln muss, bei dem es im Fall einer Firmenpleite oder größeren Entlassungswelle keine Abfindungsansprüche gibt,
- beim Erwerber weniger freie Stellen vorhanden sind als im abgebenden Betrieb.

**WISO rät:** Mit einem Widerspruch riskieren Sie immer auch einen Verlust Ihres Arbeitsplatzes. Wollten Sie ihren Arbeitgeber aber ohnehin wechseln, eröffnet Ihnen der Widerspruch unter Umständen Spielräume, um beispielsweise noch eine gute Abfindung oder eine bezahlte Freistellung bei Ihrem alten Chef herauszuholen. Schließlich geht es diesem ja meist nur noch darum, Sie möglichst schnell loszuwerden.

## Schutz des Arbeitnehmers nicht nur beim Verkauf der Firma

Verkauft der Chef die Firma, ist der Fall eindeutig: Der Betrieb wechselt auf einen neuen Inhaber, der Arbeitnehmer hat alle Rechte und Pflichten, die mit diesem Wechsel zusammenhängen. Doch leider ist so ein eindeutiger Wechsel im Wirtschaftsleben eher die Ausnahme. Meist liegen die Dinge wesentlich komplizierter. Es werden etwa nur Teile einer Firma veräußert, oder der Arbeitgeber lässt einfach bestimmte Aufgaben von einer fremden Firma erledigen. Zwar behält der Arbeitnehmer auch in diesen Fällen seinen Schutz, darf also beispielsweise nicht einfach entlassen oder für ein geringeres Gehalt beschäftigt werden. Das Problem ist allerdings, dass er vielleicht gar nichts von seinen Rechten weiß, weil er die Veränderungen an seinem Arbeitsplatz nicht mit dem Wechsel in der Führungsspitze in Zusammenhang bringt. Der Arbeitnehmer sollte deshalb immer genau aufpassen, was dahinter steckt, wenn er plötzlich entlassen oder benachteiligt wird. Bei folgenden Umständen sollte er deshalb besonders vorsichtig sein:

- Einzelne Funktionen, Aufgaben, Abteilungen oder Betriebsteile werden ausgelagert oder an fremde Firmen vergeben. Das wird häufig auch Outsourcing genannt.
- Es fallen Begriffe wie Sanierung, Restrukturierung, Umstrukturierung, Spin-Off, Turn-around, Abspaltung, Aufspaltung, Verschmelzung, Vermögensübertragung, Fusion.
- Es tauchen plötzlich neue Firmeninhaber auf.
- Betriebe, Betriebsteile, Abteilungen, bestimmte Betriebsmittel, Verträge, Kunden, Mitarbeiter, Führungskräfte, Läden, Geschäftsbeziehungen werden von fremden Firmen übernommen.
- Firmenräume, Mitarbeiter, Maschinen, betriebliche Strukturen oder Funktionen werden fremden Personen oder Firmen überlassen.
- Zwischen alten und neuen Inhabern werden rechtliche Vereinbarungen oder Kooperationen geschlossen.
- Die Geschäfte der Firma werden von einer Auffang-, Beschäftigungs- oder Qualifizierungsgesellschaft fortgeführt.
- Die Firma wird in der Insolvenz oder zu Sanierungszwecken übernommen.
- Der Arbeitgeber überträgt Anteilsrechte seiner Firma an andere Personen oder erwirbt Anteilsrechte an der neuen Firma.
- Der Betrieb wird stillgelegt und unmittelbar oder kurze Zeit später wieder von einem neuen Inhaber eröffnet.
- Der Arbeitnehmer verrichtet in der neuen Firma ähnliche oder die gleichen Arbeiten.
- Ohne besondere Bedeutung ist es hingegen, wenn die Firma nach dem Tod des Chefs von seinen Erben fortgeführt wird. Gleiches gilt, wenn beispielsweise die Anteilseigner an einer GmbH ausgewechselt werden.

**Beispiel:**
Paradebeispiel für eine versteckte Veränderung ist übrigens der Fall einer Putzfrau, die der Arbeitgeber feuerte und deren Aufgaben er dann einer fremden Putzfirma über-

trug. Hier hat das Gericht entschieden, dass die Putzfrau wieder beim Arbeitgeber putzen durfte, nunmehr allerdings als Mitarbeiterin der neuen Putzfirma. Die Putzfirma hatte also plötzlich eine neue Mitarbeiterin, ohne vorher überhaupt daran zu denken.

**Wichtig:**
Für Ihren Schutz als Arbeitnehmer ist es völlig unbedeutend, wie der Arbeitgeber den Führungswechsel bezeichnet hat. Häufig wählt der Arbeitgeber nämlich recht phantasievolle Umschreibungen, um die tatsächlichen Vorgänge zu verschleiern. Diese Gefahr besteht vor allem dann, wenn er den Arbeitnehmer eigentlich nur loswerden will, und dafür den Umweg über einen neuen Geschäftsinhaber benutzt. Beispiel: Der Arbeitgeber spricht von einer Neuorientierung des Unternehmens, in deren Verlauf der Mitarbeiter plötzlich gekündigt wird.

**WISO rät:** Wechsel in der Betriebsführung kommen im Arbeitsleben häufig vor. Werden Sie deshalb immer hellhörig, wenn im Zusammenhang mit Veränderungen in Ihrem Arbeitsverhältnis vorstehende Begriffe fallen oder wenn Sie betriebliche Veränderungen bemerkt haben. Von einem Betriebsübergang können Sie schon betroffen sein, wenn Sie nicht einmal ansatzweise daran denken. Auch manch ein Arbeitgeber hat hier schon sein blaues Wunder erlebt. Oft lassen sich mögliche Streitfragen allerdings nur gerichtlich klären. Keine Angst: Wenn Sie vor Gericht ziehen, müssen Sie zu den betrieblichen Veränderungen nur das vortragen, was Sie auch wirklich wissen können. Weitere Informationen muss Ihr Arbeitgeber liefern.

# 5. Altersteilzeit

Wer einen Arbeitsvertrag abgeschlossen hat, kann im Normalfall bis zu seinem 65. Lebensjahr im Betrieb seines Chefs arbeiten. Mit zunehmendem Alter sinkt aber beim Mitarbeiter oft das Interesse daran, diese Altersgrenze tatsächlich auszuschöpfen. Viele ältere Arbeitnehmer wollen deshalb ihre Lebensarbeitszeit verkürzen und vorzeitig in den Ruhestand gehen. Der Haken: Wer früher ausscheidet, muss unter Umständen mit einer niedrigeren Rente rechnen. Außerdem ist der abrupte Übergang vom Arbeits- ins Freizeitleben nicht jedermanns Sache. Vor allem nicht zu einem Zeitpunkt, in dem der Arbeitnehmer vielleicht noch voll leistungsfähig ist. Die Lösung kann hier in der Vereinbarung einer so genannten Altersteilzeit liegen. Der Mitarbeiter schließt dann mit seinem Chef einen besonderen Teilzeitvertrag, der ihm ohne wesentliche Abstriche bei der Rente einen gleitenden Übergang in den Ruhestand ermöglichen kann. Gleichzeitig wird der Arbeitgeber in die Lage versetzt, den freiwerdenden Arbeitsplatz mit einem arbeitslosen Arbeitnehmer oder einem Auszubildenden besetzen. Um dieses Modell zu fördern, bekommt der Arbeitgeber vom Staat eine besondere finanzielle Unterstützung.

Die Altersteilzeit ist bereits in vielen Unternehmen verbreitet. In einigen Branchen wie etwa der chemischen Industrie oder der Metall- und Elektroindustrie sehen Tarifverträge oder Betriebsvereinbarungen sogar ein Recht des Arbeitnehmers auf Altersteilzeit vor.

# Der Altersteilzeitvertrag: Blockmodell oder Gleitmodell

Wer in Altersteilzeit gehen will, muss seine bisherige Arbeitszeit halbieren. In den meisten Fällen wird diese Halbierung dadurch erreicht, dass der Mitarbeiter in der ersten Hälfte der Altersteilzeit voll, in der zweiten gar nicht mehr arbeitet (Blockmodell). Möglich ist aber auch eine gleichmäßige zeitliche Halbierung der täglichen, wöchentlichen oder monatlichen Arbeitszeit (Gleitmodell). Der Arbeitnehmer arbeitet dann zum Beispiel statt jeden Tag Vollzeit nur noch halbtags. Bei beiden Modellen beträgt der maximale Verteilungszeitraum in der Regel drei Jahre. Beim Blockmodell bedeutet das also beispielsweise, dass der Mitarbeiter eineinhalb Jahre voll arbeitet, und die nächsten eineinhalb Jahren nur noch Freizeit hat und nicht mehr berufstätig ist. Tarifvertraglich können die einzelnen Abschnitte aber auf jeweils bis zu fünf Jahre ausgedehnt werden. Das ist aus zwei Gründen wichtig:

- Wer möglichst frühzeitig Altersteilzeit in Anspruch nehmen will, ohne aber übermäßige Nachteile bei der Rente in Kauf zu nehmen, fährt bei einem längeren Verteilungszeitraum besser. Stehen nämlich nur drei Jahre zur Verfügung, kann der Arbeitnehmer bei einem Rentenalter von 65 Jahren frühestens mit 62 Jahren Altersteilzeit nehmen, wenn er keine Abstriche bei der Rente riskieren will. Bei fünf Jahren geht das beispielsweise schon mit 60 Jahren.

- Die Altersteilzeit wird vom Staat bis zu einem Verteilungszeitraum von sechs Jahren gefördert. Der Arbeitgeber, der ja vom Staat den Zuschuss bekommt, ist also meist daran interessiert, diese Grenze auszunutzen. Darüber hinaus ist der Chef selbst nur für längstens sechs Jahre verpflichtet, den Lohn des Mitarbeiters und die Beiträge zur Rentenversicherung aufzustocken. Bei einem Verteilungszeitraum von beispielsweise acht Jahren gibt es also unter Umständen für zwei Jahre keine Aufstockung, also weniger Gehalt und später weniger Rentenleistungen.

**WISO rät:** Müssen Sie befürchten, dass Ihr Arbeitgeber in nächster Zeit insolvent wird (früher: Konkurs anmeldet), sollten Sie auf keinen Fall Altersteilzeit im Blockmodell vereinbaren. Sonst kann es Ihnen passieren, dass Sie erst einmal viel vorarbeiten, und wenn Sie nachher Ihr Geld sehen wollen, ist Ihr Chef pleite. Abgesehen davon, sollten Sie aber ohnehin in jeder Vereinbarung zur Alterteilzeit Vorsorge für den Fall einer Insolvenz zu treffen, also zum Beispiel regeln, wie Ihre Vorausleistungen abgesichert werden. Dazu kann eine eigene Versicherung oder eine Bürgschaft abgeschlossen werden, oder es wird ein Fonds oder ein Depot angelegt. Die Beratung durch einen Experten ist hier nahezu unumgänglich. Treffen Sie im Alterteilzeitvertrag auch eine Regelung darüber, was mit dem Ihnen zustehenden Gehalt, für das Sie schon vorgearbeitet haben, im Fall Ihres Todes passieren soll.

## Wer in Altersteilzeit gehen kann

Für die Altersteilzeit muss ein Arbeitnehmer folgende Voraussetzungen erfüllen:

- Er muss mindestens 55 Jahre alt sein.
- Er muss in den letzten fünf Jahren vor Beginn der Altersteilzeit mindestens 1080

Kalendertage – also drei Jahre – versicherungspflichtig in der Arbeitslosenversicherung beschäftigt gewesen sein.

- Er muss seine bisherige Arbeitszeit auf die Hälfte reduzieren. Bei unregelmäßigen Arbeitszeiten muss hier mit der durchschnittlichen Arbeitszeit der letzten 24 Monate gerechnet werden, wobei aber Überstunden nicht mitzählen.
- Für die Reduzierung der Arbeitszeit muss er einen Vertrag mit seinem Arbeitgeber abschließen.
- Auch nach der Reduzierung der Arbeitszeit muss der Arbeitnehmer versicherungspflichtig in der Arbeitslosenversicherung sein. Das heißt, er darf nicht weniger als 325 Euro im Monat verdienen. Außerdem darf er, falls die Beschäftigungsdauer auf unter 15 Stunden in der Woche sinkt, nicht arbeitslos gemeldet sein.
- Der Arbeitnehmer darf noch keine volle Altersrente verlangen können.

Wenn der Mitarbeiter seine bisherige Arbeitszeit halbiert, verdient er natürlich entsprechend weniger Geld. Der Altersteilzeitvertrag muss deshalb weiter vorsehen, dass der Chef das Gehalt seines Mitarbeiters auf mindestens 70 Prozent des so genannten Mindestnettogehaltes aufstockt. Die Berechnung dieses Betrages ist in einer besonderen Verordnung geregelt. Der Mitarbeiter braucht also keine eigenen Berechnungen vornehmen. Daneben muss der Arbeitgeber die Beiträge zur Rentenversicherung oder einer vergleichbaren Altersversorgung auf mindestens 90 Prozent aufstocken. Der Aufstockungsbetrag und mögliche zusätzliche Geldleistungen des Arbeitgebers sind steuerfrei.

**Wichtig:**
Die Altersteilzeit muss sich bis zum Rentenalter erstrecken. Es kann also beispielsweise nicht vereinbart werden, dass der Arbeitnehmer vom 55. bis zum 60. Lebensjahr in Altersteilzeit und dann noch einmal für einige Zeit in Vollzeit arbeitet oder sich arbeitslos meldet. Sonst fallen die staatlichen Förderungen weg.

## Altersrente nach der Altersteilzeit

Im Anschluss an die Altersteilzeit geht der Mitarbeiter üblicherweise in Rente. Er bekommt dann eine Altersrente gezahlt, soweit er

- mindestens das 60. Lebensjahr vollendet hat,
- mindestens 24 Monate Altersteilzeit geleistet hat,
- vor Rentenbeginn in den letzten zehn Jahren acht Jahre in der Rentenversicherung pflichtversichert war und
- die Wartezeit von 15 Jahren erfüllt hat.

Erfüllt der Arbeitnehmer die Voraussetzungen, kann er damit aber noch nicht automatisch die volle Altersrente verlangen. Das geht nur, wenn die Altersteilzeit zum gleichen Zeitpunkt endet, an dem der Arbeitnehmer die gesetzliche Altersgrenze erreicht. Endet sie vorher, muss er Abstriche bei der Rente in Kauf nehmen und zwar für jeden vorgezogenen Monat 0,3 Prozent. Welche Altersgrenze für den einzelnen Arbeitnehmer gilt, lässt sich nicht pauschal beantworten, da der Gesetzgeber die Altersgrenze schrittweise von 60 auf 65 Jahre angehoben hat und zusätzlich noch für bestimmte Personengruppen Sonderregeln gelten. Entscheidend ist derzeit vor allem das jeweilige Geburtsdatum des Arbeitnehmers.

**Achtung:**
Selbst wenn Sie die „volle" Rente verlangen können, erhalten Sie nach der Altersteilzeit natürlich nicht so viel, wie Sie im Fall einer Vollzeitbeschäftigung bekommen hätten. Die Abschläge sind aber vergleichsweise gering, so dass hier nicht von einer verminderten Rente gesprochen wird. Beispiel: Bei einem ursprünglichen Verdienst von 2.000 Euro verliert der Arbeitnehmer nach sechs Jahren Altersteilzeit pro Monat rund 12 Euro seiner Rente.

Wer nur eine verminderte Rente verlangen kann, weil er vorzeitig in den Ruhestand geht, darf seine Einbuße bis zur Vollendung des 65. Lebensjahres durch zusätzliche Beiträge in die Rentenversicherung ausgleichen. Das heißt, er zahlt vom Beginn seines Ruhestandes bis maximal zu seinem 65. Geburtstag freiwillig mehr Geld in die Rentenversicherung ein, um danach eine volle oder zumindest höhere Rente zu bekommen. Die höheren Beiträge können auch ganz oder teilweise durch den Arbeitgeber finanziert werden. Hier sollte im Einzelfall beim Chef oder Betriebsrat nachgefragt werden. Die Möglichkeit, zusätzliche Beiträge zu zahlen, hat der Arbeitnehmer unabhängig von der Altersteilzeit in allen Fällen, in denen er eine Rente vorzeitig in Anspruch nimmt.

**WISO rät:** Bevor Sie einen Vertrag über Altersteilzeit unterschreiben, sollten Sie sich genau informieren, wie sich die Altersteilzeit auf Ihre Altersrente auswirkt, und wie hoch für Sie die Beiträge sind, mit denen Sie eventuelle Rentenminderungen ausgleichen können. Hierüber muss Ihnen Ihr Rentenversicherungsträger Auskunft erteilen, soweit Sie das 54. Lebensjahr vollendet haben. Außerdem können Sie sich auch an Ihren Arbeitgeber oder die Personalabteilung Ihres Betriebes wenden. Werden Sie sich in diesem Zusammenhang auch darüber klar, welche monatliche Rente Sie voraussichtlich im Alter benötigen werden, und ob Sie nicht noch andere Möglichkeiten für einen vorzeitigen Ruhestand haben, wie zum Beispiel in Form einer Altersrente für Frauen, Schwerbehinderte oder langjährig Versicherte.

Altersrente erhält unter den oben beschriebenen Voraussetzungen übrigens auch derjenige, der arbeitslos ist und nach Vollendung eines Lebensalters von 58 Jahren und 6 Monaten insgesamt 52 Wochen arbeitslos war. Es wird dann nicht von einer Altersrente nach Alterteilzeit, sondern von einer Altersrente nach Arbeitslosigkeit gesprochen.

## Sonderfall: Teilrente nach Altersteilzeit

Nicht mit der verminderten Rente zu verwechseln ist die so genannte Teilrente. Bei der Teilrente muss der Arbeitnehmer nämlich keine Abstriche bei der Rente in Kauf nehmen. Er nimmt vielmehr nur seine ihm zustehende Altersrente zunächst nicht in vollem Umfang, sondern nur teilweise in Anspruch. Möglich sind Teilrenten in Höhe von einem Drittel, der Hälfte oder von zwei Dritteln der Rente. Beispiel: Statt seiner vollen Rente verlangt der Arbeitnehmer nur die Hälfte der Rente.

Teilrente im Anschluss an die Altersteilzeit kann für den Arbeitnehmer durchaus vorteilhaft sein:

- So darf er bis zu einer gewissen Grenze zu der Teilrente noch Geld hinzuverdienen, beispielsweise im Rahmen einer Teilzeitarbeit bei seinem alten Arbeitgeber. Wie viel der Arbeitnehmer hinzuverdienen darf, richtet sich nach dem jeweiligen Einzelfall. Die Grenze liegt aber im Normalfall über der Geringfügigkeitsgrenze von 325 Euro.

- Aus dem Nebenverdienst führt der Arbeitnehmer Sozialversicherungsbeiträge ab, die seine spätere Vollrente erhöhen. So können auch Rentenminderungen wegen vorzeitiger Altersrente ausgeglichen werden.

- Rentenminderungen wegen vorzeitiger Altersrente sind geringer, wenn der Arbeitnehmer zunächst Teilrente statt normaler Rente beansprucht.

## Die rechtliche Absicherung der Altersteilzeit

Abgesehen von seinen organisatorischen Besonderheiten ist das Altersteilzeitverhältnis ein ganz normales Arbeitsverhältnis. Das heißt, dem Mitarbeiter entstehen durch die Altersteilzeit keine Nachteile am Arbeitsplatz wie zum Beispiel bei Urlaub, Kündigung oder Krankheit. Wer also krank wird, hat einen Anspruch darauf, dass sein Gehalt weitergezahlt wird. Dauert die Erkrankung länger als sechs Wochen, muss der entsprechende Zeitraum unter Umständen zur Hälfte nachgearbeitet werden, das heißt beispielsweise beim Blockmodell, dass der Mitarbeiter in seinem Freizeitblock noch einige Stunden zu arbeiten hat. Der Arbeitgeber darf den Mitarbeiter übrigens nicht kündigen, weil dieser sich nicht auf ein Angebot zur Altersteilzeit einlässt. Der Arbeitnehmer kann frei entscheiden, ob er in Altersteilzeit arbeiten will oder nicht. Möglich ist es auch, die Altersteilzeit auf den Zeitraum zu befristen, für den der Staat seine Zuschüsse zahlt.

Die rechtliche Absicherung des Arbeitnehmers geht aber noch weiter:

- So darf die Vereinbarung zur Altersteilzeit nicht vorsehen, dass der Arbeitnehmer auf die Aufstockungsbeiträge seines Chefs für den Fall verzichtet, dass dieser keine Förderung vom Staat bekommt.

- Wird der Arbeitnehmer während der Altersteilzeit arbeitslos, berechnet sich das Arbeitslosengeld nach seiner ursprünglichen Arbeitszeit. Aber ab dem Zeitpunkt der Altersrente ist wieder die Altersteilzeit maßgebend.

- Kommt es während der Altersteilzeit zur Kurzarbeit, also dazu, dass die Arbeitszeit und damit der Lohn wegen fehlender Arbeit verringert wird, muss der Arbeitgeber seine Aufstockungsbeiträge auf der Basis der vereinbarten Altersteilzeit weiterzahlen. Einbußen im Verhältnis zwischen verringertem Kurzarbeiterlohn und normalen Altersteilzeitlohn werden allerdings nicht ausgeglichen.

- Krankengeld im Anschluss an eine sechswöchige Arbeitsunfähigkeit ergänzt das Arbeitsamt durch die Zahlung der Aufstockungsbeiträge anstelle des Arbeitgebers.

Der Arbeitnehmer erhält diese Leistungen direkt vom Arbeitsamt, muss sie aber auch innerhalb von sechs Monaten selbst dort beantragen.

■ Der Sozialversicherungsschutz des Arbeitnehmers bleibt bei allen Modellen der Altersteilzeit gewährleistet.

**Achtung:**
Die meisten Verträge über Altersteilzeit sehen vor, dass der Arbeitnehmer mit Ausnahme von 325-Euro-Jobs keinerlei bezahlte Nebentätigkeiten ausüben darf. Das ist zulässig und einleuchtend: Für Arbeitnehmer, die nebenher zuviel verdienen, zahlt der Staat dem Arbeitgeber keine Zuschüsse zur Altersteilzeit.

Haben Sie Fragen zu Einzelheiten der Altersteilzeit, können, dürfen und sollten Sie Auskünfte bei Ihrem Arbeitgeber und bei Ihrem Rentenversicherungsträger einholen. Rentenversicherungsträger sind für Arbeiter die Landesversicherungsanstalten, die Bahnversicherungsanstalt und die Seekasse, für alle anderen die Bundesversicherungsanstalt für Angestellte, die Bundesknappschaft oder eine landwirtschaftliche Alterskasse. Anschriften und nähere Informationen erhalten Sie beim Verband Deutscher Rentenversicherungsträger, Eysseneckstr. 55, 60322 Frankfurt am Main, Tel.: 0 69 – 1 52 22 44, Fax: 0 69 – 1 52 23 10, Internet: www.vdr.de, E-Mail: vdr.frankfurt@vdr.de.

# 6. Die betriebliche Vorsorge für das Alter

Leere Kassen, steigender Bedarf, weniger Beiträge, sinkende Leistungen – das System der gesetzlichen Rentenversicherung droht immer mehr aus den Fugen zu geraten. Kein Wunder, dass seitens der Politik nach Alternativen gesucht wird. Und wer sucht, der findet. Zumindest scheinbar: Riester-Rente heißt das Zauberwort, mit dem drohende Versorgungslücken bei der gesetzlichen Rente geschlossen werden sollen. Gemeint ist damit, dass sich die Menschen verstärkt um eine zusätzliche private Altersvorsorge bemühen sollen und dafür vom Staat einen finanziellen Zuschuss bekommen. Das neue Fördermodell beschränkt sich aber nicht auf die private Altersvorsorge. Auch für die betriebliche Altersvorsorge gibt es Zuschüsse. Sie soll sich dadurch weiter ausbreiten.

### Die drei Säulen der Altersversorgung

Die Versorgung im Alter beruht in Deutschland auf dem so genannten Drei-Säulen-Modell. Nebeneinander stehen

■ die gesetzliche Rentenversicherung. Hiervon wird in der Regel jeder Arbeitnehmer erfasst. Die Beiträge betragen zur Zeit knapp 20 Prozent des Einkommens und werden je zur Hälfte vom Arbeitgeber und vom Arbeitnehmer gezahlt. Hiermit werden die Renten der nicht mehr aktiven Arbeitnehmer finanziert.

- die betriebliche Altersvorsorge oder Altersversorgung. Diese Versorgungsleistungen werden freiwillig vom Arbeitgeber erbracht. Ihre Finanzierung hat der Arbeitgeber in der Regel über ein länger laufendes Arbeitsverhältnis sichergestellt. Die betriebliche Altersversorgung ist trotz verstärkter Bemühungen immer noch wenig verbreitet. Das soll sich aber in Zukunft ändern. Neue Konzepte versprechen nämlich staatliche Förderungen.
- die private Altersvorsorge. Hierzu zählen zum Beispiel Lebensversicherungen oder Eigentumswohnungen. Ihre Bedeutung wird in der Bevölkerung immer mehr erkannt. Der Arbeitnehmer ist für die private Vorsorge und deren Umfang selbst verantwortlich. Neuerdings gibt es auch hier spezielle staatliche Förderungen.

## Möglichkeiten der betrieblichen Altersvorsorge

Die betriebliche Altersvorsorge entsteht dadurch, dass sich Chef und Mitarbeiter über den Abschluss und Inhalt einer so genannten Versorgungszusage einig werden. Das heißt, der Arbeitgeber verspricht dem Arbeitnehmer unter bestimmten Voraussetzungen die Zahlung einer betrieblichen Zusatzrente. Abgesichert werden dabei üblicherweise die Risiken Alter, Invalidität und Tod. Im Prinzip gelten für den Abschluss einer Versorgungszusage die gleichen Regeln wie beim Abschluss eines Arbeitsvertrages. Eine Altersversorgung entsteht nicht anders als etwa ein Anspruch auf Gehalt oder Weihnachtsgeld. Nicht ganz so einfach ist es dagegen, die Zusage einer betrieblichen Altersvorsorge in die Tat umzusetzen. Denn irgendwie muss ja von Seiten des Arbeitgebers sichergestellt werden, dass der Mitarbeiter im Versorgungsfall tatsächlich das zugesagte Geld bekommt. Der Gesetzgeber hat deshalb die möglichen Wege für eine betriebliche Altersvorsorge im Einzelnen festgelegt. Folgende Modelle stehen für den Arbeitgeber zur Auswahl:

- Leistungszusage, auch Direkt-, Pensions- oder unmittelbare Versorgungszusage genannt. Sie bildet den Regelfall der betrieblichen Altersvorsorge. Der Arbeitnehmer oder dessen Angehörige erhalten im Versorgungsfall Leistungen des Arbeitgebers, für die dieser während des Arbeitsverhältnisses Rückstellungen gebildet hat.
- Unterstützungskasse. Ähnelt der Leistungszusage mit dem Unterschied, dass die Rücklagen in einem gewissen Umfang von einer selbständigen Versorgungseinrichtung, der Unterstützungskasse, gebildet und verwaltet werden.
- Direktversicherung. Hier schließt der Arbeitgeber ähnlich wie bei der privaten Vorsorge eine Lebens- oder Rentenversicherung zu Gunsten des Arbeitnehmers ab.
- Pensionskasse. Auch die Pensionskasse hat Versicherungscharakter. Sie finanziert sich über die eingezahlten Beiträge.
- Pensionsfonds (neu seit 1. Januar 2002). Der Pensionsfonds hat vielfältige Möglichkeiten der Geldanlage. Er kann die Beiträge auch zur Geldanlage in Aktien nutzen.

Welche Versorgungsform der Arbeitgeber wählt, bleibt ihm überlassen. Auch die Abwicklung im Einzelnen ist Sache des Arbeitgebers. Mit Einzelheiten der verschiedenen Anlageformen braucht sich der Arbeitnehmer also zunächst nicht zu befassen.

**Wichtig:**
Der Arbeitgeber ist zum Abschluss einer Versorgungszusage in der Regel nicht verpflichtet. Er muss allerdings stets den Grundsatz der Gleichbehandlung beachten. Das heißt, er darf nicht einigen Arbeitnehmern Versorgungszusagen gewähren, während er andere davon grundlos ausschließt. Außerdem kann der Arbeitnehmer eine Versorgungszusage verlangen, wenn ein Tarifvertrag oder eine Betriebsvereinbarung das vorsieht. Der Arbeitnehmer sollte sich nach entsprechenden Regelungen im Betrieb erkundigen.

**WISO rät:** Zusagen über eine betriebliche Altersversorgung sind häufig ungenau oder lückenhaft. Entsteht im Nachhinein über einzelne Punkte Streit oder Unsicherheit, sollten Sie immer einen Anwalt einschalten. Haben Sie bei der Gestaltung der Altersversorgung die Möglichkeit, auf den Inhalt Einfluss zu nehmen, empfiehlt es sich in der Regel ebenfalls, einen Anwalt hinzuzuziehen. Jedenfalls sollten Sie darauf achten, den Umfang der Versorgungsleistungen auch auf eine Absicherung Ihre Angehörigen für den Fall Ihres Todes zu erstrecken.

## Neu: Die „Riester-Rente"

Mit dem 1. Januar 2002 haben sich die Möglichkeiten der betrieblichen Altersvorsorge für den Arbeitnehmer erheblich erweitert. Im Rahmen der so genannten „Riester-Rente" kann er unter bestimmten Umständen

- vom Arbeitgeber den Abschluss einer Versorgungszusage verlangen. Der Chef ist dann also verpflichtet, mit dem Mitarbeiter eine Versorgungszusage für das Alter zu vereinbaren.
- für diese Versorgungszusage eine staatliche Förderung erhalten.

Voraussetzung dafür ist, dass der Arbeitnehmer eigene Beiträge in die betriebliche Altersversorgung einbringt. Das bedeutet, dass der Arbeitnehmer selbst einen Teil seines zukünftigen Gehalts, beispielsweise sein Urlaubsgeld, für die betriebliche Altersvorsorge verwenden muss (so genannte Entgeltumwandlung). Der Mindestbeitrag des Arbeitnehmers beträgt 176 Euro für das Jahr 2002. Die staatliche Förderung gibt es allerdings nur bei folgenden Versorgungsformen:

- Direktversicherung,
- Pensionskasse,
- Pensionsfonds.

Wer an einer Entgeltumwandlung mit staatlicher Förderung interessiert ist, muss also auf die passende Versorgungsform achten. Bietet der Arbeitgeber keine oder nur andere Versorgungsformen, wie zum Beispiel eine Leistungszusage an, kann der Arbeitnehmer aber zumindest den Abschluss einer Direktversicherung verlangen, um in den Genuss der Zuschüsse zu kommen.

Durch die Entgeltumwandlung werden Versorgungsbeiträge des Arbeitgebers nicht ausgeschlossen. Das heißt, der Chef kann die Beiträge des Mitarbeiters ohne weiteres durch eigene Zahlungen ergänzen.

**Wichtig:**
Häufig regeln Tarifverträge, ob und in welcher Form eine Entgeltumwandlung erfolgen kann. Ist der Arbeitnehmer Gewerkschaftsmitglied oder ist der Tarifvertrag allgemeinverbindlich, müssen sich beide Seiten an diese Vereinbarung halten.

**WISO rät:** Besteht in Ihrem Betrieb noch keine betriebliche Altersvorsorge, sollten Sie Ihren Arbeitgeber auf die neuen Möglichkeiten ansprechen. Leistet der Arbeitgeber bereits Versorgungsbeiträge in Form einer Direktzusage oder über eine Unterstützungskasse, können Sie anregen, sämtliche Rechte und Pflichten mit Ihrer Zustimmung auf einen Pensionsfonds zu übertragen. Der Vorteil: Sie bekommen die Chance einer staatlichen Förderung, wenn Sie zukünftig durch eine Entgeltumwandlung etwas zu der betrieblichen Altersversorgung beitragen. Außerdem bleiben Ihnen die Zahlungen Ihres Chefs erhalten.

Will der Arbeitnehmer staatlich gefördert werden, kann er neben oder anstelle der betrieblichen Altersvorsorge auch einen Vertrag über eine private Altervorsorge abschließen. Denkbar sind zum Beispiel private Rentenversicherungen und Sparverträge. Ob der beabsichtigte Vertrag überhaupt förderungsfähig ist, entscheidet das Bundesaufsichtsamt für Versicherungswesen. Der Arbeitnehmer muss sich allerdings nicht datum kümmern, denn der Vertrag wird dem Amt in der Regel von der Bank, der Sparkasse, dem Versicherer oder der Fondsgesellschaft zur Prüfung vorgelegt.

**WISO rät:** Machen Sie sich über den Aufbau einer zusätzlichen Altersvorsorge sorgfältig Gedanken. In vielen Fällen ist eine ergänzende Absicherung für das Alter nicht nur sinnvoll, sondern sogar dringend zu empfehlen. Ob für Sie die private oder die betriebliche Altersvorsorge günstiger ist, lässt sich leider nicht pauschal beantworten. Haben Sie die Wahl, sollten Sie die Angebote der privaten Finanzdienstleister wie Banken oder Versicherungen und die Angebote Ihres Betriebes in jedem Fall sorgfältig vergleichen. Lassen Sie sich dafür Zeit. Notfalls holen Sie fachkundigen Rat ein. Bedenken sollten Sie stets, dass allein die betriebliche Altersvorsorge die Chance bietet, dass der Arbeitgeber sich an der Altersvorsorge beteiligt. Frei steht es Ihnen natürlich, die private und die betriebliche Vorsorge miteinander zu verbinden, um eine doppelte Absicherung zu erhalten. Auch mehrere betriebliche Vorsorgepakete können miteinander kombiniert werden.

**Wichtig:**
Die Beiträge zur betrieblichen wie auch zur privaten Altersvorsorge dürfen nicht zur Auszahlung eines bestimmten Kapitalbetrages führen, sondern nur zu einer lebenslangen Geldleistung. Wer also statt einer dauerhaften Rente das gesamte Geld auf einmal haben will, bekommt daür keinen Zuschuss vom Staat.

# Die staatliche Förderung der Arbeitnehmerbeiträge

Wer sich für die Riester-Rente entscheidet, bekommt zusätzlich zu seinen eigenen Beiträgen eine Zulage vom Staat. Das gilt gleichermaßen für die betriebliche wie für die private Altersvorsorge. Die Höhe richtet sich nach dem Familienstand, der Zahl der Kinder und der Höhe der eigenen Beiträge. Die maximale staatliche Zulage beträgt im

| Zeitraum | pro Arbeitnehmer | bei Ehepaaren mit Doppelförderung | pro Kind |
|----------|------------------|-----------------------------------|----------|
| 2002-2003 | 38 € | 76 € | 46 € |
| 2004-2005 | 76 € | 152 € | 92 € |
| 2006-2007 | 114 € | 228 € | 38 € |
| ab 2008 | 154 € | 308 € | 185 € |

Den Maximalbetrag gibt es nur dann, wenn der Arbeitnehmer von seinem steuerpflichtigen Einkommen ein Prozent (ab 2002), zwei Prozent (ab 2004), drei Prozent (ab 2006) und vier Prozent (ab 2008) für die betriebliche Altersvorsorge aufwendet. Dabei werden die staatlichen Zulagen allerdings schon mitgerechnet. Die Zulage selbst erhält der Arbeitnehmer vom Zulagenamt der Bundesversicherungsanstalt für Angestellte (BfA).

Alternativ zur Zahlung der Zulage kann der Arbeitnehmer seine Beiträge zur betrieblichen Altersvorsorge auch bis zu einer gewissen Grenze als Sonderausgaben bei der Steuer geltend machen. Unter Umständen ist ein solcher steuerlicher Abzug für den Arbeitnehmer günstiger. Das muss das Finanzamt aber von sich aus berücksichtigen.

Anstelle der beschriebenen staatlichen Riester-Förderung kann der Arbeitnehmer auch eine andere Form der staatlichen Unterstützung wählen, nämlich die so genannte Steuer- und Beitragsfreiheit. Dann sind seine Beiträge zur betrieblichen Altersvorsorge bis zu einer Höchstgrenze von 2.160 Euro steuer- und bis zum 31. Dezember 2008 auch sozialabgabenfrei. Auch eine Pauschalbesteuerung mit 20 Prozent kommt in bestimmten Fällen in Betracht. Bei der Pauschalbesteuerung muss der Arbeitnehmer seine spätere Rente im Gegensatz zu den anderen Fördervarianten nicht voll versteuern.

**WISO rät:** Die Möglichkeiten der Geldanlage und der staatlichen Förderung sind so vielfältig und unübersichtlich, dass Sie im Zweifel besser einen Steuerexperten einschalten sollten, bevor Sie sich für eine Alternative entscheiden. Ansonsten werden Sie kaum überprüfen können, welche Förderung gerade in Ihrem speziellen Fall am günstigsten ist. So kann beispielsweise für eine Familie mit zwei Kindern und einem Einkommen die Riester-Förderung mit der Zulage die bessere Lösung sein, während ein Alleinerziehender vielleicht eher die Steuer- und Beitragsfreiheit bevorzugen sollte. Wichtig ist nur folgendes: Bei der Förderung durch Zulagen kann auch Ihr nicht erwerbstätiger Ehegatte von Ihrer betrieblichen Altersvorsorge profitieren, weil er bei Abschluss eines privaten oder betrieblichen Vorsorgevertrages selbst gefördert werden kann.

## Betriebsrenten und Anwartschaften

Erreicht der Arbeitnehmer im Betrieb die im Versorgungsvertrag festgelegte Altersgrenze (meist das 65. Lebensjahr), erhält er seine volle Betriebsrente. Häufig kommt es aber vor, dass der Arbeitnehmer den Betrieb noch vor Erreichen der Altersgrenze verlässt. Auch dann muss er nicht unbedingt leer ausgehen. Seine Ansprüche bleiben ihm als so genannte Anwartschaften erhalten, wenn

- die Zusage der betrieblichen Altersversorgung mindestens fünf Jahre (bis 2002 meist zehn Jahre) bestanden hat, und
- er beim Ausscheiden mindestens 30 Jahre (bis 2002 noch: 35 Jahre) alt war.

Natürlich kann der Arbeitnehmer bei einem vorzeitigem Ausscheiden nicht die volle Betriebsrente verlangen, wenn er schließlich die Altersgrenze erreicht. Er erhält dann von seinem alten Arbeitgeber nur einen anteiligen Betrag, bei dem die tatsächlichen zu den eigentlich abzuleistenden Dienstjahren ins Verhältnis gesetzt werden.

**Wichtig:**
Bei einer betrieblichen Altersversorgung im Wege der Entgeltumwandlung gelten die Alters- und die Zeitgrenze nicht. Das heißt, sämtliche Beiträge, die der Arbeitnehmer für seine betriebliche Altersvorsorge aufgebracht hat, bleiben ihm auf jeden Fall erhalten. Gleiches gilt für die staatlichen Zuschüsse. Wechselt der Arbeitnehmer öfter die Arbeitsstelle, kann es auf diese Weise zu zahlreichen „Minipensionen" verschiedener Arbeitgeber kommen. Um das zu vermeiden, darf sich der Arbeitnehmer die Anwartschaften in bestimmten Fällen in Geld abfinden lassen oder sie zu einem neuen Arbeitgeber mitnehmen. Der neue Arbeitgeber muss damit allerdings einverstanden sein.

Der Arbeitnehmer braucht übrigens im Normalfall keine Angst zu haben, dass seine betriebliche Altersrente wegen der Inflation im Laufe der Zeit nichts mehr wert ist. Alle drei Jahre muss der Arbeitgeber die laufenden Leistungen überprüfen und gegebenenfalls anpassen.

**WISO rät:** Über die Höhe Ihrer Versorgungsanwartschaften können Sie bei berechtigtem Interesse eine Auskunft bei Ihrem Arbeitgeber oder dem zuständigen Versorgungsträger, wie zum Beispiel einer Versicherung oder einer Pensions- oder Unterstützungskasse, einholen. Außerdem erfahren Sie dort, ob in Ihrem Fall überhaupt Versorgungsansprüche für das Alter bestehen. Ist Ihr Arbeitsverhältnis bereits beendet, dürfen Sie die Auskünfte jederzeit einholen, auch ohne einen besonderen Grund anzugeben.

## Nachträgliche Verschlechterungen

Auch die betriebliche Altersversorgung haben die Arbeitgeber als Quelle von Einsparmöglichkeiten entdeckt. Unvorhergesehene Entwicklungen in der Altersstruktur, nachteilige Gesetzesänderungen, wirtschaftliche Einbrüche, lange Vertragslaufzeiten – all das führe zu unerträglichen Belastungen, die nun zu einer Kürzung der Leistungen berechtigen müssten. So einfach geht es natürlich nicht. Wer einmal etwas zugesagt hat, muss sich daran halten. Immerhin ist der Arbeitnehmer gerade auf die Betriebsrente in besonderem Maße angewiesen. Der Arbeitgeber kann deshalb die betriebliche Altersversorgung im Prinzip nicht anders kürzen als andere Gehaltsansprüche auch.

Haben Chef und Mitarbeiter die Altersversorgung vertraglich vereinbart, oder haben sie in einem Vertrag auf eine im Betrieb geltende Versorgungsregelung Bezug genommen, ist der Arbeitgeber in der Regel darauf angewiesen, sich mit seinem Mitarbeiter über die beabsichtigten Kürzungen zu einigen. Er darf die Versorgungszusage nicht einseitig herabsetzen.

Beruht die Altersversorgung auf einer Vereinbarung zwischen Arbeitgeber und Betriebsrat, sind nachträgliche Einschränkungen grundsätzlich möglich, ohne dass der Arbeitnehmer daran beteiligt werden müsste. Gleiches gilt, wenn die Altersversorgung auf einem Arbeitsvertrag beruht, der Einschränkungen ausdrücklich zulässt. Zum Schutz der Arbeitnehmer haben die Gerichte aber einige Hürden aufgestellt, die dem Arbeitgeber und/oder dem Betriebsrat nachträgliche Kürzungen erschweren. Beispiel: Der 50-jährige Arbeitnehmer hat durch 20 Jahre Betriebszugehörigkeit bereits eine feste Anwartschaft auf eine Betriebsrente erworben. Ein Eingriff ist nach Ansicht der Gerichte nur noch aus zwingenden wirtschaftlichen Gründen, wie zum Beispiel einer Existenzgefährdung des Betriebes, möglich. Im Falle einer Einschränkung der Altersversorgung sollte stets anwaltlicher Rat eingeholt werden.

## Was passiert, wenn der Arbeitgeber pleite ist

Wer über lange Jahre eine betriebliche Altersvorsorge aufgebaut hat, will dafür natürlich später eine ordentliche Rente bekommen. Geht aber der Arbeitgeber (oder seine Versorgungskasse) in der Zwischenzeit pleite, drohen die Ansprüche des Arbeitnehmers auf seine betriebliche Altersversorgung unterzugehen. Bei den meisten Unternehmen reicht das noch vorhandene Geld nämlich nicht einmal aus, um die Kosten für das Insolvenzverfahren zu decken. Aus diesem Grund kann der Arbeitnehmer sein Geld von dem so genannten Pensions-Sicherungs-Verein verlangen. Dieser Verein wird von den Unternehmen finanziert und deckt das Risiko einer Insolvenz des Arbeitgebers ab. Dem Rentner gehen also keine Ansprüche verloren. Auch derjenige Arbeitnehmer, der bereits feste Rentenanwartschaften erworben hat, ist in vollem Umfang abgesichert. Wer von einer Firmenpleite betroffen ist, sollte sich umgehend mit dem Pensions-Sicherungs-Verein in Verbindung setzen, um keinen Rechtsverlust zu riskieren.

Besteht die Versorgungszusage in einer Direktversicherung oder einer Pensionskasse, sorgt in der Regel die staatliche Versicherungsaufsicht dafür, dass alles mit rechten Dingen zugeht, und dem Arbeitnehmer keine Ansprüche verloren gehen.

Nähere Informationen zum Thema betriebliche Altersvorsorge und Insolvenz erhalten Sie direkt beim Pensions-Sicherungs-Verein a.G., Berlin-Kölnische-Allee 2-4 in 50969 Köln, Tel.: 02 21 – 93 65 90 oder Fax: 02 21 – 93 65 92 99. Im Internet können Sie sich unter www.psvag.de informieren oder per E-Mail unter info@psvag.de. Bei allgemeinen Fragen zur betrieblichen Altersversorgung wenden Sie sich an die Arbeitsgemeinschaft für betriebliche Altersversorgung e.V., Rohrbacher Straße 12, 69115 Heidelberg, Tel.: 0 62 21 – 2 14 22, Fax: 0 62 21 – 2 42 10, Internet: www.aba-online.de, E-Mail: info@aba-online.de.

# 7. Insolvenz des Arbeitgebers

Hunderttausende Arbeitnehmer verlieren jährlich ihren Job, weil ihr Arbeitgeber pleite macht, und die Zahl steigt ständig. Dabei trifft es nicht nur große Unternehmen. Auch viele Firmen aus dem Mittelstand müssen heute hart ums Überleben kämpfen. Kein Arbeitnehmer ist vor einer solchen Situation gefeit. Um so wichtiger ist es, hier seine Rechte zu kennen. Allzu oft wissen die Arbeitnehmer aber noch nicht einmal, wie es im eigenen Betrieb aussieht, ob das Unternehmen wirklich am Ende ist. Das aber ist die Voraussetzung, damit die Firmenpleite nicht zum eigenen Ruin wird.

### Was bedeutet Insolvenz?

Insolvenz (früher: Konkurs) liegt vor, wenn der Arbeitgeber pleite, also zahlungsunfähig ist. Was der Arbeitnehmer im Fall der Pleite tun kann, hängt davon ab, ob

- vom Gericht ein Insolvenzverfahren eröffnet wird,
- die Eröffnung eines Insolvenzverfahrens vom Gericht abgelehnt wird, oder
- der Arbeitgeber überhaupt kein Insolvenzverfahren beantragt.

Die besten Karten hat der Arbeitnehmer im ersten Fall, wenn also das Insolvenzverfahren eröffnet wird. Hier ist noch genügend Geld vorhanden, um wenigstens einen Teil seiner Forderungen und Ansprüche durchsetzen zu können. Außerdem gibt es in der Regel einen Insolvenzverwalter, an den sich der Arbeitnehmer mit seinen Fragen wenden kann. Das Problem: Die Eröffnung des Insolvenzverfahrens ist leider eher die Ausnahme als die Regel. Meistens reicht das verbleibende Geld nicht einmal, um die Kosten des Insolvenzverfahrens zu begleichen. Zu einem Insolvenzverfahren kommt es dann nicht.

Im zweiten und dritten Fall sieht es für den Arbeitnehmer trüb aus: Wo kein Geld ist, kann auch keines mehr verteilt werden. Der Arbeitnehmer geht meist leer aus.

**WISO rät:** Haben Sie noch Lohnansprüche gegen Ihren Arbeitgeber, können Sie auch selbst einen Insolvenzantrag beim Amtsgericht stellen. Das sollten Sie aber nur im Notfall tun, beispielsweise wenn Ihr Arbeitgeber schon seit vielen Monaten keinen Lohn mehr zahlt. Denn angesichts der schlechten finanziellen Lage Ihres Chefs tragen Sie das Risiko für die Zahlung der Gerichtskosten und der entstehenden Auslagen. Besser ist es, den Antrag über den Betriebsrat stellen zu lassen.

## Der Insolvenzverwalter ist der neue Chef

Wird das Insolvenzverfahren eröffnet, hat im Betrieb grundsätzlich nur noch der Insolvenzverwalter das Sagen. Er löst den Arbeitgeber als Chef des Unternehmens ab und bestimmt allein, was mit dem Vermögen oder dem Geschäftsbetrieb des Arbeitgebers passiert. Er ist für die Auszahlung des Lohnes, die Abführung von Steuer- und Sozialversicherungsbeiträgen, die Erteilung von Urlaub, den Abschluss von Aufhebungsverträgen und das Ausstellen von Arbeitszeugnissen zuständig. Auch Abmahnungen kann er aussprechen.

Da das Gericht meist längere Zeit braucht, um über einen Insolvenzantrag zu entscheiden, wird für die Zwischenzeit häufig ein vorläufiger Insolvenzverwalter benannt. Es besteht aber auch die Möglichkeit, dass das Gericht selbst in dieser Zeit Entscheidungen trifft, die für die Arbeitnehmer verbindlich sind. Damit wird verhindert, dass das Vermögen des Arbeitgebers zum Nachteil der Gläubiger manipuliert oder verschoben wird. Ansprechpartner für den Arbeitnehmer bleibt aber auch in diesem Fall der (vorläufige) Insolvenzverwalter.

## Was mit dem Arbeitsplatz passiert

Nicht immer bedeutet das Insolvenzverfahren sofort und automatisch das „Aus" für den Arbeitnehmer. Im Gegenteil: Das Arbeitsverhältnis bleibt trotz der Insolvenz erst einmal bestehen und zwar zu den gleichen Konditionen wie vorher. Der Arbeitnehmer ist seinen Job somit nicht sofort los. Auch Nachteile bei Lohn, Arbeitszeit, Urlaub oder Krankheit muss der Angestellte zunächst nicht fürchten. Selbst die meisten rechtlichen Bestimmungen zum Schutz der Arbeitnehmer gelten weiter: Kündigungsschutz, Mutterschutz, Schwerbehindertenschutz, Auszubildendenschutz, Betriebsratsschutz, Tarifverträge, Betriebsvereinbarungen. Zumindest vorläufig, denn bankrotte Unternehmen müssen nicht immer vom Insolvenzverwalter geschlossen werden. Sie können auch saniert und fortgeführt werden, und gerade dann sind gute Mitarbeiter gefragt.

Trotzdem können sich betroffene Arbeitnehmer nicht einfach beruhigt zurücklehnen. Denn die Sache hat einen Haken: Der Insolvenzverwalter nimmt die schlechte wirtschaftliche Situation natürlich zum Anlass, künftig anfallende Kosten einzusparen. Ganz oben auf seiner Liste steht dabei häufig der Abbau von Personal. Selbst wenn das Unternehmen nicht geschlossen, sondern saniert werden soll, werden viele Arbeitnehmer das Unternehmen verlassen müssen. Denn häufig fallen ganze Abteilungen der Sanierung zum Opfer und müssen geschlossen werden.

Für den einzelnen Arbeitnehmer entsteht durch die Insolvenz also eine besondere Drucksituation. Er könnte ja möglicherweise zu denen gehören, die bei einer Entlassung „dabei" sind. Das führt oftmals zu unüberlegten und im Ergebnis nachteiligen Zugeständnissen an den Insolvenzverwalter, beispielsweise bei Vereinbarungen über den Verlust des Arbeitsplatzes.

## Kürzere Kündigungsfrist

Wer um seinen Job fürchtet, der muss häufig mit einer verkürzten Kündigungsfrist rechnen. Denn der Insolvenzverwalter muss sich an eine maximale Kündigungsfrist von drei Monaten zum Monatsende halten. Wer also nach dem Gesetz, seinem Arbeitsvertrag oder einem Tarifvertrag normalerweise nur zu einem späteren Zeitpunkt beziehungsweise gar nicht mehr entlassen werden könnte, hat Pech gehabt. Während der Firmenpleite gelten andere Maßstäbe. Sogar befristete Arbeitsverträge kann der Insolvenzverwalter unter Einhaltung der Dreimonatsfrist kündigen. War zwischen Chef und Mitarbeiter eine kürzere als die dreimonatige Frist vereinbart, ist auch für den Insolvenzverwalter nur die kürzere Frist maßgebend.

**Achtung:**
Die Dreimonatsregel gilt nicht für Kündigungen durch den vorläufigen Insolvenzverwalter. Dieser muss sich bei Kündigungen an die ganz normale Kündigungsfrist halten, ganz gleich, ob sie im Einzelfall kürzer oder länger als drei Monate ist.

**Wichtig:**
Wer vom Insolvenzverwalter vorzeitig gekündigt wird, kann deswegen Schadenersatz verlangen. Die Höhe des Anspruchs richtet sich danach, wie viele Monate der eigentlichen Kündigungsfrist dem Arbeitnehmer verloren gegangen sind. Beispiel: Der Insolvenzverwalter kündigt mit einer Frist von drei Monaten, obwohl der Mitarbeiter ursprünglich eine Kündigungsfrist von sechs Monaten hatte. Hier gibt es umgerechnet für drei Monate Schadenersatz.

## Die Insolvenz allein ist kein Kündigungsgrund

Abgesehen von der Kündigungsfrist gelten für eine Kündigung durch den Insolvenzverwalter die gleichen Kündigungsvoraussetzungen wie bei einer „normalen" Kündigung durch den Arbeitgeber. Kündigungen müssen beispielsweise schriftlich erfolgen, außerdem ist der Betriebsrat anzuhören. Einen Grund für die Kündigung braucht der Insolvenzverwalter in aller Regel auch. Keine Angst, allein mit der Firmenpleite kann der Insolvenzverwalter die Kündigung nicht begründen. Die Pleite berechtigt ihn nicht einmal dazu, den Mitarbeiter einfacher loszuwerden, also beispielsweise nur die leistungsstärkeren Mitarbeiter im Betrieb zu halten oder vorhandenes Personal einfach gegen neues Personal auszutauschen. Es ist vielmehr alles wie im gesunden Betrieb: Für eine fristlose Kündigung benötigt der Insolvenzverwalter einen wichtigen Grund, für eine fristgerechte Kündigung ist ein personen-, verhaltens- oder betriebsbedingter Grund erforderlich. Am häufigsten kommt es wegen der Pleite zu fristgerechten Kündigungen aus betrieblichen Gründen. Arbeitsplätze fallen weg, weil es dem Betrieb wirtschaftlich zunehmend schlechter geht. Entlassen werden kann aber nur derjenige, dessen Arbeitsplatz tatsächlich und nicht nur vermutlich wegfällt. Außerdem muss der Arbeitgeber bei seiner Kündigungsentscheidung soziale Gesichtspunkte berücksichtigen, wie zum Beispiel den Familienstand, die Dauer der Betriebszugehörigkeit oder das Alter des Arbeitnehmers. Doch Vorsicht: Begründen braucht der Insolvenzverwalter seine Kündigung nur, wenn der Mitarbeiter bereits seit mehr als sechs Monaten im Betrieb beschäftigt war und dort mehr als fünf Arbeitnehmer tätig sind.

## Schnell zu Gericht

Wer gerichtlich gegen eine Kündigung des Insolvenzverwalters vorgehen will und Klage erhebt, hat dafür nur drei Wochen Zeit. Das heißt, nach Erhalt der Kündigung muss der Arbeitnehmer innerhalb dieser Frist seine Klage schriftlich bei Gericht einreichen.

**Wichtig:**
Im Unterschied zum gerichtlichen Verfahren außerhalb der Insolvenz hat der Arbeitnehmer in den drei Wochen alle seine Bedenken gegen die Kündigung vorzutragen, ganz gleich, was er beanstandet. Wer etwas vergisst, also beispielsweise die unterbliebene Anhörung des Betriebsrats nicht erwähnt, kann das später nicht mehr nachholen. Außerdem muss jeder Arbeitnehmer die Dreiwochenfrist beachten. Anders als außerhalb der Insolvenz kommt es also nicht darauf an, wie lange er schon im Betrieb beschäftigt war, oder wie viele Arbeitnehmer dort tätig sind.

## Betriebsänderungen

Plant der Insolvenzverwalter eine so genannte Betriebsänderung in größeren Betrieben, wie zum Beispiel eine Massenentlassung oder eine Betriebsstillegung, greifen spezielle Sonderregeln ein. Sie erleichtern die Kündigung von Mitarbeitern ganz erheblich. Immerhin kann der Arbeitnehmer wenigstens mit einer Ausgleichzahlung, also einer Abfindung, rechnen. Folgender Ablauf ist typisch:

- Der Insolvenzverwalter plant eine Betriebsänderung.
- Der Insolvenzverwalter legt dem Betriebsrat eine Liste mit den Namen der zu kündigenden Arbeitnehmer vor.
- Der Betriebsrat stimmt der Liste zu: Der Arbeitnehmer kann seine Kündigung kaum noch angreifen.
- Der Betriebsrat stimmt der Liste nicht zu, oder es existiert gar kein Betriebrat: Der Arbeitgeber kann eine gerichtliche Entscheidung über die geplanten Kündigungen erzwingen. Die Anforderungen sind weniger streng als bei normalen Kündigungen. Der Arbeitnehmer kann sich nur schlecht verteidigen.
- Der Arbeitnehmer erhält eine Ausgleichzahlung (Abfindung) aus einem Sozialplan. Maximal kann der Sozialplan eine Zahlung in Höhe von zweieinhalb Monatsgehältern vorsehen. Ausgezahlt wird wegen fehlenden Geldes aber meist nur ein prozentualer Anteil.

**Wichtig:**
Will der Arbeitnehmer die Kündigung nicht hinnehmen, muss er auch hier innerhalb von drei Wochen gegen die Kündigung klagen. Es empfiehlt sich in jedem Fall die Einschaltung eines Anwaltes.

## Verschlechterungen der Arbeitsbedingungen

Will der Insolvenzverwalter dadurch Kosten einsparen, dass er die Arbeitsbedingungen verschlechtert, braucht er im Regelfall das Einverständnis des Arbeitnehmers. Der Abbau von Leistungen, die Verkürzung von Arbeitszeiten oder die Versetzung auf einen „billigeren" Arbeitsplatz sind also einseitig nicht möglich. Außerdem muss und sollte der Arbeitnehmer seine Gehaltsansprüche nicht stunden oder darauf verzichten. Notfalls ist der Insolvenzverwalter gezwungen, den Arbeitnehmer zu kündigen, um die vertraglichen Bedingungen zu ändern. Dazu braucht er im Regelfall aber besondere Gründe. Die schlechte wirtschaftliche Situation allein reicht nicht.

Verschlechterungen kann der Insolvenzverwalter allerdings vornehmen, wenn die Arbeitsbedingungen in einer Vereinbarung zwischen dem Betriebsrat und dem Arbeitgeber festgelegt wurden, wie zum Beispiel bei zusätzlichen Leistungen oder Gratifikationen. Solche Vereinbarungen sind mit einer Frist von drei Monaten kündbar.

## Rückständige Gehaltsansprüche und Sozialversicherungsbeiträge

Betroffene Arbeitnehmer können oft ein Lied davon singen: Sie werden immer wieder vertröstet – oft wochenlang – dann soll das Gehalt angeblich wieder bezahlt werden. Bis der Arbeitnehmer richtig realisiert, was eigentlich los ist, können schnell Lohnrückstände in Höhe von mehreren tausend Euro auflaufen. Ist dann aber kein Vermögen mehr vorhanden, schaut der Arbeitnehmer in die Röhre: Seine Arbeit war umsonst. Deshalb hat der Gesetzgeber für solche Fälle eine Regelung geschaffen, die den Arbeitnehmer wenigstens vor den schlimmsten Folgen schützen soll. Der Arbeitnehmer bekommt vom Arbeitsamt Insolvenzgeld.

Das gilt aber höchstens für die letzten drei Monate des Arbeitsverhältnisses, in denen das Gehalt nicht bezahlt wurde. Die Höhe des Insolvenzgeldes richtet sich nach den Lohnrückständen, die innerhalb des Dreimonatszeitraumes aufgelaufen sind. Auszuzahlen ist das jeweilige Nettoentgelt durch das Arbeitsamt. Die Zahlung der Versicherungsbeiträge übernimmt ebenfalls das Arbeitsamt. Der Arbeitnehmer muss so zumindest keine Angst haben, nicht krankenversichert zu sein. Das Insolvenzgeld selbst ist steuerfrei.

**Wichtig:**
Insolvenzgeld gibt es nicht automatisch. Der Arbeitnehmer muss es innerhalb einer Frist von zwei Monaten nach dem Insolvenzereignis, also zum Beispiel der Eröffnung des Insolvenzverfahrens, beantragen. Erfährt er davon erst später, beginnt die Frist erst nach seiner Kenntnisnahme. Einen Antrag auf Insolvenzgeld, der an das Arbeitsamt weitergereicht wird, kann der Arbeitnehmer beim Insolvenzverwalter oder beim Betriebsrat abgeben.

**WISO rät:** Verlassen Sie sich nicht darauf, dass der Insolvenzverwalter oder der Betriebsrat Ihren Antrag rechtzeitig an das Arbeitsamt weiterleitet. Fragen Sie beim Arbeitsamt nach, ob der Antrag auch tatsächlich dort eingegangen ist. Noch besser: Sie stellen den Antrag selbst beim Arbeitsamt. Zuständig für die Entgegennahme ist jedes Arbeitsamt. Das Arbeitsamt ist verpflichtet, Sie aufzuklären. In der Regel werden auch Vordrucke für den Antrag auf Insolvenzgeld bereitgehalten. Fügen Sie dem Antrag alle das Arbeitsverhältnis konkretisierende Unterlagen, wie zum Beispiel Arbeitsvertrag, Tarifvertrag oder Gehaltsabrechnungen, bei. So beschleunigen Sie die Auszahlung und ersparen sich zeitraubende Rückfragen.

Bis über den Antrag entschieden ist, vergeht oft viel Zeit. Damit der Arbeitnehmer während dieser Zeit nicht auf dem Trockenen sitzt, kann derjenige, der seinen Job endgültig verloren hat, beim Arbeitsamt einen Antrag auf Zahlung eines Vorschusses verlangen.

**WISO rät:** Lassen Sie sich nicht durch den Hinweis in den Merkblättern des Arbeitsamtes abschrecken, „Vorschussanträge können die Bearbeitung der Anträge auf Insolvenzgeld verzögern". Das Arbeitsamt soll über den Vorschuss innerhalb eines Monats entscheiden, wenn die Höhe des ausfallenden Lohns feststeht. Außerdem ist das Arbeitsamt nach dem Gesetz verpflichtet, dafür zu sorgen, dass jeder Berechtigte die ihm zustehende Leistung schnell erhält.

Häufig kommt es vor, dass der Insolvenzverwalter an einzelne Arbeitnehmer herantritt und ihnen anbietet, dass eine Bank für die rückständigen Gehälter einspringt. Im Gegenzug verliert er seinen Anspruch auf Insolvenzgeld. Hintergrund solcher Vorschläge sind Absprachen zwischen Bank, Arbeitsamt und Insolvenzverwalter. Der Arbeitnehmer sollte den Vorschlag in aller Regel akzeptieren: Er kommt so schnell und ohne Risiko zu seinem Geld.

Hat der Arbeitnehmer übrigens noch Gehaltsansprüche, die mehr als drei Monate zurückreichen, muss er sich damit direkt an seinen Arbeitgeber beziehungsweise den Insolvenzverwalter wenden. Die Chance, für seine Ansprüche in diesem Fall noch etwas zu bekommen, ist allerdings gering.

## Kein Insolvenzgeld für Abfindungen und Betriebsrenten

Das Insolvenzgeld erfasst auch andere Forderungen aus dem Arbeitsverhältnis, wie zum Beispiel Lohn für Urlaubszeiten, Gratifikationen, Überstundenvergütungen, vermögenswirksame Leistungen, Jahresleistungen, Sonderzahlungen und Schadenersatzansprüche. Diese Ansprüche müssen allerdings genau in den letzten drei Monaten des Arbeitsverhältnisses entstanden sein. Denn nur für diesen Zeitraum gibt es ja das Insolvenzgeld. Ob und in welcher Höhe Geldforderungen beim Insolvenzgeld berücksichtigt werden, lässt sich häufig nur schwer feststellen. Hier entscheiden jeweils die Umstände des Einzelfalls. Notfalls muss ein Anwalt eingeschaltet werden.

Nicht vom Insolvenzgeld erfasst werden unter anderem Abfindungsansprüche und Zinsansprüche. Gleiches gilt für Leistungen der betrieblichen Altersversorgung. Trotzdem braucht der Arbeitnehmer sich wegen dieser Leistungen keine Gedanken zu machen. Das Risiko der Insolvenz ist bei Ansprüchen auf betriebliche Altersversorgung über den Pensions-Sicherungs-Verein abgesichert. Geschützt sind laufende Betriebsrenten sowie fest erworbene Versorgungsanwartschaften. Der Insolvenzverwalter muss dem Pensions-Sicherungs-Verein hier die nötigen Auskünfte erteilen. Der Arbeitnehmer sollte aber immer auch selbst aktiv werden.

Informationen erhalten Sie direkt beim Pensions-Sicherungs-Verein a.G., Berlin-Kölnische-Allee 2-4 in 50969 Köln, Tel.: 02 21 – 3 65 90 oder Fax: 02 21 – 93 65 92 99. Im Internet können Sie sich unter www.psvag.de informieren oder per E-Mail unter info@psvag.de.

**Wichtig:**
Auch Frauen im Mutterschutz brauchen keine Angst um ihr Geld haben. Während der Mutterschutzfristen ist die Zahlung des Mutterschaftsgeldes durch den Staat gesichert.

## Geldforderungen nach Eröffnung des Insolvenzverfahrens

Wer nach Eröffnung des Insolvenzverfahrens noch im Betrieb weiterarbeitet, hat gegen den Insolvenzverwalter seinen ganz normalen Gehaltsanspruch. Fehlt dem Insolvenzverwalter das nötige Geld, gibt es aber auch keinen Ersatz vom Arbeitsamt. Allein aus dem, was noch an Geld übrig ist, kann der Arbeitnehmer – allerdings bevorzugt gegenüber einigen anderen Gläubigern – sein Gehalt verlangen. Die Chancen, hier noch etwas zu bekommen, sind mehr als schlecht. Allenfalls einen gewissen Anteil seiner Forderungen wird der Arbeitnehmer noch erhalten. Wird der Arbeitnehmer krank, springt die Krankenkasse ein.

## Nur Nachteile oder auch Rechte?

Wer gegen seinen Arbeitgeber noch offene Ansprüche hat, für den gelten in der Insolvenz die gleichen Regeln wie für alle anderen Gläubiger. Er kann seine Forderungen beim Insolvenzverwalter innerhalb einer festgesetzten Frist anmelden. Hierüber erhält er vom Gericht in der Regel eine Mitteilung. Außerdem wird er Mitglied in der Gläubigerversammlung sowie unter Umständen im Gläubigerausschuss und hat Stimmrechte bei der Entscheidung über einen Insolvenzplan Beschränken sich die Forderungen des Arbeitnehmers allerdings auf den Zeitraum des Insolvenzgeldes, also die letzten drei Monate vor Insolvenzeröffnung, hat vielfach nicht mehr der Arbeitnehmer, sondern nur noch die Bundesanstalt für Arbeit die Rechte.

Beachten Sie, dass die Teilnahme an Gläubigerversammlungen und am Gläubigerausschuss keine Pflicht ist und sich für den Mitarbeiter meist nicht lohnt. Geht es um einen Insolvenzplan, sollte der Arbeitnehmer bedenken, dass das Lesen und Prüfen eines Insolvenzplanes in der Regel in keinem Verhältnis zu den offenen Forderungen steht. Selbst ein Rechtsanwalt wird damit seine Probleme haben und oft überfordert sein. Es empfiehlt sich daher, dem Plan ohne nähere Kontrolle zuzustimmen oder ihn abzulehnen. Eine Ablehnung führt natürlich nicht automatisch dazu, dass der Plan nicht doch zustande kommen kann.

## Wenn der Arbeitgeber die Insolvenz verschleppt

Häufig stellen Arbeitgeber keinen oder nur einen verspäteten Insolvenzantrag, obwohl sie längst kein Geld mehr haben. Dann müssen sie mit strafrechtlichen Konsequenzen rechnen. Die Arbeitnehmer haben aber nicht viel davon. Sie bleiben mit ihren Forderungen weitgehend auf der Strecke. Den Arbeitgeber können sie nur ausnahmsweise selbst in die Pflicht nehmen, zum Beispiel dann, wenn der Geschäftsführer nach den gesetzlichen Vorgaben, wie etwa dem GmbH-Gesetz, hätte handeln müssen. Dem Arbeitnehmer bleibt sonst nur das Insolvenzgeld. Wer die Wahl hat, sollte also auf keinen Fall länger als drei Monate ohne sein Gehalt arbeiten. Notfalls empfiehlt es sich, das Arbeitsverhältnis selbst zu kündigen.

Das Problem liegt hier aber darin, dass der Arbeitnehmer sich zum Ende des dritten Monats bereits von seinem Arbeitgeber getrennt haben muss, da es für das Insolvenzgeld auf das Ende des Arbeitsverhältnisses ankommt. Meist kann der Arbeitnehmer die Situation des Betriebs aber nicht so rechtzeitig abschätzen, dass das Ende seiner Kündigungsfrist tatsächlich auf das Ende der Dreimonatsfrist fällt. Er müsste dann eine fristlose Kündigung aussprechen, die ihm wiederum Nachteile beim Bezug von Arbeitslosengeld bringt. Außerdem entgehen ihm vielleicht spätere Abfindungsansprüche oder die Weiterbeschäftigung bei einer Fortführung des Unternehmens durch einen neuen Arbeitgeber. Bestehen bereits Gehaltslücken, die über den Dreimonatszeitraum hinausgehen, empfiehlt es sich für den Arbeitnehmer unter Umständen, selbst einen Insolvenzantrag zu stellen, um sein Gehaltsrisiko nicht noch weiter zu vergrößern. Noch besser ist die Stellung des Antrags über den Betriebsrat.

**Wichtig:**
Wegen der Dreimonatsbeschränkung des Insolvenzgeldes sollte der Arbeitnehmer darauf achten, dass Zahlungseingänge des Arbeitgebers immer die ältesten noch offenen Forderungen begleichen. Außerdem empfiehlt es sich bei Ausbleiben des Lohnes stets, selbst aktiv zu werden. Das betrifft vor allem den Antrag auf Insolvenzgeld und die Beschaffung von Unterlagen und Informationen. Arbeitnehmer sollten sich deshalb schnellstens an das Arbeitsamt wenden.

**WISO rät:** Vorsorglich sollten Sie sofort Sozialhilfe, unter Umständen auch Arbeitslosengeld, beantragen. Nähere Auskünfte erteilt hier das Arbeits- oder Sozialamt.

Und noch etwas: Zahlt der Arbeitgeber das Gehalt plötzlich gar nicht mehr, beginnen häufig Fristen zu laufen, innerhalb derer der Arbeitnehmer seine Ansprüche beim Arbeitgeber anmelden und bei Gericht geltend machen muss. Beispiel: Im Arbeitsvertrag steht drin, dass der Chef rückständiges Gehalt nicht mehr zahlen muss, wenn der Mitarbeiter es nicht innerhalb von vier Wochen schriftlich von ihm verlangt und, falls der Chef dann nicht zahlt, innerhalb weiterer vier Wochen vor dem Arbeitsgericht einklagt.

**WISO rät:** In vielen Fällen müssen Sie schnell reagieren. Notfalls lassen Sie sich von einem Anwalt beraten. Ist die Frist nämlich erst einmal verpasst, gibt es auch kein Insolvenzgeld mehr.

# 8. Streik und Aussperrung

Alle Jahre wieder ist es das gleiche Ritual: Gewerkschaften und Arbeitgeber verhandeln im Rahmen von Tarifverhandlungen über bessere Lohn- und Arbeitsbedingungen. Scheitern die Verhandlungen, rufen die Gewerkschaften zum Streik auf. Während laufender Verhandlungen kann es außerdem zu Warnstreiks kommen. Die Arbeitgeber drohen den Arbeitnehmern mit Aussperrungen. Beide Maßnahmen, Streik wie Aussperrung, sind in bestimmten Grenzen zulässig. Für den Arbeitnehmer können Sie sogar dann Konsequenzen haben, wenn er sich gar nicht unmittelbar an einem Streik beteiligt.

## Konsequenzen für den Streikenden

Wer sich an einem rechtmäßigen Streik beteiligt, darf während dieser Zeit die Arbeit niederlegen. Das gilt sowohl für Gewerkschaftsmitglieder als auch für nichtorganisierte Arbeitnehmer. Der streikende Arbeitnehmer bekommt für die Dauer des Streikes allerdings kein Gehalt. Auch Arbeitslosengeld oder andere Zahlungen des Arbeitsamtes stehen ihm nicht zu. Was ihm bleibt, ist je nach Einzelfall entweder Sozialhilfe oder ein Anspruch auf Zahlung einer Streikunterstützung durch seine Gewerkschaft, die meist zwischen 60 und 90 Prozent des Nettolohnes ausmacht. Dazu muss er allerdings im Regelfall bereits seit drei Monaten Mitglied der Gewerkschaft sein. Wer streikt, braucht trotz fehlender Beitragszahlungen keine Probleme bezüglich seiner Krankenversicherung befürchten.

### Wichtig:
Unzulässig sind im Normalfall Streikmaßnahmen wie Betriebsblockaden, Betriebsbesetzungen oder Boykotte. Der Arbeitnehmer riskiert hier seinen Arbeitsplatz. Unter Umständen kann er sich sogar strafbar machen.

Beteiligt sich der Arbeitnehmer an einem rechtswidrigen Streik, macht er sich unter Umständen schadenersatzpflichtig. Außerdem kann der Arbeitgeber das Arbeitsverhältnis je nach Einzelfall fristlos kündigen. Wird der Streik vernünftig beendet, einigen sich Arbeitgeber und Gewerkschaft meist darauf, dass gegen die Streikenden keine Sanktionen verhängt werden.

## Konsequenzen für den Nichtstreikenden

Normalerweise beteiligen sich nicht alle Mitarbeiter an einem Streik. Wer beim Streik nicht mitmacht, für den ändert sich zunächst einmal gar nichts. Er arbeitet weiter und wird auch weiter bezahlt. Manche Arbeitnehmer – unter Umständen sogar in anderen Abteilungen oder Betrieben – können gezwungen sein, ihre Arbeit einzustellen, weil sie wegen des Streiks nicht mehr weiterproduzieren können. In diesen Fällen müsste der Chef das Gehalt eigentlich weiterzahlen, denn schließlich ist der einzelne Arbeitnehmer nicht schuld daran, dass er nicht weiterarbeiten kann. Leider sieht es in der Realität oft anders aus. Der Hauptgrund: Gehört das betroffene Unternehmen nämlich zur gleichen Arbeitgebervereinigung oder zum gleichen Konzern wie das bestreik-te Unternehmen; fällt der Lohnanspruch des Mitarbeiters weg. Dem Arbeitnehmer bleibt dann bloß ein Anspruch auf Arbeitslosengeld, das er allerdings nur bekommt, wenn er in einer vom Streik nicht betroffenen Branche oder außerhalb des umkämpf-ten Tarifgebietes tätig ist. Unter Umständen springt allerdings die Gewerkschaft mit Zahlung einer Streikunterstützung ein.

Häufig versuchen Arbeitgeber, ihre Mitarbeiter durch Zahlung zusätzlicher Prämien dazu zu bringen, sich nicht an einem Streik zu beteiligen. Das ist zulässig. Die Prämie darf allerdings nicht allein dafür gezahlt werden, dass der Mitarbeiter bei dem Streik nicht mitmacht, sondern nur um besondere Härten, wie zum Beispiel zusätzliche Überstunden, auszugleichen.

## Konsequenzen von Aussperrungen

Auf einen Streik seiner Mitarbeiter kann der Chef mit Aussperrungen reagieren. Dann suspendiert er einige Arbeitnehmer für eine bestimmte Zeit von der Arbeit. Die betrof-fenen Mitarbeiter dürfen während der Aussperrung nicht arbeiten und erhalten im Gegenzug auch kein Gehalt. Aussperren kann der Arbeitgeber nicht nur streikende, sondern auch nichtstreikende Mitarbeiter. Er muss aber immer darauf achten, dass er dabei nicht überzogen reagiert. Der Arbeitnehmer braucht sich nicht alles gefallen zu lassen. Wer seine Aussperrung für unberechtigt hält, kann sich an das Arbeitsgericht wenden und kann dort kurzfristig durchsetzen, dass er weiter beschäftigt wird. Natür-lich nur, wenn die Richter die Sache genauso sehen wie er.

# VII. Wie man zu seinem Recht kommt

## 1. Wer Recht bekommen will, muss einige Dinge beachten

### Erst einmal das Gespräch suchen

Die Ansprüche gegen seinen Chef zu kennen ist eine Sache – sie durchzusetzen eine andere, die oft noch viel schwieriger ist. Wer gegen seinen Arbeitgeber vorgeht, nimmt automatisch in Kauf, dass sich das Arbeitsklima im Betrieb verschlechtert. Nicht zu Unrecht befürchten viele Arbeitnehmer auch Repressalien bis hin zu einer Entlassung. Außerdem kann der Mitarbeiter, das was er beanstandet, im Nachhinein oft gar nicht mehr beweisen. Andererseits sollte der Mitarbeiter nicht jede Benachteiligung widerstandslos hinnehmen, sonst sieht sich der Chef in seinem unrechtmäßigen Vorgehen vielleicht noch bestätigt. Leicht fühlt er sich dann ermuntert, die Rechte seines Mitarbeiters auch bei zukünftigen Entscheidungen zu ignorieren.

Am geschicktesten ist es deshalb meist, bei Streitfragen zunächst den Betriebsrat einzuschalten. Dieser kann versuchen, den Chef zur Abhilfe zu bewegen, ohne dass es gleich zu einer direkten Konfrontation zwischen Arbeitgeber und Mitarbeiter kommt. In bestimmten Fällen wird der Betriebsrat auch unterstützend tätig, indem er den Arbeitnehmer beispielsweise bei einer Einsicht in die Personalakte begleitet. In einigen Betrieben gibt es auch Vertrauensleute, an die sich der Mitarbeiter wenden kann. Gibt es im Betrieb keinen Betriebsrat, bleibt er untätig oder erscheint seine Einschaltung nicht sinnvoll, sollte der Arbeitnehmer seine Ansprüche selbst beim Chef vorbringen. Hier gilt das Motto: ruhig, aber deutlich. Deshalb sollte zunächst auf einen Anwalt, die Gewerkschaft oder das Gericht verzichtet werden. Nur ausnahmsweise braucht der Arbeitnehmer sich nicht in Zurückhaltung zu üben. Das ist etwa dann der Fall, wenn die Fronten schon so verhärtet sind, dass Verhandlungen von vornherein aussichtslos sind. Oder aber, wenn der Chef seinem Mitarbeiter bereits deutlich zu verstehen gegeben hat, dass er die Ansprüche nicht erfüllen wird. Auch im Fall von Kündigungen sind weitere Gespräche meist sinnlos. Hier hilft es dem Mitarbeiter nur, direkt vor Gericht zu klagen.

Ob der Mitarbeiter sich persönlich an seinen Chef wenden soll oder sich eher schriftlich an ihn wendet, ist eine Frage des persönlichen Geschmacks. Die Schriftform hat den Vorteil, dass sie sich später besser nachweisen lässt. Manchmal ist eine schriftliche Anmeldung der Ansprüche auch ausdrücklich im Vertrag vorgeschrieben.

**WISO rät:** Nehmen Sie zu allen wichtigen Gesprächen Zeugen mit, oder stellen Sie zumindest sicher, dass die Arbeitgeberseite bei einem Gespräch nicht zahlenmäßig überlegen ist. Sorgen Sie dafür, dass Sie den Zugang eines Schriftstückes später immer nachweisen können. Lassen Sie sich den Empfang quittieren, setzen Sie einen Boten ein oder versenden Sie es per Einschreiben. Machen Sie sich von allen Schriftstücken, die Sie aus der Hand geben, zuvor eine Kopie. Das gilt nicht nur für Schreiben an Ihren Arbeitgeber, sondern auch beim Schriftverkehr mit Behörden oder dem Gericht.

Schaltet der Chef trotz aller Bemühungen auf stur, bleibt dem Arbeitnehmer nichts anderes übrig, als seine Ansprüche mit Hilfe eines Anwaltes, der Gewerkschaft beziehungsweise des Gerichtes durchzusetzen. Gleiches gilt aber auch umgekehrt: Weigert sich der Mitarbeiter, berechtigte Ansprüche seines Chefs zu erfüllen, muss er mit einer Klage rechnen.

## Zahlungsansprüche sind zu verzinsen

Verspätet sich der Arbeitgeber mit einer Zahlung, wie etwa bei der Überweisung des Gehaltes, kann der Mitarbeiter neben seinem Geld zusätzlich Zinsen verlangen. Umgekehrt schuldet natürlich auch der Mitarbeiter Zinsen, wenn er zum Beispiel bei Schadenersatzansprüchen in Zahlungsrückstand gerät. Die Höhe der Zinsen beträgt pro Jahr fünf Prozent des Anspruchs zuzüglich dem so genannten Basiszinssatz der Bundesbank. Der Basiszinssatz verändert sich halbjährlich und liegt meist zwischen zwei und vier Prozent. Den aktuellen Satz erfährt der Arbeitnehmer über www.basiszinssatz.de oder bei einer Bank. Bei kürzeren Zeiträumen ist die jährliche Zinshöhe auf Tage herunterzurechnen.

## Fristen und Termine

Wer zu seinem Recht kommen will, kann sich damit nicht ewig Zeit lassen. Schließlich möchte auch der Chef irgendwann einmal wissen, woran er ist. Deshalb gibt es gewisse Fristen, die der Arbeitnehmer einhalten muss, damit seine Ansprüche nicht verloren gehen. Nachfolgend eine Übersicht über die wichtigsten Fristen und Termine, auf die der Mitarbeiter achten sollte:

- Will der Arbeitnehmer eine Entschädigung, weil er bei einer Einstellung zu Unrecht benachteiligt wurde, hat er im Normalfall mindestens zwei, maximal sechs Monate Zeit, um das Geld schriftlich von dem Arbeitgeber zu verlangen. Die Frist beginnt mit Ablehnung seiner Bewerbung.
- Will der Mitarbeiter sich dagegen wehren, dass sein Arbeitsvertrag befristet ist, etwa weil es seiner Ansicht nach für die Befristung keinen Grund gab, muss er innerhalb von drei Wochen nach dem vereinbarten Ende des befristeten Vertrages vor das Arbeitsgericht ziehen.
- Wer selbst kündigen will, muss seine vertragliche Kündigungsfrist einhalten. Ist im Vertrag nichts dazu festgelegt, hat er nach Ablauf der Probezeit eine Frist von vier Wochen zum fünfzehnten oder zum Monatsende einzuhalten. Während der Schwangerschaft und bis zu acht Wochen nach der Geburt kann eine Arbeitnehmerin fristlos zum Ende der Schutzfrist von acht Wochen kündigen.
- Wer aus wichtigem Grund selbst fristlos kündigen will, darf sich damit nicht mehr als zwei Wochen ab dem Entstehen des Grundes Zeit lassen.

- Will der Arbeitnehmer gegen eine Kündigung einwenden, dass die Vollmacht gefehlt hat, sollte er sich dafür maximal sieben Tage Zeit lassen. Bis dahin muss er die Kündigung beim Arbeitgeber zurückgewiesen haben.
- Will der Arbeitnehmer sich generell gegen die Kündigung wehren, sollte er immer innerhalb von drei Wochen beim Arbeitsgericht gegen die Kündigung klagen.
- Wer krank wird, muss das bereits am ersten Tag bei seinem Chef anzeigen. Das ärztliche Attest hat der Mitarbeiter dann meist bis zum dritten Krankheitstag bei seinem Arbeitgeber vorzulegen.
- Wer arbeitslos wird, sollte sich bereits am ersten Tag beim Arbeitsamt arbeitslos melden und Arbeitslosengeld beantragen.
- Wer in Teilzeit gehen möchte, muss das drei Monate vorher von seinem Chef verlangen. Wer gerade in Elternzeit ist, muss das acht Wochen vorher schriftlich beim Chef beantragen.
- Wer in Elternzeit gehen möchte, muss das acht Wochen vorher schriftlich bei seinem Chef beantragen. Soll die Elternzeit im Anschluss an die Mutterschutzfrist genommen werden, reichen sechs Wochen aus.
- Wer Erziehungsgeld beziehen möchte, sollte sich mit seinem Antrag bei der Erziehungsgeldstelle nach der Geburt nicht mehr als sechs Monate Zeit lassen.
- Wer eine Entscheidung von einer Behörde bekommt, darf sich für einen Widerspruch nicht mehr als einen Monat Zeit lassen.

**Vorsicht:**
Häufig tauchen bestimmte Fristen auch in Arbeitsverträgen oder Tarifverträgen auf. Sie sind besonders gefährlich, weil sie leicht übersehen werden. Außerdem gelten sie meist nicht nur für einige, sondern gleich für alle Rechte des Mitarbeiters aus seinem Arbeitsverhältnis. Das heißt, der Arbeitnehmer muss sie immer beachten, ganz gleich, ob er von seinem Chef noch ein Zeugnis oder ein rückständiges Gehalt fordert. Wie lange solche Fristen sind, lässt sich nicht pauschal beantworten. Hier muss jeder selbst in seinem Vertrag nachsehen. Mehr als vier Wochen sollte sich der Mitarbeiter aber auf keinen Fall Zeit lassen.

Wer das Glück hat, dass keine der vorstehend beschriebenen Fristen auf seinen Fall zutrifft, darf sich mit seinen Forderungen trotzdem nicht endlos Zeit lassen. Spätestens nach drei Jahren (bei alten Forderungen vor 2002: zwei Jahre) geht im Normalfall nichts mehr. Niemand sollte allerdings auf die Idee kommen, sich für seine Forderungen absichtlich die vollen drei Monate Zeit zu lassen, um seinen Chef oder Ex-Chef zu ärgern. Dieser Schuss kann nämlich leicht nach hinten losgehen. Viele Gerichte geben dem Arbeitnehmer für seine Forderungen nur so viel Zeit, wie sie für angemessen halten, beispielsweise nur rund sechs Monate, wenn der Mitarbeiter nach seiner Entlassung ein Arbeitszeugnis haben will. Wer also weiß, dass sein Chef ihm noch etwas schuldet, sollte sich nicht Zeit lassen, sondern stets sofort aktiv werden.

# 2. Der Gang zum Anwalt

## Hemmschwellen überwinden

Vielen Arbeitnehmern kostet der Besuch beim Rechtsanwalt nicht nur Geld, sondern auch Überwindung. Und wer bislang noch nie mit einem Rechtsanwalt zu tun hatte, neigt leicht zu der Annahme, er bräuchte auch bei Streitigkeiten mit seinem Chef keinen Beistand. Schließlich wird der Chef nicht gerade vor Freude in die Luft springen, wenn sein Mitarbeiter plötzlich von einem Rechtsanwalt begleitet wird. Die meisten Bedenken sind aber unbegründet: Ein guter Anwalt hat für alle Sorgen und Nöte seines Mandanten ein offenes Ohr und kann in vielen Fällen Tipps geben, wie sich der Arbeitnehmer in Zukunft am besten verhalten soll. Er ist also nicht nur Rechtsberater, sondern auch ein wichtiger Gesprächspartner. Der Arbeitnehmer kann hier vielleicht zum ersten Mal offen über seine Probleme am Arbeitsplatz sprechen, erfährt Aufmunterung und Unterstützung und bekommt Hilfe beim Abfassen von Schriftstücken und Ausfüllen von Formularen. Nur wenn es nicht mehr anders geht, tritt der Anwalt auch direkt gegenüber Ihrem Arbeitgeber in Erscheinung. In solchen Situationen ist das Verhältnis zwischen Chef und Mitarbeiter aber meist ohnehin schon so zerrüttet, dass der Arbeitnehmer sich gedanklich schon von seinem Arbeitsplatz verabschiedet hat. Was also an „Nachteilen" übrig bleibt, sind die Kosten des Rechtsanwaltes, die der Arbeitnehmer in jedem Fall tragen muss. Gemessen an der Bedeutung der Sache sind die aber eher als niedrig einzustufen. Der Arbeitnehmer sollte sich hier einmal überlegen, was er täglich bei anderer Gelegenheit an Geld ausgibt. Sparen am Anwalt ist außerdem in vielen Fällen ein Sparen an der beruflichen Zukunft und deshalb Sparen am falschen Ort. Ein guter Anwalt spart dem Arbeitnehmer oft selbst das Geld, das er ihn kostet – ganz abgesehen von den geschonten Nerven und der gewonnenen Zeit. Läuft die Angelegenheit doch einmal schlecht, bleibt dem Arbeitnehmer immer noch die Möglichkeit einer Kostenübernahme durch den Staat im Wege der Beratungs- oder Prozesskostenhilfe, die dann eingreift, wenn er finanziell nicht gut da steht. Vielleicht ist er für arbeitsrechtliche Streitigkeiten auch rechtsschutzversichert.

**WISO rät:** Einen Anwalt können und sollten Sie je nach Ihrer persönlichen Situation bei einem gerichtlichen Verfahren oder bereits in einem früheren Stadium einschalten. Ziehen Sie die Möglichkeit jedenfalls immer rechtzeitig in Betracht. Und vor allem: Keine Angst vor dem Anwalt. Allein mit der Beauftragung des Anwaltes ist die Angelegenheit für Sie aber noch nicht erledigt. Sie sollten vielmehr aktiv an der Entwicklung von Lösungen mitwirken. Informieren Sie Ihren Anwalt deshalb über alle Einzelheiten Ihres Falles. Seien Sie dabei offen und ehrlich. Das gilt auch für die Beantwortung von Fragen. Weisen Sie Ihren Anwalt auf mögliche Besonderheiten Ihres Falles hin. Sagen Sie ihm, was Sie erwarten. Bringen Sie schon zum ersten Gespräch wichtige Unterlagen, wie zum Beispiel Ihren Arbeitsvertrag, die letzten Gehaltsabrechnungen, Informationen über betriebliche Vereinbarungen oder Tarifverträge sowie Abmahnungs- und Kündigungsschreiben, mit. Nur wenn Sie diese Punkte beherzigen, ist eine konstruktive Zusammenarbeit gewährleistet, und Ihr Anwalt kann Sie gut beraten.

**Wichtig:**

Der Arbeitnehmer braucht keine Befürchtungen zu haben, dass sein Anwalt mit anderen über seine Probleme plaudert. Der Anwalt unterliegt der Schweigepflicht. Er ist also verpflichtet, über persönliche Angelegenheiten seines Mandanten Stillschweigen zu bewahren.

## An welchen Anwalt wende ich mich?

Wer die Wahl hat, hat die Qual: Rechtsanwälte gibt es heute wie Sand am Meer. Hier den richtigen zu finden, gleicht oft der berüchtigten Suche nach der Nadel im Heuhaufen. Wichtig ist, dass der Anwalt kompetent ist und menschlich zu seinem Mandanten passt. Nicht alle Anwälte haben die gleichen fachlichen Qualifikationen und Fähigkeiten. Auch menschlich gibt es erhebliche Unterschiede. Von Vorteil ist es natürlich, wenn der Arbeitnehmer Freunde oder Bekannte hat, die ihm einen guten Anwalt empfehlen können. Die Geschmäcker sind aber bekanntlich verschieden. Außerdem hat jeder Fall seine eigenen Regeln. Oft ist der Arbeitnehmer deshalb darauf angewiesen, sich selbst einen geeigneten Anwalt zu suchen. Dabei kann er unter anderem folgende Hilfen in Anspruch nehmen:

- Branchenfernsprechverzeichnisse – als Buch, online oder als CD-ROM,
- Die Anwaltskammern. Der Arbeitnehmer sollte hier gezielt nach einem Anwalt für sein Problem fragen. Welche Anwaltskammer für den Arbeitnehmer die Nächste ist, erfährt er über die Bundesrechtsanwaltskammer, Littenstr. 9, 10179 Berlin, Tel.: 0 39 – 2 84 93 90, Fax: 0 30 – 28 49 39 11, Internet: www.brak.de, E-Mail: zentrale@brak.de.
- Den Fachanwaltssuchservice. Rufnummer 08 00 – 3 43 63 88 (kostenfrei). Er vermittelt ausschließlich Fachanwälte, also auch Fachanwälte für Arbeitsrecht.
- Die deutsche Anwaltsauskunft. Rufnummer 0 18 05 – 18 18 05 (12 Ct./min.). Internet: www.anwaltauskunft.de.
- Den Anwaltsuchservice. Rufnummer 0 18 05 – 25 45 55 (12 Ct./min.). Internet: www.anwaltssuchservice.de.
- AdvoGarant. Rufnummer: 0 18 05 – 87 27 27 (12 Ct./min.). Internet: www.advogarant.de.
- Die Homepage www.soliserv.de mit Verweisen auf weitere Anwaltssuchdienste im Internet unter dem Button „Links".
- Die Internet-Seite www.fachanwalt-hotline.de.

Bei seiner Suche wird der Arbeitnehmer regelmäßig auf Anwälte mit den unterschiedlichsten Bezeichnungen stoßen. Das ist zwar auf den ersten Blick verwirrend, gibt ihm aber bei näherem Hinsehen wertvolle Hinweise für seine richtige Auswahl.

Besonders qualifiziert ist ein Fachanwalt – im Fall des Arbeitnehmers also regelmäßig ein Fachanwalt für Arbeitsrecht. Er muss neben der allgemeinen Anwaltsausbildung eine besondere Zusatzausbildung absolviert haben. Außerdem braucht er eine bestimmte Anzahl praktischer Fälle, um sich Fachanwalt nennen zu dürfen.

Wer das Arbeitsrecht als seinen Tätigkeitsschwerpunkt nennt, gibt an, seit mindestens zwei Jahren verstärkt auf diesem Gebiet tätig zu sein. Er muss allerdings keine Zusatzausbildung oder eine bestimmte Zahl bearbeiteter Fälle nachweisen. Die Angabe der zweijährigen Berufserfahrung auf dem Gebiet bleibt übrigens in der Regel unüberprüft.

Anwälte, die das Arbeitsrecht als Interessenschwerpunkt angeben, zeigen hiermit lediglich eine gewisse Vorliebe für das Rechtsgebiet an, ohne aber über besondere Erfahrungen zu verfügen.

**WISO rät:** In Arbeitsrechtssachen darf Sie grundsätzlich jeder in Deutschland zugelassene Rechtsanwalt vertreten. Um sich die Entscheidung zu erleichtern, sollten Sie vor allem auf Tipps aus Ihrem Freundes- und Bekanntenkreis sowie auf die Bezeichnung des Anwaltes achten. Aber machen Sie die Qualität der Beratung nicht allein von der Bezeichnung abhängig. Ein vielbeschäftigter Fachanwalt bringt Ihnen und Ihrem Problem unter Umständen weniger Aufmerksamkeit und Zeit entgegen als manch ein hochmotivierter Junganwalt.

Wer mit der Wahl des Anwalts im Nachhinein nicht zufrieden ist, kann ihn ohne Probleme wechseln. Er muss dann allerdings die bisher erbrachten Leistungen bezahlen. Vorsicht ist vor allem angebracht, wenn der Anwalt die Betreuung der Interessen hauptsächlich darin sieht, die Kosten in die Höhe zu treiben und Streitigkeiten um jeden Preis bis zum Ende auszufechten – selbst wenn er damit vielleicht den Emotionen des Arbeitnehmers am nächsten kommt.

## Die Kosten des Anwalts

Anwälte sind meist gar nicht so teuer, wie viele Menschen glauben. Welche Gebühren beim Anwalt entstehen, und wie die Gebühren berechnet werden, richtet sich in erster Linie nach der Bundesgebührenordnung für Rechtsanwälte (BRAGO).

Die Kosten des Rechtsanwaltes setzen sich zusammen aus
- den eigentlichen Gebühren für die rechtliche Beratung, die Vertretung vor Gericht und das Anfertigen von Schriftsätzen;
- den Auslagen für Porto, Telefon, Kopien und anderen Ausgaben. Hier wird in der Regel eine Pauschale von 20 Euro berechnet;
- der Umsatzsteuer auf Gebühren und Auslagen in Höhe von 16 Prozent.

Die Höhe der Gebühren ist von dem Wert der Streitigkeit abhängig. Je höher der Streitwert ist, desto höher sind auch die Gebühren. Die Gebühren steigen allerdings nicht in gleichem Maße an wie der Streitwert, sondern prozentual gesehen niedriger.

**Beispiel:**
Streiten Chef und Mitarbeiter um 3.000 Euro, beträgt eine von normalerweise drei vollen Gebühren des Anwalts 189 Euro. Streiten sie um 6.000 Euro, beträgt eine volle Gebühr 338 Euro. Wie hoch der Streitwert im Einzelfall ist, lässt sich gar nicht so leicht herausfinden. Vor allem, wenn es nicht um konkrete Geldbeträge geht, wie etwa bei ei-

ner Klage auf ein Arbeitszeugnis, ist die richtige Höhe oft schwer festzustellen. Wichtige Streitwerte im Arbeitsrecht sind beispielsweise:

- Streit um eine Kündigung: Vierteljahresverdienst (brutto)
- Streit um ein Zeugnis (Erteilung, Berichtigung): 500 Euro bis ein Bruttomonatsgehalt
- Abfindungszahlungen: Sie bleiben grundsätzlich unberücksichtigt.
- Streit um eine Abmahnung (Entfernung, Widerruf): ein halbes bis zwei Bruttomonatsgehälter
- Streit um Arbeitspapiere (Herausgabe, ausfüllen): 255,64 Euro
- Klage auf Beschäftigung: ein bis zwei Monatsbezüge
- Streit wegen Ehrverletzungen: rund 4.000 Euro
- Streit um eine Befristung: Vierteljahresverdienst
- Streit über eine Freistellung von der Arbeit: 10 bis 100 Prozent des Verdienstes im Freistellungszeitraum

**Wichtig:**
Die Höhe der Gebühren hängt nicht davon ab, ob der Arbeitnehmer einen besonders spezialisierten oder einen gewöhnlichen Anwalt einschaltet. Die Gebührenordnung ist für alle Anwälte gleich. Bei der Berechnung kommt es außerdem nicht darauf an, wie viele Besprechungen der Arbeitnehmer zuvor mit dem Anwalt hatte, oder wie viele Schriftsätze der Anwalt angefertigt hat.

**WISO rät:** Fragen Sie Ihren Anwalt bereits zu Beginn, mit welchen Kosten Sie in Ihrem Fall ungefähr rechnen müssen. Lassen Sie sich im Zweifel einen Kostenplan erstellen. Die Gebühren des Rechtsanwaltes bei gerichtlichen Streitigkeiten stehen fest und dürfen durch eine Absprache zwischen Arbeitnehmer und Rechtsanwalt nicht unterschritten werden. Versuchen Sie also nicht, Ihren Anwalt dazu zu bewegen, Ihnen ein besonders „günstiges" Angebot zu machen. Umgekehrt sollten Sie vorsichtig sein, wenn Ihnen Ihr Anwalt von sich aus besonders günstige Tarife anbietet. Das darf er nämlich nur so lange, wie Sie noch nicht vor Gericht sind.

## Kostenhilfe durch den Staat

Wer die Kosten für einen Rechtsanwalt nicht selbst aufbringen kann, bekommt unter Umständen vom Staat Unterstützung. Denn niemand soll von einer rechtlichen Beratung und Vertretung ausgeschlossen sein, weil er nicht über die nötigen finanziellen Mittel verfügt.

## Beratungshilfe

Lässt sich der Arbeitnehmer von einem Anwalt beraten, ohne dass ein gerichtliches Verfahren ansteht, erhält er die so genannte Beratungshilfe. Sie umfasst nicht nur die reine Beratung, sondern auch das Anfertigen von Schriftsätzen, die Beantwortung von Mahnschreiben oder Verhandlungen mit der Gegenseite oder mit Behörden. Der Arbeitnehmer muss im Fall der Beratungshilfe lediglich eine symbolische Gebühr von zehn Euro bezahlen, auf die aber die meisten Anwälte verzichten.

Beratungshilfe erhält allerdings nur derjenige, dessen wirtschaftliche Verhältnisse so schlecht sind, dass er den Anwalt nicht selbst bezahlen kann. Um das feststellen zu können, muss der Arbeitnehmer zunächst beim Amtsgericht einen Antrag auf Beratungshilfe stellen und dabei genaue, im einzelnen zu belegende und vor allem wahrheitsgemäße Angaben über seine persönlichen und wirtschaftlichen Verhältnisse machen. Entscheidend ist in erster Linie das Einkommen, zu dem beispielsweise auch das Arbeitslosengeld zählt. Übersteigt es nach Abzug eines Freibetrages, den Kosten für die Unterkunft und für besondere Belastungen des Arbeitnehmers einen bestimmten Betrag, gibt es keine Beratungshilfe. Liegt es aber darunter und ist auch kein weiteres Vermögen vorhanden, wird die Beratungshilfe in der Regel gewährt. Das Amtsgericht kann dem Arbeitnehmer dann einen Berechtigungsschein ausstellen, mit dem er einen Anwalt seiner Wahl aufsuchen kann. Üblicher ist aber ein anderer Weg: Der Arbeitnehmer geht direkt zum Anwalt, schildert seine wirtschaftlichen Verhältnisse und lässt den Anwalt parallel zu der Beratung den Antrag stellen. Auch das ist zulässig. Wird allerdings später kein Berechtigungsschein erteilt, muss der Arbeitnehmer die anwaltlichen Gebühren zur Gänze bezahlen.

**WISO rät:** Völlig kostenlose Beratungshilfe gibt es auch bei den zuständigen Stellen des Amtsgerichts. Wenn Sie also nicht gleich zum Anwalt gehen wollen, können Sie es zunächst einmal hier versuchen. In einigen Bundesländern, wie zum Beispiel in Hamburg oder Bremen ist der direkte Gang zum Rechtsanwalt für die Beratungshilfe sogar ausgeschlossen. Hier gibt es eine öffentliche Beratung. Auskunft erhalten Sie in Hamburg bei den öffentlichen Rechtsauskunfts- und Vergleichsstellen, in Bremen bei den Arbeitnehmerkammern. In Berlin können Sie zwischen öffentlicher Rechtsberatung und Beratungshilfe wählen. Ausgeschlossen ist die Beratungshilfe, wenn eine Rechtsschutzversicherung für Ihren Fall einspringt oder Sie als Gewerkschaftsmitglied Anspruch auf gewerkschaftlichen Rechtsschutz haben.

## Prozesskostenhilfe

Vertritt der Anwalt den Arbeitnehmer in einem gerichtlichen Verfahren, gibt es an Stelle der Beratungshilfe die so genannte Prozesskostenhilfe. Um Prozesskostenhilfe zu bekommen, muss der Arbeitnehmer im wesentlichen die gleichen Voraussetzungen erfüllen wie bei der Beratungshilfe. Auch hier ist zunächst ein Antrag auszufüllen, in dem der Arbeitnehmer genaue Angaben über seine persönlichen und wirtschaftlichen Verhältnisse macht. Folgende Besonderheiten sind zu beachten:

- Es gibt keine Selbstbeteiligung in Höhe von zehn Euro.
- Bei einem Verfahren vor dem Arbeitsgericht umfasst die Prozesskostenhilfe alle Kosten, da der gegnerische Anwalt ohnehin nicht vom Arbeitnehmer bezahlt werden muss.
- Dem Arbeitnehmer kann bei Überschreitung der Einkommensgrenze die Möglichkeit eingeräumt werden, die Prozesskosten in monatlichen Raten zu zahlen. Die

Höhe der Raten richtet sich nach dem jeweiligen Einkommen. Zinsen fallen keine an.

- Der Staat kann innerhalb von vier Jahren die Prozesskostenhilfe zurückfordern, wenn sich die Einkommensverhältnisse des Arbeitnehmers verbessern.
- Die Klage des Arbeitnehmers muss hinreichende Aussicht auf Erfolg bieten. Bei einer Klage gegen eine Kündigung gibt es normalerweise keine Probleme. Notfalls kann der Arbeitnehmer gegen eine Zurückweisung seines Antrages Beschwerde einlegen, ohne dass zusätzliche Gerichtskosten entstehen.
- Dem Arbeitnehmer kann regelmäßig mit der Gewährung von Prozesskostenhilfe ein Rechtsanwalt beigeordnet werden, das heißt, er bekommt einen Rechtsanwalt, der ihm im Prozess zur Seite steht. Der Arbeitnehmer darf einen Anwalt seiner Wahl für die Beiordnung vorschlagen.
- Die Prozesskostenhilfe kann bis zum Ende des Verfahrens beantragt werden.
- Die Prozesskostenhilfe ist ausgeschlossen, wenn eine Rechtsschutzversicherung oder andere Stellen, wie zum Beispiel die Gewerkschaft, für die Kosten eintreten. Vor allem entfällt die Prozesskostenhilfe, wenn der Arbeitnehmer einen Anspruch auf Unterstützung gegen seinen Ehepartner, oder wie zum Beispiel bei Minderjährigen gegen seine Eltern hat.

**WISO rät:** Beratungs- und Prozesskostenhilfe sind keine Almosen, sondern staatliche Leistungen, auf die Sie in bestimmten Fällen einen Anspruch haben. Scheuen Sie sich also nicht, die Anträge zu stellen. Anträge und Merkblätter zur Beratungs- und Prozesskostenhilfe erhalten Sie bei jedem Gericht oder bei Ihrem Anwalt. Auf Wunsch wird Ihnen der Antrag meist auch kostenlos zugeschickt.

## Rechtsschutzversicherung

Scheidet ein Übernahme der Kosten durch den Staat aus, besteht immer noch die Möglichkeit, dass eine Rechtsschutzversicherung die Kosten des Anwaltes bezahlt. Im Gegensatz zu anderen Rechtsgebieten werden arbeitsrechtliche Streitigkeiten von den meisten Versicherungsverträgen erfasst. Mehrere kleine Haken gibt es allerdings: Erstens ist in vielen Rechtsschutzverträgen eine Eigenbeteiligung des Arbeitnehmers vorgesehen. Der Arbeitnehmer hat dann einen Teil der Kosten selbst zu zahlen. Zweitens muss die Versicherung vor dem Verfahren oder dem strittigen Vorfall, also etwa der Kündigung, abgeschlossen worden sein. Unter Umständen ist hier zusätzlich noch eine bestimmte Wartezeit (meist drei oder sechs Monate) in Kauf zu nehmen. Und drittens decken Berufsrechtsschutzversicherungen nicht alle Risiken ab. Beratungen über einen Aufhebungsvertrag sind beispielsweise in der Regel nicht erfasst. Ebenso problematisch wird die Deckung bei fristlosen oder verhaltensbedingten fristgemäßen Kündigungen.

**WISO rät:** Sind Sie als Arbeitnehmer noch nicht rechtsschutzversichert, sollten Sie den Abschluss einer Berufsrechtsschutzversicherung ernsthaft in Erwägung ziehen. Im Unterschied zu anderen Rechtsbereichen oder Versicherungen macht eine solche Versicherung durchaus Sinn, vor allem wenn Sie in einer „unsicheren" Branche beschäftigt sind. Bedenken sollten Sie auch, dass Ihnen selbst bei einem Prozessgewinn die Kosten Ihres eigenen Anwaltes zur Last fallen. Die Rechtsschutzversicherung würde auch diese Kosten übernehmen. Vergleichen Sie vor Abschluss eines Versicherungsvertrages die Tarife und Leistungen verschiedener Versicherungsunternehmen. Hier gibt es zum Teil erhebliche Unterschiede. Eine Alternative zum Versicherungsabschluss wäre der Eintritt in eine Gewerkschaft, die Sie bei Streitigkeiten kostenlos vertritt.

Wer rechtsschutzversichert ist, sollte seine Versicherung frühzeitig über einen potenziellen Versicherungsfall informieren und eine so genannte Deckungszusage einholen. Die voraussichtlich benötigten Unterlagen, wie zum Beispiel Kündigungsschreiben oder Abmahnung, schickt man bei dieser Gelegenheit am besten gleich mit. Auch der Rechtsanwalt kann die Deckungszusage bei der Versicherung einholen. Die meisten Anwälte bieten dies als zusätzlichen Service kostenlos an und verlangen nur die Gebühr für die Beratung.

# 3. Vertretung durch die Gewerkschaft

Wer Gewerkschaftsmitglied ist, kann im Streitfall den Rechtsschutz seiner Gewerkschaft in Anspruch nehmen. Der Vorteil ist, dass dem Arbeitnehmer keine Kosten entstehen. Auch der gewerkschaftliche Rechtsschutz setzt allerdings voraus, dass der Arbeitnehmer schon eine gewisse Zeit Gewerkschaftsmitglied war, bevor es zu der Streitigkeit kam. Informationen über Gewerkschaften erhält der Arbeitnehmer auf der Internet-Seite des Deutschen Gewerkschaftsbundes unter www.dgb.de oder direkt beim DGB, Henriette-Herz-Platz 2, 10178 Berlin, Tel.: 0 30 – 2 40 60 – 0.

# 4. Umgang mit Behörden

Streitereien gibt es nicht nur zwischen dem Mitarbeiter und seinem Chef. Immer wieder kommt es vor, dass sich der Arbeitnehmer, wenn es um seinen Job geht, mit einer Behörde herumschlagen muss. Häufig geht es dabei um

- Berufskrankheiten, Berufsunfähigkeit, Erwerbsunfähigkeit,
- Schwerbehinderung,
- Mutterschutz,
- Arbeitslosigkeit.

Ist der Arbeitnehmer mit der Entscheidung einer Behörde, also beispielsweise des Arbeitsamtes, nicht einverstanden, kann er dagegen Widerspruch einlegen. Dazu hat er nach Erhalt der Entscheidung einen Monat Zeit. Ausnahmsweise gilt eine Frist von einem Jahr, wenn der Arbeitnehmer in dem Bescheid nicht oder nicht richtig auf seine Möglichkeit zum Widerspruch hingewiesen wurde. Wer die Frist versäumt, kann unter engen Voraussetzungen noch eine nachträgliche Überprüfung erreichen, nämlich dann, wenn er nicht daran schuld war, dass er die Frist verpasst hat, etwa weil er in Urlaub war.

Wer Widerspruch einlegt, hat mehrere Vorteile:
- er erreicht eine nochmalige Überprüfung der Entscheidung durch die Behörde,
- das Widerspruchsverfahren ist kostenfrei,
- der Widerspruch bedeutet für ihn kein Risiko: Die Widerspruchsstelle darf die ursprüngliche Entscheidung der Behörde im Normalfall nicht zu seinen Lasten verschlechtern.

Versäumt der Arbeitnehmer den Widerspruch, wird die Entscheidung der Behörde bestandskräftig. Dann kann er dagegen nichts mehr unternehmen.

Seinen Widerspruch kann der Arbeitnehmer selbst schreiben, persönlich bei der Behörde protokollieren lassen oder über einen Anwalt einlegen. Zum Anwalt zu gehen, empfiehlt sich eigentlich fast immer, vor allem wenn es um schwierige Angelegenheiten geht. Der Anwalt kann den Arbeitnehmer unter Umständen Geld kosten, nämlich dann, wenn der Widerspruch zurückgewiesen wird. Bei schlechten Vermögensverhältnissen bekommt der Arbeitnehmer aber unter Umständen vom Staat Beratungshilfe. Der Widerspruch selbst sollte folgende Angaben enthalten:
- Name und Anschrift des Arbeitnehmers,
- Datum und Geschäftszeichen des Bescheides, den der Arbeitnehmer angreifen will,
- Unterschrift des Arbeitnehmers,
- eine Begründung, warum der Arbeitnehmer den Bescheid für falsch hält. Die Behörde ist zwar auch ohne Begründung verpflichtet, ihre Entscheidung in vollem Umfang zu überprüfen, mit einer Begründung erleichtert und beschleunigt der Arbeitnehmer aber nicht nur das Verfahren, sondern erhöht unter Umständen auch seine Erfolgschancen. Wenn die Zeit knapp ist, kann die Begründung auch noch nach Einlegung des Widerspruchs nachgereicht werden.

Über den Widerspruch entscheidet die Behörde durch einen schriftlichen und schriftlich begründeten Bescheid. Weist sie den Widerspruch zurück, kann der Arbeitnehmer dagegen innerhalb eines Monats nach Zugang des Bescheides vor Gericht klagen.

**WISO rät:** Lässt sich die Behörde mit der Bearbeitung Ihres Widerspruchs zu viel Zeit, können Sie in bestimmten Fällen eine Klage wegen Untätigkeit erheben. Richtete sich Ihr Widerspruch gegen eine Entscheidung des Arbeitsamtes, müssen Sie hier allerdings eine Frist von drei bis sechs Monaten verstreichen lassen. Kosten fallen bei der Klage für Sie in der Regel nicht an. Trotzdem sollten Sie die Untätigkeitsklage nicht voreilig einreichen, denn dadurch verzögert sich die Bearbeitung Ihres Widerspruchs oft noch länger.

# 5. Vor Gericht

Einen Prozess gegen den eigenen Chef zu führen – das können sich die meisten Arbeitnehmer gar nicht vorstellen. Immerhin setzt man damit das zukünftige Arbeitsklima oder sogar seine gesamte betriebliche Zukunft aufs Spiel. Aber genau darin liegt der springende Punkt: Die meisten Arbeitsprozesse drehen sich ohnehin um Entlassungen. Das Risiko, nur wegen eines Prozess seinen Arbeitsplatz zu verlieren, ist also sehr begrenzt. Und: Hat der Chef gekündigt, bleibt dem Arbeitnehmer meist überhaupt keine andere Wahl, als sich vor Gericht dagegen zu wehren. Nirgendwo sonst kommt der Arbeitnehmer so schnell mit einem Gericht in Berührung wie nach einer Kündigung – selbst wenn er bislang noch nie ein Gerichtsgebäude von innen gesehen hat. Ähnliche Überlegungen gelten auch bei anderen Maßnahmen des Arbeitgebers. Wer zum Beispiel um mehrere Gehaltsgruppen nach unten gestuft wird, für den sieht die betriebliche Zukunft auch ohne Prozess eher trüb aus. Schon aus wirtschaftlichen Gründen wird er die Entscheidung des Arbeitgebers nicht akzeptieren können, und zu verhandeln gibt es hier meist auch nichts mehr. Es hilft nur noch der Gang zum Gericht.

Wer vor ein Arbeitsgericht gehen muss, hat den Vorteil, dass er selbst im Fall einer Niederlage nicht die Kosten der Gegenseite bezahlen muss. Auch seine eigenen Kosten kann er sehr gering halten, da für den Prozess nicht unbedingt einen Anwalt braucht. Trotzdem ist die Vertretung durch einen Anwalt oder einen Gewerkschaftssekretär die Regel. Der Arbeitnehmer darf dann nämlich darauf vertrauen, mit Geduld, Sachverstand und dem nötigen Feingefühl an die besondere Situation vor Gericht herangeführt zu werden. Außerdem kümmert sich sein Vertreter um die Formalien, die Einhaltung von Fristen, das Anfertigen von Schriftsätzen, Verhandlungen mit dem Gericht und der Gegenseite, die rechtliche Aufklärung und Beratung, die Beantwortung von Fragen, die richtige Prozessstrategie, die Erarbeitung kostengünstiger und/oder optimaler Lösungen, den Abschluss von Vergleichen, die Wahrnehmung von Terminen. Nur um eines kommt der Arbeitnehmer – jedenfalls theoretisch – oft nicht herum: Die Konfrontation mit seinem Arbeitgeber oder einem Vertreter der Firma. Denn für die gerichtlichen Termine ordnet das Gericht meist an, dass der Mitarbeiter und der Chef persönlich zu erscheinen haben. Vertritt der Arbeitnehmer sich selbst, muss er sich auf die Begegnung mit dem Chef erst recht gefasst machen. Wichtiger wird es für ihn in einem solchen Fall allerdings sein, einige Besonderheiten des arbeitsgerichtlichen Verfahrens zu kennen.

**WISO rät:** In Arbeitssachen sind Sie oft schneller bei Gericht, als Ihnen vielleicht lieb ist. Sie brauchen dabei aber kein schlechtes Gewissen haben. Viele Arbeitnehmer vor Ihnen haben schon von diesem Recht Gebrauch gemacht. Und vergessen Sie nicht, dass bei Ihrem Job häufig viel auf dem Spiel steht, für das es sich zu kämpfen lohnt. Völlig unbegründete oder aussichtslose Klagen sollten und dürfen Sie natürlich nicht verfolgen. Auf einen Rechtsbeistand sollten Sie vor Gericht nur verzichten, wenn die Sache objektiv auf den ersten Blick eindeutig ist. Vor allem bei Kündigungsprozessen wird das selten der Fall sein. Möglichen Unsicherheiten können Sie dadurch vorbeugen, dass Sie sich vorher einmal bei Gericht einen Prozess anschauen oder Freunde und Bekannte zu Ihrem Termin mitnehmen. Die Verhandlungen vor den Gerichten sind im Normalfall öffentlich, das heißt, jedermann zugänglich.

## Der Normalfall: Streitigkeiten vor dem Arbeitsgericht

Gerichtliche Streitigkeiten zwischen Chef und Mitarbeiter müssen im Normalfall vor dem Arbeitsgericht ausgetragen werden. Klagt der Arbeitnehmer, ist in der Regel das Gericht zuständig, in dessen Bezirk sich sein Arbeitsplatz befindet. Für Klagen des Arbeitgebers hingegen ist der Wohnsitz des Arbeitnehmers maßgebend.

Die wichtigsten Punkte, die für alle Verfahren vor dem Arbeitsgericht gelten sind:

- Der Arbeitnehmer kann sich vor dem Arbeitsgericht von einem Anwalt oder einem Gewerkschaftsmitarbeiter vertreten lassen, ist dazu aber nicht verpflichtet. Es besteht kein Anwaltszwang.
- Der Arbeitnehmer kann seine Klage selbst verfassen oder von einem Mitarbeiter des Arbeitsgerichtes aufnehmen lassen. Häufig gibt es auch entsprechende Klagevordrucke mit Erläuterungen in verschiedenen Sprachen. Die Klage sollte enthalten: Anschrift des Klägers, Datum, Anschrift des Gerichts, Name und Anschrift des Klagegegners, das Klageziel in Form eines Antrags, eine Begründung der Klage mit den wesentlichen Angaben zum Arbeitsverhältnis und zur Klageforderung, Benennung von Beweismitteln, die Unterschrift des Klagenden.
- Der Arbeitnehmer kann auch noch nachträglich einen Rechtsbeistand hinzuziehen.
- Im Prozess vor dem Arbeitsgericht wird zunächst innerhalb von drei bis acht Wochen ein so genannter Gütetermin vor einem Arbeitsrichter anberaumt, um eine Einigung zwischen Chef und Mitarbeiter herbeizuführen. Verläuft der Gütetermin erfolglos, folgt ein Verhandlungstermin in ungefähr vier bis acht Monaten. Hier sind ein hauptamtlicher und zwei ehrenamtliche Richter anwesend.
- Ist der Arbeitnehmer in den Terminen nicht von einem Rechtsbeistand vertreten, gibt das Gericht häufig Hilfestellungen oder Hinweise.
- Häufig muss der Chef bestimmte Behauptungen beweisen, selbst wenn der Mitarbeiter klagt.
- Bei Sprachproblemen wird in der Verhandlung ein Dolmetscher hinzugezogen, dessen Kosten der Arbeitnehmer je nach Heimatstaat nicht bezahlen muss.
- Der Arbeitgeber braucht sich bis zum Gütetermin nicht zu der Klage des Arbeitnehmers äußern.
- Die Kosten seines Anwalts muss der Arbeitnehmer auch im Fall eines Prozessgewinns selbst tragen.
- Die Kosten des gegnerischen Anwalts und des Arbeitgebers braucht der Arbeitnehmer selbst bei einer Niederlage nicht zu tragen. Die Parteien können aber natürlich eine andere Vereinbarung treffen.
- Eigene Anwaltskosten und die Gerichtskosten des Arbeitnehmers übernimmt unter bestimmten Umständen der Staat im Wege der Prozesskostenhilfe oder die Rechtsschutzversicherung.
- Einen Vorschuss auf die Gerichtskosten braucht der Arbeitnehmer nicht zahlen.

**WISO rät:** Seien Sie nicht enttäuscht, wenn der Gütetermin nicht so verläuft, wie Sie sich das vielleicht vorgestellt haben. Für den Richter ist Ihr Fall reine Routine. Außerdem besteht häufig ein enormer Arbeits- und Termindruck. Güteverhandlungen dauern deshalb oft nicht länger als zehn Minuten. Möglicherweise kommen Sie in dieser Zeit nicht einmal dazu, die Einzelheiten Ihres Problems zu schildern. Beschränken Sie sich deshalb bei Ihren Ausführungen auf Fakten und antworten Sie auf Fragen des Gerichts möglichst knapp und präzise. Etwas ausführlicher werden die Dinge in der normalen Verhandlung besprochen.

Schlägt das Gericht Ihnen ein Vergleich, also eine einvernehmliche Regelung der Angelegenheit, vor, sollten Sie das Für und Wider sorgfältig abwägen. Am besten ist es natürlich, wenn Sie sich darüber schon vorher Gedanken gemacht haben. Notfalls beantragen Sie eine kurze Unterbrechung des Termins oder machen Sie einen Alternativvorschlag. Denken Sie bei Ihren Überlegungen nicht nur an das Geld, sondern auch an Ihre Zeit, Ihre Nerven und Ihre berufliche Zukunft. Sparen Sie sich vor allem Auseinandersetzungen „aus Prinzip" oder aus Rache.

Wer seinen Prozess verliert, kann gegen die Entscheidung des Arbeitsgerichtes unter bestimmten Voraussetzungen Berufung beim Landesarbeitsgericht einlegen. Ist der Arbeitnehmer auch mit der Entscheidung des Landesarbeitsgerichtes nicht einverstanden, bleibt ihm unter Umständen noch der Weg einer Revision zum Bundesarbeitsgericht.

**Wichtig:**
Für die Klage selbst ist zunächst immer erst das Arbeitsgericht und nicht das Landes- oder Bundesarbeitsgericht zuständig. Für die gerichtliche Zuständigkeit spielt es also keine Rolle, ob sich die Parteien um 1.000 Euro oder um 100.000 Euro streiten. Bei Berufung und Revision muss der Arbeitnehmer im Fall einer Niederlage auch die Kosten der Gegenseite tragen.

Mehrere Muster für Klagen vor dem Arbeitsgericht finden Sie im Anhang.

## Was ein typischer Prozess beim Arbeitsgericht kostet

Die Kosten für ein Verfahren vor dem Arbeitsgericht sind von Fall zu Fall verschieden. Das bedeutet natürlich nicht, dass die Kosten zwischen den Beteiligten ausgehandelt werden. Es gibt lediglich keine Einheits- oder Festpreise für bestimmte Streitigkeiten. Die Kosten des Verfahrens richten sich vielmehr nach dem Wert des jeweiligen Streites. Bei einem Kündigungsprozess ist als Streitwert beispielsweise ein Vierteljahresverdienst des Arbeitnehmers anzusetzen. Bei einer Klage auf Zeugnisberichtigung liegt der Streitwert zwischen 500 Euro und einem Monatsverdienst. Der Streitwert ist natürlich nicht der Betrag, den der Arbeitnehmer am Ende des Verfahrens zahlen muss. Er bestimmt lediglich den Wert, nach dem die einzelnen Gebühren für das Gericht und die Anwälte berechnet werden. Die Höhe der Gebühren wiederum lässt sich leicht anhand von Tabellen ermitteln. Der Arbeitnehmer muss am Ende des Verfahrens normalerweise die Kosten seines Anwaltes und – je nach Entscheidung – ganz oder teilweise die Kosten des Gerichtes tragen.

**Beispiele:**
Der Arbeitnehmer klagt gegen eine Kündigung seines Chefs. Sein monatliches Bruttoeinkommen beträgt 2.250 Euro einschließlich anteiligem 13. Monatsgehalt. Zeugen werden nicht vernommen. Der Arbeitnehmer verliert den Prozess. Das ergibt folgende Rechnung:

Streitwert: 6.750 Euro
Anwaltsgebühren pro Partei: 1.328,20 Euro
Gerichtskosten: 280 Euro
Ergebnis: Der Prozess kostet den Arbeitnehmer 1.608,20 Euro.

Abwandlung: Der Chef und sein Mitarbeiter schließen vor Gericht einen Vergleich, und der Arbeitnehmer scheidet gegen Zahlung einer Abfindung von 10.000 Euro aus dem Betrieb aus. Beweise werden nicht erhoben.
Streitwert: 6.750 Euro (die Abfindung wird nicht hinzugerechnet)
Anwaltsgebühren pro Partei: 1.328,20 Euro
Gerichtskosten: keine (wegen der Einigung durch Vergleich)
Ergebnis: Der Prozess kostet den Arbeitnehmer Euro 1.328,20

**WISO rät:** Lassen Sie sich bei Einschaltung eines Rechtsanwaltes zunächst Ihr Kostenrisiko ausrechnen. Machen Sie sich auch klar, wie sich Ihre Kosten im Falle eines außergerichtlichen oder gerichtlichen Vergleiches ändern. Bedenken Sie, dass zusätzlichen Gebühren möglicherweise höhere Abfindungsbeträge oder andere vorteilhafte Regelungen, wie etwa ein Arbeitszeugnis, gegenüberstehen. Die Kosten des Prozesses können und sollten Sie steuerlich als außergewöhnliche Belastung geltend machen.

Nicht vergessen: Wer rechtsschutzversichert ist, braucht die Prozesskosten normalerweise nicht selbst bezahlen. Wer wenig verdient oder finanziell in der Klemme steckt, kann Prozesskostenhilfe beantragen. Dann übernimmt der Staat die Kosten für den Prozess.

## Streitigkeiten vor anderen Gerichten

In Ausnahmefällen kommt es vor, dass sich der Arbeitnehmer nicht vor dem Arbeitsgericht, sondern vor einem anderen Gericht mit seinem Chef herumstreiten muss. Für diese Verfahren gelten eigene Regeln. Zuständig kann beispielsweise sein
- das Amtsgericht in Zivilsachen bei Mietstreitigkeiten über eine Dienstwohnung;
- das Amtsgericht in Strafsachen bei Straftaten oder Ordnungswidrigkeiten des Arbeitnehmers. Geht es um den Verkehrsunfall eines Berufskraftfahrers muss der Arbeitgeber regelmäßig die Verteidigerkosten für den Arbeitnehmer übernehmen.
- das Verwaltungsgericht bei Streitigkeiten wegen Entscheidungen des Integrationsamtes (bei Kündigungen von Schwerbehinderten) oder beispielsweise der Gewerbeaufsichtsämter (bei Kündigungen im Mutterschutz),

- das Finanzgericht bei Steuerstreitigkeiten,
- das Sozialgericht bei Streitigkeiten im Fall der Arbeitslosigkeit, gegen die Sozialversicherung oder über die Anerkennung der Schwerbehinderteneigenschaft.

Am ehesten wird es der Arbeitnehmer hier noch mit dem Sozialgericht zu tun bekommen. Deshalb nachstehend die wichtigsten Besonderheiten:

- Gegner im Prozess ist nicht der Arbeitgeber, sondern eine Behörde wie zum Beispiel das Arbeitsamt.
- Vor der Klage ist in der Regel ein Widerspruchsverfahren vor der jeweiligen Behörde durchzuführen.
- Der Arbeitnehmer muss sich vor Gericht keinen Anwalt nehmen.
- Die Klage kann bei den meisten Gerichten auch in einer anderen Sprache als dem Deutschen eingereicht werden.
- Zuständig ist das Sozialgericht, das dem Wohnsitz des Arbeitnehmers am nächsten liegt.
- Das Sozialgericht ermittelt den Sachverhalt von Amts wegen. Begründungen und Beweise sind deshalb nicht zwingend erforderlich, aber trotzdem empfehlenswert.
- Gegen die Entscheidung des Sozialgerichts gibt es unter Umständen die Möglichkeit einer Berufung beim Landessozialgericht. In seltenen Fällen kann gegen Entscheidungen des Sozialgerichts oder des Landessozialgerichts Revision beim Bundessozialgericht eingelegt werden.
- Einen Gütetermin gibt es vor dem Sozialgericht nicht.

# Anhang

## Hartz-Konzept
## „Moderne Dienstleistungen am Arbeitsmarkt"

### Wichtige Gesetzesänderungen ab 1. Januar 2003

**Arbeitslosmeldung:**

Wer das volle Arbeitslosengeld erhalten will, muss sich bereits unmittelbar nach seiner Kündigung arbeitslos melden. Ansonsten droht bis zu einer Verspätung von 30 Tagen für jeden Tag der verspäteten Meldung eine Kürzung des Arbeitslosengeldes. Bei einem bisherigen Nettogehalt bis zu 400 Euro sind das sieben Euro pro Tag, zwischen 400 und 700 Euro 35 Euro pro Tag und bei mehr als 700 Euro 50 Euro pro Tag. Zur Erinnerung: Bislang reichte es aus, sich am ersten Tag der Arbeitslosigkeit beim Arbeitsamt zu melden. Kürzungen waren nicht vorgesehen (siehe Seite 187).

Noch eine Besonderheit bei befristeten Arbeitsverhältnissen: Hier muss sich der Arbeitnehmer frühestens drei Monate vor Ende seines Arbeitsverhältnisses arbeitssuchend melden.

### Arbeitnehmerüberlassung, Zeitarbeit, Leiharbeit

Die gesetzlichen Bestimmungen über die Zeitarbeit werden für neue Verträge ab dem 1. Januar 2004 vollständig umgekrempelt. Vorsicht: Wird zuvor ein entsprechender Tarifvertrag abgeschlossen, gelten die Änderungen schon früher. Im Einzelnen sind folgende Bestimmungen betroffen (siehe Seite 220ff):

- Die speziellen Beschränkungen für befristete Zeitarbeitsverhältnisse werden aufgehoben.
- Die Überlassung eines Zeitarbeiters an Fremdunternehmen ist nicht mehr zeitlich beschränkt.
- Die Zeitarbeitsfirma kann den Zeitarbeiter kündigen und wieder einstellen, ohne dass die Kündigung hierdurch unwirksam werden könnte.
- Die Arbeitsbedingungen, vor allem also das Gehalt des Zeitarbeiters, müssen von vornherein die gleichen sein wie bei vergleichbaren anderen Arbeitnehmern des Betriebes. War der Zeitarbeiter zuvor arbeitslos, darf das Nettogehalt allerdings für die ersten sechs Wochen auf die Höhe des Arbeitslosengeldes reduziert werden. Der Arbeitnehmer kann vom Chef der Firma, in der er arbeitet, Auskunft darüber verlangen, welche Arbeitsbedingungen in dem Betrieb gelten.

Über kurz oder lang wird auch der Begriff der Zeit- oder Leiharbeit durch einen moderneren Begriff ersetzt werden.

## Befristete Arbeitsverhältnisse:

Wer über 52 Jahre alt ist, mit dem kann der Arbeitgeber ohne Angabe eines Grundes und ohne zeitliche Höchstbegrenzung einen befristeten Arbeitsvertrag abschließen. Bislang lag die Grenze hier bei 58 Jahren (siehe Seite 29). Die gesetzliche Neuregelung, die zunächst bis zum 31. Dezember 2005 gilt, ist ebenso wie die bisherige Regelung als europarechtswidrig anzusehen. Wer also als über 52-Jähriger befristet eingestellt wird, kann nach Ablauf der Befristung bei seinem Chef grundsätzlich darauf bestehen, weiterbeschäftigt zu werden.

## Förderung älterer Arbeitnehmer

Arbeitnehmer ab dem 51. Lebensjahr, die eine geringer bezahlte Beschäftigung aufnehmen und dadurch ihre Arbeitslosigkeit beenden oder vermeiden, erhalten unter bestimmten Voraussetzungen für die Hälfte ihres Lohnausfalls einen Zuschuss vom Staat.

## Freistellung nach Kündigung:

Wer gekündigt wird oder einen Aufhebungsvertrag abgeschlossen hat, kann vom Chef verlangen, für die Stellensuche und Teilnahme an Maßnahmen des Arbeitsamtes von der Arbeit freigestellt zu werden. Das Gehalt muss der Chef für diese Zeit weiterzahlen. Der Freistellungsanspruch beträgt bis zu vier Arbeitstagen bei bis zu zweijähriger Beschäftigung, bis zu sieben Tagen bei zwei- bis fünfjähriger Beschäftigung und bis zu zehn Tagen bei mehr als fünfjähriger Beschäftigung. Bislang war der Arbeitnehmer für eine Freistellung weitgehend auf das Entgegenkommen seines Chefs angewiesen (siehe Seite 131f, 157f). Für die Stellensuche oder die Teilnahme an Maßnahmen des Arbeitsamtes darf der Arbeitnehmer auch Urlaub nehmen.

## Personal-Service-Agenturen:

Über die Arbeitsämter kann für Arbeitslose in Form von Personal-Service-Agenturen Leih- bzw. Zeitarbeit vermittelt werden. Die Vermittlung kann der Arbeitslose nur aus wichtigem Grund ablehnen. Nach sechs Monaten Arbeitslosigkeit hat der Arbeitslose ein Recht darauf, dass seine Vermittlung aktiv betrieben wird. Für die Vermittlung sollen in erster Linie private Zeitarbeitsfirmen zuständig sein.

## Sperrzeit beim Arbeitslosengeld:

Die Sperrzeit wegen Verlust/Aufgabe des Arbeitsplatzes beträgt nach wie vor grundsätzlich zwölf Wochen. Die Sperrzeit wegen Ablehnung zumutbarer Arbeitsangebote wird flexibel gestaltet und ermöglicht nunmehr unterschiedlich lange Sperrzeiten bis zu zwölf Wochen.

Nach Sperrzeiten von insgesamt 21 (bislang: 24) Wochen verliert der Arbeitnehmer seinen Anspruch auf Arbeitslosengeld bzw. Arbeitslosenhilfe (siehe Seite 192ff).

## Zumutbare Beschäftigungen für Arbeitslose:

Arbeitslose ohne familiäre Bindungen müssen zur Aufnahme einer Beschäftigung notfalls auch umziehen, wenn außerhalb des zumutbaren Pendelbereiches (im Regelfall zweieinhalb Stunden am Tag) eine Arbeitsstelle frei ist. Will der Arbeitslose ein zumutbares Arbeitsangebot nicht annehmen, muss zukünftig er selbst und nicht – wie bisher – das Arbeitsamt nachweisen, warum die Arbeit für ihn nicht in Frage kommt (siehe Seite 189).

# Beispiel: Arbeitsvertrag

Zwischen der Firma .................... (nachfolgend „Arbeitgeberin")

und

Frau/Herrn ..........................,

geb. am .............,

wohnhaft in .......................... (nachfolgend „Arbeitnehmer")

wird folgender Arbeitsvertrag vereinbart:

## § 1 Beginn des Arbeitsverhältnisses (normaler Arbeitsvertrag)

Der Arbeitnehmer wird mit Wirkung vom ......... als ............... eingestellt.

### § 1 Beginn des Arbeitsverhältnisses (befristeter Arbeitsvertrag)

*1.1 Der Arbeitnehmer wird mit Wirkung vom ......... als ......... eingestellt.*

*1.2 Das Arbeitsverhältnis ist auf .... Monate befristet. Es endet mit Ablauf des .. ...., ohne dass es einer Kündigung bedarf.*

*Falls keine erstmalige Einstellung oder Einstellung eines Arbeitnehmers über 58 Jahren vorliegt, noch zusätzlich:*

*1.3 Die Befristung erfolgt aus folgenden Gründen: ........................*

weiter für alle Verträge:

## § 2 Art und Ort der Tätigkeit

2.1 Der Aufgabenbereich des Arbeitnehmers umfasst ....

2.2 Der Arbeitnehmer ist verpflichtet, im Bedarfsfall auch andere Tätigkeiten im Betrieb zu übernehmen, soweit sie seiner Vorbildung und seinen Fähigkeiten entsprechen und ihm zumutbar sind. Eine Änderung des Gehaltes ist damit nicht verbunden.

2.3 Arbeitsort ist ...... Die Arbeitgeberin ist berechtigt, dem Arbeitnehmer dauerhaft oder vorübergehend aus betrieblichen Gründen auch eine andere gleichwertige und zumutbare Tätigkeit in einem anderen Betrieb des Unternehmens innerhalb der Bundesrepublik Deutschland zuzuweisen.

2.4 Kann der Arbeitnehmer die vereinbarte Tätigkeit wegen Krankheit vorübergehend nicht ausüben, ist er verpflichtet, auf Anordnung der Arbeitgeberin eine andere ihm zumutbare Tätigkeit zu erbringen. Eine Kürzung des Gehalts ist damit nicht verbunden.

## § 3 Probezeit

Die ersten ...... Monate des Arbeitsverhältnisses gelten als Probezeit. Während dieser Zeit können beide Parteien den Arbeitsvertrag mit einer Frist von zwei Wochen kündigen.

## § 4 Arbeitszeit und Überstunden

4.1 Die regelmäßige wöchentliche Arbeitszeit beträgt ...... Stunden ohne Berücksichtigung von Pausen. Ihre Einteilung richtet sich nach den betrieblichen Regelungen unter besonderer Berücksichtigung betrieblicher Belange.

4.2 Die Arbeitgeberin ist berechtigt, aus dringenden betrieblichen Erfordernissen Überstunden anzuordnen. Mit der vereinbarten Bruttovergütung sind bis zu .... Überstunden monatlich abgegolten. Darüber hinausgehende Überstunden werden zu dem normalen Stundensatz vergütet. Bis zu ..... Überstunden kann der Arbeitnehmer innerhalb des Kalendermonats, in dem sie geleistet wurden, nach Absprache mit der Arbeitgeberin durch Freizeit ausgleichen. Die Auszahlung der Überstundenvergütung erfolgt jeweils mit der Vergütung des Folgemonats.

## § 5 Vergütung

5.1 Die monatliche Bruttovergütung beträgt .... EUR.

5.2 Die Vergütung wird jeweils am Letzten eines Kalendermonats fällig. Die Zahlung erfolgt bargeldlos auf ein von dem Arbeitnehmer zu benennendes Konto. Der Arbeitnehmer ist verpflichtet, innerhalb von zwei Wochen nach Beginn des Arbeitsverhältnisses ein Konto einzurichten und der Arbeitgeberin die Kontodaten mitzuteilen.

5.3 Zusätzlich zahlt die Arbeitgeberin dem Arbeitnehmer vermögenswirksame Leistungen nach dem Vermögensbildungsgesetz in der jeweils geltenden Fassung, sofern der Arbeitnehmer einen entsprechenden Vertrag vorlegt.

## § 6 Sonderzahlungen

6.1 Der Arbeitnehmer erhält jeweils freiwillig und ohne Rechtsanspruch für die Zukunft eine jährliche Weihnachtsgratifikation in Höhe von .... EUR, zahlbar mit der Vergütung für den Monat Dezember.

6.2 Der Arbeitnehmer erhält jeweils freiwillig und ohne Rechtsanspruch für die Zukunft ein jährliches Urlaubsgeld in Höhe von .... EUR, zahlbar mit der Vergütung für den Monat Juni.

6.3 Der Anspruch auf Weihnachts- und Urlaubsgeld besteht nur, soweit der Arbeitnehmer im Zeitpunkt der Auszahlung in einem ungekündigten und unbefristeten Arbeitsverhältnis steht und kein Aufhebungsvertrag vorliegt.

6.4 Das Weihnachts- und Urlaubsgeld wird für jeden Monat, in dem der Arbeitnehmer Fehlzeiten wegen unentschuldigten Fehlens oder Wehr- bzw. Ersatzdienst hat, um 1/12 gekürzt. Arbeitnehmer, die erst im Laufe eines Kalenderjahres das Arbeitsverhältnis aufnehmen, erhalten für jeden vollen Monat des Bestehens des Arbeitsverhältnisses 1/12 des Geldes.

6.5 Endet das Beschäftigungsverhältnis durch Kündigung des Arbeitnehmers oder auf seinen Wunsch durch Aufhebungsvertrag oder durch außerordentliche oder verhaltensbedingte Kündigung der Arbeitgeberin vor dem 31. März des auf die Auszahlung folgenden Kalenderjahres, hat der Arbeitnehmer das Weihnachts- und Urlaubsgeld zurückzuzahlen.

6.6 Das Weihnachts- und Urlaubsgeld wird für jeden Tag der Arbeitsunfähigkeit wegen Krankheit, der Teilnahme an einer Maßnahme der medizinischen Vorsorge oder Rehabilitation oder des Fehlens des Arbeitnehmers aufgrund persönlicher Verhinderung um .... EUR gekürzt.

### § 7 Pfändungen und Abtretungen

7.1 Die teilweise oder vollständige Abtretung oder Verpfändung der Vergütung ist ausgeschlossen.

7.2 Im Fall einer Gehaltspfändung ist die Arbeitgeberin berechtigt, eine Bearbeitungsgebühr in Höhe von ..... EUR zu verlangen.

### § 8 Urlaub

8.1 Der Arbeitnehmer erhält .... Arbeitstage Urlaub. Urlaubsjahr ist das Kalenderjahr. Die Festlegung des Urlaubs erfolgt einvernehmlich unter Berücksichtigung der betrieblichen und persönlichen Belange. Der volle Urlaubsanspruch entsteht erstmalig nach einer Wartezeit von sechs Monaten.

8.2 Der Urlaub ist während des laufenden Kalenderjahres zu nehmen. Eine Überragung in das nächste Kalenderjahr ist nur zulässig, wenn dringende betriebliche oder in der Person des Arbeitnehmers liegende Gründe dies rechtfertigen. Im Fall der Übertragung muss der Urlaub in den ersten drei Kalendermonaten des Folgejahres genommen werden. Ansonsten verfällt der Anspruch. Die Übertragung bedarf einer schriftlichen Vereinbarung bis zum Ende des Kalenderjahres.

### § 9 Krankheit, Arbeitsverhinderung

9.1 Der Arbeitnehmer ist verpflichtet, der Arbeitgeberin jede Arbeitsverhinderung und ihre voraussichtliche Dauer unverzüglich mitzuteilen. Auf Verlangen hat der Arbeitnehmer die Gründe hierfür zu benennen.

9.2 Bei Arbeitsunfähigkeit wegen Krankheit hat der Arbeitnehmer der Arbeitgeberin spätestens am zweiten Tag der Erkrankung eine ärztliche Bescheinigung vorzulegen, aus der sich die Dauer der voraussichtlichen Arbeitsunfähigkeit ergibt. Das gleiche gilt für Folgebescheinigungen.

9.3 Bei Arbeitsunfähigkeit wegen Krankheit erhält der Arbeitnehmer für die Dauer von sechs Wochen die Vergütung fortgezahlt, sofern ihn an der Arbeitsverhinderung kein Verschulden trifft.

## § 10 Nebentätigkeiten

Der Arbeitnehmer ist verpflichtet, seine ganze Arbeitskraft im Interesse der Arbeitgeberin einzusetzen. Jede Nebentätigkeit, gleich ob entgeltlich, unentgeltlich oder ehrenamtlich, ist der Arbeitgeberin vor der Übernahme anzuzeigen. Die Aufnahme von Nebentätigkeiten, die geeignet sind, die Interessen der Arbeitgeberin zu beeinträchtigen, bedürfen der vorherigen schriftlichen Zustimmung der Arbeitgeberin.

## § 11 Verschwiegenheit

Der Arbeitnehmer ist verpflichtet, während des Arbeitsverhältnisses und nach seiner Beendigung über alle betrieblichen Angelegenheiten, die ihm im Rahmen oder aus Anlass seiner Tätigkeit für die Arbeitgeberin zur Kenntnis gelangen, Stillschweigen zu bewahren. Das gilt auch für die vereinbarte Vergütung.

## § 12 Reisekosten

Reisekosten werden dem Arbeitnehmer nach den jeweils geltenden Reisekostenbestimmungen der Arbeitgeberin erstattet.

## § 13 Dienstwagen

13.1 Die Arbeitgeberin überlässt dem Arbeitnehmer einen Dienstwagen nach Maßgabe der für den Betrieb geltenden Dienstwagenbestimmungen.

13.2 Das Fahrzeug darf nur für betriebliche Zwecke im Zusammenhang mit dem bestehenden Arbeitsverhältnis oder nach Anweisung der Arbeitgeberin benutzt werden. Privatfahrten bedürfen in jedem Einzelfall der vorherigen Zustimmung der Arbeitgeberin.

## § 14 Vertragsstrafe

Der Arbeitnehmer verpflichtet sich, eine Vertragsstrafe in Höhe eines Bruttomonatsgehaltes zu zahlen, wenn er das Arbeitsverhältnis rechtswidrig nicht aufnimmt oder vertragswidrig vorzeitig beendet oder die Arbeitgeberin schuldhaft veranlasst, das Arbeitsverhältnis außerordentlich zu kündigen. Die Geltendmachung eines weiteren Schadens wird dadurch nicht ausgeschlossen.

## § 15 Nachvertragliches Wettbewerbsverbot

15.1 Der Arbeitnehmer verpflichtet sich, nach Beendigung dieses Arbeitsvertrages für die Dauer von ... Jahren nicht in Konkurrenz zur Arbeitgeberin zu treten.

15.2 Für die Dauer des Wettbewerbsverbots erhält der Arbeitnehmer eine Entschädigung in Höhe der Hälfte der zuletzt von ihm bezogenen Vergütung.

15.3 Verstößt der Arbeitnehmer gegen das Wettbewerbsverbot, kann die Arbeitgeberin eine Vertragsstrafe in Höhe von ..... EUR verlangen. Die Geltendmachung weiterer Ansprüche bleibt unberührt.

15.4 Im Übrigen gelten die §§ 74ff HGB entsprechend.

### § 16 Beendigung des Arbeitsverhältnisses

16.1 Das Arbeitsverhältnis kann von beiden Parteien mit der gesetzlichen Kündigungsfrist gekündigt werden. Die Kündigung bedarf der Schriftform. Eine verspätet zugegangene Kündigung gilt als Kündigung zum nächst zulässigen Termin. Eine außerordentliche Kündigung gilt vorsorglich auch als ordentliche Kündigung zum nächst zulässigen Termin.

16.2 Das Arbeitsverhältnis endet, ohne dass es einer Kündigung bedarf, spätestens mit Ablauf des Monats, in dem der Arbeitnehmer das 65. Lebensjahr vollendet, oder in dem die Erwerbsunfähigkeit durch Bescheid des zuständigen Rentenversicherungsträgers festgestellt wird.

### § 17 Ausschlussfrist

17.1 Alle Ansprüche aus dem Arbeitsverhältnis und solche, die mit dem Arbeitsverhältnis in Verbindung stehen, sind innerhalb von drei Monaten nach Eintritt der Fälligkeit schriftlich gegenüber der anderen Vertragspartei geltend zu machen. Ansonsten verfallen sie ersatzlos.

17.2 Lehnt die Gegenpartei den Anspruch ab oder erklärt sie sich nicht innerhalb von zwei Wochen nach Geltendmachung des Anspruchs, muss der Anspruch innerhalb einer Frist von zwei Monaten nach schriftlicher Ablehnung der anderen Seite oder nach dem Fristablauf eingeklagt werden. Ansonsten verfällt er ebenfalls.

### § 18 Schriftformklausel

18.1 Änderungen, Nebenabreden und Ergänzungen dieses Vertrages bedürfen zu ihrer Gültigkeit der Schriftform. Das gilt auch für die Aufhebung des Schriftformerfordernisses selbst.

18.2 Sollte eine Bestimmung dieses Vertrages oder seiner Änderungen oder Ergänzungen unwirksam sein, wird dadurch die Wirksamkeit des Vertrages im Übrigen nicht berührt. Die unwirksame Bestimmung wird durch eine wirksame ersetzt, die dem von den Parteien gewollten Inhalt am nächsten kommt.

..........................., den............. ,


...................................       ...................................
Unterschrift Arbeitgeber/in       Unterschrift Arbeitnehmer/in

# Beispiel:
# Aufhebungsvertrag/Abwicklungsvertrag

Zwischen der Firma . . . . . . . . . . . . . . . . . . . . (nachfolgend „Arbeitgeberin")

und

Frau/Herrn  . . . . . . . . . . . . . . . . . . . . . . . . . ,

geb. am . . . . . . . . . . . . . ,

wohnhaft in  . . . . . . . . . . . . . . . . . . . . . . . (nachfolgend „Arbeitnehmer")

wird folgendes vereinbart:

## § 1 Beendigung des Arbeitsverhältnisses (beim Aufhebungsvertrag)

1.1 Das zwischen den Parteien bestehende Arbeitsverhältnis wird auf Veranlassung der Arbeitgeberin aus betriebsbedingten Gründen einvernehmlich beendet.

1.2 Das Arbeitsverhältnis endet unter Einhaltung der ordentlichen Kündigungsfrist mit Ablauf des . . . . . .

### § 1 Beendigung des Arbeitsverhältnisses (beim Abwicklungsvertrag)

*1.1 Die Parteien sind sich darüber einig, dass das zwischen ihnen bestehende Arbeitsverhältnis aufgrund arbeitgeberseitiger, ordentlicher, betriebsbedingter Kündigung vom . . . . . . . . mit Ablauf des . . . . . . . . enden wird.*

*1.2 Bis zum Zeitpunkt der Beendigung wird das Arbeitsverhältnis nach Maßgabe der folgenden Regelungen ordnungsgemäß abgewickelt und abgerechnet:*

### § 1 Beendigung des Arbeitsverhältnisses (beim kombinierten Aufhebungs-/Abwicklungsvertrag)

*1.1 Das zwischen den Parteien bestehende Arbeitsverhältnis wird auf Veranlassung der Arbeitgeberin einvernehmlich beendet.*

*1.2 Das Arbeitsverhältnis endet mit Ablauf des . . . . . . .*

*1.3 Ohne Abschluss dieser Vereinbarung wäre das Arbeitsverhältnis zum gleichen Zeitpunkt aufgrund arbeitgeberseitiger, ordentlicher, betriebsbedingter Kündigung beendet worden. Der Arbeitsplatz des Arbeitnehmers fällt weg.*

weiter für alle Verträge:

## § 2 Abfindung

2.1 Für den Verlust des Arbeitsplatzes zahlt die Arbeitgeberin an den Arbeitnehmer gemäß §§ 9, 10 Kündigungsschutzgesetz, §§ 3 Nr. 9, 24, 34 Einkommenssteuergesetz eine Abfindung in Höhe von ..... EUR.

2.2 Die Abfindung ist mit dem Ablauf des Arbeitsverhältnisses fällig, aber schon jetzt entstanden und damit vererblich.

## § 3 Freistellung

3.1 Bis zum Vertragsende wird der Arbeitnehmer unter Fortzahlung der vertraglich vereinbarten Bezüge von der Arbeit unwiderruflich freigestellt.

3.2 Auf die Freistellung werden noch vorhandene Resturlaubsansprüche und Ansprüche auf Freizeitausgleich angerechnet. Der Urlaubsanspruch des Arbeitnehmers ist mit der Freistellung abgegolten.

## § 4 Zeugnis

4.1 Die Arbeitgeberin erteilt dem Arbeitnehmer das als Anlage zu dieser Vereinbarung beigefügte Zwischenzeugnis.

*oder*

4.1 Die Arbeitgeberin erteilt dem Arbeitnehmer bis spätestens ...... ein wohlwollendes qualifiziertes Zwischenzeugnis mit der zusammenfassenden Leistungsbeurteilung „stets zu unserer vollen Zufriedenheit" und der zusammenfassenden Führungsbeurteilung „stets einwandfrei".

4.2 Mit Ablauf des Arbeitsverhältnisses erteilt die Arbeitgeberin dem Arbeitnehmer ein mit dem Zwischenzeugnis übereinstimmendes Endzeugnis mit Ausstellungs- und Beendigungsdatum . . . . . . . .Die Schlussformel des Endzeugnisses wird wie folgt lauten: „ . . . . . . . . . ."

## § 5 Nachvertragliches Wettbewerbsverbot

Das zwischen den Parteien im Arbeitsvertrag vereinbarte nachvertragliche Wettbewerbsverbot wird mit sofortiger Wirkung aufgehoben.

*oder*

Das zwischen den Parteien im Arbeitsvertrag vereinbarte nachvertragliche Wettbewerbsverbot wird von der vorliegenden Vereinbarung nicht berührt.

## § 6 Reisekosten

Sämtliche noch offenen Reisekosten und Spesen sind bis spätestens . . . . . . . . vom Arbeitnehmer gesondert abzurechnen.

## § 7 Dienstwagen

Der Arbeitnehmer gibt den überlassenen Dienstwagen nebst sämtlichen Fahrzeugpapieren und Schlüsseln sowie der Tankkarte bis spätestens ...... an die Arbeitgeberin zurück. Hierüber wird ein gesondertes Übergabeprotokoll erstellt.

## § 8 Widerrufsrecht

Der Arbeitnehmer ist berechtigt, diese Vereinbarung bis zum . . . . . . . . schriftlich gegenüber der Arbeitgeberin zu widerrufen.

## § 9 Kosten

Die im Zusammenhang mit dieser Vereinbarung entstandenen Kosten trägt jede Partei selbst.

## § 10 Erledigungsklausel

Mit der Erfüllung der vorstehenden Verpflichtungen sind sämtliche gegenseitigen Ansprüche aus dem Arbeitsverhältnis und aus Anlass seiner Beendigung erledigt, soweit sich aus dieser Vereinbarung nichts anderes ergibt.

## § 11 Salvatorische Klausel

Sollte eine Bestimmungen dieser Vereinbarung unwirksam sein, wird die Wirksamkeit der übrigen Bestimmungen hiervon nicht berührt.


. . . . . . . . . . . . . . . . . . . . . . . . . . . . , den . . . . . . . . . . . . . ,

. . . . . . . . . . . . . . . . . . . . . . . . . .                    . . . . . . . . . . . . . . . . . . . . . . . . . . . . .
Unterschrift Arbeitgeber/in                          Unterschrift Arbeitnehmer/in

# Beispiel: Gutes Arbeitszeugnis

**Zeugnis**

Herr . . . . . . . . . . . . . . . . . , geboren am . . . . . . . . in . . . . . . . . . . . . . . . , war in der Zeit vom . . . . . . . . bis . . . . . . . . als . . . . . . . . . . . . . . in unserem Unternehmen beschäftigt.

Sein Aufgabenbereich umfasste insbesondere folgende Tätigkeiten:

. . . . . . . . . . . . . . . . . . . . . . . . . . . . . . . . . . . . . . . . . . . . . . . . . . . . . . . . . . . . . . . . . ,

. . . . . . . . . . . . . . . . . . . . . . . . . . . . . . . . . . . . . . . . . . . . . . . . . . . . . . . . . . . . . . . . . ,

. . . . . . . . . . . . . . . . . . . . . . . . . . . . . . . . . . . . . . . . . . . . . . . . . . . . . . . . . . . . . . . . . ,

. . . . . . . . . . . . . . . . . . . . . . . . . . . . . . . . . . . . . . . . . . . . . . . . . . . . . . . . . . . . . . . . . ,

. . . . . . . . . . . . . . . . . . . . . . . . . . . . . . . . . . . . . . . . . . . . . . . . . . . . . . . . . . . . . . . . . .

Herr . . . . . . . . verfügt über fundierte Fachkenntnisse und Fähigkeiten und konnte dadurch sein vielseitiges Aufgabengebiet in vollem Umfang abdecken. Seine langjährige praktische Erfahrung prägte die gute Qualität seiner Arbeit. Auch in schwierigen Situationen konnten wir uns jederzeit auf seine zuverlässige, umsichtige und gewissenhafte Arbeitsweise verlassen. Herr . . . . . . . . war in der Lage, sich schnell und sicher in neuen Situationen zurechtzufinden. Sämtliche ihm übertragenen Aufgaben erledigte Herr . . . . . . . . . . selbständig, eigenverantwortlich und mit großer Einsatzbereitschaft stets zu unserer vollen Zufriedenheit.

Aufgrund seiner Teamfähigkeit und seines freundlichen Wesens war Herr . . . . . . . . sowohl bei seinen Vorgesetzten als auch bei seinen Kolleginnen und Kollegen beliebt und geschätzt. Sein Verhalten gegenüber Vorgesetzten und Kollegen war stets einwandfrei.

Herr . . . . . . . . . . . . . . verlässt unsere Firma zum . . . . . . . . auf eigenen Wunsch.

Wir bedauern sein Ausscheiden, danken ihm für die geleistete Arbeit und wünschen ihm für seine weitere private und berufliche Zukunft alles Gute und viel Erfolg.

. . . . . . . . . . . . . . . . . . . . . . . . . , den . . . . . . . . . . . . . . ,

. . . . . . . . . . . . . . . . . . . . . . . . . . . . .
Unterschrift Arbeitgeber/in

# Beispiel:
# Eigene Kündigung des Arbeitnehmers

Per Bote oder Einschreiben/Rückschein oder gegen Empfangsbestätigung

Absender . . . . . . . . . . . . . . . . . . . . . . . .
Anschrift . . . . . . . . . . . . . . . . . . . . . . . .
Ort und Datum . . . . . . . . . . . . . . . . . . . .

An die
Firma . . . . . . . . . . . . . . . . . . . . . . . . . .
z. Hd. der Geschäftsleitung
Anschrift . . . . . . . . . . . . . . . . . . . . . . . .

Sehr geehrte Damen und Herren,

hiermit kündige ich das mit Ihnen bestehende Arbeitsverhältnis fristgerecht zum
. . . . . . . . . . . . . / fristlos aus wichtigem Grund.

Mit freundlichen Grüßen

. . . . . . . . . . . . . . . . . . . . . . . . . . . . .
Unterschrift Arbeitnehmer/in

# Beispiel: Zurückweisung einer Kündigung des Arbeitgebers wegen fehlender Vollmacht

Per Bote oder gegen Empfangsbestätigung

Absender. . . . . . . . . . . . . . . . . . . . . . . .
Anschrift. . . . . . . . . . . . . . . . . . . . . . . .
Ort und Datum . . . . . . . . . . . . . . . . . . . .

An die
Firma . . . . . . . . . . . . . . . . . . . . . . . . . .
z. Hd. der Geschäftsleitung
Anschrift. . . . . . . . . . . . . . . . . . . . . . . .

Sehr geehrte Damen und Herren,

mit Schreiben vom . . . . . . ., das ich am . . . . . . . erhalten habe, haben Sie mein Arbeitsverhältnis fristgerecht/fristlos gekündigt. Die Kündigung ist von Herrn/Frau . . . . . . . mit p.p.a./i.A. unterzeichnet worden. Mangels Vollmachtsvorlage weise ich die Kündigung gemäß § 174 BGB zurück.

Mit freundlichen Grüßen

. . . . . . . . . . . . . . . . . . . . . . . . . . . . .
Unterschrift Arbeitnehmer/in

# Beispiel: Klage gegen eine Kündigung

An das
Arbeitsgericht in . . . . . . . . . . . . . . . . . . . . .

**Klage**

der Frau . . . . . . . . . . . . . . . , wohnhaft in . . . . . . . . . . . . . . . . . . . . . ,
Klägerin,

gegen

die Firma . . . . . . . . . . . . . . . , Anschrift . . . . . . . . . . . . . . . , gesetzlich vertreten durch
den Geschäftsführer . . . . . . . . . . . . . . . , Anschrift . . . . . . . . . . . . . . . ,
Beklagte.

Hiermit erhebe ich Klage und beantrage,

1. festzustellen, dass das zwischen mir und der Beklagten bestehende Arbeitsverhältnis nicht durch die Kündigung der Beklagten vom . . . . . . . aufgelöst worden ist, sondern fortbesteht.

2. die Beklagte zu verurteilen, mich bis zur rechtskräftigen Beendigung des vorliegenden Rechtsstreits zu den bisherigen Bedingungen als . . . . . . . . . . . weiterzubeschäftigen.

Weiter beantrage ich, mir Prozesskostenhilfe zu bewilligen. Die Erklärung über die persönlichen und finanziellen Verhältnisse werde ich unverzüglich nachreichen.

Begründung:

I.

Bei der Beklagten handelt es sich um ein Unternehmen aus der . . . . . . . . . branche mit regelmäßig mehr als fünf im Betrieb tätigen Arbeitnehmern ausschließlich der zu ihrer Berufsausbildung Beschäftigten. Im Betrieb der Beklagten besteht ein Betriebsrat.

Ich bin am . . . . . . . geboren, verheiratet und Mutter zweier Kinder im Alter von vier und sechs Jahren. Ich bin seit dem . . . . . . . bei der Beklagten als . . . . . . . beschäftigt. Mein letztes monatliches Bruttogehalt betrug . . . . . . . EUR zuzüglich anteiligen Urlaubs- und Weihnachtsgeldes in Höhe von . . . . . . . .

Mit Schreiben vom . . . . . . . hat die Beklagte das Arbeitsverhältnis zum . . . . . . . gekündigt. Die Kündigung habe ich am . . . . . . . erhalten.

II.

Meine Klage ist zulässig und begründet.

Die von der Beklagten ausgesprochene Kündigung ist rechtsunwirksam. Sie beendet das zwischen uns bestehende Arbeitsverhältnis nicht.

Die ordnungsgemäße Anhörung des Betriebrats bestreite ich.

Die Kündigung ist nicht sozial gerechtfertigt im Sinne von § 1 II Kündigungsschutzgesetz. Es liegen weder Gründe in meiner Person oder in meinem Verhalten noch dringende betriebliche Erfordernisse, die meiner Weiterbeschäftigung im Betrieb der Beklagten entgegenstehen, vor. Einen wichtigen Grund für die Kündigung hatte die Beklagte nicht.

Weitere Angaben zu besonderen Umständen wie Schwangerschaft, Schwerbehinderung usw.:

..................................................................................

..................................................................................

........................... , den ............. ,

..................................
Unterschrift Arbeitnehmer/in

# Beispiel: Klage auf rückständiges Gehalt

An das
Arbeitsgericht in . . . . . . . . . . . . . . . . . . . . .

**Klage**

des Herrn . . . . . . . . . . . . . . , wohnhaft in . . . . . . . . . . . . . . . . . . . . . ,
Klägerin,

gegen

die Firma . . . . . . . . . . . . . . , Anschrift . . . . . . . . . . . . . . , gesetzlich vertreten durch
den Geschäftsführer . . . . . . . . . . . . . . , Anschrift . . . . . . . . . . . . . . ,
Beklagte.

Hiermit erhebe ich Klage und beantrage,

1. die Beklagte zu verurteilen, an mich Euro . . . . . brutto nebst fünf Prozent Zinsen über dem Basiszinssatz aus dem sich hieraus ergebenden Nettobetrag seit dem . . . . . zu zahlen.

2. die Beklagte zu verurteilen, an mich Euro . . . . . brutto nebst fünf Prozent Zinsen über dem Basiszinssatz aus dem sich hieraus ergebenden Nettobetrag seit dem . . . . . zu zahlen.

3. die Beklagte zu verurteilen, an mich Euro . . . . . brutto nebst fünf Prozent Zinsen über dem Basiszinssatz aus dem sich hieraus ergebenden Nettobetrag seit dem . . . . . zu zahlen.

4. die Beklagte zu verurteilen, an mich Euro . . . . . brutto nebst fünf Prozent Zinsen über dem Basiszinssatz aus dem sich hieraus ergebenden Nettobetrag seit dem . . . . . zu zahlen.

Weiter beantrage ich, mir Prozesskostenhilfe zu bewilligen. Die Erklärung über die persönlichen und finanziellen Verhältnisse werde ich unverzüglich nachreichen.

Begründung:

I.

Ich bin ist seit dem ..... für die Beklagte als ..... tätig. Mein Bruttomonatsverdienst betrug zuletzt ..... Euro, fällig jeweils spätestens am Monatsende. Dazu erhalte ich jährliches Urlaubs- und Weihnachtsgeld in Höhe von ..... , das jeweils im Dezember ausgezahlt wird. Vom ..... bis einschließlich ..... war ich arbeitsunfähig krank. Das ärztliche Attest habe ich der Beklagten fristgerecht vorgelegt.

Mein Gehalt für den Monat ..... hat mir die Beklagte nicht gezahlt. Auch nicht in der Zeit, wo ich krank war. Außerdem hat sie das Weihnachts- und Urlaubsgeld nur anteilig in Höhe von ..... Euro gezahlt. Als ich nach meiner Krankheit wieder arbeiten wollte, lehnte die Beklagte das bis zum Ende des Monats ab und zahlte mir bis dahin auch keinen Lohn mehr.

Meine Ansprüche habe ich mit Schreiben vom ..... schriftlich bei der Beklagten geltend gemacht. Den Empfang des Schreibens hat der Geschäftsführer der Beklagten quittiert. Die Beklagte hat mit Schreiben vom ..... jegliche Zahlungen abgelehnt.

II.

Meine Klage ist zulässig und begründet.

Ich habe gegen die Beklagte Zahlungsansprüche, die sich im Einzelnen wie folgt beziffern:

1. Anteiliger Monatslohn für den Monat ..... in Höhe von .....

2. Lohnfortzahlung im Krankheitsfall für den Zeitraum ..... dieses Monats in Höhe von .....

3. Lohnansprüche aus Annahmeverzug für den Zeitraum ..... dieses Monats in Höhe von .....

4. Restliches Weihnachts- und Urlaubsgeld in Höhe von ..... .


........................... , den ............. ,


...............................
Unterschrift Arbeitnehmer/in

## Tabelle: Bezugsdauer von Arbeitslosengeld im Regelfall

| Nach versiche-rungspflichtiger Beschäftigung von mindestens ... | Innerhalb einer Rahmenfrist von ... | und ab dem ... | gibt es Arbeitslosengeld für .... |
|:---:|:---:|:---:|:---:|
| Monaten | Jahren | Geburtstag | Monate |
| 12 | 3 | – | 6 |
| 16 | 3 und 7 | – | 8 |
| 20 | 3 und 7 | – | 10 |
| 24 | 3 und 7 | – | 12 |
| 28 | 3 und 7 | 45. | 14 |
| 32 | 3 und 7 | 45. | 16 |
| 36 | 3 und 7 | 45. | 18 |
| 40 | 3 und 7 | 47. | 20 |
| 44 | 3 und 7 | 47. | 22 |
| 48 | 3 und 7 | 52. | 24 |
| 52 | 3 und 7 | 52. | 26 |
| 56 | 3 und 7 | 57. | 28 |
| 60 | 3 und 7 | 57. | 30 |
| 64 | 3 und 7 | 57. | 32 |

# Stichwortregister

# Der WISO-Zuschauerservice

WISO im ZDF ist die am meisten gesehene Wirtschaftssendung im deutschen Fernsehen. Die WISO-Tipps und andere geldwerte und informierende Sendungen haben schon vielen Zuschauern geholfen, ihre Rechte als Arbeitnehmer oder Verbraucher zu wahren, Geld zu verdienen oder zu sparen. Die Redaktion bietet darüber hinaus zur Ergänzung und Vertiefung der Tipps und Themen zahlreiche sendungsbegleitende Informationen: zum Abruf per Fax, im Internet (www.wiso.de), als Video-Text oder in Form von Büchern und Software. Hier ein Überblick über diese Dienstleistungen und Angebote.

**WISO. Das Wirtschaftsmagazin** – immer montags, 19.25 bis 20.15 Uhr, im ZDF.

**WISO im ZDF.text** auf den Tafeln ab 530.

**WISO-Faxabruf.** Kompakte „geldwerte" Informationen zu den Themen aus der WISO-Sendung. Den aktuellsten WISO-Tipp finden Sie immer unter 0190-25 00 25 3, das komplette Inhaltsverzeichnis aller abrufbaren Infos erhalten Sie unter 0190-25 00 25 (0,62 Cent pro Minute) sowie im ZDF.text, Tafel 533.

**WISO im Internet.** Unter www.zdf.de oder unter www.wiso.de mit Kurzfassungen der WISO-Tipps, aktuellen Zinskonditionen, Börseninformationen und vielen anderen Infos, die Ihnen helfen können, Geld zu sparen oder zu verdienen.

**WISO-Magazin.** Vierfarbige Monatszeitschrift. Mit vielen zusätzlichen Informationen zu den Beiträgen der WISO-Sendungen. Preis: 4,70 Euro als Einzelexemplar, 48,00 Euro im Jahresabonnement. Bestellung unter Telefon 01805-35 45 55 oder e-Mail wiso-service@zdf.de.

**WISO-CD.** Das monatlich erscheinende Medium für den PC. Ebenso wie das WISO-Magazin mit zahlreichen Zusatzinformationen zu den WISO-Tipps und anderen persönlich nutzbaren Themen. Dazu mit dem WISO-Wirtschaftslexikon, Grafikbibliothek und zusätzlichen „Knüllern" (nützliche Software). Hypertext ermöglicht einfaches Durchblättern und Zugriff auf Querverweise. Jederzeitiger Rückgriff auf die gesamte Wissensbank. Preis pro Stück: 7,14 Euro, im Abonnement 70,56 Euro. Bestellung unter Telefon 01805-35 45 55, per e-Mail wiso-service@zdf.de oder unter www.zdf.de im „WISO-Shop".

## WISO-Bookware

### Buch und Software in einem Paket

Software-Produkte aus der WISO-Redaktion. Viele Testsieger in ihrem Segment, zum Beispiel:

**WISO-Sparbuch.** Erscheint jährlich in aktueller Ausführung; Begleitbuch und Software auf CD-ROM. Hilft Steuern zu sparen und macht das Ausfüllen der Steuerformulare zum Kinderspiel.

**WISO-Börse:** Software zur Analyse und Verwaltung Ihrer Wertpapiere. Begleitbuch mit einer Einführung in das Geschehen an der Börse und zahlreichen Tipps. Bezug: siehe oben.

**WISO-Mein Geld:** Mehr als nur Homebanking. Ein umfangreiches Software-Paket zur Verwaltung Ihrer privaten Finanzen. Dazu ein Ratgeberbuch zum cleveren Umgang mit Geld.

Bezugsquelle: Buch- und Softwarehandel oder „WISO-Shop" unter www.zdf.de Dort finden Sie auch die komplette Übersicht.

# WISO-Bücher

## Ratgeber in der Reihe „Redline Wirtschaft" im Verlag Ueberreuter

Die Ratgeber-Serie aus der ZDF-Wirtschaftsredaktion. Darunter:

**„WISO Immobilienfinanzierung":** Kassensturz, Kapitalbedarf, Finanzierungsformen, Förderungen. 2., aktualisierte Auflage 2002, 271 Seiten, 15,90 Euro.

**„WISO Mein Auto":** Kauf, Versicherung, Steuern, Mängel, Service. 287 Seiten, 2002, 15,90 Euro.

**„WISO Versicherungsberater":** finanzielle Sicherheit zum fairen Preis, 319 Seiten, 2002, 15,90 Euro.

**„WISO Aktien – Fonds – Futures":** eine Einführung ins Börsengeschehen. Alle wichtigen Informationen zum Wertpapiersparen leicht verständlich beschrieben. Ein Bestseller unter den Börsenbüchern. 316 Seiten, 15,90 Euro.

**„WISO Börsen-Buch, das aktuelle Lexikon der Geldanlage",** 3. Auflage: Zu allen wichtigen Begriffen rund um die Börse bietet dieses Nachschlagewerk umfassende und allgemein verständliche Erläuterungen, Tipps und Hinweise. Es hilft dem Laien beim Einstieg und unterstützt den fortgeschrittenen Anleger. 439 Seiten, 15,90 Euro.

**„WISO Fonds":** Ein Ratgeber für alle, die sich für das Fondssparen interessieren. Mit vielen Tipps und Ratschlägen. 280 Seiten, 15,90 Euro.

**„WISO Wirtschaftswissen":** Das Interesse am Wirtschaftsgeschehen nimmt weiter zu. Das umfangreiche Nachschlagewerk erklärt ausführlich und leicht verständlich Begriffe aus dem täglichen Wirtschaftsjargon – von A bis Z. 552 Seiten, 24,54 Euro.

**„WISO Vermögensberater":** Dieser zeigt, welche Wege zu einem systematischen Vermögensaufbau führen, welche Finanzinstrumente sich eignen und von welchen eher abzuraten ist. 300 Seiten, 15,90 Euro.

Ein Verzeichnis aller WISO-Bücher finden Sie im Internet unter: www.ueberreuter.de. Zu beziehen über jede Buchhandlung oder im WISO-Shop unter www.zdf.de.

# Die WISO-Bücher im Überblick

## WISO Aktien Fonds Futures
*Eine Einführung in die Börse*
hrsg. von Michael Jungblut
320 Seiten, Paperback, 2000
€ 15,90 [D] / SFr 29,– (SB)
ISBN 3-8323-0624-2

## WISO Bewerbungsberater
*Überzeugende Unterlagen / perfekter Auftritt / Online-Bewerbungen / Networking / Bewerbermessen*
hrsg. von Michael Opoczynski
288 Seiten, Paperback, 2001
€ 15,90 [D] / SFr 29,– (SB)
ISBN 3-8323-0740-0

## WISO Börsen-Buch
*Das aktuelle Lexikon der Geldanlage*
*3., aktualisierte und erweiterte Auflage*
hrsg. von Michael Jungblut
448 Seiten, Paperback, 2001
€ 15,90 [D] / SFr 29,– (SB)
ISBN 3-8323-0745-1

## WISO Die 99 besten Tipps
*Rund um Geld, Familie, Eigentum, Gesundheit*
hrsg. von Michael Jungblut
ca. 300 Seiten, Paperback, 2003
€ 15,90 [D] / SFr 27,50 (SB)
ISBN 3-8323-0942-X

## WISO Erben und Vererben
*Testament / Erbfolge / Pflichtteil / Steuern*
2., aktualisierte und erweiterte Auflage
von Michael Opoczynski und Jürgen E. Leske
240 Seiten, Paperback, 2001
€ 15,90 [D] / SFr 29,– (SB)

## WISO Euro-Berater
*199 Fragen & Antworten rund um die neue Währung*
von Michael Jungblut
192 Seiten, Paperback, 2001
€ 9,90 [D] / SFr 18,30 (SB)
ISBN 3-8323-0835-0

## WISO Existenzgründung
*Business-Plan / Finanzierung und Rechtsform / Steuern und Versicherungen / Checklisten und Adressen*
2., aktualisierte und erweiterte Auflage
von Michael Opoczynski u. Willi Fausten
304 Seiten, Paperback, 2002
€ 15,90 [D] / SFr 29,– (SB)
ISBN 3-8323-0848-2

## WISO Fondsführer
*Aktienfonds / Immobilienfonds / Mischfonds / Indexfonds*
*Mit Lexikon & Glossar*
Ein Ratgeber der ZDF-Wirtschaftsredaktion von Rudolf Rauschenberger
280 Seiten, Paperback, 2000
€ 15,90 [D] / SFr 29,– (SB)
ISBN 3-8323-0668-4

## WISO Geld-Buch
*Einkommen / Vermögensverwaltung / Kredite / Versicherungen / Gewährleistungen*
4., aktualisierte und erweiterte Auflage
Ein Ratgeber der ZDF-Wirtschaftsredaktion hrsg. von Michael Jungblut
396 Seiten, Paperback, 2000
€ 15,90 [D] / SFr 29,– (SB)
ISBN 3-8323-0683-8

ISBN 3-8323-0847-4

## WISO Immobilienfinanzierung

*Kassensturz / Kapitalbedarf / Finanzierungsformen / Förderungen. Mit vielen Checklisten und Rechenbeispielen*
2., aktualisierte und erweiterte Auflage
Ein Ratgeber der ZDF-Wirtschaftsredaktion von Michael Hölting
272 Seiten, Paperback, 2002
€ 15,90 [D] / SFr 27,50 (SB)
ISBN 3-8323-0897-0

## WISO Immobilienrecht

*Probleme mit: Maklern, Bauträgern, Architekten, Handwerkern. Mit vielen Fallbeispielen und Formbriefen*
Ein Ratgeber der ZDF-Wirtschaftsredaktion von Michael Hölting und Ines Gaedtke
304 Seiten, Paperback, 2000
€ 15,90 [D] / SFr 29,– (SB)
ISBN 3-8323-0625-0

## WISO Kinder, Familie, Geld

*Geld vom Staat / Weniger Steuern / Erziehungsurlaub /Kindesunterhalt / Stipendien*
Ein Ratgeber der ZDF-Wirtschaftsredaktion hrsg. von Michael Jungblut
368 Seiten, Paperback, 2002
€ 15,90 [D] / SFr 27,50 (SB)
ISBN 3-8323-0933-0

## WISO Krankenkassenberater

*Gesetzlich oder privat? / Kassenwechsel / Leistungsvergleiche / Alternative Medizin / Billiger im Ausland? / Pflegeversicherung*
Ein Ratgeber der ZDF-Wirtschaftsredaktion hrsg. von Michael Jungblut
288 Seiten, Paperback, 2002
€ 15,90 [D] / SFr 27,50 (SB)
ISBN 3-8323-0935-7

## WISO Mein Auto

*Kauf / Versicherung / Steuern / Mängel / Service*
von Thomas J. Kramer
288 Seiten, Paperback, 2002
€ 15,90 [D] / SFr 29,– (SB)
ISBN 3-8323-0866-0

## WISO Mein Recht

*Das Wichtigste aus den Bereichen Arbeitsrecht / Mietrecht / Familienrecht / Erbrecht / Verkehrsrecht / Baurecht*
von Sigrid Born und Nicole Würth
304 Seiten, Paperback, 2002
€ 15,90 [D] / SFr 27,50 (SB)
ISBN 3-8323-0899-7

## WISO Meine Rechte im Job

*Vertragsgestaltung / Urlaub / Krankheit / Kündigung / Zeugnis*
von Axel Breuckmann u. Nicole Würth
ca. 300 Seiten, Paperback, 2003
€ 15,90 [D] / SFr 27,50 (SB)
ISBN 3-8323-0944-6

## WISO Mieten und Wohnen

*2., aktualisierte und erweiterte Auflage*
*Verträge / Mängel und Mietminderung / Nebenkosten / Musterbriefen & Checklisten*
*Topaktuell: Das neue Mietrecht*
von Thomas J. Kramer
296 Seiten, Paperback, 2001
€ 15,90 [D] / SFr 29,– (SB)
ISBN 3-8323-0849-0

## WISO Ratgeber Haustier

*Steuern / Haftung / Versicherung / Tierpension / Mietklauseln*
von Sigrid Born und Nicole Würth
ca. 300 Seiten, Paperback, 2003
€ 15,90 [D] / SFr 27,50 (SB)
ISBN 3-8323-0943-8

## WISO Rentenberater

*Riester-Rente / Lebensversicherung / Fondssparen / betriebliche Altersvorsorge / Direktversicherung*
hrsg. von Michael Jungblut
288 Seiten, Paperback, 2002
€ 15,90 [D] / SFr 29,– (SB)
ISBN 3-8323-0868-7

## WISO Scheidungsberater

*Unterhalt / Sorgerecht / Zugewinnausgleich*
Ein Ratgeber der ZDF-Wirtschaftsredaktion von Sigrid Born und Nicole Würth
2., aktualisierte Auflage
264 Seiten, Paperback, 2003
€ 15,90 [D] / SFr 29,– (SB)
ISBN 3-8323-0992-6

## WISO Steuerberater 2002/2003

*Schenken Sie nichts dem Finanzamt*
von Günter D. Alt u. Klaus Bothmann
ca. 300 Seiten, Paperback, i. Vb.
ca. € 15,90 [D] / SFr 27,50 (SB)
ISBN 3-8323-0932-2

## WISO Vermögensberater

*Karriere / Wohlstand / Sicherheit*
2., aktualisierte und erweiterte Auflage
hrsg. von Michael Jungblut
352 Seiten, Paperback, 2001
€ 15,90 [D] / SFr 29,– (SB)
ISBN 3-8323-0800-8

## WISO Versicherungsberater

*Finanzielle Sicherheit zum fairen Preis*
*Mit den neuen Altersvorsorgeregelungen*
hrsg. von Michael Jungblut
320 Seiten, Paperback, 2002
€ 15,90 [D] / SFr 29,– (SB)
ISBN 3-8323-0744-3

## WISO Vorsorgeplaner

*Hinweise für die Nachlassregelung / Formulare für den Todesfall*
*Entwürfe für Patienten-, Betreuungs- und Organverfügungen*
*Alle persönlichen Daten im Überblick / Mit vielen Checklisten und Musterschreiben*
von Thomas J. Kramer, Karin Meyer-Götz, Heinrich Meyer-Götz
200 Seiten, A4, Ringbindung, 2002
ca. € 19,90 [D] / SFr 35,90 (SB)
ISBN 3-8323-0869-5

## WISO Wirtschaftswissen

*Von Abfindung bis Zahlungsbilanz*
*Ein Nachschlagewerk der ZDF Wirtschaftsredaktion*
hrsg. von Michael Jungblut
552 Seiten, Hardcover, 1999
€ 24,90 [D] / SFr 44,50 (SB)
ISBN 3-8323-0583-1